# El rescate de la historia

# El rescate de la historia

Ed Rayner y Ron Stapley

Traducción de José Antonio Bravo

HISTORIA enigmas

Título original: *Debunking History*


Diseño cubierta: Regina Richling
ISBN: 978-84-7927-900-4
Depósito legal: B-24.014-2007
Impreso por Limpergraf, Mogoda, 29-31 (Can Salvatella) , 08210 Barberà del Vallès



Impreso en España - *Printed in Spain*

# ÍNDICE

# PREFACIO

**Se ha dicho a veces** que el error no existe en la historia, porque esta disciplina se ocupa de las cosas que han ocurrido y el pasado es fijo e inalterable. Sólo el presente nos ofrece la posibilidad de elegir distintas líneas de acción, y entonces sí es posible cometer un error. En cambio, lo que se hizo en el pasado, hecho está, y el presente no puede cambiarlo. Sin embargo, la historia no es sólo *el* relato de lo que ocurrió. También es *el estudio* de lo que ocurrió, y ahí ciertamente cabe la posibilidad del error.

*Errores.* Sea involuntariamente por ignorancia, o deliberadamente por tergiversación, es posible equivocar los hechos históricos. Si decimos que Nelson murió en la batalla de Waterloo, tal aserto sería un error evidente, y lo mismo si dijéramos que los aliados lanzaron las primeras bombas atómicas sobre Japón en 1941. Estos errores los produce el desconocimiento de los datos históricos. Tergiversar los hechos, por ejemplo con fines de propaganda, como cuando alguien dice que durante la I Guerra Mundial, en 1916, la flota británica logró una victoria aplastante sobre la alemana frente a la península de Jutlandia, también sería un error aunque haya pasado por verdad ajustada a los hechos en su día y durante algún tiempo después. Es la visión propagandística de la batalla que dieron los británicos, y difiere significativamente de la verdad.

*Mitos.* En la tergiversación se incluyen también los mitos y las leyendas de la historia, porque la frontera entre error y falseamiento deliberado es tenue a veces. Lo que empezó como simple error, en ocasiones alcanza cierta persistencia en las mentes de las personas porque parece apropiado (a veces, más apropiado que la verdad), razón por la cual se mantiene pese a los intentos de rectificación. Es el caso de la supuesta recomendación de María Antonieta a las turbas hambrientas de París en vísperas de la Revolución: «¡Que coman pasteles!». La versión no es cierta, pero en la época se juzgó que caracterizaba bien la vanidad y la estupidez de la joven reina, así que en cierto modo *quedaba mejor* que la verdad.

*Leyendas*. Son las que el pueblo elige creer sin preocuparse por si son verídicas o no. Las reputaciones históricas de Davy Crockett o del general Custer en la historia decimonónica de Estados Unidos participan de esa calidad legendaria. O, más cerca de nosotros, personajes como Florence Nightingale o Lawrence de Arabia. En estos casos, la verdad histórica, ya de por sí fascinante, ha sido adornada por los admiradores o los hagiógrafos, a quienes importaba poco lo sucedido en realidad y prefirieron representar las cosas tal como *deberían de haber* ocurrido. Entonces la figura histórica alcanza una grandeza incuestionable en la imaginación popular, y sirve a las mismas funciones que una parábola o una fábula moral. El relato verídico, en comparación, parece aburrido.

*Controversias históricas*. Es lo que ocurre cuando los historiadores, contemplando independientemente un conjunto de acontecimientos, entran en un debate sobre el significado de estos hechos y argumentan, por ejemplo, que su importancia real es distinta de lo que parece a primera vista. A menudo los historiadores construyen teorías *diferentes* para explicar lo que ellos creen la sucesión más plausible de los hechos o las causas más plausibles de lo ocurrido.

Hubo una época, por ejemplo, en que los historiadores que estudiaron los acontecimientos políticos previos a la unificación de Italia en la década de 1860 interpretaron los datos de que disponían para aducir que Cavour, el primer ministro de Piamonte, fomentó deliberadamente la creación de un estado italiano unificado. Más tarde, hacia finales de la década de los cuarenta y comienzos de los años cincuenta, al considerar los mismos hechos, pero teniendo en cuenta las nuevas pruebas documentales resultantes de la reciente apertura de los archivos de la Universidad Gregoriana de Roma, concluyeron que Cavour nunca tuvo por objetivo la unificación y que incluso fue contrario a diversos aspectos de ella. Ahora esa controversia, concretamente, parece zanjada. Pero no importa lo firme que parezca la conclusión a que han llegado los historiadores, no quita que más adelante altere la situación el descubrimiento de nuevas pruebas o una manera diferente de valorar las existentes.

Los que creen que tales controversias son puras especulaciones deberían recordar que todo en historia es teoría y que todas las controversias son especulativas necesariamente. Porque los datos de la historia no llevan colgadas unas etiquetas que nos digan cómo hay que entenderlos: ésa es la tarea del historiador individual, con sus deducciones. A diferencia de las ciencias físicas, en las que es posible poner a prueba las conclusiones por medio de experimentos, los datos de la historia están disponibles *ex post facto* y no admiten experimentación. Sólo la cosmología, en la que tampoco es posible manipular los materiales disponibles, se parece en cierto modo a la historia (por ahora, al menos), y por eso también vemos que se plantean teorías diferentes para explicar el origen del universo.

Se puede discutir la verdadera significación de un personaje o de un acontecimiento histórico. ¿Fue realmente Abraham Lincoln el campeón de la emancipación de los esclavos? La existencia del llamado memorándum Hancock, ¿demuestra que Hitler deseó y planeó la II Guerra Mundial? Son proposiciones que algunos han planteado, pero ¿son verdaderas? En realidad se trata sólo de teorías, y por tanto hay que evaluar su plausibilidad. *La mejor* teoría es la que explica los hechos de la manera más sencilla y completa con los datos de que se dispone en el momento. Pero las teorías cambian, y muchas veces queda un rastro de conceptos no justificados. Esto es lo que nos hemos propuesto examinar en este libro.

A los fines de la exposición, los errores, los mitos y leyendas y las controversias, se han dividido en trece categorías. Dentro de cada una de ellas seguimos un orden cronológico, aunque no demasiado estricto. También la división misma puede parecer arbitraria y la distinción más bien imprecisa, porque algunos temas bien podrían figurar en otra categoría diferente de la que los recoge aquí. Una ojeada al índice permitirá localizar rápidamente la cuestión que interese al lector. Las categorías son:

1. *Viejos agravios*. Antiguas injusticias que todavía duelen y cuyo origen sigue siendo objeto de discusión.
2. *Conspiraciones y conjuras*. Aquí el asunto en disputa es lo que ocurrió en realidad y si fue consecuencia de alguna confabulación.
3. *Héroes y granujas*. Discusiones que giran alrededor de algunos personajes históricos cuya actuación y motivaciones siguen siendo polémicas.
4. *Debates históricos*. Incluyen asuntos para los que se ha llegado a un aparente consenso, pero que quizá merecerían un examen más detenido.
5. *Revisiones históricas*. Se pone en tela de juicio la visión histórica tradicional y se propone una manera diferente de contemplar el personaje o el episodio.
6. *Reevaluaciones históricas*. Aportan quizás un nuevo matiz al personaje o al episodio al iluminarlo bajo una luz nueva.
7. *Reevaluaciones políticas*. Una perspectiva diferente sobre hechos y personas de la historia política reciente, con el fin de reconsiderar su verdadera importancia.
8. *Reevaluaciones internacionales*. Una perspectiva diferente sobre la evolución reciente de los acontecimientos internacionales, también a fin de reconsiderar su importancia.
9. *Enigmas persistentes*. Interpretación diferente y en ocasiones novedosa de asuntos que dejaron en la perplejidad a los contemporáneos que los vivieron.
10. *Controversias que todavía continúan*. Una perspectiva sobre veredictos del pasado que fueron discutidos en su día y siguen siéndolo.
11. *Equívocos corrientes*. Son los casos que corresponden a la idea originaria de este libro, es decir, los «errores absurdos» que la opinión común ha acabado por legitimar.
12. *Tergiversaciones persistentes*. Hechos o acontecimientos del pasado que fueron juzgados erróneamente y cuyo equívoco se trata de deshacer.
13. *Problemas no resueltos*. Pleitos sobre los cuales la historia todavía no ha pronunciado su «sentencia» definitiva o querellas que aún no se ha logrado solucionar.

Los autores suplican indulgencia de antemano al lector que no encuentre en este libro alguno de sus temas favoritos en materia de errores o de controversias históricas. Por otra parte, no pretendemos ser infalibles en la detección de errores, ni omniscientes en la rectificación de los mismos. Tampoco pretendemos que sea perfecta la distinción entre error y tergiversación, o entre mito y leyenda. Como autores tenemos experiencias vitales diferentes como profesores y miembros de tribunales de examen, y todavía llevamos en los dedos las manchas de tinta roja que lo demuestran. Pero si bien esperamos que nuestras observaciones sean instructivas (y amenas, en lo posible), estamos sujetos a limitaciones geográficas y cronológicas en cuanto a lo que podemos abarcar. Motivo por el cual, en este libro nos hemos reducido a la época moderna, digamos desde finales del siglo XVIII, la era de la Guerra de independencia de Estados Unidos y de la Revolución francesa, y fijándonos principalmente en Gran Bretaña y demás países europeos, aunque también se han considerado algunas cuestiones de Estados Unidos y el resto del mundo.

# 1. VIEJOS AGRAVIOS

## La «Boston Tea Party», ¿fue la chispa que inflamó la Guerra de Secesión norteamericana?

Los sucesos llamados Boston Tea Party han suministrado una de las leyendas más coloristas y persistentes que se han tejido alrededor de la Guerra de Independencia de la colonia. Sin embargo, se suele interpretar mal su trascendencia y su importancia, en especial por lo que se refiere a su categorización como detonante de la guerra.

A comienzos de 1773 quedaban ya claras las diferencias principales entre Inglaterra y sus colonias americanas. Aparte de la cuestión principal de los impuestos, tanto los que gravaban las rentas como los dirigidos a la regulación del comercio (éstos fueron el factor originario de la Boston Tea Party), los contenciosos giraban alrededor de la relación entre las asambleas locales electas y los gobernadores coloniales, el tema de las guarniciones militares y de la ley marcial, y la superioridad de los tribunales ingleses sobre la justicia colonial. Todos los extremos de la relación entre Inglaterra y las colonias estaban en duda, y no se había alcanzado ningún compromiso efectivo todavía. Sin embargo, la agitación remitió en gran medida después de la Matanza de Boston en marzo de 1770, y las colonias retornaron a la costumbre tradicional de querellarse las unas contra las otras. Había agrias disputas fronterizas entre Nueva York y Nueva Hampshire, así como entre Nueva York y Pensilvania. En las dos Carolinas, 6.000 pobladores fronterizos se alzaron contra la aristocracia costera y la represión hizo 15 bajas. Fue entonces cuando las autoridades británicas juzgaron oportuno fomentar la venta del té en Norteamérica para dar un balón de oxígeno financiero a la Compañía de India Oriental. La «Tea Act» permitía importar té directamente en Estados Unidos, es decir sin pasar por ninguna aduana inglesa. Eliminaba la onerosa tasa inglesa sobre el té, aunque mantenía la tasa estadounidense. Para evitar el contrabando, la Compañía operaba por medio de concesionarias oficiales. Esto indignó a los mercaderes estadounidenses, sobre todo a los de Nueva York y Filadelfia, que se habían forrado entrando el té y otras mercancías en Estados Unidos: quedaban excluidos del comercio oficial, y la reducción de las tasas les arruinaba el negocio del contrabando. Se auguraba difícil la renovación de los acuerdos de no importación, puesto que casi todos ellos habían sido transgredidos. Los patriotas de Boston dedujeron que la Compañía no iba a tener dificultad para encontrar concesionaria en esa ciudad ni para vender el té. Fue un acto de desesperación, por tanto, el que emprendieron algunos de ellos cuando se disfrazaron de indios mohawk, abordaron los dos barcos del té surtos en el puerto de Boston y echaron al mar el contenido de 298 cajas, por un valor de 11.000 libras.

¿Fue este incidente la causa de la Revolución americana? No en lo inmediato, ni directamente. Las autoridades de la metrópoli podían ignorar los hechos, tal como hicieron el año anterior, cuando el asalto al Gaspée. Pero en el caso del Gaspée los daños afectaron principalmente a las personas y no hubo mucha destrucción de bienes. En el siglo XVIII los atentados contra la propiedad siempre se juzgaban con más severidad que las lesiones a las personas. También podían dejar las autoridades de la metrópoli que las de Massachusetts hiciesen las averiguaciones necesarias y pusieran a los perpetradores a disposición de sus jueces. Sin embargo, y pese a ser perfectamente conocidos en Boston los cabecillas, difícilmente se reunirían pruebas suficientes para persuadir a un jurado bostoniano. En las demás colonias, la Boston Tea Party no causó regocijo sino más bien escándalo. Hasta los patriotas moderados consideraron que las cosas habían ido demasiado lejos en Boston.

Y ahí habría quedado el asunto, si tanto los británicos como los estadounidenses hubiesen optado por fijarse más en lo que los unía, y no en lo que los separaba. Pero las autoridades británicas creyeron, quizá con no mucho acierto, que una cosa así ni siquiera en Estados Unidos debía quedar sin alguna acción punitiva. En Inglaterra, los mercaderes y la Compañía clamaban exigiendo sanciones. Una vez tomada la decisión de no consentir sin castigo, el gobierno inglés hizo aprobar por el parlamento, pese a una enconada oposición, una serie de disposiciones que no tardaron en ser calificadas de «leyes de represalia» *(Retaliatory Acts)* por todos los patriotas norteamericanos, y que constituyeron el principal de los agravios que recoge la Declaración de Independencia. La clausura del puerto de Boston fue un castigo colectivo con todo lo que éstos tienen de arbitrario. Causó mucho resentimiento, incluso entre quienes no habrían tenido nada que objetar si se hubiese castigado a los revoltosos. Los mercaderes y muchos ciudadanos corrientes de otros puertos de la costa atlántica se alarmaron al comprobar que su prosperidad dependía de los caprichos de unas autoridades que estaban a 3.000 millas de distancia. La vulneración de los fueros de Massachusetts implicaba idéntico peligro para las constituciones de todas las demás colonias. La transferencia de los juicios a tribunales de Inglaterra y la ley de acuartelamiento, que reforzaba la guarnición militar británica en Boston, resucitaron viejos rencores que habían quedado en estado latente.

Los elementos radicales lograron persuadir a muchos americanos de que la «Quebec Act», que los británicos tenían en preparación desde varios meses antes de la Tea

Party, era en realidad otro instrumento destinado a esclavizarlos todavía más. Nueva Inglaterra, en donde el elemento conservador era muy fuerte (excepto en el siempre agitado, y mayoritariamente puritano, Massachussets), contempló con grandísima alarma aquella ley que otorgaba las libertades religiosas a los católicos de Quebec. Por increíble que parezca hoy, la consideraron como la primera fase de una conspiración entre la Iglesia Anglicana y el papa de Roma para destruir el puritanismo. Los más materialistas se alarmaron ante la extensión de la frontera canadiense hasta el Ohio. El efecto de la coincidencia entre las leyes de represalia y la ley de Quebec favoreció a los partidarios de levantar otra vez la agitación antibritánica. De esta manera, hasta los más moderados se convencían de que la política británica iba expresamente encaminada a subyugar y avasallar a los norteamericanos.

Fueron los moderados quienes, tratando de evitar la ratificación formal de un pacto y alianza, promovieron con éxito la idea de un congreso de todas las colonias, a celebrar en Filadelfia en 1774. Enseguida el congreso quedó bajo el dominio de los radicales. A no ser por la Boston Tea Party, a lo mejor ni siquiera habría llegado a reunirse, o no se habrían adoptado las proposiciones principales: no pagar más impuestos a Gran Bretaña y movilizarse en armas para la autodefensa. Este Primer Congreso Continental incluso habría evitado la ruptura con la metrópoli si ésta se hubiese avenido a negociar. Pero las autoridades inglesas prefirieron considerar que el congreso era una asamblea ilegal. El conflicto fue el resultado inevitable. No era inevitable que se produjese una escaramuza sangrienta en Lexington el 19 de abril de 1775, pero sí estaba visto y sentenciado que la lucha iba a estallar durante la primavera en algún lugar de Massachusetts. La Boston Tea Party fue el catalizador que lo facilitó.

## La hambruna en Irlanda: ¿tuvieron los ingleses el designio de exterminar a los irlandeses por inanición?

Inglaterra ha sido acusada a menudo por la hambruna irlandesa de 1846. La acusación se concreta en afirmar que ignoraron despiadadamente la trágica situación del país y renunciaron a hacer nada por remediarla. La opinión de que los estadistas ingleses dejaron que muriesen de hambre los habitantes de Irlanda, es una mancha injusta en el expediente de hombres de tan elevada probidad como Peel y Russell. Lo que pasó fue que tuvieron que enfrentarse a un inmenso desastre económico-social. Es verdad que dicho desastre fue consecuencia de la conquista de Irlanda por los ingleses varios siglos antes, con el régimen de arrendamiento de las tierras que implantaron. Pero también cabe entender que la hambruna fue causada, en la misma medida, por el primitivismo de los métodos de cultivo que practicaban los irlandeses, el atraso de su economía en general, su innata oposición a los cambios y la tremenda superpoblación que afectaba a Irlanda en la época.

La hambruna irlandesa alcanzó dimensiones de desastre sin precedentes en el verano de 1846, y sus secuelas en forma de epidemias e indigencia generalizada persistieron durante muchos años, pese a las buenas cosechas de 1847 y 1848. Durante los peores años pereció más de un millón de personas. La hambruna vino a enconar todavía más las relaciones entre ingleses e irlandeses y fue uno de los factores principales de la exigencia de autogobierno. En Irlanda era creencia general que unas autoridades irlandesas lo habrían hecho mejor que las inglesas en la lucha contra la catástrofe..., desde luego habría sido imposible hacerlo peor. Por eso cundió la opinión de que no habían sabido enfrentarse eficazmente al problema o, más grave aún, que habían permitido deliberadamente que el hambre hiciera estragos con el fin de privar de nervio a Irlanda y someterla del todo. Otro aspecto que ha pasado a formar parte de la leyenda es que las administraciones de sir Robert Peel y lord John Russell se hallaban tan imbuidas de las ideas maltusianas acerca de la población, que juzgaron ineluctable e incluso conveniente una rebaja de personal en Irlanda. Que no les interesaba evitarla, en una palabra. Las autoridades británicas han conferido credibilidad a estas opiniones en 1998, cuando pidieron excusas públicamente por la actitud de los ingleses en aquella ocasión: petición más justificable bajo criterios de conveniencia política que desde el punto de vista de la exactitud histórica. ¿Cuánto hay de verdad en esas acusaciones contra los gobiernos de Peel y Russell?

En un sentido, cabe argumentar, Inglaterra sí fue responsable de la hambruna, al imponer en Irlanda un sistema de explotación de las tierras importado y extraño al país. Dos siglos y medio antes, los ingleses despojaron a los caciques irlandeses tradicionales y reemplazaron el régimen irlandés por una forma modificada del que se practicaba en Inglaterra. Pero mientras en éste la mayoría de los aparceros tenían arriendos a largo plazo, en Irlanda los ingleses tuvieron buen cuidado de imponer arriendos cortos, o incluso de duración discrecional y sin contrato alguno. De modo que cuando estos arrendatarios efímeros mejoraban las fincas, le suministraban al arrendador un pretexto para aumentar la renta. Al fin y al cabo, las tierras mejoradas tendrían más demanda y además daban una productividad superior. Ahora bien, cuando el cultivo principal era de cereales, el aparcero se veía en la necesidad de atender toda la superficie disponible, pero la introducción de la patata acarreó un cambio espectacular. Era un cultivo que permitía alimentar a la familia durante todo el año con el 20 % de la superficie, en comparación con quienes cultivaban avena o trigo. Entonces el arrendatario dejaba la mayor parte de la finca en barbecho, y permitía que las dependencias más alejadas decayesen y se arruinasen, al tiempo que criaba algunos animales para venderlos y así pagar la renta. De esta manera evitaba que le fuese aumentada, en vista del estado lamentable de la finca. Los jornaleros sí continuaban cultivando cereales para que el propietario los exportase a Inglaterra, pero los aparceros subsistían virtualmente a base de la patata, que cubría casi todas sus necesidades alimenticias. Su generalización como cultivo tuvo lugar en la segunda mitad del siglo XVIII. En 1845 las estimaciones más autorizadas señalaban que cuatro millones de personas, es decir la mitad de la población irlandesa de entonces, dependían totalmente de ese tubérculo.

Antes de 1845 hubo más de un año de mala cosecha de la patata, y todas las veces fue preciso montar importantes campañas de socorro. Pero nadie había previsto un desastre de la magnitud del de 1845-1846. Lo que alarmó al gobierno conservador de Peel fue que en agosto de 1845 el tizón tardío hizo también su aparición en Inglaterra. A finales de octubre dos expertos, el doctor Lyon Playfair y el profesor Lindley, advirtieron que la situación era muy grave y que la cosecha de patata en Irlanda iba a quedar por debajo de la mitad de lo acostumbrado. Recomendaron someterlas a tratamiento de calor para secarlas y aplicar conservantes químicos. Ambos remedios se evidenciaron inútiles y además se perdió tiempo ensayándolos. A finales de octubre, cuando Peel recibió el informe, hubo un momento de confianza, persuadidas las autoridades de que la mayor parte de la cosecha estaría ya a salvo en los almacenes, y también un cierto escepticismo en cuanto a la gravedad del caso. Pero al retirarlas de los almacenes las patatas salían podridas. Por las declaraciones de Peel podemos reconstruir que no sólo se dio cuenta enseguida de que la situación era de extrema gravedad, sino que asumió además la responsabilidad del gobierno en la lucha contra la hambruna, pese a las doctrinas de *laissez-faire* que imperaban en la época. Lo demostró al suspender la ley del trigo en noviembre. Pero algunos de sus aliados aristócratas opinaron que se estaba exagerando la crisis por motivos políticos, y que la patata podrida se había convertido en un vegetal político. Un duque de la familia real llegó al extremo de asegurar que mezcladas con hierba, las patatas podridas constituían un plato muy nutritivo.

Tan inhumana indiferencia, sin embargo, no fue representativa de la política gubernamental. Los irlandeses reclamaban la prohibición temporal de las exportaciones de cereales. En Inglaterra se perdió casi toda la cosecha de cereales, y en Irlanda resultó sólo un poco inferior a lo normal. Fue preciso llamar a las tropas para escoltar los carromatos que llevaban el grano a los puertos de la costa irlandesa, mientras en el interior la gente se moría de hambre. Peel consideró que no serviría de nada el suspender las exportaciones de trigo. Arruinaría a los terratenientes, algunos de los cuales trataban de ayudar a sus aparceros, y además la retención del grano en Irlanda no sería de mucha utilidad de momento ya que los irlandeses no tenían dinero para comprarlo. Agravar la carestía de cereal en Inglaterra prohibiendo importarlo de Irlanda habría equivalido a un suicidio político y no sería de utilidad alguna, siempre desde el punto de vista de Peel. Por lo que propuso otras medidas. Con vistas a la primavera, peinó el sur de Europa en busca de patatas de siembra limpias de la plaga. Con todo, se perdió el 75 % de la cosecha de 1846. En las ciudades de Irlanda y en las aldeas accesibles se establecieron comedores de pobres, con la doble intención de socorrer a los hambrientos y disuadir a los irlandeses de su excesiva dependencia con respecto a la patata. Se procedió a una importación secreta de maíz estadounidense por valor de 160.000 libras, y fue ofrecido a los campesinos por poco más de dos peniques el kilo. Acostumbrados a las patatas, decían que era pienso para las bestias y que tenía mal sabor. Lo llamaban «el azufre de Peel», aunque poco después se alegraron de poder comerlo. Para que la población arruinada pudiese comprar el maíz y otros alimentos disponibles, Peel lanzó un programa de obras públicas como saneamientos de tierras, tendidos ferroviarios y construcción de carreteras. En 1846 se gastó a tal fin medio millón de libras, pero no dio resultado. Los hombres famélicos no podían con el trabajo pesado. Los funcionarios encargados no eran expertos en hacer frente a situaciones de emergencia; los pocos que habían visto hambrunas semejantes en la India todavía estaban allí. Fue preciso cubrir 15.000 puestos en pocas semanas, y se hicieron muchos nombramientos desacertados. También hubo cohecho y corruptelas.

En 1847 se gastó aún más en programas de emergencia, pero habían esperado hasta marzo y fue demasiado tarde. Por fin, el gabinete de Russell concedió a la junta de gobierno del protectorado el permiso para repartir socorros a todo el país. La cosecha de 1847 salió abundante y con escasas trazas del tizón, pero el año fue, en muchos sentidos, el peor de la época de hambruna. En Irlanda siempre hubo enfermedades infecciosas endémicas, y después de dos años de inanición el tifus se cobraba un pesado tributo. Es imposible decir con ninguna aproximación cuántos murieron de hambre y cuántos de las enfermedades. No existía en Irlanda la costumbre de practicar la autopsia a cadáveres que tal vez habían permanecido insepultos durante largas semanas en las comarcas más remotas. La inexistencia de ferrocarriles y el mal estado de los caminos implicaban, por otra parte, que los socorros no conseguían llegar a los distritos más aislados. Se ha estimado que murieron de tifus 350.000 irlandeses sólo en 1847. Otra consecuencia del hambre, la tuberculosis, continuó haciendo víctimas durante toda la década de 1850. Las estimaciones más fiables postulan que de 1845 a 1851 murieron de hambre medio millón de personas, más un millón de resultas de las enfermedades, y 300.000 emigraron. En el punto álgido de la catástrofe, la primavera de 1847, tres millones de irlandeses, de una población total de ocho millones, dependían de algún tipo de socorro público. Uno de cada tres terratenientes irlandeses estaba en la ruina, y muchos de éstos lo habían perdido todo tratando de ayudar a sus arrendatarios. No tardaron en ser reemplazados por propietarios absentistas a los que sólo interesaba la maximización de sus rentas.

Inglaterra no fue indiferente a las angustias de Irlanda. En fondos públicos se gastaron 7 millones de libras tratando de socorrer, y la contribución de las autoridades se complementó con suscripciones públicas y donativos particulares. En la época, el gasto público anual de Gran Bretaña oscilaba por encima de los 50 millones de libras, así que una asignación de poco más del 2 % en el momento culminante de la hambruna irlandesa no parece excesivamente generosa. Sin embargo, la hambruna de Irlanda no se solucionaba gastando más dinero, ante la imposibilidad de repartir la ayuda por falta de vías de comunicación. También faltó honradez y experiencia por parte del funcionariado. En algunos casos, el reparto de socorros tropezó con reacciones de resentimiento, desconfianza y hostilidad por parte de los destinatarios de la ayuda. Se perdió el tiempo en medidas inútiles, como el intento de combatir por medios químicos la extensión de la plaga. Además, a mediados del siglo XIX no existían pastillas milagrosas para combatir y curar las epidemias. Es un poco mezquino, por tanto, el poner en duda los sentimientos humanitarios de Peel, Russell y sus gabinetes. Seguro que no deseaban tener sobre su conciencia tantas muertes. Titubearon, y sin duda hicieron poco y lo hicieron tarde, pero la hambruna fue más debida a causas naturales que a omisiones humanas.

## El presidente Jackson y los indios: ¿emigración pacífica o expulsión sangrienta?

Al duro y nervudo colono de la frontera, electo presidente en 1828, se le acredita con frecuencia el haber acabado con la amenaza india hacia la supremacía del hombre blanco cuando empujó a las tribus indígenas hacia el oeste, más allá del río Misisipí. ¿Mereció Jackson esa reputación heroica?

Casi 20.000 miembros de la tribu tsalagi (llamada «cherokee» por los norteamericanos angloparlantes) tenían garantizada la propiedad de sus territorios tribales, en primer lugar por George Washington en 1794, y luego por una serie de más de noventa tratados que el Gran Padre blanco firmó con los caudillos de aquélla. El principal, el de 1798. Figuraban entre los grupos nativos más instruidos del sudeste: cultivaban huertas y jardines, se dedicaban al comercio y a las manufacturas, y tenían una lengua escrita que casi todos ellos dominaban con soltura, así como periódicos y hasta una Constitución propia. Los territorios que se les concedieron, principalmente en Georgia, pero también en los vecinos estados de Alabama y Misisipí, fueron invadidos poco a poco por ocupantes blancos, y mermaron de los 120.000 kilómetros cuadrados iniciales a sólo 39.000 en 1828, que fue cuando la asamblea legislativa de Georgia extendió su jurisdicción a todas aquellas tierras. Con lo que prácticamente ponía fin a la independencia de los cherokee. Entre los votantes que habían hecho presidente a Jackson predominaban los rudos y duros pioneros del oeste y del sur, que veían en él al hombre que había rechazado el desembarco de los ingleses contra Nueva Orleáns en 1815. Él coincidía con la intención de los que acudían a los asentamientos, que no era otra sino la de expulsar del territorio federal a los indios. Además había peleado ya contra ellos en Alabama, en la batalla de Horseshoe Creek (1814). Prometió una recolocación pacífica, pero quienes le conocían bien no ignoraban que esa descripción no era más que un eufemismo de expulsión violenta y muchas veces sanguinaria.

En 1830 Jackson hizo aprobar por el congreso una ley de reubicación y empezó a utilizar la milicia del estado para echar a los cherokee de sus casas. En los estados orientales la opinión pública criticó severamente la política de Jackson, y eso supuso cierta medida de esperanza a los cherokee. Sus jefes intentaron llevar la causa al Tribunal Supremo, pero la demanda fue rechazada porque los indios eran «una nación doméstica y dependiente», y por tanto, no podían personarse como parte. Más éxito tuvo la segunda tentativa, cuando un misionero de Vermont demandó al estado de Georgia. La ley de reubicación fue declarada inconstitucional, lo que enfureció tanto a Jackson como a la opinión sureña en general. Ésta y aquél desacataron la sentencia y se salieron con la suya. Se proclamó la ley marcial y continuó la expulsión de los cherokee. Cada vez más presionados, los caudillos indios se vieron obligados a firmar en 1835 otro tratado en el que cedían al gobierno federal el resto de sus tierras y aceptaban mudarse a lo que hoy es Oklahoma. El senado estadounidense debatió este tratado largamente y con acritud. Finalmente, fue ratificado por sólo un voto de mayoría. En 1838 quedaban menos de 2.000 cherokee en Georgia, y Martin van Buren, el sucesor de Jackson, declaró al Congreso que «las medidas autorizadas por el Congreso en la pasada legislatura... han sido llevadas a efecto con felices resultados» y que «los cherokee han emigrado, sin manifestar la menor renuencia» a sus nuevos domicilios.

Algunos años antes, una expedición contra los indios seminolas de Florida tuvo un resultado todavía más funesto, con la destrucción de todos sus poblados y la muerte o la expulsión de miles de ellos una vez que los blancos hubieron cautivado a su caudillo Osceola mientras éste ondeaba la bandera de tregua, anunciando la intención de parlamentar.

La iniciativa de Jackson en Florida fue criminal: el traslado forzoso de casi 20.000 norteamericanos nativos sobre una distancia de 1.300 kilómetros a pie, en carromatos o en carretas de bueyes, aunque realizado en un tiempo relativamente breve y sin mucho derramamiento de sangre, difícilmente pudo calificarse de emigración voluntaria, y ciertamente Jackson no tenía derecho a atribuirse ningún mérito.

# 2. CONSPIRACIONES Y CONJURAS

## ¿Pereció el Delfín en la Revolución francesa?

A lo largo del siglo XIX inquietó muchas mentes la creencia de que durante la Revolución, el hijo de Luis XVI había logrado escapar de las garras de los revolucionarios y sobrevivir hasta la edad adulta.

Después del periodo del Terror empezaron a circular rumores en el sentido de que el joven Delfín, automáticamente convertido en rey Luis XVII de Francia por la ejecución de su padre en 1793, después de sobrevivir a su estancia en la mazmorra del Temple y a la dura tutela del zapatero remendón y de la mujer de éste, que eran sus carceleros, había logrado escapar hacia la libertad. Para adornar el relato se decía a veces que el mismo Robespierre, apiadado del muchacho, había facilitado la fuga. Según se contaba, el chico fue criado de incógnito en algún lugar de la Francia rural y tardó en descubrir que era el rey legítimo. Después de 1815 aparecieron varios pretendientes, entre los cuales un mozo de cuadra y un relojero prusiano. Éste logró una actuación tan convincente que persuadió a la doncella de Versalles, ya anciana, que había atendido al príncipe cuando niño, y también supo ganarse el favor del rey Luis Felipe, que le concedió una pequeña pensión. Más tarde murió olvidado de todos y en 1840 recibió sepultura en Delft, bajo un epitafio que decía: «Aquí yace Luis XVII, duque de Normandía, rey de Francia y de Navarra». La idea de la dramática fuga fue recogida más tarde por la baronesa D'Orczy, que describió el episodio en *Pimpinela Escarlata*. Según esta versión, al chico lo habían sacado clandestinamente de su país y fue entregado a su familia austríaca.

La verdad es menos excitante, aunque apenas menos increíble. El príncipe real, que siempre había sido un niño delicado, murió de la tuberculosis en su malsana celda a la edad de diez años, en 1795, y lo enterraron bajo el nombre de Luis Carlos Capeto en una fosa común. Antes del sepelio hubo una investigación oficial, y el forense Pelletan, que era monárquico, sustrajo el corazón durante la autopsia y lo sacó envuelto en su pañuelo. Más tarde se lo pasó al entonces arzobispo de París, quien lo tuvo guardado en una vasija hasta el asalto y saqueo de su catedral en la Revolución de 1830. Se rompió la vasija y el hijo de Pelletan recogió los restos momificados del corazón, guardándolos en una urna de cristal. En 1999 fueron sometidos a las pruebas de ADN para compararlos con muestras de cabellos de su madre, de dos de sus hermanas y de dos descendientes vivas de la familia.

Los análisis demostraron más allá de toda duda razonable que el Delfín era, en efecto, la persona fallecida en 1795 y que el corazón era el suyo. En el siglo XIX fue excavada en dos ocasiones la sepultura originaria, y las dos veces se dijo que los huesos pertenecían a un muchacho de bastante más edad, alrededor de los diecisiete. Ahora, en cambio, el carácter definitivo de los análisis de ADN ha sido admitido por casi todo el mundo.

## Los carbonarios, ¿patriotas o bandidos?

Durante mucho tiempo la historia de la unificación de Italia dio pie a idealizaciones románticas. Mazzini, Cavour, Víctor Manuel, Garibaldi e incluso Pío IX han recibido tratamientos literarios en los que no se reconocerían ni ellos mismos. La leyenda no excluyó a los carbonarios, tradicionalmente considerados como fundadores del nacionalismo italiano. El retrato robot más reiterado es el de unos intelectuales y liberales perseguidos por sus creencias, refugiados en chozas en las montañas, donde sorteaban los rigores del invierno calentándose las manos alrededor de fogones de carbón. Allí albergaban los más puros ideales y soñaban con una Italia libre de la dominación extranjera. Un eminente historiador se atrevió a escribir en 1939 que «[en la década de 1820] en todas partes se formaron sociedades secretas, la principal de ellas la de los carbonarios, decididas a trabajar por la unión de Italia». Para explicar el fracaso de los carbonarios, estos mismos historiadores aducen que su debilidad estaba en su propio idealismo, y que les faltaba sentido práctico y capacidad de organización para llevar a buen fin sus propósitos. Va siendo hora de revisar esta imagen idealizada de los carbonarios y de sus intenciones.

Ante todo, es erróneo suponer que todos los movimientos revolucionarios de la Italia de 1820 estuviesen dirigidos por los carbonarios. No se formaron en todas partes esas cofradías. Su campo principal de operaciones fue el reino de Nápoles, desde donde extendieron su influencia a algunas partes de los ducados centrales y de la Romaña. En el Piamonte, los primeros insurrectos no fueron carbonarios sino *federati*, que no tenían con aquéllos ni la menor relación. Por otra parte, los *carbonari* napolitanos no eran todos unos idealistas liberales y nacionalistas, ni mucho menos. Hubo entre ellos, naturalmente, muchos intelectuales de clase media, aunque en su origen los carbonarios eran miembros de sociedades secretas que tomaban de la masonería su inspiración (y muchas veces, sus signos secretos de reconocimiento y sus contraseñas). Semejantes sociedades eran un imán para los idealistas, pero también para los aventureros de todos los pelajes y los buscadores de emociones fuertes. No es de extrañar que en Nápoles sobre todo, con su tradición de bandidaje y delincuencia organizada, algunos elementos hallaran en el carbonarismo una tapadera para sus secuestros, robos y asesinatos. No hay que inferir de esto que todos los bandidos napolitanos se hicieran miembros o seguidores de los carbonarios; normalmente, bandidaje y fervor revolucionario van por vías distintas, incluso en Nápoles. Por supuesto que las autoridades contemplan como terroristas a todos los revolucionarios que recurren a la lucha armada, y las autoridades napolitanas se dieron mucha maña en explotar los dudosos antecedentes y actividades de algunos carbonarios locales. Pero si todos ellos hubieran sido bandidos, ciertamente no habrían doblegado a dichas autoridades en 1820. En contraste con lo dicho, entre el bajo clero hubo algunos implicados en el carbonarismo, e incluso se dijo que Pío IX había pertenecido a uno de estos grupos cuando era joven.

¿Fueron patriotas los carbonarios? Sí, en el sentido de que uno de sus objetivos más constantes fue librarse de la influencia extranjera y de la dominación austríaca. En Nápoles procuraban socavar el poder y la influencia de los Borbones de España. Sin embargo, la insurrección napolitana de 1820 no respondió tanto al propósito de derribar a Fernando I, como al de forzar una constitución liberal, calcada de la española de 1812. En los ducados, sometidos a la soberanía austríaca por imposición del Tratado de Viena, los carbonarios querían expulsar a la dinastía extranjera. De manera que el patriotismo de la mayoría de los carbonarios apuntaba a conquistar y preservar la independencia de los estados italianos existentes. Eran ardientes partidarios de una Toscana independiente, o de una Lombardía o una Venecia restauradas. No hay indicios de que se propusieran nunca la unificación de Italia. Cada grupo carbonario tenía sus propios designios limitados y locales. Todos querían acabar con la represión política. Todos pretendían la participación en el poder político y el final del absolutismo. Y todos deseaban echar a los extranjeros. Después de eso, se volvería al antiguo mosaico de ciudades-estado que siempre fue Italia desde la Edad Media. No se proponían redibujar el mapa de Italia, ni mucho menos entregar todo el país a la dominación de los piamonteses. Para la inmensa mayoría de los grupos, esta lucha por unos objetivos circunscritos a lo local predominó sobre las operaciones delictivas por lucrativas que éstas fuesen, pero Mazzini supo ver sus debilidades, y cuando creó su Joven Italia en 1831 no trataba de continuar la obra de los carbonarios sino que se había propuesto unos fines muy distintos, y los persiguió por procedimientos de muy superior astucia.

## ¿Quién voló el *Maine*?

Una de las mayores leyendas de la historia estadounidense es que su guerra contra España en 1898 fue justa porque los españoles habían volado adrede un buque de guerra de Estados Unidos. De esta interpretación resulta que los norteamericanos entraron en la guerra de mala gana, pero que no les quedó más remedio en vista de la provocación. Y que las anexiones después de la guerra no fueron ejemplos del imperialismo estadounidense, sino justas indemnizaciones por la infamia española. Es un mito absurdo de principio a fin, pero cobró carta de naturaleza por aquel entonces y persiste todavía en algunos textos de divulgación.

El 15 de febrero de 1898 una explosión voló el acorazado estadounidense *Maine* y murieron 2 oficiales y 258 marinos. El navío llevaba tres semanas en La Habana para vigilar de cerca la insurrección cubana contra España, así como para tranquilizar a los norteamericanos residentes en Cuba. El hundimiento resucitó en Estados Unidos la fiebre bélica que se había calmado un tanto después de la deposición del general Weyler, notorio por la crudeza de la represión contra los rebeldes. Los periódicos estadounidenses acusaron a España de la voladura y popularizaron el grito de «remember the *Maine*». El 25 de abril Estados Unidos declaró la guerra a España, y la mayoría de los ciudadanos consideró que el hundimiento del barco justificaba la declaración de guerra. Pero ¿fue verdaderamente España la responsable?

Todos los indicios señalan la improbabilidad de que los españoles quisieran provocar la entrada de Estados Unidos en la contienda: ¿qué ganaban con eso? Al contrario, habían evitado cuidadosamente todo lo que incomodase al poderoso vecino. Seis días antes del hundimiento, el embajador español en Washington fue llamado a consultas por Madrid, en vista de la indignación suscitada en Estados Unidos por unos comentarios de imprudente antiamericanismo que el diplomático había vertido en una carta particular. Y suponiendo que los españoles hubiesen considerado inevitable la intervención estadounidense, el hundimiento del *Maine* no tenía mucho sentido militar, y en todo caso podía esperar a la declaración oficial de guerra. Más motivos tenían los insurgentes cubanos para volar el *Maine*, a fin de asegurarse la entrada en guerra de Estados Unidos y con ella la práctica certeza de la independencia de Cuba. Pero no hay ningún indicio que apoye esta hipótesis.

En la época del desastre, el capitán del *Maine* advirtió expresamente que nadie sacara conclusiones precipitadas. Pero inmediatamente después, la investigación oficial de la Armada concluyó que el *Maine* había sido hundido por una deflagración *externa*, lo que obviamente implicaba a los españoles, a quienes la opinión estadounidense designaba de antemano como culpables, o bien a los cubanos. De la investigación por parte de España resultó que la explosión había sido de origen *interno*, con lo que se exoneraban a sí mismos y también a los cubanos, aunque tal vez habría interesado más a los españoles el tratar de implicar a éstos.

No se hizo caso de la sugerencia de que unos insurgentes cubanos disfrazados de obreros portuarios pudieron llevar los explosivos a bordo del acorazado. En 1911, cuando izaron el *Maine*, se dijo que la inspección corroboraba las conclusiones de la investigación estadounidense, lo que dio nuevas alas a la leyenda, pero sin aportar ninguna prueba digna de consideración. Todavía hoy la hipótesis más probable apunta que la santabárbara del navío cargaba munición en mal estado, o que hubo una explosión en las carboneras por la mezcla de oxígeno del aire con polvillo de carbón. En todo caso, el hundimiento cumplió con su finalidad de justificar el expansionismo estadounidense, y todavía hoy la leyenda, aunque languideciente, se resiste a desaparecer con carácter definitivo.

## El magnicidio de Sarajevo: ¿tenía Serbia la intención de provocar la guerra?

Se ha dicho con frecuencia que la muerte del archiduque Francisco Fernando y de su esposa Sofía en Sarajevo, la capital de Bosnia, el 28 de junio de 1914, por los disparos del activista serbio Gavrilo Princip, fue el detonante de la I Guerra Mundial. Lo que ha dado lugar a una leyenda de intencionalidad o provocación por parte de los serbios. La verdad es que un examen superficial de la cuestión aporta algunos indicios en tal sentido: Princip, de diecinueve años, nacionalidad serbia y origen bosnio, era miembro de un movimiento nacionalista clandestino, *Mlada Bosna* o la Joven Bosnia. La pistola utilizada en el magnicidio le fue facilitada por el grupo terrorista serbio denominado la Mano Negra, cuyo lema era *Ujedinjenje ili Smrt*, «Unidad o muerte». Estaba compuesto por oficiales jóvenes del ejército serbio, imbuidos de ideas radicales y dispuestos a lograr la unificación de los serbios residentes en los imperios austríaco y otomano con los de la misma Serbia. Los austríacos creyeron que las autoridades serbias habían sido instigadoras del complot y recabaron el apoyo y anuencia de sus aliados los alemanes para actuar contra Serbia. Transcurrido poco menos de un mes, el 23 de julio enviaron a Belgrado un ultimátum redactado en términos ofensivos, y ante el previsible rechazo, declararon la guerra el 28 de julio. De este modo, se puso en marcha la secuencia de acontecimientos que condujo al estallido de la I Guerra Mundial.

Todos los hechos citados en el resumen anterior son exactos, pero reunidos de esta manera forman un cuadro completamente equivocado en cuanto a los orígenes de la guerra. Los austríacos no quisieron ver en la guerra el resultado lógico de una cadena de acontecimientos puesta en marcha por un incidente aleatorio, sino que la juzgaron provocada por un complot intencionado. Reforzaban esta «interpretación austríaca» las recientes guerras de agresión serbias en los Balcanes, de 1912 a 1914, y el carácter frecuentemente turbulento y violento de la política serbia. Al adoptar este criterio, Viena y Berlín pretendían excusar la responsabilidad por la guerra y cargarla sobre los hombros de Serbia, denunciada como la más militante de las potencias de segunda magnitud en los Balcanes. La realidad distaba mucho de ser tan sencilla.

Termocéfalo y tremendamente joven, Princip tenía poca madera de héroe o de conspirador de tan altos vuelos, capaz de desencadenar una guerra internacional. Era incluso demasiado joven para aplicarle la pena capital, de modo que languideció durante cuatro años en una fortaleza austríaca antes de morir en abril de 1918, a la edad de veintitrés años. Ni tampoco las sociedades secretas que proliferaban en los Balcanes por aquel entonces tenían fuerza para hacer daño a nadie..., excepto tal vez a sí mismas, por temerarias. Tampoco se adujo luego ni la más mínima prueba que corroborase las afirmaciones austríacas en cuanto a que las autoridades serbias estuvieran implicadas en la conspiración, pese a que se realizó después de la guerra una investigación rigurosa y estrechamente supervisada por los mismos austríacos. Sino más bien todo lo contrario. El régimen serbio estaba muy agotado por las guerras recientes, y aún no había completado la reorganización de su ejército al final de las mismas. Es decir, que no estaban preparados para la guerra, e hicieron serios esfuerzos por disuadir a los austríacos de la planeada visita del archiduque. A comienzos de junio, advirtieron a Bilinski, el ministro austríaco encargado de la administración imperial de Bosnia, en cuanto a los riesgos que correría el archiduque, ya que la visita era profundamente ofensiva para los sentimientos nacionalistas de los serbios y podía resultar incluso en una intentona contra la vida del heredero. Precisamente los austríacos interpretaron luego esa advertencia como indicio de que los serbios sabían de antemano lo que iba a ocurrir. Pero aún hubo más, y fue que el gobierno serbio, pese a no ser culpable de la complicidad de que le acusaban los austríacos, recurrió a una fraseología de la mayor mansedumbre y sumisión para rechazar el insultante ultimátum lanzado desde Viena. Ocho de los diez puntos de éste fueron aceptados e incluso se declaraban abiertos a la negociación de los otros dos, aunque implicaban el total abandono de la posición de Serbia como nación orgullosa e independiente. Por último, no se planteaba ninguna objeción a que se realizase una investigación oficial, aunque la comisión estuviese mayormente compuesta por funcionarios austríacos. En una palabra, se tragaron su orgullo e hicieron todo lo posible para evitar la guerra.

Por otra parte, Austria no fue la víctima sorprendida, por más que intentó presentarse como tal. Por consideraciones dinásticas, los Habsburgo tenían ambiciones en los Balcanes. En el decenio subsiguiente al atentado, muchos creyeron que fue deseo de la corte imperial que Francisco Fernando se expusiera al riesgo de ser asesinado. Porque era partidario de la «triple monarquía», es decir de una reforma de la Monarquía dual en el sentido de conceder una voz a los súbditos eslavos del imperio, equiparándolos con los austríacos y los húngaros. Esta proposición no gozaba de mucha popularidad en Austria. Es difícil valorar hasta qué punto intervino también la creencia fatalista en una maldición que pesaba sobre la familia imperial y real, y que condenaba a gran número de sus miembros a una muerte prematura. Idea obviamente absurda, aunque es cierto que intervinieron consideraciones dinásticas en la visita oficial a Sarajevo. Con anterioridad, el archiduque se había casado morganáticamente con la condesa checa Sofía Chotek, y si ésta pudo acompañar a su esposo en el coche oficial durante el recorrido por Sarajevo fue porque Francisco lucía el uniforme de mariscal de campo imperial; de lo contrario, el protocolo de una visita de estado la habría relegado a la cola del cortejo. Que la familia imperial exhibiese de esta manera su prepotencia militar y les restregase a los serbios la presencia del supuesto heredero, era profundamente ofensivo para los autóctonos. Además, la fecha de la visita coincidía deliberadamente con la fiesta nacional de los serbios, el aniversario de la batalla de Kosovo de 1389, detalle que de ninguna manera podían desconocer los organizadores.

A decir verdad, las altas jerarquías del gobierno austríaco y los mandos del Estado Mayor imperial andaban deseosos de ajustarles las cuentas a los serbios. En 1912, el conde Conrad von Hötzendorff, jefe de la junta del Estado Mayor, había lanzado ya una advertencia ante el crecimiento del poderío militar serbio y la posible amenaza contra Austria, diciendo que para 1914 iba a ser muy difícil derrotar a los serbios y que en 1917 éstos se hallarían en condiciones de derrotar a Austria, a menos que se tomasen medidas preventivas. Había diferencia de opiniones entre los militares sobre cómo abordar el problema de Serbia. Algunos creían que una breve expedición punitiva tal vez sería suficiente, seguida de la imposición de fuertes indemnizaciones económicas. Otros eran partidarios de la anexión de una parte de Serbia, y algunos propugnaban el reparto de los territorios serbios entre Austria y Bulgaria. Existía incluso un grupo partidario de incorporar totalmente a Serbia como reino vasallo y territorio del imperio (una versión tardía de la propuesta de triple monarquía que patrocinaba el archiduque). Lo único cierto era la necesidad de acabar con la independencia de Serbia. También el ministro de Asuntos Exteriores, el conde Berchtold, era partidario de forzar la guerra contra Serbia a la primera oportunidad, en alianza con Bulgaria, y recomendó que se evacuaran urgentes consultas con el káiser en Berlín, haciendo responsables de la crisis a los rusos y al «paneslavismo» balcánico. En su carta a Berlín declaró que «Serbia debe ser eliminada como factor político en los Balcanes [...] el problema ya no admite ninguna solución pacífica». El emperador Guillermo no adoptó ninguna disposición para retener a los austríacos —lo que no dejaba de ser sorprendente, después de las inesperadas iniciativas austríacas en otra crisis reciente, la de Buchlau—, sino al contrario, se pronunció a favor de sus aliados en términos bastante encomiásticos que fueron interpretados así por los austríacos: «La acción contra Serbia no debe demorarse más [...] Aunque se llegase a la guerra, estamos convencidos de que Alemania se pondrá de nuestra parte con su acostumbrada fidelidad como aliada». De esta manera prendió la mecha fatal, pero entre quienes la encendieron hubo por lo menos tantas manos austríacas como serbio-bosnias. Fue un accidente, pero se hallaba predestinado.

Gran Bretaña, como de costumbre, no estaba preparada para la catástrofe. El verano fue largo y caluroso, la nación estaba de vacaciones en las playas y la única nube que se divisaba en el horizonte político era la cuestión de Irlanda. Recientemente, el rey Jorge V había patrocinado que se reuniese en el palacio de Buckingham una conferencia para discutir el porvenir del Ulster. En cuanto al funcionamiento de los engranajes secretos de la diplomacia, el común de las gentes no sabía absolutamente nada. Tal vez se enteraron del atentado contra el archiduque en los Balcanes, pero, en todo caso, y puesto que había transcurrido un mes entero, creerían que el problema empezaba a caer en el olvido. Cuando Europa se precipitó a la guerra, la sorpresa y la consternación fueron generales. En aquellos momentos no era del todo irrazonable creer que los serbios la hubiesen iniciado.

## El caso de las fosas de Katyn: ¿quiénes fueron los responsables de la matanza de 1940?

**De entre las controversias originadas por la II Guerra Mundial, ha sido la debatida con más encono y durante más tiempo. Revelaciones recientes han dilucidado de manera definitiva lo que ocurrió en el bosque de Katyn en 1940.**

En mayo de 1942, unidades del ejército alemán desenterraron más de 4.000 cadáveres cerca de un campo de concentración, en el llamado Cerro de las Cabras, que se halla en el bosque de Katyn, a orillas del Dniéper y en las cercanías de Smolensk. La mayoría tenían las manos atadas a la espalda y todos habían muerto de un tiro en la nuca. Los nazis proclamaron que habían sido muertos por los rusos. Los rusos dijeron que habían sido liquidados por los nazis.

La versión alemana de los acontecimientos fue la siguiente. En septiembre de 1939 y después de ocupar la parte oriental de Polonia, los rusos deportaron a la Ucrania soviética a unos 15.000 polacos, en su mayoría oficiales del ejército, supuestamente para interrogarlos y «reeducarlos». Esta operación dirigida por «Zombrig» Zarubin, brigadier de la policía secreta soviética, fue un estrepitoso fracaso, en vista de lo cual se decidió repartir a los prisioneros en varios campos distintos, entre los cuales el de Kozelsk, próximo a Katyn. Cuando los alemanes invadieron Polonia en 1941, los polacos se hallaron en insospechada alianza con los soviéticos, y Winston Churchill incluso les solicitó a éstos la garantía de que se hubiese dispensado a los polacos un trato correcto. Los alemanes se apoderaron de Smolensk en julio de 1941. A comienzos de la primavera de 1942, y alertados por rumores que corrían entre los campesinos de la comarca, unos polacos encuadrados en la Organización Todt (el sistema alemán de brigadas de trabajos forzados) descubrieron un pequeño número de cadáveres en el bosque de Katyn, los cuales volvieron a enterrar con la debida ceremonia, y marcaron con cruces de ramaje la situación de las sepulturas. Hasta 1943 no aparecieron nuevos indicios, y fue que los militares alemanes interrogaron a cierto número de habitantes, y oyeron vívidas descripciones de enterramientos masivos acontecidos en la región. En abril se recuperaron 4.500 cadáveres de las fosas del bosque de Katyn. Otros 10.000 no aparecieron nunca. Entre la documentación de los muertos apareció la de algunos prisioneros polacos por cuyo paradero se había interesado Churchill. Las autoridades alemanas encargadas de la investigación concluyeron que todos habían sido ejecutados por los rusos.

Las autoridades soviéticas negaron obstinadamente tales acusaciones. Cuando reconquistaron Smolensk en septiembre de 1943, los funcionarios soviéticos afirmaron que las ejecuciones habían ocurrido a finales de 1941, y que las víctimas eran prisioneros de guerra polacos y presos políticos obligados por los alemanes a trabajar en la reparación de las carreteras. Y que los nazis, al afirmar que los asesinatos habían sido perpetrados por los rusos, no pretendían otra cosa más que dividir a los aliados. Los rusos aseguraron que los prisioneros todavía estaban vivos cuando los alemanes entraron en Smolensk y que muchos testigos presenciales los habían visto trabajando en la zona. La versión soviética de los hechos fue que la investigación de los «forenses» designados por los alemanes había sido precipitada y superficial. Que los prisioneros fueron atados y ejecutados con pésima simulación de circunstancias para calumniar al enemigo, y que, finalmente, las balas encontradas en las heridas de los cadáveres eran de un calibre más grande, que indicaba su procedencia alemana. Después de la guerra, esta versión soviética cobró cierta credibilidad al destaparse los horrores de Auschwitz, Buchenwald y Dachau y quedar al descubierto el bárbaro talante de los nazis.

A finales de 1943, el gobierno polaco en el exilio exigió una investigación independiente a cargo de la Cruz Roja suiza, lo que fue aceptado por los alemanes. En cambio, la reacción soviética fue explosiva. Rechazaron la petición, rompieron relaciones con sus aliados polacos por «ayudar y exculpar a Hitler» y establecieron poco después un gobierno polaco títere en Moscú. Todo el empeño de los soviéticos se encaminó a impedir la continuación de las investigaciones. Su versión de los hechos fue recogida por el tribunal de Nuremberg y los aliados prefirieron no discutirla. Así quedó el asunto en las crónicas que circularon durante los primeros años de la posguerra. En 1989 las autoridades soviéticas reconocieron que los rusos habían ejecutado a los 15.000 prisioneros.

## El asesinato del presidente Kennedy, ¿fue una conspiración?

**El asesinato del presidente Kennedy en 1963 dio pie a gran número de leyendas y mitos populares encaminados a explicar tan dramático acontecimiento, que fue una conmoción planetaria. Ahora que han transcurrido cuarenta años del hecho quizá es hora de reconsiderar las circunstancias.**

En noviembre de 1963, cuando tomó el avión rumbo a Dallas, el presidente Kennedy confiaba en allanar las discordias intestinas de los demócratas sudistas, cuyo sector más conservador criticaba el estilo de su presidencia. Texas es un estado grande que supone un importante bloque de votos electorales, y Kennedy había ganado allí por muy poco en 1960. Deseaba recuperarlos de cara a las elecciones de 1964, con la ayuda de su vicepresidente, Lyndon Johnson, también demócrata del sur. En la mañana del 22 de noviembre aterrizó Kennedy, y la caravana formada en el aeropuerto entró en Dallas poco después del mediodía. Enfiló por Elm Street y pasó frente al depósito de libros desde cuyo edificio fueron efectuados varios disparos que hirieron al presidente en el cuello y en la cabeza. Conducido con rapidez al cercano hospital Parkland, allí se certificó su muerte.

Una hora y media más tarde, y después de una accidentada persecución por la ciudad, la policía detuvo a Lee Harvey Oswald, un lobo solitario de peculiares antecedentes. Lo interrogaron y dos días después, mientras era conducido ante el juez, le salió al paso Jack Ruby, propietario de un club nocturno en Dallas, que le disparó a bocajarro matándolo en presencia de las cámaras de televisión. Ruby fue detenido y juzgado por el asesinato en 1964, pero la sentencia a muerte fue anulada y se fijó fecha para una nueva vista. Antes de que ésta pudiera celebrarse, en enero de 1967, murió de cáncer sin haber dado una explicación satisfactoria de su acto.

Desde entonces hacen furor en Estados Unidos las teorías conspirativas, pese a la claridad de las conclusiones a que llegó la comisión Warren, en su calidad de organismo especialmente designado por la autoridad federal para investigar las circunstancias del crimen. ¿Qué opinión se tiene actualmente de esas investigaciones?

La noticia del asesinato de Kennedy fue recibida con horror y pena no sólo en Estados Unidos, donde la gente lloraba por las calles, sino en todo el mundo. La primera preocupación del recién nombrado presidente Johnson, al que tomaron juramento sin dilación a bordo del avión presidencial estacionado en la pista del aeropuerto, fue resolver el asunto antes de las elecciones presidenciales, a celebrarse en noviembre del año siguiente. Dispuso que se formase una comisión especial presidida por Earl Warren, juez principal del Supremo, que debía tomar declaraciones, examinar las pruebas y dictaminar cuanto antes. Se evaluaron los informes del FBI, de los servicios secretos, del departamento de policía de Dallas y de otros departamentos, agencias y comisiones del congreso. También se tomó declaración jurada a 552 testigos. El dictamen se publicó a los diez meses, en septiembre de 1964.

Las conclusiones de la comisión fueron que Oswald había disparado tres veces desde el edificio del depósito de libros, que esos disparos mataron al presidente Kennedy y que poco después Oswald disparó contra el patrullero J. D. Tippitt que iba a detenerlo y lo mató. El informe analizaba el carácter de Oswald, señalando su arraigada hostilidad y resentimiento contra las autoridades. Pese al hecho de la reciente deserción de Oswald a la Unión Soviética para recibir entrenamiento como espía, y a haberse probado su actuación como tal a favor de Cuba, la comisión subrayó que no existían indicios de complicidad extranjera ni de confabulación alguna. Tampoco se quiso ver ninguna relación entre el asesinato del presidente Kennedy y la muerte del mismo Oswald días después. Finalmente, se planteaba una serie de críticas contra el FBI y los servicios secretos, y se formulaba una serie de recomendaciones con el fin de mejorar la protección de los presidentes en el futuro.

Al principio, el Warren Report fue recibido con el beneplácito de todos, por la prisa que se habían dado sus autores y la meticulosidad con que lo presentaron. Hubo, sin embargo, muchas circunstancias concomitantes que llamaron la atención y fomentaron las especulaciones que continúan hasta nuestros días. Ante la imposibilidad de llevar a Oswald ante los jueces y examinar por el procedimiento habitual las acusaciones y alegaciones, casi enseguida se plantearon dudas sobre su culpabilidad y la posibilidad de una conjura secreta.

¿Cuántos disparos se hicieron realmente en el lugar del crimen? Incluso este hecho tan elemental se evidenció dudoso, ante la extraña acústica de la plaza Dealey. ¿Era físicamente posible que Oswald realizase tres disparos con el arma que utilizó, en el lapso de los escasos segundos que tuvo al presidente en su mira? ¿O actuaron también otros cómplices? ¿Se disparó desde el llamado «montículo de hierba» próximo a la calzada, y no por detrás de la caravana de coches como se creyó al principio? ¿Tal vez no era Oswald el verdadero asesino, sino que le tendieron una añagaza y luego lo mataron para cerrarle la boca? Y si realmente se había entrenado para ser espía y actuar como tal, ¿por qué negaba la comisión que hubiese ninguna intervención extranjera en el atentado? La inmensa cantidad de indicios y testimonios que acumuló la comisión, ¿no sería más bien una manera de ocultar la verdad, en vez de revelarla?

Hubo otras sugerencias todavía más extravagantes. Algunos creyeron en un plan oculto de los servicios secretos para eliminar al presidente. Otros sugirieron que el instigador del atentado era el mismo Johnson, un ambicioso que hasta entonces había sabido disimular muy bien, y señalaban la prisa indecente que se habían dado para tomarle juramento saltándose el protocolo normal. Incluso se comentó que J. Edgar Hoover, el jefe del FBI, sabía más de lo que decía, pero que callaba porque estaba presionado por la mafia, al haber descubierto ésta la secreta afición de Hoover al travestismo. Después del atentado hubo una serie de acontecimientos extraños, que nunca han sido explicados de manera satisfactoria. Por ejemplo, ¿por qué fue colocado el cadáver de Kennedy en un suntuoso féretro de metal, para pasarlo luego, subrepticiamente, a otro de madera común, y por qué el primer ataúd de metal fue arrojado en 1999 por la Fuerza Aérea a una de las fosas más profundas del Atlántico? Todo esto pareció demasiado insólito para consentir una explicación simple.

Pero tampoco ha encontrado nadie pruebas de consistencia suficiente para refutar las conclusiones de la comisión Warren. Pese a lo cual, se han rodado bastantes películas y se ha escrito más de un millar de libros para proponer otras explicaciones diferentes en sustitución de lo postulado por la comisión. A los estadounidenses, por lo visto, les gusta un buen misterio, y todavía más una buena conspiración.

Tal vez el paso del tiempo ha difuminado un tanto el panorama originario. No se puede negar que hubo fuertes críticas contra Kennedy, sobre todo en los estados del sur. Los observadores contemporáneos repararon en el tono especialmente desagradable de algunas de las pancartas exhibidas el día de la visita presidencial, con frases como: «Ayúdenle, Kennedy quiere aplastar nuestra democracia», «¡Eres un traidor!» y «Señor presidente: Yo lo desprecio por sus tendencias socialistas y por haberse entregado al comunismo». Otros sudistas, algunos de ellos muy respetables, opinaban que la palabra de Kennedy valía poco y que sus promesas electorales apenas eran más que retórica. Es cierto que su programa no adelantó mucho más allá de la fase de proyecto. Su ley de derechos civiles, por ejemplo, no fue propuesta al Congreso hasta el año siguiente, y otras muchas medidas estaban todavía *in pectore*.

Todas estas críticas, sin embargo, eran hijas de posturas políticas adversarias. Su actuación en el mundo diplomático durante la crisis de Berlín y su conducción de la crisis cubana de los mísiles, en cambio, fueron universalmente admiradas, incluso por parte de sus contrincantes. Su promiscuidad sexual y donjuanismo incorregible no eran conocidos por aquellos años.

La leyenda de Camelot y la beatificación laica de Kennedy promovida por la oleada de artículos periodísticos de empalagosa sensiblería que barrió Estados Unidos después del asesinato, podrían explicar que se le haya dedicado un culto con escaso sentido crítico. Y en un ambiente tan artificioso, no es de extrañar que arraiguen las teorías conspirativas.

## ¿Qué hay de cierto sobre los diarios de Hitler?

**En 1983 *The Times* anunció su intención de publicar los diarios de Adolf Hitler, descubiertos después de una rocambolesca búsqueda y debidamente autentificados. Iba a ser tal vez el documento más importante publicado nunca en relación con la II Guerra Mundial. Poco después se averiguó que el tan reiterado documento era una falsificación. ¿Qué se sabe de esa estafa?**

Durante varios años, la revista alemana *Stern* tuvo en su nómina a un periodista llamado Heidemann, gran coleccionista de recuerdos de la época nazi, que durante algún tiempo creyó hallarse sobre la pista de unos documentos importantes y que tal vez eran los diarios particulares de Hitler. Estaba dispuesto a hacer una oferta de dinero en nombre de la revista para conseguirlos. Esa oferta fue lo que tentó a un tal Konrad Kujau, aprendiz de muchos oficios y estafador compulsivo con antecedentes penales, que vivía por aquel entonces en las cercanías de Stuttgart. Decidió abordar una falsificación ambiciosa y más rentable que los trabajillos realizados hasta entonces. Kujau ideó la historia de que Hitler, durante los últimos días del Tercer Reich, había mandado sacar de Berlín en avión diez cajas metálicas de valioso material de archivo para que fuesen llevadas a lugar seguro en el sur del país. Pero el Junkers 352 que las transportaba se estrelló en el bosque de Heidenholz, cerca de la frontera checa. La tripulación murió y el fuego devoró la mayor parte de la carga. Kujau también dijo haber accedido al soporte material de los diarios, pero que sus informantes se hallaban al otro lado del telón de acero, lo que lo obligaba a guardar la imprescindible confidencialidad. Es decir, que no podía revelar el origen de los diarios. En realidad, los estaba fabricando laboriosamente, volumen a volumen, y cobraba unos 50.000 marcos por cada tomo. En cuanto a Heidemann, tenía presupuestados 80.000 marcos por volumen y cobraba además sustanciosas dietas para cubrir supuestos gastos. La pareja impulsó el negocio con entusiasmo e insistía en que la autentificación debía mantenerse en secreto (al igual que la existencia de los propios diarios), no fuese a enterarse alguien de la competencia y se adelantase a dar la «noticia bomba». Este engaño continuó hasta 1983, que era el quincuagésimo aniversario de la ascensión de Hitler al poder. En ese momento existían no menos de cincuenta y ocho tomos de los «diarios», todos escritos por Kujau y comprados por Heidemann. Pocas personas los examinaron, y de éstas, casi nadie los leyó porque eran manuscritos de caligrafía alemana antigua, caída en desuso después de la guerra.

Eran unos tomos grandes, del formato de los antiguos cuadernos escolares y, como éstos, con tapas rígidas de charol negro. Algunos venían provistos de un sello de lacre rojo con la figura del águila germánica, y otros con las iniciales «AH» en relieve sobre la tapa anterior. Muchos de ellos llevaban pegadas unas etiquetas asegurando ser propiedad del Führer, escritas a máquina y rubricadas por Martin Bormann. Contenían algunas revelaciones sorprendentes. Por ejemplo, Hitler confesaba estar al tanto de la misión de Hess en mayo de 1941 y de su propósito de buscar la paz con Inglaterra, aunque luego lo negó al comprobar que la operación había fracasado. Varios de estos detalles inventados por Kujau eran casi ridículos, como cuando decía que Hitler admiraba mucho a Chamberlain por su fría profesionalidad. En su mayor parte, sin embargo, el contenido de los diarios era aburrido y banal. Debían mucho a una edición en dos volúmenes de los *Discursos y proclamas de 1932 a 1945* de Hitler, publicada en 1962 por el historiador alemán Max Domarus, del que a ratos se copiaron páginas enteras.

Rupert Murdoch, el propietario de *The Times* y *Sunday Times*, se lanzó a una indecorosa batalla con la revista estadounidense *Newsweek* por los derechos en lengua inglesa, pero las negociaciones se rompieron ante las pretensiones de la *Stern*, cuyos propietarios escalaron el precio a casi 5 millones de dólares. Además, faltaba todavía una verificación de autenticidad propiamente dicha. De hecho, nadie demostró mucha prisa por someter a prueba los diarios. Se convocó a un supuesto «experto», ya jubilado, para que certificase la letra manuscrita, pero como la muestra de la letra de Hitler que le dieron para la comparación también era producto de la habilidad de Kujau, los diarios pasaron esta sencilla verificación como era de esperar. No se recurrió a ningún archivero profesional, ni se practicó ninguna prueba forense hasta que fue demasiado tarde. El eminente historiador británico Hugh Trevor-Roper dio por buenos los diarios al principio, más persuadido por el enorme volumen de la falsificación que por su contenido, ilegible para él y que de haberlo podido leer tampoco habría entendido. Cuando se descubrió el engaño la revista *Stern* había iniciado ya la publicación de los diarios.

Los errores textuales eran numerosos, en parte porque Kujau no había puesto mucho cuidado al copiar. Otras veces repetía los errores contenidos en las fuentes que manejaba y que transcribía literalmente. También se descubrieron errores e inconsistencias de otros tipos. Los ancianos sobrevivientes como Christa Schroeder, que fue una de las secretarias de Hitler, confirmaron que el Führer nunca escribía nada de su puño y letra. Su ayudante Von Below explicó que el caudillo alemán muchas veces no comía hasta las cuatro de la madrugada y luego se tumbaba a dormir, con lo que no le quedaban horas de recogimiento personal para ponerse a escribir diarios. En éstos incluso aparecía una entrada para la noche de la jornada del mes de julio de 1944 en que Hitler sufrió un atentado con una bomba. La explosión le hirió en el brazo derecho y en las fotos que se le hicieron por aquellos días aparece el Führer con el brazo en cabestrillo. El estudio forense resultó aún más condenatorio. El papel era de una calidad inferior y contenía un blanqueante químico no inventado hasta 1955. La encuadernación, la goma y la tela también eran de fabricación posterior a la guerra. El hilo rojo con que se ataron las tapas una vez puestos los sellos de lacre contenía poliéster, y las iniciales también eran de un plástico moderno. Las etiquetas se rotularon con una máquina de escribir vieja, pero no en el decurso de los años comprendidos entre 1924 y 1937, sino todas casi a la vez. Los análisis químicos de la tinta demostraron que los libros se habían escrito recientemente y no en la época que se les suponía.

Ahí se deshizo el engaño y algunos de los protagonistas, como Trevor-Roper, quedaron un tanto ridículos. En cuanto a los dos principales, Heidemann y Kujau, fueron juzgados y enviados a la cárcel por una temporada bastante larga.

# 3. HÉROES Y GRANUJAS

## ¿Quién fue «Ned Ludd»?

En su origen, el «rey Ludd» fue un monarca de la isla británica que engrandeció y confirió esplendor a Londres en algún momento de la época medieval, que permanece envuelto en los velos de la leyenda. Pudo ser un funcionario o un rico mercader de la comarca, y el título de realeza, puramente honorífico. Ni siquiera consta con certeza su existencia. Según la leyenda popular, está enterrado bajo Ludgate, una de las antiguas puertas de la muralla, y de ahí el nombre. Hoy sobreviven Ludgate Hill y Ludgate Circus como nombres de calles. Tampoco sabemos si prestó el sobrenombre a «Ned Ludd», el supuesto cabecilla de las cuadrillas de trabajadores manuales que recorrían Inglaterra rompiendo las máquinas que los arruinaban, y personaje no menos legendario que el otro, dado que aparece simultáneamente en gran número de lugares muy alejados los unos de los otros durante su breve «reinado» entre 1810 y 1812.

El nombre de Lud o Ludd parece adoptado como símbolo de la lucha del hombre de a pie por mejorar la suerte de su vida. A comienzos del siglo XIX la situación de los trabajadores de las manufacturas se deterioraba rápidamente como consecuencia del avance incontenible del maquinismo, que eliminaba muchos puestos de trabajo y presionaba a la baja sobre los salarios. Tal vez intuyeron que necesitaban un caudillo como los del mítico pasado heroico de las islas. Los «luditas», como acabaron llamándolos, surgieron al mismo tiempo en el norte y en las Midlands.

En el Lancashire, los luditas eran tejedores manuales del algodón, cuyo medio de subsistencia estaba eliminando el telar mecánico inventado por Cartwright en 1785, impulsado al principio por saltos de agua y luego por la máquina de vapor. Al tercer intento, en abril de 1812, los luditas consiguieron incendiar el vapor de West Houghton. Apresados luego muchos de los asaltantes, ahorcaron a cuatro y deportaron a otros diecisiete.

Los luditas del Yorkshire eran tundidores de lana y se sintieron amenazados por la rápida introducción de una máquina que hacía el trabajo de cuatro hombres y condenaba al paro a muchos de ellos. El mismo mes de abril de 1812 atacaron la fábrica que tenía Cartwright en Liversedge, pero no pudieron hacer mucho daño porque el mismo Cartwright los estaba esperando con un pelotón de soldados. Sufrieron varias bajas y fueron expulsados. Dos de los apresados murieron luego de sus heridas, pero sin revelar nombres de compañeros. Algún tiempo después hubo un atentado contra Cartwright, aunque salió ileso. En cambio, otro patrono, William Horsfall, de Marsden, fue tiroteado por los luditas insurrectos y murió.

En Nottingham, Derbyshire meridional y Leicestershire los luditas la emprendieron contra las máquinas de tundir que los calceteros de dichas comarcas alquilaban a los confeccionistas a domicilio para aumentar la producción de éstos. Estas personas no estaban en condiciones de negarse y el daño para el empleo se agravó con la introducción de una galga mucho más ancha que se deshilachaba al cortar el tejido. Es decir, que no sólo perjudicaba los puestos de trabajo sino también la reputación del oficio. En la temporada de 1811 a 1812 los luditas rompieron más de un millar de ingenios de hacer calceta. Como estaban instalados en viviendas particulares, el asalto era mucho más fácil y muchas veces los mismos confeccionistas cooperaban facilitando la fuga de los saboteadores. De hecho, se ha afirmado a veces que el movimiento ludita tuvo su origen en Leicestershire, y la leyenda local incluso asegura que Ned Ludd era oriundo de la aldea de Anstey, en las cercanías de Leicester. Cuando los luditas emitían una proclama o una carta abierta, la firmaban con ese nombre, y algunas veces indicaban como domicilio de su «rey Lud» el bosque de Sherwood (madriguera de un héroe popular todavía más famoso, Robin de los Bosques), aunque en realidad dicho bosque estaba a más de 30 kilómetros de distancia.

En su afán por reprimir a los luditas, las autoridades recurrieron a la policía, al somatén, a la infantería regular e incluso a la caballería. En 1812 se promulgaron leyes que hicieron de la destrucción de máquinas un delito capital. Las actividades de los luditas encontraron émulos en las del no menos legendario capitán Swing, que en 1830 desafió el poder de los terratenientes con sus ataques contra la maquinaria agrícola y protestó contra el duro trato que dispensaban a los braceros las autoridades encargadas de administrar la «ley de pobres». En ambos movimientos demostró su fuerza el descontento popular, y en ambos casos la respuesta de las autoridades fue la más despiadada represión. Con tales procedimientos se logró dominar poco a poco la amenaza del sabotaje, y se preservó la disciplina de las clases trabajadoras.

## Talleyrand: ¿se atuvo a unos principios o sólo al beneficio personal?

Ha quedado con fama de chaquetero, de ajustar sus principios según las ideas del régimen al que estuviera sirviendo en cada momento. Que lo mismo le daba un régimen revolucionario de ultraizquierda, que un monarca ultramontano. Por eso sus contemporáneos lo juzgaron tan desprovisto de moral como de conciencia. Alguien que fue amo suyo, el emperador Napoleón, lo describió con su típico laconismo como *merde dans un bas de soie*, una mierda envuelta en una media de seda. ¿Es justa esa caracterización?

Como se ha dicho de algún otro personaje, Talleyrand se subió al coche oficial en 1789 y no se apeó hasta 1834, periodo de tempestuosos cambios en Francia y en toda Europa. Obviamente, para seguir ostentando cargos en época tan resbaladiza debió poseer notable habilidad acrobática. Y la demostró a la perfección.

Charles Maurice de Talleyrand nació en 1754. Era de estirpe aristocrática y aunque no tenía ninguna vocación se hizo hombre de Iglesia. En 1789 era obispo de Autun. Ocupó escaño en la Asamblea Nacional, donde votó con el tercer estado y apoyó la constitución civil del clero así como otras muchas medidas anticlericales. Fue parlamentario hasta enero de 1791. En 1792 lo enviaron a Londres como representante diplomático, pero él huyó a Estados Unidos cuando la ejecución de Luis XVI. Permaneció en el exilio hasta el establecimiento del Directorio en 1795. Fue ministro de Asuntos Exteriores del Directorio desde 1797 hasta 1799, año en que dimitió, y el 18 Brumario secundó el golpe de estado de Bonaparte. Desde 1799 hasta 1807 Talleyrand sirvió a Napoleón como ministro de Asuntos Exteriores, desempeñando un importante papel en la política exterior de Francia, sobre todo de cara a Alemania. En 1808 llegó a la conclusión de que le quedaba poco tiempo a Bonaparte, por lo que dimitió y se quedó esperando la oportunidad de ofrecer sus servicios a los aliados.

En 1814, cuando cayó París, Talleyrand negoció con el zar, y tras persuadir a Luis XVIII para que firmase la Carta de Gante, le anunció formalmente la deposición a Napoleón. Representó a Francia en el Congreso de Viena de 1815, e hizo cuanto pudo por sembrar la división entre los aliados y para conseguir que Francia participase en calidad de gran potencia. Se retiró de la carrera política cuando sobrevinieron otros Borbones, pero todavía desempeñó un papel primordial en la deposición de Carlos X y la sustitución de éste por Luis Felipe. Regresó a Londres como embajador desde 1830 hasta 1834; entonces se reconcilió con la Iglesia y en su lecho de muerte fue sacramentado con la ceremonia correspondiente a su rango de obispo.

No es de extrañar que una carrera tan polifacética suscitase considerable escepticismo por parte de los observadores contemporáneos en cuanto a la moralidad del protagonista. Hay que recordar que el final del siglo XVIII y el comienzo del XIX fueron épocas de lucha de la democracia y el nacionalismo contra la autocracia y el legitimismo. En las polémicas, por tanto, siempre se tenían muy presentes las consideraciones morales, y en este sentido las deficiencias de Talleyrand saltaban a la vista. Él desdeñaba las críticas con un cinismo elegante, que para muchos equivalía a una confesión de culpa. Sin embargo, supo ocultar bien sus motivaciones reales más profundas.

Por debajo de sus cambios de chaqueta y aparente superficialidad se intuye un sólido patriotismo. Cualquiera que fuese el cariz político del régimen imperante, derechista o izquierdista, él siempre tuvo en cuenta los que juzgaba ser los intereses de su país. Esto se vio con claridad, por ejemplo, durante el Congreso de Viena, donde acertó a jugar sus cartas, que dada la situación de Francia no eran demasiado fuertes, con habilidad consumada. Aprovechó su posición en la mesa de negociaciones para explotar las debilidades y la mutua desconfianza de los vencedores, y así consiguió una paz moderada y aceptable. A lo mejor, lo que él mismo escribió en sus memorias —que nunca había desertado una causa, hasta que ésta dejaba de ser ventajosa para Francia— es más verdadero que todas las demás cosas que se han dicho.

## Wyatt Earp, ¿héroe del Oeste Salvaje?

**Wyatt Earp, defensor de la ley en los estados del medio Oeste, se convirtió en una celebrada leyenda popular estadounidense. ¿Qué tanto por ciento de verdad contiene esa historia?**

Nacido en 1849, Earp ganó fama como oficial de justicia o *marshal* en Dodge y Tombstone, donde hizo posible que la gente honrada caminase por la calle gracias a su incansable persecución contra los facinerosos y su fe en el imperio de la ley. En 1881, un abogado de Tombstone escribió refiriéndose a él: «Su conducta como guardián del orden público estuvo por encima de todo reproche. Actuaba con serenidad, pero sin temor alguno en el cumplimiento de sus deberes. Por lo general, andaba en mangas de camisa, sin chaqueta y sin portar armas a la vista». Ha sido descrito como hombre flaco pero atlético, de expresión terca y poco alegre, bigote de guías caídas y voz profunda, gruñona, tan impresionante que muchas veces le bastaba para quebrar la resistencia de sus oponentes. De todas las leyendas del Oeste Salvaje, la suya es quizá la menos cierta y la más duradera. Ha dado lugar a varios filmes con acento épico, entre los que destaca el clásico *Duelo de Titanes* (*Gunfight at the OK Corral*), dirigido en 1957 por John Sturges, con Burt Lancaster en el papel protagonista.

Earp jamás fue elegido oficial de justicia en ninguna parte y probablemente tampoco habría logrado hacerse elegir alguacil, o sheriff. La vigilancia del orden público en tanto que ayudante le resultaba más sencilla, puesto que se trataba de una actividad a tiempo parcial que no perjudicaba los intereses comerciales de Earp como encargado de un *saloon*, aunque parece ser que prefería los helados de crema a las aguardientes fuertes. Sólo participó en dos tiroteos, de los cuales el más célebre, la batalla contra los hermanos Clanton en el OK Corral, duró menos de treinta segundos. Sus habilidades con las armas se reducían principalmente a someter revólver en mano a los pastores que alborotaban en su establecimiento. Si manejaba un Buntline Special con cañón de doce pulgadas, como pretende la leyenda, le serviría más como bastón en que apoyarse que como arma. En ocasiones también le fallaba el «saque», y se ha dicho que en una de estas oportunidades se le cayó la canana de la cintura, quedando con las rodillas aprisionadas y en ridículo, ya que no pudo alzarse a la silla del caballo.

Que las informaciones disponibles acerca de Wyatt Earp sean tan confusas se debe, ante todo, a la inconsistencia de la leyenda creada principalmente por él mismo, y en parte también por la idealización que tejió su mujer, Sadie. La humilde realidad es que Earp fue al principio un ocupante de tierras arrebatadas a los indios, y luego, cazador de bisontes, trabajador del ferrocarril, y por último, hombre de negocios. Su propósito nunca fue limpiar Tombstone de malhechores, sino amasar concesiones mineras y títulos de propiedad sobre fincas. Con una participación de un quinto en la concesión de juegos de azar en la taberna, tuvo por clientela a la escoria de la humanidad y nunca permitió que las tareas de mantenimiento del orden interfirieran con el flujo de sus beneficios. Por lo que se refiere a los oficiales de justicia que ajustaban cuentas a tiros con los sospechosos no acusados formalmente, incluso en 1880 tales procedimientos estaban ya mal vistos en el oeste. Algunos veteranos de Arizona consideran a Earp un asesino por matar a un vaquero en esas circunstancias, y por montar luego una venganza contra los que habían asesinado a su hermano menor, Morgan. Estos críticos aseguran que «fue poco más que un fuera de la ley que perpetraba sus fechorías al amparo de una placa».

Más interesante sería plantearnos por qué, después de tanto tiempo, los habitantes de Estados Unidos siguen defendiendo esta especie de teatro con moraleja como símbolo de su cultura. Durante un siglo entero, las novelas y las películas del Oeste Salvaje han propagado la idea del bien y de la justicia desafiados por los malos, y finalmente vencedores. Esta noción del bueno que triunfa por ser más expeditivo con los puños o más rápido con el revólver, pero sin comprometer en ello su propia moralidad, de hecho sirve para disfrazar uno de los episodios menos gloriosos de la historia de aquel país, el práctico exterminio de la población aborigen y la rapiña de sus tierras por pura codicia. En cierta manera se trata de oficiar un exorcismo tranquilizador de la conciencia colectiva. Se recurre a la fascinación de las tierras vírgenes, a la prueba de virilidad que implicaba el mensaje de «¡Al oeste los jóvenes!» *(Go West, young man!)*, la aventura de viajar en caravana de carromatos en busca de los horizontes ilimitados donde forjarse un porvenir, el desafío de los grandes espacios y de la vida dura y sencilla, cuando cada hombre luchaba para sí y para su familia. También demuestra el fuerte atractivo que ejerce sobre muchas mentes una religión puritana, de simplicidad elemental, con estricta separación entre buenos y malos: una versión moderna de leyendas como la del rey Arturo y sus caballeros de la Tabla Redonda, o la de Robin Hood y sus alegres compañeros del bosque de Sherwood en lucha contra el pérfido sheriff de Nottingham. Para los que necesitan la guía de un arquetipo moral, esos iconos culturales quizá tienen todavía su utilidad.

## Cecil Rhodes, ¿visionario o granuja?

Las opiniones acerca del carácter y hazañas de Cecil Rhodes se han modificado notablemente en el decurso de la segunda mitad del siglo XX. Fue presentado a generaciones de escolares (entre los cuales el autor de estas líneas) como el gran héroe de la historia imperial, el gran arquitecto del Imperio Británico en el sur de África, el soñador que concibió la idea del ferrocarril desde Ciudad de El Cabo hasta El Cairo, el fundador de Rodesia, y el idealista y filántropo que creó las becas Rhodes para la Universidad de Oxford. Ha sido contemplado por otros bajo una luz mucho menos caritativa como un intrigante, un estafador, un embustero, un trepa que se enriqueció con el oro y los diamantes, y un fanático adalid de las ideas de supremacía de la raza blanca. Hoy nos parece posible que su personaje fuese una curiosa combinación de todas estas cosas, y que en conflicto consigo mismo fue bueno y malo al mismo tiempo.

Cecil John Rhodes nació en 1859, hijo de un párroco anglicano, y se crió y fue a la escuela en Bishop's Stortford. Débil del aparato respiratorio, en 1869 lo enviaron en busca de sol y aire limpio a Natal, en Sudáfrica, donde vivía un hermano suyo. En 1871 se mudó a Kimberley y durante dos años llevó vida de prospector, durmiendo en una tienda de campaña y rascando el suelo, sentado sobre un barreño de madera puesto del revés, en busca de diamantes. Más tarde él aseguró que ganaba 100 libras a la semana por aquel entonces. Durante esta aventura halló tiempo para un viaje de ocho meses en carreta de bueyes por el Transvaal y Bechuanalandia (la actual Botswana). Lo que vio allí captó su imaginación y lo reafirmó en el designio de explotar aquellas regiones a las que él llamó «mi Norte». Más tarde, en 1873, el explorador quiso convertirse en licenciado e ingresó en el Oriol College de Oxford. En la universidad escuchó las encendidas palabras de John Ruskin llamando a la juventud de Inglaterra a acudir en auxilio de su país: «¡Daos prisa! ¡Fundad colonias! [...] Reclamad cualquier pedazo de tierra fértil en que pongáis los pies, y una vez allí, enseñad a los colonos la virtud más grande, que es la fidelidad a la madre patria».

De regreso en Sudáfrica, presidió una compañía diamantera en 1880 y durante los años siguientes adquirió fuertes intereses en las minas de oro del Transvaal. En 1889 culminó una fusión de varias compañías de este tipo, y pasó a presidir la gigantesca De Beers Consolidated Mines. En 1887 había fundado la Compañía Británica de Sudáfrica y dos años después se le otorgó una real concesión para explotar la región situada al norte del Transvaal que más adelante recibiría el nombre de Rodesia. Siguiendo una política que hoy consideraríamos un tanto inescrupulosa, obtuvo el permiso de Lobengula, rey de los matabele, para buscar minerales en su país a cambio de suministrar fusiles a sus guerreros. Por aquel entonces, dichas armas eran de venta libre en Inglaterra al precio de 12 chelines y 6 peniques la unidad (62,5 céntimos de libra), aunque, afortunadamente, los fusiles que valían eso no tenían mucha precisión. No fue fácil conducir a los primeros 200 colonos en un recorrido de centenares de millas a través del *veldt*, o matorral sin caminos, pero finalmente Rhodes logró asentarlos en Fort Salisbury (la actual Harare) y les dio viviendas estables, un banco, un periódico y hasta un despacho de telégrafos.

Mientras tanto, en 1880 se hizo diputado por la colonia de El Cabo, y primer ministro de la misma desde 1890 hasta 1896, cuando fue obligado a dimitir por culpa de su vinculación con la llamada «incursión Jameson». Sucedió que unos descontentos del Transvaal, de entre la numerosa población de colonos de origen holandés, los *uitlander*, organizaron hacia la navidad de 1895 una conspiración para derribar el gobierno boer de Johannesburgo. Un íntimo de Rhodes, el doctor Starr Jameson, se dejó persuadir para capitanear una invasión de la comarca con un grupo de 500 policías armados a fin de restablecer el orden. Lo malo fue que los uitlander titubearon y Jameson cruzó la frontera sin que existiese ninguna insurrección. Como consecuencia, se vio perseguido por los tiradores de los boers y, por último, ignominiosamente arrestado por las mismas fuerzas a las que venía a disciplinar. Los cabecillas fueron juzgados en Johannesburgo. Cuatro de ellos (entre los cuales, un hermano de Rhodes) recibieron sentencia de muerte, y otros cincuenta y nueve, pena de cárcel más o menos larga y además una multa de 2.000 libras cada uno. La presión política consiguió que las autoridades boers los soltaran, y algunos de los dirigentes fueron luego juzgados otra vez en Londres. En cuanto a las multas, Rhodes las pagó todas de su propio bolsillo, pero el incidente puso fin a su carrera y nunca volvió a ejercer cargo político, ni recuperó la influencia que había tenido en la colonia de El Cabo. Falleció en 1902, poco antes del final de la guerra de los boers, y dejó una fortuna de más de 6 millones de libras. Una parte considerable de esa suma fue a dotar las becas, a las que podían aspirar hombres de elevado carácter procedentes de las posesiones británicas de ultramar, «con el propósito de inculcar en sus mentes lo ventajoso de preservar la unidad del Imperio, tanto para las colonias como para la misma Inglaterra».

No parece que el mismo Rhodes hubiese sido buen candidato para una de sus becas, teniendo en cuenta los defectos de su carácter. Aunque se le atribuyeron actitudes amistosas para con los obreros nativos de color, cuyos intereses defendió en más de una circunstancia, también es cierto que anduvo poco escrupuloso con sus rivales y excesivamente autoritario con sus seguidores. En los negocios y en la política no fue ajeno a las artes del engaño y de la triquiñuela, como demostró sobradamente en sus negociaciones con Lobengula y en el caso Jameson. Se movió mucho en círculos influyentes de Gran Bretaña, y se enorgullecía de su amistad con muchos líderes políticos de la época, aunque algunos de ellos, como Joseph Chamberlain, no se alegraban mucho de conocerlo. Demostró imaginación y visión en sus designios, pero se desprestigió pronto y llegó a ser muy impopular. Su visión limitada, intolerante y triunfalista, cobraba visos de provincianismo en el ambiente político del siglo XX. Durante toda su vida creyó que el Señor había designado a la raza anglófona como instrumento privilegiado para implantar en el mundo un régimen social basado en la justicia, la libertad y la paz: «En consecuencia, es evidente que Dios desea que yo ensanche la influencia y el poderío de esa raza tanto como sea posible».

Viniendo de él, y durante algún tiempo, semejantes palabras parecieron admisibles a los ingleses. Pero hoy, cuando escuchamos otras parecidas en boca de líderes racistas de diversos regímenes, las reconocemos claramente como absurdas y peligrosas, que es lo que son.

## La «telegrafía sin hilos» de Marconi, ¿utilizó un invento plagiado?

**Los tres breves pitidos enviados desde su emisor instalado en la playa de Poldhu (Cornualles) en 1901 consagraron a Guglielmo Marconi como inventor de la radio. Sus colaboradores instalaron este primitivo emisor en Inglaterra, desde donde transmitieron las señales del código morse para la letra «S», y fueron recibidas al otro lado del Atlántico en Signal Hill, de Saint Johns (Terranova), donde Marconi y sus ayudantes habían instalado un no menos primitivo receptor cuya antena se largaba al aire con ayuda de una cometa. Ahora, transcurrido más de un siglo, se ha demostrado que no fue correcto atribuirle a Marconi el prestigio de «padre de la radio» contemporánea.**

Un especialista en electrónica empleado de la NASA en Houston ha revelado que Marconi utilizó un descubrimiento de sir Jagadis Chandra Bose, solitario científico que trabajaba en su modesto laboratorio de Calcuta. Una comunicación científica enviada por Bose y publicada en 1899 describe el mismo dispositivo que empleó Marconi en su transmisión realizada dos años más tarde. Este dispositivo, llamado «cohesor», consistía en un tubito de vidrio conteniendo una gota de mercurio entre dos terminales de hierro. Era el elemento imprescindible para que la señal de radio emitida desde Cornualles suscitase un ruido audible en la estación de escucha localizada en Terranova. La averiguación ha confirmado que el dispositivo utilizado por Marconi corresponde exactamente a la descripción del cohesor de hierro-mercurio publicada por Bose. Tal vez fue por eso que Marconi trató de despistar diciendo que el concepto de dicho dispositivo provenía de unas investigaciones realizadas por la Armada de su país —motivo por el cual se dio en llamarlo «cohesor de la Marina italiana»—, aunque finalmente Marconi lo patentó con su propio nombre.

Marconi se mudó de Bolonia a Londres en 1896. Un año antes, Bose había abandonado Gran Bretaña para establecer su laboratorio en Calcuta. Es poco probable que llegasen a conocerse personalmente, pero sin duda cada uno de ellos conocía los trabajos del otro. El marqués Luigi Solari, rico aristócrata italiano que le sugirió la idea a Marconi según la versión de éste, dijo haberla leído por primera vez «en alguna publicación inglesa», pero no acertó a dar más precisiones. Es muy posible que el documento no recordado fuese la descripción del cohesor de Bose publicada en un boletín de 1899 de la Royal Society londinense, y que en su momento pasó casi desapercibida.

## ¿Fue Roger Casement víctima de una campaña de calumnias?

Detenido en Irlanda en 1916, Roger Casement fue conducido a Londres, acusado de alta traición, juzgado y ahorcado. Los nacionalistas irlandeses lo consideran todavía un mártir de su causa, pero fue sistemáticamente difamado por los ingleses, que utilizaron un diario particular (que no fue presentado al tribunal) lleno de detalles lamentables de la vida privada de Casement, de donde resultaba que éste era un pervertido y homosexual. Aún no se ha extinguido la controversia a que dio lugar este caso.

Casement, nacido en las cercanías de Dublín en 1864, ingresó en el servicio diplomático de los británicos en 1892, y se dio a conocer por un informe en el que denunciaba las inhumanas condiciones practicadas por los caucheros del Congo y de la Amazonia. Dimitió del servicio consular en 1913 y se hizo ferviente nacionalista irlandés. En 1914 estaba en Estados Unidos tratando de reunir fondos para ayudar a la independencia de Irlanda. Luego trató de reclutar unas «brigadas irlandesas» entre los de esa nacionalidad prisioneros de guerra en Alemania, pero la iniciativa no tuvo mucho éxito. A continuación intentó recabar la ayuda de los alemanes para una insurrección en Irlanda. En 1916 los alemanes lo llevaron en un submarino hasta la costa de Kerry, cerca de Tralee, y lo desembarcaron allí en vísperas de la insurrección de Pascua promovida por el Sinn Fein, pero fue capturado a las pocas horas.

Incluso después de la condena, muchos creyeron probable que ésta le sería conmutada toda vez que no había tenido tiempo para realizar sus intenciones, por más traicioneras que fuesen. Muchos de los que así pensaban, estaban convencidos de que había sido víctima de una campaña de calumnias fomentada expresamente por las autoridades para contrarrestar las peticiones de indulto.

El deshonor para Casement derivaba de la utilización no demasiado escrupulosa que se hizo de textos sacados de ciertos libros de cuentas y cuadernos de notas, a los que se dio en llamar los «diarios negros», para diferenciarlos del «diario blanco» que se conserva actualmente en la Biblioteca Nacional de Irlanda y que recoge detalles de la investigación efectuada por Casement en América del Sur. Durante mucho tiempo se creyó que este «diario blanco» era una simple versión expurgada de los diarios negros, quitándoles los pasajes obscenos. Pero una reciente comparación de los dos ha revelado, además de diferencias de puntuación, ortográficas y de fechas, ciertos detalles materiales que apuntan a la intervención de un falsificador. Otros peritajes, por el contrario, aseveraron que ambos eran obra de la misma persona. Lo más desconcertante es el hecho de la gran extensión de los diarios, que ocupan muchos volúmenes y que habrían requerido una paciencia verdaderamente benedictina por parte del supuesto falsificador: un trabajo del mismo orden de magnitud que los llamados diarios de Hitler (véase en el capítulo 2 el apartado «¿Qué hay de cierto sobre los diarios de Hitler?»).

Una nueva investigación acerca de la autenticidad de los diarios, publicada en 2002 como parte de una iniciativa política de mejoramiento de las relaciones anglo-irlandesas, ha pretendido demostrar definitivamente que fueron escritos por Casement. Los diarios «negros» eran manuscritos a lápiz, y los «blancos» a tinta y lápices de colores. Ambos fueron cedidos para someterlos a pruebas forenses sobre la caligrafía, el papel y las tintas. Incluso se trató de determinar la presencia de pólenes vegetales oriundos de África y América, donde supuestamente había escrito los diarios Casement. Los científicos declararon que la autenticidad era indiscutible, conclusión que satisfizo a Roger Sawyer, contemporáneo autor de una biografía de Casement. Pero no todos quedaron satisfechos. Los historiadores residentes en Irlanda, como el escocés Angus Mitchell, siguen convencidos de que son falsos, y dicen que se trata de «textos reescritos por los servicios secretos ingleses a partir de la versión original». Así que pese a todas las pruebas aportadas, la cuestión sigue siendo tema de controversia.

## El último zar, ¿un tirano sanguinario?

**En las ojeadas retrospectivas sobre los últimos días de la Rusia zarista, y desde la perspectiva de un siglo xx ocupado por la Unión Soviética, es natural la tendencia a aceptar la versión bolchevique de la historia, y condenar al zar Nicolás II como tirano que reprimió sin contemplaciones al pueblo ruso. A tal punto, que éste, aguijoneado más allá de lo soportable, no tuvo más remedio que levantarse contra los opresores y barrerlos. Sería un error histórico, sin embargo, si exagerásemos la tiranía del zar: un error tan grande, por lo menos, como exagerar el liberalismo de los revolucionarios.**

No se puede negar que Rusia, como estado moderno, era diferente de Francia, Italia o Alemania. En primer lugar, por el atraso de Rusia en muchos sentidos, pese a los esfuerzos modernizadores de algunos de sus soberanos desde los tiempos de Pedro el Grande. Pasó a formar parte de las naciones de Europa relativamente tarde, ya que estuvo bajo el yugo de los mongoles hasta el siglo XVI. En toda la Edad Media, por tanto, quedó separada de la cultura común de los demás países cristianos. Para los rusos más tradicionalistas, esa cultura europea era *extranjera*; y los rusos debían buscar su identidad específica en las raíces eslavas y no en una imitación servil de las costumbres occidentales. En segundo lugar, y pese a que había comenzado un desarrollo industrial bastante rápido, el régimen de gobierno de Rusia seguía siendo la autocracia. Separación entre la Iglesia y el estado, secularización del poder político, subordinación de las autoridades políticas a algún tipo de control popular: ninguna de esas nociones había tenido curso en Rusia. Ni siquiera las ideas de la Revolución francesa consiguieron influir en medida apreciable sobre la mentalidad rusa. El régimen ruso dependía exclusivamente del zar, que además de cabeza política del estado era el vértice de toda autoridad social y religiosa. Cuando murió Alejandro II, en 1881, el impulso de reforma «europeizante» quedó frenado y Alejandro III lo reemplazó por otro de signo contrario, una política reaccionaria que subrayaba los rasgos antieuropeos de la sociedad. El principal valido de Alejandro era Konstantin Pobiedonostzev, procurador del Santo Sínodo, que se dedicó a erosionar el poder de las comunidades campesinas y a detener el lento y difícil proceso del cambio. La autocracia se centralizó todavía más y una burocracia cada vez más numerosa sustituía en sus puestos a los aristócratas tradicionales. Éstos se retiraron a sus fincas del campo para vivir una época de esplendor rural decadente. Excluida de los cargos de confianza, la aristocracia habría podido bloquear las políticas reformistas de ministros como Witte y Stolypin, pero no reemplazarlos. Así que prefirieron coquetear con el radicalismo, e incluso con la revolución.

Estos rasgos atrasados, autocráticos y ultracentralistas de la vida política rusa se complicaron con otro, el deseo —oficializado desde que accedió al poder Alejandro III— de asimilar todos los aspectos de la vida a la pauta rusa oficial. Los impulsores de esta política eran los nuevos burócratas, que paradójicamente seguían a ciegas los aspectos más antiliberales del modelo prusiano, preocupado sobre todo por el orden y la uniformidad. En las provincias bálticas, en Polonia, en la Ucrania, en Besarabia, Transcaucasia y las provincias musulmanas asiáticas dio comienzo una política de «rusificación» sin contemplaciones, que pretendía acabar con la tradicional diversidad del imperio. Entre los más castigados estuvieron los judíos, víctimas de periódicos *pogroms*, espontáneos en ocasiones pero a menudo promovidos por las autoridades, en los que vidas y haciendas quedaban expuestas al odio y al resentimiento expresados de la manera más violenta. Hacia 1900, Rusia, en vez de disfrutar la deseada estabilidad y tranquilidad, era escenario de descontentos, impaciencias y esperanzas frustradas. Casi nadie estaba de acuerdo con la consigna tradicionalista de «ortodoxia, autocracia y nacionalidad», acuñada por el conde Ovarov, el que fue ministro de educación de Nicolás I.

El régimen del zar, sin más apoyo que el de una burocracia profesional pero de muy escasa formación, asumió en 1900 una responsabilidad tremenda en cuanto al porvenir del país. El zar mismo, centro de todo poder, era un sujeto amable, aunque de pocas luces para opinar por sí mismo y cargado de prejuicios. Muchas veces ni siquiera entendía la naturaleza de los problemas que se le planteaban. Al no estar permitida en su país ninguna expresión libre de las opiniones políticas, el zar Nicolás vivía en un vacío político asediado por sentimientos de incertidumbre e inseguridad. La Sección Tercera de su cancillería y la temida policía secreta, la Ojrana, tenían el deber de vigilar a los extranjeros, los discrepantes, los agitadores, los delincuentes y demás elementos peligrosos, pero la tarea se evidenció demasiado formidable para aquéllas. En 1905, por consejo del conde Witte, ministro de Hacienda y de ideas reformadoras aunque no demasiado liberales, y presionado por la necesidad de hacer algo en vista del giro desfavorable que iba tomando la guerra ruso-japonesa, Nicolás aceptó el llamado Manifiesto de Octubre, que pretendía ser un modesto comienzo de democratización. Pero transcurridas pocas semanas y ya concluida la guerra, el soberano retiró la mayor parte de sus concesiones, anuló varias disposiciones fundamentales y proclamó la ley marcial. Pese a ello, el manifiesto produjo la primera asamblea o Duma, desde cuyo escenario por limitado que fuese los reformistas podrían plantear en un futuro sus exigencias de mayores concesiones.

En 1907, sin embargo, el zar creyó haber recuperado el pleno dominio de la situación. Comenzó una oleada de represión. Los descontentos eran enviados al destierro en Siberia, a la cárcel o a la muerte. La segunda Duma, elegida en condiciones todavía más precarias que la primera, fue disuelta por orden del zar, que mandó detener y deportar incluso a los diputados socialdemócratas moderados. Un nuevo gabinete aún más autoritario se encargó de los asuntos; habiendo despedido a Witte en 1906 por considerarlo demasiado liberal, Nicolás nombró primer ministro a Stolypin, que tampoco era ningún liberal, pero que continuó con las reformas. Éstas, en su caso, afectaron a la cuestión agraria: en 1909 hizo posible, por primera vez en Rusia, que los campesinos pudieran adquirir legalmente fincas, lo que habría sentado las bases para un posible sistema moderno de explotación agrícola comercial. Sin embargo, y conforme se avecinaba la gran guerra europea, la represión policial, los tribunales y los servicios secretos aplastaron toda oposición política y obrera, cuyos líderes tuvieron que exiliarse o fueron condenados a trabajos forzados en Siberia. Tanto éxito tuvo esta represión, que en 1917 Lenin todavía dudaba de si llegaría a vivir lo suficiente para presenciar una revolución popular en su país.

Aunque no puede negarse que esa represión existió, sin embargo era una represión sistemática y legal, que pasaba por los tribunales y por la aplicación de las leyes. Era una consecuencia del estólido conservadurismo del zar y de sus gobiernos, y autoritaria pero no arbitraria. Las normas, por oscurantistas que fuesen, se concretaban en los códigos rusos, y las autoridades las administraban sin temor y desde luego sin complacencia. Lo que sí temían por encima de todo era la ruptura de la ley y el orden, la revolución, la marea impredecible de las fuerzas populares, capaz de arrasar con el orden público, las haciendas y las vidas. En 1917 el zar estaba persuadido de que la severidad más extrema era preferible al colapso total que acarrearía una revolución. En cambio, los revolucionarios creían que incluso la revolución era preferible a la continuidad de la tiranía de Nicolás.

## ¿Cómo murió Rasputin?

Ocurrido en 1916, sigue rodeado de misterio el asesinato de Grigori Rasputin, el falso monje, el mugriento y melenudo libertino aficionado a orgías de sexo y borrachera, pero amigo de la zarina y principal consejero del zar Nicolás II en vísperas de la Revolución rusa de 1917. De todas las versiones que se han propuesto, ¿cuál es la verdadera?

Allá por la década de los veinte se vio una demanda en Londres, ante el Supremo presidido por el juez Avory. El demandante era el príncipe Yusupov, representado por sir Patrick Hastings; la demandada, la Metro-Goldwyn-Mayer Corporation of America, con motivo de una película sobre Rasputin producida por ella. En dicho filme, aparecía el monje como amante de la princesa Yusupov, cosa que ella y su esposo negaban enérgicamente. El mismo sir Patrick contó el suceso en sus memorias, publicadas en 1949 bajo el título de *Visto para sentencia*. Tanto la princesa como el príncipe causaron muy buena impresión cuando comparecieron a declarar, y consiguieron de la productora una indemnización de 25.000 libras, que eran una suma descomunal en la época. A salvo de cualquier posible acusación en Inglaterra después del triunfo de la Revolución rusa, durante el juicio Yusupov declaró con bastante soltura, respondiendo a una pregunta directa de su abogado: «Sí, yo maté a Rasputin. Era mi deber, así que acabé con él».

A continuación, explicó que un grupo de aristócratas rusos, inquietos por el ascendiente que Rasputin tenía sobre la zarina —convencida, a lo que parece, de que el *starets* era la única persona capaz de aliviar la hemofilia que padecía su hijo— y preocupados ante la posibilidad de que las violentas e irresponsables decisiones de Rasputin precipitasen a Rusia en el caos definitivo y la destrucción, en diciembre de 1916 decidieron asesinarlo. Sabían que no iba a ser tarea fácil. Según los supersticiosos, la supuesta víctima era inmune a los venenos e invulnerable a las balas. En una palabra, se creía que era imposible matar a Rasputin. Pero como era cosa decidida, lo invitaron al palacio Moika, propiedad del príncipe, para una de aquellas fiestas que gustaban tanto a Rasputin, sobre todo cuando corría el alcohol a raudales.

Cuando llegó la víctima los músicos ya estaban tocando, supuestamente para divertir al invitado, pero, en realidad, a fin de que no se oyeran en la calle los ruidos de la lucha. El anfitrión lo condujo a una de las habitaciones de la planta baja, donde le sirvieron unos pasteles, ya que el huésped era muy aficionado a los dulces. Estaban empapados de cianuro en cantidad suficiente para matar a una docena de hombres, pero Rasputin los devoró todos y se quedó tan campante. Entonces Yusupov perdió los nervios y vació el tambor de su revólver contra la víctima. Rasputin no cayó, sino que empezó a cargar por la habitación, mugiendo como un toro herido. Cuando se derrumbó, Yusupov lo remató en el suelo, a golpes con una barra de plomo. A continuación, sus cómplices lo ayudaron a arrojar el cadáver al Neva, entre témpanos de hielo. Cuando lo sacaron del agua, se halló que tenía agua en los pulmones. Es decir, que Rasputin no estaba muerto cuando lo echaron al río, sino que se ahogó en las gélidas aguas. A causa del aborrecimiento general que inspiraba el falso monje, seguramente, la única disposición que tomó el zar contra Yusupov fue desterrarlo a una de las propiedades que el príncipe tenía en la Rusia profunda.

El testimonio de Yusupov causó gran sensación en Inglaterra. La franqueza de la declaración se explica por la improbabilidad de que los bolcheviques quisieran exigirle responsabilidades por semejante acción patriótica, y en todo caso él estaba en Gran Bretaña, que difícilmente le habría entregado aunque ellos hubiesen solicitado su extradición. El suceso era tan insólito que no precisaba de adornos literarios, y se publicó tal cual en la prensa. Las actas del proceso todavía se conservan.

Pero ¿fueron verídicas esas declaraciones? Los archivos policiales investigados por Brian Moynahan, periodista e historiador que ha desenterrado los documentos, cuentan la historia del asesinato de Rasputin de una manera algo diferente, recogida en la más reciente de sus biografías. Llamado al palacio con el pretexto de la juerga, fue recibido por unas prostitutas. Al cabo de dos horas, que no de las cuatro horas que según Yusupov habían tardado en reducir a la víctima, salió del palacio un grupo de hombres enmascarados. Transportaban un cuerpo que arrojaron al río. La documentación dice que fue muerto a tiros, y que la autopsia no detectó trazas de veneno. En cuanto a Yusupov, hasta su fallecimiento acontecido en 1967 sostuvo su propia versión, si bien cambiaba algunos detalles de vez en cuando. De hecho, nunca había sido puesta en tela de juicio, aunque ahora Moynahan asegura que la realidad fue mucho más prosaica: «Los papeles demuestran que la supuesta invulnerabilidad era un mito. Los que lo mataron, al adornar la narración, no han conseguido más que perpetuarlo».

## Stalin, ¿«tío Joe» o asesino de masas?

Los asesinos de masas más despiadados y más eficaces de la historia humana han sido los del siglo XX. Comparado con ellos, Atila, el rey de los hunos, parece un filántropo. El más destructivo de los asesinos del siglo fue Hitler, seguido de cerca por Stalin. Es imposible dar cifras exactas, y las estimaciones varían entre los 2 millones de víctimas de Stalin confesados por Jrúschov y los 20 millones que postulan los críticos más encarnizados del régimen soviético. ¿Es posible calcular una cifra más fundada?

El culto a la personalidad de Stalin no estuvo confinado a la Unión Soviética. Muchos extranjeros de ideas izquierdistas visitaron Rusia hacia la década de treinta, como Bernard Shaw y los Webb, y regresaron encantados de lo que habían visto. Casi todos los observadores consideraron justos los espectaculares procesos políticos de las «purgas», e incluso los dio por buenos un abogado británico famoso como D. N. Pritt. Los historiadores se excedieron en elogios al régimen de Stalin, o cuanto menos trataron de disculpar sus deficiencias; en la actualidad, los estudiantes siguen manejando las obras de R. H. Tawney y B. Pares. E incluso después de la muerte de Stalin, otros como Christopher Hill y, en algunos pasajes, también Isaac Deutscher celebraron su figura y quitaron importancia a sus errores. Entre los historiadores soviéticos reconocidos, la adulación llegó a extremos nauseabundos. No se hizo mucho caso de los trotskistas enemigos de Stalin, que proponían una visión bastante más realista. Durante la II Guerra Mundial, la opinión en los países occidentales, que había sido de hostilidad y desconfianza durante los años 1939 y 1940, dio un giro diametral cuando la invasión de la URSS por los alemanes, y pasó también a la adulación admirativa. En

Occidente se puso de moda llamarlo «tío Joe». Era un héroe, casi un santo, y casi impensable la noción de que pudiera hacer algo malo. Lo de que él fuese un malvado constituía, en sí mismo, un pecado de maledicencia. Pero si la maldad de un hombre se midiese por la cantidad de las muertes causadas, todos aquellos admiradores de Stalin andaban seriamente equivocados.

Ya va siendo difícil el hallar buenos comunistas. Algunos escépticos dicen que el buen comunista es el comunista difunto. Los comunistas ortodoxos no responden a las especificaciones definidas por Marx, por cuanto son producto de más de cien años de desarrollo y experiencia del marxismo. En la versión de Lenin, el comunismo era un proceso político de revolución permanente, y mientras no se hubiese completado la tarea, los comunistas estarían en lucha frente a los contrarrevolucionarios. El compromiso a fondo, sin otras consideraciones, era el rasgo distintivo del verdadero comunista. Sin embargo, Stalin atendió más al poder que a los principios teóricos. Demasiado tarde, en 1924, comprendió Lenin que a Stalin sólo le movía su propio interés. Y si bien Lenin gobernó con mano dura, su represión no fue nada en comparación con las purgas estalinistas, justificadas por Stalin como una necesidad de la dictadura del proletariado. Sin embargo, es difícil ver qué ortodoxia comunista hay en su manera de abordar el problema de la hambruna, en el trato dispensado a los llamados *kulaks*, en la expropiación de los campesinos y en la degradación de la clase obrera industrial. Pudo aducir, como nuevo Robespierre, que sus matanzas eran indispensables para purificar el estado. Pero en el caso de Stalin, es difícil sustraerse a la conclusión de que fueron más debidas a su propia paranoia que a la razón de estado.

A la hora de establecer cifras, es importante definir qué categorías de víctimas se le atribuyen a Stalin. Casi un millón de rusos cayeron en la agresión contra Finlandia de 1939-1940, pero suelen omitirse por considerarlos bajas de guerra. Más de 20 millones murieron de resultas de la invasión alemana, y aunque Stalin fue responsable de los errores que dieron lugar a los desastres militares iniciales, tampoco sería exacto juzgarlo único culpable de los estragos de esa guerra. Algunas de las bajas sí recaen bajo su responsabilidad directa, como también la deportación de los tártaros bajo condiciones de enorme penuria y mortalidad, o el fusilamiento de muchos rusos, incluyendo a combatientes guerrilleros porque el mero hecho de haber sobrevivido al paso de los alemanes lo consideraba Stalin un indicio de colaboración con el enemigo. Muchos autores incluyen también a las víctimas del Gulag, es decir el sistema soviético de campos de trabajos forzados, aunque algunas de ellas habrían muerto igualmente de causas naturales.

En la década de los veinte hubo varias rachas de ejecuciones políticas: los llamados eseristas (social-revolucionarios), los cadetes (demócratas constitucionalistas), los que habían combatido a favor del zarismo, y demás por el estilo. Pero la primera campaña realmente masiva fue la de Stalin contra los *kulaks* o campesinos ricos. Se ha calculado que fueron etiquetados como tales 5 millones de sujetos. Algunos murieron a manos de la tropa o de los comisarios, por oponerse a la colectivización, pero 3,5 millones de ellos fueron enviados al Gulag y de ésos apenas un millón sobrevivieron. Inaugurada luego la época de las purgas, en la década de los treinta Stalin en persona firmó más de 200.000 sentencias de muerte, que sin duda debieron de ser ejecutadas. Hubo también fusilamientos irregulares, y probablemente la cifra de los condenados a trabajos forzados multiplica por diez el número de los ejecutados. En los campos, el índice medio de supervivencia era de un 30 %.

Las cifras oficiales de la demografía soviética para el año 1939 dieron 6,3 millones de habitantes más que las estadísticas comunicadas a Stalin en informes reservados. Se ha aducido que la diferencia representa el número de los fallecidos por hambre y víctimas de las purgas. Como Stalin ocultó al mundo exterior el número de fallecidos en la hambruna de comienzos de los años treinta, llegando al extremo de prohibir que el país recibiese socorros del extranjero, se suele incluir a estos muertos en la cuenta de sus víctimas. Pero sería demasiado simplista el asignar el error de 6,3 millones a la mortalidad causada por Stalin, e incluso a la mortalidad en general. Todas las estadísticas adolecen de inexactitudes sistemáticas. Algunas víctimas de las purgas no eran siquiera ciudadanos rusos: Stalin no se fiaba de los comunistas extranjeros exiliados en Rusia e hizo estragos en sus filas. Por lo que sabemos, los 2,5 millones de *kulaks* liquidados, y una cifra equivalente de víctimas del hambre, serían una estimación bastante sólida. Por otra parte, las matanzas de Stalin no acabaron en el decenio de 1930. En 1940-1941, unos 170.000 habitantes de los países bálticos fueron enviados a los campos. Hacia el final de este decenio se repitió la deportación a escala todavía mayor, que afectó a unos 250.000: casi el 10 % de la población total, incluyendo el funcionariado, los enseñantes y la intelectualidad en pleno de las ex repúblicas bálticas. Una proporción similar de los cerca de 4 millones de polacos que vivían al este de la línea Curzon fue consignada al Gulag. De estos bálticos y polacos, apenas uno de cada tres sobrevivió para ser repatriado después de 1956. Las ejecuciones de polacos habían empezado en 1941, por orden de Stalin, con la matanza de unos 15.000 oficiales en Katyn.

La paranoia de Stalin no se limitó a los extranjeros, sino que incluyó a todo ruso que hubiese sobrevivido a los campos de concentración o de prisioneros de guerra de los alemanes. Si habían sobrevivido, indudablemente habían sido colaboracionistas. Muchos fueron ejecutados o encarcelados tan pronto como regresaron a Rusia. Pero esa desconfianza de Stalin no fue nada comparada con la inquina que le inspiraron aquellos compatriotas suyos que, por miedo o por convicción, habían vestido el uniforme militar alemán o habían servido en las organizaciones civiles de los alemanes. Eran cerca de un millón, y Stalin exigió la repatriación inmediata de todos los que no cayeron directamente en sus manos. Los estadounidenses no colaboraron. En cambio los británicos entregaron a unos 100.000, de los cuales apenas sobrevivió ninguno.

Después de la guerra las purgas continuaron, aunque a una escala más reducida que la de los años treinta. La liquidación de personal no quedó confinada al territorio soviético. Trotski fue uno de los primeros (1940), pero ni mucho menos el último ciudadano soviético perseguido y ejecutado por los agentes de Stalin. A finales de la década de los cuarenta, los espectaculares procesos moscovitas de la preguerra fueron emulados en la mayoría de los países satélites, obedeciendo a órdenes directas de Stalin. Y de no haber enfermado y fallecido éste, seguramente habría resultado salvajemente diezmada en 1953 toda la clase media del país.

En todo esto se corre el riesgo de contar dos veces a las mismas personas. ¿En qué categoría colocamos a un lituano que murió de hambre en un campo de trabajos forzados? ¿Dónde situamos a un miembro del partido que fuese además un *kulak*, fusilado durante las purgas? No hay estadísticas fiables. En conjunto se llega a una cifra aproximada de 30 millones de muertes debidas al hambre, a las purgas o a la guerra durante la época estaliniana. Si restamos las víctimas de la guerra, quedan 10 millones de muertes que son de la incumbencia de Stalin. Así nos resulta una estimación media entre los extremos de 2 millones y 20 millones, pero todo esto son palos de ciego y el error puede ser del orden de varios millones. Hitler es el asesino número uno porque recaen bajo su responsabilidad todas las bajas de la II Guerra Mundial. Pero si la limitamos a las ejecuciones políticas y al Holocausto, tal vez debería ceder el primer lugar a Stalin.

## Rudolf Hess, ¿intrigante o mentalmente desquiciado?

El 10 de mayo de 1941, Rudolf Hess, lugarteniente de Hitler de cuarenta y siete años, voló a las islas británicas pilotando su propio Messerschmitt y se lanzó en paracaídas sobre Escocia, a quince kilómetros del destino que se había fijado y que era la residencia de un conocido suyo del Lanarkshire, el duque de Hamilton. Sostuvo Hess que venía en misión de paz, pero el pronunciamiento de Hitler en la época, el juicio de Nuremberg después y una serie de eminentes psiquiatras que lo examinaron más tarde lo declararon loco. Sin embargo, quedan muchos convencidos de que Hess no estaba loco, que la misión de 1941 era oficial, y que el hombre fallecido en la cárcel de Spandau no era Hess. Una evaluación de la probable veracidad de estos argumentos es posible, pero subsisten misterios suficientes para impedir que la cuestión quede categóricamente cerrada en ningún sentido.

Desde luego, si es cierta la versión oficial británica, la misión de paz de Hess se hallaba de antemano condenada al fracaso. No podía esperar que Churchill aceptase condiciones más duras que las declinadas por Chamberlain en 1939, y tan exigentes como las rechazadas por Churchill en los peores días del verano de 1940. El ver aplastados por Hitler a sus tradicionales enemigos los bolcheviques no habría constituido compensación para una paz humillante. En cuanto al propio Hitler, no ahorró esfuerzos para distanciarse de la escapada de Hess tan pronto como se enteró de ella. No esperó a ver cómo resultaban las supuestas conversaciones de paz, y aunque Hitler era un consumado actor, su perplejidad inicial pareció auténtica. Se descarta, pues, por improbable, la hipótesis de que la misión de paz fuese oficial. Cuando se postula que Hess tenía envidia de sus colegas y creyó que un éxito resonante como la sumisión de Inglaterra le restablecería en el favor de Hitler, en realidad estamos admitiendo que actuó por propia iniciativa y sin contar con la anuencia de su jefe. La temeridad de la empresa sería entonces un argumento a favor del trastorno mental de Hess.

Sin embargo, algunos, entre los cuales se cuenta al mismo Stalin, desconfiaron. Cuando Hess emprendió su vuelo faltaban sólo tres semanas para la fecha en que inicialmente debía comenzar la invasión de Rusia. Cuando se produjo ésta era lógico pensar que Hess, con o sin la anuencia de Hitler, pretendía especular sobre los fuertes sentimientos anticomunistas de Churchill. De esta manera se habría puesto fin a la guerra en el frente occidental, y Alemania dejaría de luchar a dos bandas. Pero también esta cuenta parece muy arriesgada, y Churchill lo negó enérgicamente cuando se reunió con Stalin en Teherán. Sin embargo, y por más que Hess exhibió muchos comportamientos irracionales en Nuremberg (lo que probablemente lo salvó de ser condenado a muerte), durante sus últimos años de confinamiento en Spandau no manifestó ninguna excentricidad, salvo las que cabría esperar de cualquier preso después de tantos años de encierro solitario. Muchos de sus guardianes y, por supuesto, los miembros de su propia familia lo consideraron normal. ¿Tal vez recobró el uso de la razón, o fue que no la había perdido nunca? De manera que, si bien la explicación corriente de la inestabilidad mental de Hess parece la más probable, todavía queda algún elemento de duda.

También suscitaron algunas dudas las circunstancias de su muerte. En 1946 el tribunal de Nuremberg lo condenó a cadena perpetua, y pasó cuarenta años aislado en una celda de la cárcel de Spandau, en Berlín occidental. El 17 de agosto de 1987 murió a la edad de noventa y tres años. Se anunció que se había suicidado. Constaban varios intentos fallidos anteriores, pero su hijo negó que Hess se hubiese quitado la vida, argumentado que estaba demasiado anciano para ahorcarse como lo hizo según la autopsia, a no ser que hubiese intervenido alguna «ayuda» ajena. No negó Wolf-Rüdiger Hess, en cambio, que el difunto fuese verdaderamente su padre. La existencia de un doble, entrenado en Noruega durante la primavera de 1941, complica el misterio y confiere cierta credibilidad a la teoría de que el fallecido en 1987 no era Rudolf Hess. En la época, muchos dirigentes políticos y altos jefes militares de ambos bandos tenían dobles. Más peso tienen las informaciones según las cuales los registros odontológicos y la ausencia de cicatrices de anteriores intervenciones quirúrgicas apuntaban a una sustitución. Sobre este fundamento se ha teorizado que el hombre que voló a Escocia era el doble, no Hess. Pero el proceso de Nuremberg, celebrado con mucha luz y taquígrafos, sin duda habría revelado la impostura. Cualquier persona presente en la sala, o que viese los noticiarios cinematográficos, podía advertirla, y seguramente se habría considerado en el deber de llamar la atención sobre el hecho. Que éste fuese negado por la familia Hess tras visitarlo durante tantos años también quita credibilidad al rumor de la sustitución, a menos que ellos también formasen parte de no se sabe qué intrincada conspiración. Cabe dudar todavía de las verdaderas circunstancias de su muerte, pero la identidad puede considerarse bien establecida.

Hasta cierto punto, los misterios tejidos alrededor de Hess siguen siendo misterios. Es poco probable que se llegue a una conclusión terminante, salvo aparición de nuevas pruebas objetivas.

## ¿Fue culpable de alta traición «lord Haw-Haw»?

En Londres, el 3 de enero de 1946, fue ahorcado por traición William Joyce, alias «lord Haw-Haw». Dos semanas antes habían comenzado las sesiones del proceso de Nuremberg contra los jerarcas nazis. En comparación con estos encausados, los delitos de Joyce eran banales. Se argumentó que no siendo Joyce ciudadano británico no era posible que hubiese cometido alta traición contra Inglaterra, y que por tanto, su ejecución no fue más que un acto de venganza por parte de los británicos. ¿Es esto cierto?

William Joyce nació en Nueva York en 1946, de padre estadounidense y madre inglesa. En 1921 fue a Gran Bretaña y años después se licenció por la Universidad de Londres. Fue gran admirador de Mussolini y de Oswald Mosley, el líder de los fascistas británicos. En 1938 consiguió el pasaporte británico aduciendo datos falsos que lo representaban como ciudadano de este país, y lo renovó en 1939, cuando se disponía a visitar Alemania. Su entusiasmo por el nazismo y la persona de Hitler le indujo a solicitar la nacionalidad alemana, que obtuvo en septiembre de 1940, un mes después de la caducidad de su pasaporte británico. Cuando empezó a hablar por radio a favor de los alemanes, su acento afectado de clase alta le valió el mote de lord Haw-Haw por parte de sus oyentes ingleses. Las emisiones pocas veces tuvieron mucho contenido concreto, y se redujeron por lo general a peroratas genéricas de tipo propagandístico. En Gran Bretaña causaron poca alarma y bastante risa, por lo que muchas personas oyeron hablar de él incluso sin haber escuchado nunca su programa. Se dijo que tenía espías alemanes en Inglaterra que le transmitían datos precisos, por ejemplo, la hora exacta que señalaban los campanarios de las iglesias rurales inglesas y otras trivialidades de este género. En realidad, estos rumores eran apócrifos. Si la finalidad consistía en sembrar la alarma y el desaliento entre la población inglesa, fue un fracaso. Los pocos que se lo tomaron en serio fueron de esas personas que se alarman por cualquier cosa.

Finalizada la guerra, fue detenido en Alemania y conducido a Gran Bretaña para juzgarlo por traición. Únicamente los ciudadanos británicos pueden ser traidores contra Gran Bretaña, y él indiscutiblemente no lo era. El pasaporte inglés era producto de sus trampas, y lo mismo la renovación meses antes de iniciar las emisiones en septiembre de 1939. En todo caso, es lícito dudar de la validez de tal documento, una vez obtenida la ciudadanía alemana. Ni siquiera fue fácil demostrar, en aquellos tiempos anteriores a la identificación científica de las voces grabadas, que hubiese sido él quien protagonizó las emisiones que se le atribuyeron. La acusación argumentó que el hecho de haberse amparado en un pasaporte británico implicaba el deber de fidelidad a la Corona, y el tribunal admitió este razonamiento.

Durante los meses siguientes a la liberación, toda Europa anduvo ocupada en la captura y ejecución de sus traidores de guerra: Quisling en Noruega y Laval en Francia fueron dos de ellos. En Gran Bretaña no hubo muchos, y no se les ocurrió nada mejor a los británicos que despachar a Joyce pese a la debilidad de las pruebas y recurriendo a un subterfugio formal. Hasta los fiscales de Nuremberg habrían titubeado en este caso.

## El «macartismo»: ¿justificó el fin los medios empleados?

Después de la II Guerra Mundial se desencadenó en Estados Unidos una oleada de miedo ante lo que se percibía como avance inexorable del comunismo. En 1948 los rusos se habían apoderado de buena parte de Europa oriental, incluyendo una parte de Alemania, y en China también estaban a punto de alzarse con el poder los comunistas. En 1949 Rusia ensayó su primera bomba atómica, mucho antes de lo que se preveía, y en la década de los cincuenta se hizo también con la bomba de hidrógeno. Parecía casi imparable la extensión del comunismo, auxiliada, según se entendió entonces, por los irresponsables izquierdistas del propio país, dispuestos a sacrificar la seguridad de la patria en aras de su ideología personal. Joseph McCarthy, recién elegido senador por Wisconsin, recogió el desafío de luchar contra el comunismo rampante en Estados Unidos, y en eso estuvo desde 1950 hasta 1952. ¿Qué motivaba esa campaña? ¿Tenía justificación? ¿Podría darse otra vez una caza de brujas semejante?

Lanzado desde la mayor oscuridad a ese ambiente de nerviosismo, McCarthy fue para muchos estadounidenses un republicano de la ultraderecha, desprovisto de escrúpulos y decidido a aprovechar la oportunidad para perfilarse que le brindaba el pánico existente. Y la aprovechó: en febrero de 1950 anunció que tenía los nombres de 57 «comunistas de carné» emboscados en el Departamento de Estado, y que otros 205 empleados de dicho departamento eran «conocidos simpatizantes del comunismo». La asombrosa revelación sobrevino cuando era reciente la condena de Alger Hiss por perjurio, y todo ello fue utilizado por los republicanos para explicar cómo la administración Truman no había conseguido parar los progresos del comunismo en China. Al secretario de estado Dean Acheson le faltó poco para admitir que la victoria comunista en China «era culpa de América», al decir que un poco más de vigilancia por parte de Estados Unidos habría podido y debido impedirla. Esta preocupación motivó que la comisión de seguridad nacional formada por los departamentos de Estado y Defensa de Truman proclamase en su declaración número 68 que Estados Unidos debía emprender inmediatamente «un programa de rearme militar y general a gran escala [...] con el fin de rectificar la balanza del poder, de manera que dispongamos de otros medios, aparte de una guerra generalizada, en los que quepa confiar para inducir un cambio en la naturaleza del sistema soviético». Preocupación que pareció justificada poco después, cuando estalló la guerra de Corea, conflicto asiático que iba a durar tres años.

McCarthy orquestó una campaña contra gran número de personalidades notables de los medios políticos, culturales y artísticos de Estados Unidos, muchas de las cuales vieron arruinadas sus carreras por las insinuaciones de aquél. Aunque nunca presentó ninguna prueba de lo que decía, sus calumnias, verdades a medias y preguntas torticeras le sirvieron para desacreditar a destacados demócratas como Acheson y Marshall. Más adelante puso en apuros a otros muchos, entre los cuales, algunos de los científicos dedicados a la investigación nuclear, y también a famosos del espectáculo como Charles Chaplin, Frank Sinatra y Paul Robeson. En 1950 se aprobó, pese a la oposición de Truman, la ley McCarran llamada «de seguridad interior», para actuar contra las «tapaderas» criptocomunistas y prohibir la entrada de «subversivos» en Estados Unidos, aunque llevasen pasaporte americano. Con su costumbre de acusar de pertenencia a grupos políticos prohibidos por la comisión parlamentaria de actividades antinorteamericanas, sin necesidad de presentar pruebas, y su inescrupulosa explotación del concepto de «culpabilidad por asociación», logró crear un ambiente de «peligro rojo» que contribuyó en gran medida al retorno de los republicanos al poder en las presidenciales de 1952.

En enero de 1953, McCarthy pasó a presidir la subcomisión senatorial de investigaciones, y durante doce meses condujo una campaña contra los supuestos «izquierdistas» vinculados a la administración, difamando a numerosos personajes públicos. Pero en octubre de 1953, cuando enfiló sus baterías contra el ejército estadounidense porque le interesaba desacreditar al secretario de Defensa Roger Stevens, incurrió en la hostilidad del presidente Eisenhower. El ejército contraatacó acusando a McCarthy por haber tratado de emplear su influencia en favor de un ayudante suyo para evitar que fuese llamado a filas. Se adoptó la medida de televisar las sesiones de la subcomisión que él presidía, y así la sorprendida y escandalizada opinión pública tuvo conocimiento de sus tácticas. Con la brutalidad de su estilo de discusión, el procedimiento de intimidar a gritos a los testigos, las explosiones de cólera con puñetazos sobre la mesa, quedó al descubierto la histeria demagógica del macartismo. La opinión del país se volvió contra él, y en diciembre de 1954, una moción de censura contra sus métodos se impuso en el Senado por sesenta y siete votos contra veintidós. Pocos días después McCarthy atacó al mismo presidente Eisenhower, con lo que arruinó definitivamente su propia causa. Su carrera estaba acabada. Debió gran parte de sus éxitos al profundo desprecio que exhibía contra los intelectuales, a los que llamaba «cabezas de huevo con mentes retorcidas» y «paridos con la cucharilla de plata en la boca». Con estas expresiones halagaba los prejuicios vulgares de la envidia y el resentimiento social. Su muerte en 1957 pasó desapercibida para la mayoría de los que le aplaudían pocos años antes, y que habían sido millones.

Después de esto, los radicales libres de peligro pudieron hacer bromas sobre el macartismo y cargar contra el personaje por sus exageraciones, sus posturas teatrales y su mezquindad provinciana. Pero las aguas que él había removido continuaron agitadas. Así se demostró a comienzos de la década de los sesenta, cuando hubo otra poderosa oleada ultraderechista promovida por la John Birch Society. Los *birchers* veían medrar comunistas en todos los rincones de Estados Unidos, «en la prensa, en los púlpitos, en la radio y la televisión, en los sindicatos, en las escuelas, en los tribunales y en las cámaras legislativas de Estados Unidos». Hasta el Tribunal Supremo era sospechoso de subversión. A finales de la década, la preocupación de Estados Unidos por el peligro comunista en Asia era tan intensa que produjo la «teoría del dominó» para justificar la intervención en Vietnam, y en la década siguiente saludaron el golpe de estado del general Pinochet en Chile, puesto que reemplazaba al izquierdista Allende. Es verdad que el macartismo como tal se agotó en sí mismo, pero algunas de las actitudes que suscitó siguen arraigadas todavía en las mentes de los norteamericanos.

¿Podría repetirse el fenómeno en la política estadounidense? Apenas cabe dudar de que sí. Los líderes políticos de Estados Unidos y la mayoría de la población siguen animados por un intenso patriotismo. Este amor los ciega, a tal punto, que no se detienen a ver si las miríficas cualidades del país se reflejan tan evidentemente en sus propias vidas, mientras ellos cantan el himno con la mano puesta sobre el corazón. Están muy convencidos de que los estados extranjeros son deplorablemente débiles y lamentablemente escépticos porque no comparten la luminosa visión patriótica. Para ellos, la lucha incondicional a favor de los intereses nacionales de Estados Unidos, la dedicación a la defensa nacional sin reparar en medios y la disposición a sacrificarse por su país son imperativos absolutos. De donde resulta el mismo afán visceral de «salvemos a América» que dedicaron hace cincuenta años a la lucha contra el comunismo. En este sentido, vive todavía el espíritu macartista, quienquiera que sea el «enemigo invisible» que parezca amenazar la santificada visión que tienen de sí mismos.

## El presidente Nixon y el escándalo Watergate, definitivamente: ¿juicio condenatorio?

El 24 de julio de 1974 el Tribunal Supremo de Estados Unidos, en decisión unánime, invocaba los supuestos de incapacidad para el cargo contra el presidente R. M. Nixon, del partido republicano. Pero el procedimiento no llegó mucho más allá, porque el 8 de agosto Nixon se convirtió en el primer presidente dimitido de la historia de su país, para retirarse a la vida privada en California. A cambio, tenía la promesa anticipada de indulto por parte del sucesor nominado, el presidente Ford. Posteriormente se le viene contando entre los presidentes menos admirables de Estados Unidos. Sus detractores le han acusado de muchas cosas, desde conducta desagradable, mezquina y maliciosa hasta el intento de socavar las propias bases de la democracia estadounidense. Dos años después de los hechos, en una entrevista televisada con David Frost, el ex presidente se felicitó a sí mismo por el trato dado a varios asuntos internos así como por sus resonantes éxitos diplomáticos en Vietnam, Israel, la China comunista y la Unión Soviética, diciendo: «Es verdad que cometí algunas estupideces, sobre todo en los asuntos de poca entidad, como aquella insignificancia del Watergate. En cambio, las cosas grandes las hice bastante bien». Todavía se discute acerca de cuál de los dos veredictos es el más conforme a la realidad, y la historia aún no ha decidido cuál ha de ser la verdadera consideración de Nixon en la política interior y la exterior.

El caso Watergate se planteó en el contexto de la enconada controversia de 1972 entre un sector de la prensa estadounidense y la administración Nixon. Los periódicos acusaban al presidente de utilizar métodos gangsteriles para impulsar su carrera, por medio de una organización denominada Campaña pro Reelección del Presidente (cuyas siglas CRP fueron reinterpretadas como *creep*, «granuja», por los críticos de Nixon). Entre sus tácticas figuraban partidas de la porra, sabotajes, secuestros, utilización de prostitutas para posteriores extorsiones políticas, y diversas formas de espionaje electrónico y procedimientos para pinchar líneas telefónicas. En la noche del 17 de junio de 1972, estas actividades culminaron con la irrupción en el cuartel general de los demócratas, sito en el edificio Watergate de la capital, de un grupo operativo especial que iba a preparar «fugas» de información, de ahí que fuese llamado en la Casa Blanca la unidad de «los fontaneros». El secretario de prensa de la presidencia restó importancia al tema calificándolo de travesura, y el presidente dijo haberse enterado por los periódicos. En noviembre de 1972 Nixon y su vicepresidente, Spiro Agnew, fueron reelegidos por cómoda mayoría, y nadie pensó más en el asunto hasta comienzos de 1973, cuando, después de haberse declarado probados los cargos de allanamiento de morada y conspiración contra cinco de los acusados, el juez John Sirica los condenó a penas severísimas, aunque dando a entender que serían conmutables si alguno de los condenados rompía su silencio y revelaba la verdad acerca de sus actividades clandestinas. Uno de ellos lo hizo, y la verdad salió a la luz para sorpresa general.

La naturaleza escandalosa de las revelaciones hizo que el Senado estableciera su propia comisión investigadora. En las sesiones de ésta, una serie de funcionarios de la Casa Blanca confesaron su complicidad en las operaciones secretas, aunque varios de ellos, entre los cuales John Erlichman y Bob Haldeman, colaboradores directos del presidente, siguieron negando la implicación de la Casa Blanca. Pero el ex consejero presidencial John Dean lo echó todo a rodar en su testimonio ante la comisión, cuando explicó todos los detalles del operativo. A partir de este momento, la cuestión pasó a ser si el presidente estaba enterado de las actividades del grupo clandestino desde el comienzo, como declaró Dean, o si las ignoraba al principio y fue sabiéndolas poco a poco, según alegaban sus defensores.

En este punto la comisión investigadora averiguó que Nixon, por razones que él sabría, acostumbraba grabar las conversaciones de los asuntos tratados en el Despacho Oval. Por tanto, solicitaron al presidente la entrega de las cintas para su análisis a los efectos de la investigación. Lo que Nixon se negó a hacer. Él adujo que la enorme cantidad de asuntos de que se ocupaba le obligaba a mantener archivos electrónicos, pero que éstos eran privados y estrictamente confidenciales. Se dijo que era vital para la seguridad nacional que no fuesen examinados para la investigación. Por mediación de sus abogados, el presidente se negó a acatar un apercibimiento judicial, y propugnó la doctrina constitucional, hasta entonces inédita, de que las grabaciones se hallaban protegidas por una *prerrogativa* o *privilegio presidencial*. Según esta tesis, en los asuntos políticos el presidente tenía derecho a obrar según juzgase más adecuado a las circunstancias, sin tener que rendir cuentas a los tribunales. La consecuencia fue que la comisión reanudó sus investigaciones aunque no llegó a escuchar nunca las cintas. Pero cada vez eran más numerosas las voces que exigían su entrega, por lo que Nixon ofreció librar transcripciones del contenido. Esta solución de compromiso no satisfizo a nadie, y por último Nixon entrego las cintas al juez Sirica.

Se descubrió entonces que tenían muchos tramos en blanco, y que incluso muchas de las partes grabadas estaban distorsionadas y llenas de ruidos, como si hubiese tratado de alterarlas algún aficionado. Pero quedaron tramos inteligibles suficientes para confirmar los peores temores de quienes desconfiaban de Nixon. El presidente se retrataba como un individuo tramposo, de mezquina mentalidad, mal hablado y que no respetaba nada ni a nadie con tal de prosperar en su propia carrera. El prestigio presidencial se deshizo como un globo pinchado.

Las grandes pretensiones de Nixon se apoyaban en una serie de éxitos diplomáticos, en parte debidos a la buena relación que tuvo con su secretario de estado Henry Kissinger. Supo aprovechar las diferencias entre los comunistas chinos y los rusos, y abandonando en 1971 la tradicional táctica obstruccionista de Estados Unidos, aceptó el ingreso de la China continental en las Naciones Unidas. En febrero de 1972 realizó una visita personal a Beijing, lo que dio pie a unas relaciones más fluidas entre ambos países. En mayo del mismo año visitó Moscú y consiguió mejorar el éxito de las conversaciones de desarme SALT añadiendo un acuerdo con Brejnev sobre limitación de armas atómicas estratégicas. Continuando con esta «diplomacia de lanzadera», en 1973 fue al Oriente Medio después de la guerra del Yom Kippur, e inició el lento proceso de establecimiento de relaciones entre los países árabes e Israel. En enero de 1973 había negociado también un alto el fuego en Vietnam, lo que condujo a la retirada de las fuerzas estadounidenses y al fin de la guerra. Todo esto había consolidado la reputación de Nixon en el extranjero, y su autoestima puertas adentro. Incluso llegó a pensar en la anulación de la 21.º Enmienda, lo que le habría permitido ser candidato por tercera vez o tal vez más.

Su prestigio en el país, en cambio, nunca fue demasiado firme, y además no le interesaban mucho los problemas de política interior, ni tuvo buena mano para ellos. Aunque logró buenos resultados con algunas de sus iniciativas, como la creación de una junta de asuntos urbanos para remediar la degradación de muchas ciudades de Estados Unidos, las cuestiones hacendísticas fueron su cruz. El enorme gasto exterior, debido en gran medida a los proyectos de defensa, originaba grandes salidas de dinero y debilitaba el dólar. La consecuencia fue un nuevo fenómeno aparecido durante la década de los setenta, la «estanflación», caracterizada por la coincidencia de la recesión económica y un alto nivel de desempleo con el alza incontenible de precios y salarios. Nixon hizo grandes esfuerzos por corregir el problema y restablecer la reputación de los republicanos como «el partido de los hombres de negocios», pero no contó con el apoyo de la opinión pública. Él nunca entendió las razones de la hostilidad, y además acusaba las críticas con amargura y resentimiento. A los universitarios que protestaban los llamaba «esos pendones que queman sus libros», y denunciaba a los que le quemaban a él en efigie diciendo que eran de la misma calaña que los que solían quemar las tarjetas de reclutamiento para no ir a la guerra de Vietnam. A todos sus oponentes los echaba en el mismo saco de «rojelios» o *radiclibs* (insulto compuesto de «radicales» y «liberales»). También aborrecía a los *ecofreaks*, que clamaban por la conservación de los recursos naturales del país. Total, que se sintió víctima incomprendida y perseguida por una opinión tan obtusa como ingrata.

Al mismo tiempo padecía un complejo de inferioridad frente a la elite oriunda de los estados de la costa atlántica, con su aristocrática superioridad, cuyo más señalado representante, J. F. Kennedy, le había infligido la dolorosa derrota electoral de 1960. También estaba convencido de que existía una conjura mediática contra él. A partir de 1971, cuando el *New York Times* emprendió la publicación de los llamados «papeles del Pentágono» y se revelaron las incompetencias y mentiras de la guerra de Vietnam, Nixon quedó firmemente persuadido de que la prensa y demás medios iban a por él para aislarlo y ponerlo en evidencia. De ahí, entre otros motivos, su obsesión por la seguridad y la creación del equipo de «fontaneros». En política interior, por lo menos, se sintió víctima de unos oponentes faltos de patriotismo que lo empujaban a dar pasos técnicamente ilegales, como único remedio para evitar que el odio y la malicia de esos adversarios lo hundieran a él y a su régimen.

El expediente negativo de Nixon es muy nutrido. Cuando aún no se habían formulado acusaciones de ilegalidad contra él, se le censuraba ya el hábito de acosar a los oponentes políticos, imponer jueces manifiestamente ineptos para el Tribunal Supremo y desviar los fondos presupuestados para los programas de la «Gran Sociedad» de Lyndon Johnson. En política extranjera se le reprocharon los bombardeos sobre Camboya, en una guerra no declarada. A continuación, cayó en desgracia su vicepresidente, Spiro Agnew, por evasión de impuestos. Fue oprobiosamente despedido, mientras el mismo Nixon se veía implicado en una serie de asuntos turbios, para nada relacionados con las actividades propias de su alto cargo. Pero la acusación principal sigue siendo el intento de subvertir y obstruir el funcionamiento del partido de la oposición, el de los demócratas, en una sórdida operación que ha comprometido todo el porvenir del sistema político estadounidense. Por eso pasará a la historia como «el presidente del escándalo Watergate».

# 4. DEBATES HISTÓRICOS

## El Terror: ¿se exageró la magnitud del baño de sangre?

Entre 1792 y 1794, es decir, desde las matanzas de septiembre, cuando Francia estuvo en peligro real de ser vencida por la invasión extranjera, hasta la ejecución de Robespierre en julio de 1794, se produjo el tenebroso periodo de la Revolución francesa que ha quedado con el nombre de «el Terror». Miles de supuestos adversarios del régimen revolucionario fueron sacrificados en un baño de sangre que escandalizó al mundo. Pero... ¿se ha exagerado la importancia de la hecatombe?

Uno de los factores desencadenantes de las matanzas de septiembre fue la insurrección de signo reaccionario en La Vendée, que negaba la legitimidad a los revolucionarios de París respaldados por la plebe. Otro, el rápido deterioro de la situación en la frontera oriental. Por Bélgica se acercaba el ejército austriaco. A principios de septiembre llegó la noticia de que los prusianos acababan de tomar Verdún. Los ciudadanos de la capital fueron llamados a las armas por la Commune revolucionaria, lo que suscitó una búsqueda general de armas. Pero sólo se encontraron 2.000, en vez de las 80.000 que según los extremistas se hallarían en manos de los contrarrevolucionarios. Danton pronunció un incendiario discurso, las campanas tocaron a rebato y a las cuatro de una bella tarde de sábado comenzó la matanza. El primer incidente fue el asalto a una conducción de prisioneros que estaban siendo llevados en carromato a la prisión de l'Abbaye. Seguidamente, fue atacado un convento de carmelitas que servía de cárcel para clérigos. A los cuatro días la violencia se había extendido a todas las demás cárceles, consideradas como temibles nidos de la contrarrevolución, y también a los seminarios, ya que no se desconfiaba menos de los religiosos. No fueron unas matanzas sistemáticamente planeadas ni dirigidas, pero la Commune tampoco tomó ninguna medida para impedirlas. Al contrario, la retórica de los dirigentes revolucionarios parecía encaminada a estimularlas. Total, unas

1.400 personas asesinadas a sangre fría. No parece una mortandad muy grande, teniendo en cuenta que la población total de París sería de medio millón de habitantes, acrecida además en la época por las grandes masas de gentes de la comarca que afluían a la capital. Pero fue suficiente para que corrieran relatos terroríficos sobre los horrores de la revolución, sobre todo por el carácter espeluznante de muchas de aquellas muertes.

En otoño e invierno de 1793, desplazados de la Convención los moderados girondinos por los jacobinos radicales, y en especial durante la dictadura de Robespierre, que duró hasta julio de 1794, el Terror cobró carácter de instrumento oficial de gobierno. Fue parte de un proceso intencionado de depuración, con la finalidad de elevar el ideal revolucionario purgándolo de elementos corruptos e impuros. Además del Terror económico, encaminado a la eliminación de los especuladores en moneda y los acaparadores de alimentos, y del Terror religioso, que se proponía suprimir la religión cristiana, estuvo el Terror político, organizado por la Comisión de salvación pública y el Tribunal revolucionario, cuya misión consistía en cazar y liquidar a los aristócratas y otros elementos contrarrevolucionarios que, según se pensó, andaban todavía sueltos. Se fomentaba todo tipo de fanatismos, y se juzgaba meritorio el denunciar a los vecinos que parecieran desafectos a la causa radical. Más tarde, y en virtud de la ley de sospechosos, los patriotas se adjudicaban parte de los bienes de las personas denunciadas, una vez se hubiese procedido al juicio y ejecución de éstas. El eficiente funcionamiento de la máquina de cortar cabezas tan oportunamente inventada por el ingenioso doctor Guillotin (que en principio se concibió para eliminar la desigualdad en las ejecuciones, en una época en que se utilizaba el hacha para las clases privilegiadas y la soga para las gentes del común), permitía despachar en una hora entre treinta y cuarenta condenados en nombre de la Libertad, la Igualdad y la Fraternidad. Aunque no se guillotinaba a todo el mundo: fuera de París, especialmente, eran fusilados o pasados a sable o bayoneta, o se formaba un grupo atándolos con cadenas y les disparaban con un cañón. Los delitos capitales eran muchos, desde participar en actividades contrarrevolucionarias hasta ocultar a un cura, ayudar a los emigrados, encarecer el pan o decir la frase *Merde à la République!* Durante casi un año las ejecuciones fueron continuas.

La provincia no andaba remisa a la hora de emular las hazañas de la capital. En Lyon, Marsella y Burdeos, por citar sólo las más destacadas, los comisarios jacobinos competían en demostrar entusiasmo por la causa revolucionaria, y hubo ejecuciones a millares. Lyon se dio el nombre de *Ville Affranchie* o «ciudad liberada» para celebrar la desaparición de la clase aristocrática. Al mismo tiempo, en la insurrecta comarca de la Vendée, imperaba una violencia terrible tanto por parte de los revolucionarios como de los rebeldes. Este partido, formado por el campesinado conservador monárquico y la aristocracia rural, se empeñó en administrar a las fuerzas republicanas algunas dosis de su propia medicina. Los republicanos procuraban corresponder vigorosamente. La pequeña nobleza feudal, tan abundante en las provincias, fue exterminada. Algunos clérigos que se habían negado a jurar fidelidad a la República fueron crucificados. En Nantes y Angers hubo una orgía de matanzas. El comisario de Nantes, pareciéndole demasiado lenta la guillotina, practicó lo que él llamaba la «deportación vertical», consistente en largar barcazas cargadas con cientos de reos, y una vez en medio del Loira, las hundían para que se ahogasen todos. Algunas víctimas de estas *noyades* o inmersiones sufrían además lo que llamaron «bodas republicanas», que consistían en atar desnudos y por parejas a hombres y mujeres jóvenes antes de hundirlos: cualquier cosa valía con tal de humillar y desmoralizar a los enemigos de la causa republicana.

Aparte de las bajas de la guerra, durante el Terror perecieron unas 40.000 personas. Es una cifra no pequeña, pero lo que causó más impresión entre la opinión contemporánea fue el carácter selectivo de las matanzas, que supusieron la eliminación de buena parte de la antigua clase dirigente, la nobleza. Sorprendió que tales excesos pudiesen ocurrir en un país supuestamente pacífico del corazón de la Europa civilizada, y escandalizó que ello se hiciese en nombre de los encumbrados ideales que la revolución pretendía representar. De modo que, si bien hubo tal vez exageración en cuanto *al número* de las víctimas, no es exagerada la valoración del *impacto* moral y político del Terror.

## Napoleón I: ¿último representante del despotismo ilustrado?

El concepto medieval de un universo teocéntrico perduró hasta bien entrado el siglo XVII. En ese momento, los descubrimientos científicos volvieron del revés la astronomía y revolucionaron las ciencias físicas. Pareció entonces que la humanidad podía aspirar a todo el conocimiento, y que el Hombre y no Dios era el centro del universo. Los filósofos de la Ilustración postularon que, puesto que el mundo estaba hecho para el hombre, el progreso y la felicidad de los humanos eran primordiales. De ahí que la Ilustración dieciochesca se propusiera favorecer las leyes, las costumbres y las instituciones tendentes a desarrollar esas posibilidades, y abolir todo cuanto se opusiera a ellas. Eran filántropos. Querían la libertad de conciencia, palabra y prensa. Propugnaban la igualdad ante la ley, la humanidad en los castigos a los delincuentes y la libre competencia en economía. Algunas de estas ideas, aunque no todas, fueron adoptadas por varios soberanos de finales del siglo XVIII, en lo que destacaron José II de Austria, Catalina II de Rusia, Federico II de Prusia y, muy especialmente entre los príncipes menores, el duque Leopoldo de Toscana. Se ha afirmado a menudo que Napoleón I fue el último déspota ilustrado. Pero es una afirmación muy dudosa, ya que le faltaron a Napoleón varias de las condiciones necesarias para serlo.

Indudablemente Napoleón fue un déspota. La compleja Constitución promulgada en 1799, y renovada con modificaciones de detalle cuando Bonaparte se proclamó emperador en 1804, acataba nominalmente el principio de la participación popular, pero en realidad dio paso a un despotismo aún más absoluto que el de los reyes del siglo XVIII, que muchas veces tuvieron limitado su poder por las tradicionales cortapisas feudales. Napoleón creó una corte artificial y una nobleza compuesta principalmente de aduladores suyos. En cambio, el emperador José, la zarina Catalina y el rey Federico tenían que contar con una poderosa nobleza terrateniente.

Lo que sí resulta casi indiscutible es que, si fue un déspota ilustrado, fue el último. Si quedaba entre los autócratas alguna voluntad de implantar las reformas propuestas durante el Siglo de las Luces, la Revolución francesa acabó con esa voluntad. Durante casi un cuarto de siglo, los monarcas absolutos de Europa pelearon contra el liberalismo de la Revolución francesa que los ejércitos franceses victoriosos habían llevado a todas partes. Después de 1815, los reyes decidieron que no querían volver a pasar por semejante experiencia. Crearon la Santa Alianza y la Cuádruple Alianza con intención de perpetuar la autocracia. Las reformas que hubiese tendrían que ser forzadas desde abajo, no concedidas por la benevolencia de los de arriba. Algunos han querido conceder ese título de último déspota ilustrado al zar Alejandro II de Rusia, pero en ese caso las reformas eran hijas de la necesidad y no de las ideas filantrópicas; por otra parte, fueron muy tardías para adscribirlas a la tradición ilustrada.

¿Fue Napoleón un ilustrado? Los soberanos del siglo XVIII se habían familiarizado con las obras de los filósofos, y los consultaron en ocasiones aunque no siempre hicieran caso de sus consejos. En los tiempos de Napoleón, los grandes filósofos ya habían desaparecido, y el conocimiento que tuvo Bonaparte de sus obras se redujo a Voltaire, a quien leía todo el mundo por su ingenio mordaz, y a Rousseau, cuyas ideas admiró. Sin embargo, Rousseau era un teorizante. Su gran obra *El contrato social* contiene muchas contradicciones, y Napoleón no permaneció adicto por mucho tiempo a los entusiasmos de su juventud. Muchas de las disposiciones napoleónicas también fueron hijas de la necesidad y herencia de la revolución, que había implantado cambios revolucionarios pero dejando en pie, al mismo tiempo, buena parte de las leyes y las instituciones del *ancien régime*. Lo que complicaba muchas situaciones y creaba confusión. Bonaparte impuso la centralización pasando por encima de las autoridades locales, pero lo hizo por motivos de eficiencia, no por fidelidad al iluminismo, y sobre todo para fortalecer su propio poder. El *Code Napoleon* era una necesidad urgente, o de lo contrario habría quedado paralizada toda la maquinaria judicial del país. Pero al menos retuvo los juicios con jurados y un sistema de sanciones más humanitario. También eran urgentemente necesarias las reformas de la educación, porque la revolución había destruido el antiguo sistema de enseñanza elemental a cargo del clero sin proporcionar nada que lo reemplazase. Pero al menos retuvo el concepto ilustrado de que la instrucción superior debía ser accesible a todos, con independencia de su fortuna o su clase social.

Napoleón no fue admirador del fisiocratismo, la teoría económica de la Ilustración. Si los fisiócratas habían sido partidarios del libre comercio, Napoleón prefirió el proteccionismo. Su reforma monetaria y la creación del Banco de Francia iban encaminadas a estabilizar las finanzas y el valor del dinero, después de la lamentable experiencia de los *assignats* republicanos. Mandó construir carreteras y concedió subsidios a la industria, lo que habría parecido bien a los fisiócratas. Pero éstos no habrían aprobado su sistema económico basado en la guerra y la expoliación de los países conquistados.

Hay otro aspecto en que Bonaparte tampoco encaja en el molde de los déspotas ilustrados: él no era monarca hereditario. Era de los de abajo, encumbrado por la revolución. Los déspotas ilustrados tenían una legitimidad histórica, en cambio Napoleón fue soberano *de facto* y no *de jure*. Los cambios que impuso le fueron dictados por las circunstancias y las urgencia; no mercedes concedidas a la manera tradicional, sino medidas implantadas según considerase adecuado o necesario. Sin embargo, el iluminismo había influido mucho en los cambios que introdujo la Revolución francesa, y Napoleón siempre acató los principios revolucionarios, al menos de palabra. Mantuvo aquellos cambios en cierta parte, y continuó algunos de ellos mediante sus reformas. Sólo en este sentido puede ser parcialmente cierto que fuese el último heredero del despotismo ilustrado, pero las disposiciones que tomó siempre fueron más pragmáticas que idealistas.

## El sistema de Speenhamland, ¿fue un sistema en realidad?

En 1795, los magistrados de Speen, lugar cercano a Newbury en la comarca del Berkshire, se reunieron a considerar los alborotos recientes debidos a la subida del precio del pan y el crecimiento de la pobreza agraria. Establecieron un baremo de medidas de beneficencia basado en el precio del pan y el número de miembros de cada familia, y recomendaron dicho baremo a los magistrados de los distintos juzgados de paz de la comarca. Transcurridos pocos años, el sistema de Speenhamland pasó a ser sinónimo de las disposiciones de la ley de pobres inglesa, situación que se prolongó hasta la promulgación de una nueva ley de pobres en 1834. Pero en realidad, no fue ningún sistema y los libros que lo presentan como tal están fomentando un equívoco.

La ley de pobres isabelina, es decir la promulgada en el siglo XVI, había creado un sistema según el cual a los auténticamente desempleados debía buscárseles un empleo o consignarlos a los asilos (*workhouses*). En cuanto a los auténticamente vagos, serían castigados y confinados en correccionales, bajo condiciones bastante duras. La financiación de este nuevo sistema corría a cargo de la autoridad local y se basaba en la recién creada contribución sobre las propiedades. Por tanto, la aplicación de la nueva ley quedaba en manos de los jueces de paz, que constituían dicha autoridad local. Entonces se descubrió lo que siempre han venido descubriendo las autoridades locales, a tal punto que hoy no debería ya sorprendernos: que el mantener a los pobres en instituciones resulta mucho más costoso que proporcionarles algún magro subsidio a fin de ayudarlos a mantenerse a sí mismos. Por eso, hacia el siglo XVIII los correccionales habían desaparecido casi por completo, y muchas parroquias eran demasiado pequeñas para costearse un asilo. Los pobres del siglo XVIII que no podían ser obligados a trabajar, o para los que no se encontraba empleo, casi invariablemente eran mantenidos mediante dinero proporcionado por los magistrados locales a cargo de la contribución municipal. Para evitar que ningún distrito se viese inundado por los pobres de otras demarcaciones, se promulgaron estrictas disposiciones sobre asentamientos, prohibiendo que los pobres se moviesen de unas parroquias a otras. Los ricos gruñían a causa de la contribución, pero el sistema por lo visto funcionó bastante bien hasta finales del siglo mencionado.

Fue entonces cuando surgieron dos problemas nuevos, y de no pequeño alcance: la destrucción del sistema de parroquias en las zonas de fuerte crecimiento de la población, y las consecuencias de la inflación debida a la guerra. Ser inspector de pobres en una aldea y encargarse de un puñado de infelices era muy distinto que atender a los desheredados de una barriada urbana degradada y densamente poblada. Las fluctuaciones del empleo, las crisis económicas y la ruptura de las vías comerciales por causa de la guerra muchas veces multiplicaban el paro a tal punto, que un solo inspector se veía responsable de varios centenares de familias. Y cuando comenzó la Revolución industrial, toda pretensión de imponer la vigencia de las leyes de asentamiento quedó condenada al fracaso. Los pobres emigraban a las ciudades para buscar una vida más próspera en las fábricas y talleres. Las aldeas de los extrarradios se convertían en suburbios. En 1793 el comienzo de la guerra contra Francia llevó la situación al extremo. Subió el pan, y los salarios andaban muy regazados detrás de los precios. En el campo eran cada vez más los jornaleros que llamaban a la puerta del inspector de pobres.

Estas condiciones motivaron la reunión de 1795 en Speen. Normalmente, las sumas destinadas a los pobres de cada parroquia, o grupo de parroquias abarcadas por la reunión de jueces de paz, representaban una suma fija y sólo la junta plenaria de dichos magistrados tenía poder para modificar. Pero los precios fluctuaban a ritmo muy superior a la periodicidad de las asambleas, y por eso los magistrados del Berkshire se reunieron en el confortable salón de la taberna del Pelícano para tratar de hallar una solución. Para obviar la necesidad de reunirse con tanta frecuencia, idearon la escala móvil basada en el precio del pan y el número de miembros de cada familia, previendo que la junta se convocaría una vez al año para confirmar o ajustar el baremo.

La intención de los magistrados era proporcionar un nivel mínimo de subsistencia para los desempleados. Casi enseguida, el baremo empezó a ser utilizado para dar un complemento a los jornaleros del campo que no ganaban lo suficiente. Es decir, que degeneró en un sistema de subsidio a los salarios, de modo que los terratenientes pagaban menos a sus jornaleros y la providencia pública cubría la diferencia. La iniciativa tuvo tanto éxito que no tardó en ser emulada por los magistrados de otras comarcas. Las escalas variaban a menudo y además había diferencias considerables entre distrito y distrito. El parlamento no tuvo nada que ver con las escalas de Speenhamland y sus imitadoras. Era un asunto de administración local. De hecho, y aunque el procedimiento se extendió por todo el Sur y buena parte de las Midlands, la protección no llegó al norte del país. Muy pronto, la industrialización y los grandes movimientos migratorios que acarreaba hicieron inviables las escalas móviles en casi todos los lugares del norte que lo intentaron. Allí la ley de pobres no se aplicó a mejorar los ingresos de los que trabajando ganaban poco, sino que socorría a quienes no tuviesen empleo de ningún tipo. Era una medida imprescindible para los trabajadores a domicilio, como los tejedores por ejemplo, cuyos ingresos eran escasos y además intermitentes.

Después de las guerras napoleónicas, el gasto nacional en providencia social se disparó, llegando a los 8 millones de libras anuales hacia 1818. Con la posguerra llegaron el paro y la carestía. Se culpó de ello a Speenhamland y convenía a sus detractores decir que era un «sistema», pese a la falta de uniformidad que acabamos de describir, para barrerlo todo de un plumazo. Eso fue lo que se hizo en 1834 con la enmienda a la ley de pobres *(Poor Lew Amendment Act)*, que hizo desaparecer todas las ayudas excepto para enfermos y ancianos. Y ahí acabó el sistema de Speenhamland.

## Bismarck, ¿oportunista o previsor?

**En 1862, Bismarck fue nombrado presidente del consejo de ministros de Prusia. Nueve años después se proclamaba canciller de una Alemania unificada. Pronto se le atribuyó el mérito de haber sido el arquitecto de la unificación, leyenda que él mismo corroboró en sus memorias con el obvio propósito de restablecer su reputación, algo perjudicada por el poco glorioso cese sufrido en 1890. Ciertamente Bismarck unificó Alemania, pero otra cosa es decir que fue el arquitecto de la unificación, lo cual habría implicado planificarla con visión de futuro.**

Alemania no figuraba en el primer lugar de la lista de prioridades de Bismarck. Se ha dicho que consideraba repartidas sus obligaciones en cuatro círculos concéntricos: el primero y más inmediato, los Hohenzollern. El segundo, Prusia. El tercero, Alemania. Y ocasionalmente, y sólo en último lugar, el concierto europeo. Cuando asumió su cargo en 1862, desde luego su primera preocupación fue salvar del liberalismo a la monarquía prusiana y reforzar el poderío militar de Prusia. Cuando hubo conseguido esto, volvió su atención a los asuntos exteriores. Por medio de la unión aduanera, o *Zollverein*, económicamente Prusia dominaba ya el norte de Alemania. Pero ambicionaba la dominación política. Lo cual era imposible mientras la Confederación germánica estuviera presidida todavía por Austria. Muchos pequeños estados del norte miraban a Austria para su protección frente al expansionismo prusiano. Era cuestión de aprovechar la primera oportunidad para plantearle un desafío a los austriacos.

Pero Bismarck no podía crear los acontecimientos, sino sólo aspirar a controlarlos. No es de creer que hubiese previsto en 1863 la anexión del ducado de Schleswig-Holstein por parte de Dinamarca. Enseguida vio, sin embargo, cómo aprovechar la circunstancia en beneficio de Prusia. Aquel ducado era miembro de la Confederación. La anexión por Dinamarca era un agravio contra la Confederación. Por consiguiente, se le ofrecía a Prusia la oportunidad de presentarse a sí misma como defensora de la Confederación. En 1864 Austria se veía obligada a tomar parte en la guerra contra Dinamarca, o renunciar a su papel como protectora principal.

La guerra fue breve y victoriosa, y el ducado quedó bajo tutela prusiana y austriaca. Pero Bismarck halló la manera de excluir a Austria de los beneficios de la paz. En 1865, la Convención de Gastein hizo de la provincia de Schleswig un protectorado prusiano, quedando la de Holstein bajo autoridad austriaca. Holstein era más grande pero sus fronteras terrestres se hallaban rodeadas de territorios prusianos. Austria tuvo que cargar con los gastos de mantener en el norte de Alemania una presencia que no le interesaba en realidad. Ante el desafío de Prusia, Austria decidió pelear. En julio de 1866 los austriacos fueron aplastados en Sadowa.

Las consecuencias de Sadowa excedieron incluso lo que Bismarck ambicionaba cuando asumió el poder. Además de excluir del norte de Alemania la influencia austriaca, se constituyó una Confederación septentrional, y Prusia se anexionó los estados al norte del río Main que habían combatido al lado de los austriacos. Casi todo el norte era territorio prusiano y lo demás, principados satélites.

¿Necesitaba o proyectaba Bismarck una guerra contra Francia para completar la unificación alemana? Millones de alemanes eran súbditos del imperio austrohúngaro. Incorporarlos a un estado alemán habría supuesto la desintegración de dicho imperio y una gran inestabilidad en el centro de Europa, lo que no interesaba a Bismarck en absoluto. Por otra parte, la idea de extender sus dominios por el sur de Alemania no le entusiasmaba demasiado. Aquellos estados católicos, el principal de ellos Baviera, temían a la Prusia protestante como al mismo demonio. En vista de la debilidad de Austria, volvieron sus miras a Francia. La principal esperanza de Bismarck era que esos estados alemanes meridionales llegasen a desconfiar tanto de las intenciones francesas, que olvidasen la hostilidad que sentían contra Prusia.

Bismarck puso en juego su habilidad diplomática hasta lograr que los franceses exigieran compensaciones por la expansión prusiana. Las pretensiones secretas de Napoleón III sobre Bélgica podían servir para agriar las relaciones de Francia con Gran Bretaña. Y si ambicionaba territorios en el sur de Alemania, eso convenía para fomentar la desconfianza de los alemanes meridionales frente a los franceses. Bismarck no planeaba una guerra contra Francia, pero como estadista prudente se consideró en el deber de prepararse para tal eventualidad.

La ocasión se presentó de manera inesperada. En España, la revolución de 1868 derribó a la reina Isabel II. Después de buscar sin éxito un candidato al trono entre los príncipes europeos, los españoles ofrecieron la corona a un primo lejano del rey Guillermo de Prusia. Los franceses se espantaron, previendo el poderío que representaría la alianza entre unos Hohenzollern de España y los de Prusia, y exigieron la retirada de la candidatura. Bismarck tenía bien claro que ceder significaba otorgar un triunfo diplomático a los franceses, y trató de persuadir a Guillermo para que rechazase las exigencias de aquéllos. Pero Guillermo prefirió aconsejar a su primo que desistiera. Los periódicos franceses presentaron la retirada prusiana como un triunfo francés, y Bismarck tuvo un disgusto tan grande con este revés diplomático que pensó presentar la dimisión.

El telegrama de Ems en el que Guillermo daba cuenta con objetividad de sus negociaciones con el embajador francés fue modificado por Bismarck antes de autorizar su publicación. El texto corregido aparentaba que el embajador francés había sufrido una humillación y que Prusia había convertido la derrota diplomática en victoria. La cadena de acontecimientos que se produjo luego no podía planearla Bismarck. Imposible prever que el telegrama de Ems iba a levantar enorme clamor en Francia, ni que Napoleón III hiciese caso de dicho clamor, por mucho que le insistieran su ministro y su esposa, la emperatriz Eugenia. En realidad, si Napoleón hubiera sido un poco más enérgico, habría evitado la guerra con Prusia, que no entraba en sus proyectos ni era inevitable, ni mucho menos.

La rápida victoria de Prusia cosechó el trofeo de la Alsacia-Lorena. Otro botín inesperado fueron los estados alemanes del sur. Espantados por las ambiciones territoriales de Napoleón III, ya que la conflagración parecía corroborarlas, no aguardaron al final de la guerra para someterse a la primacía de Prusia lo mismo que los demás estados alemanes. La Confederación del norte fue reemplazada por el Imperio alemán. Todo esto, gracias a que Bismarck supo aprovechar los acontecimientos en ventaja de Prusia. Fue un oportunista brillante. Y aunque en su juventud había soñado vagamente con la unidad de Alemania, como tantos otros alemanes, no era posible que tuviese trazado en 1862 el proyecto de lo que fue el Imperio alemán de 1871 (véase también en el capítulo 6 el apartado «¿Fue el telegrama de Ems el *casus belli* de la guerra franco-prusiana de 1870?»).

## La doctrina Monroe, ¿base del imperialismo estadounidense?

Planteada por primera vez en el mensaje del presidente James Monroe al Congreso en diciembre de 1823, a la doctrina Monroe se le ha supuesto vigencia durante los siglos XIX y XX. En esta declaración se postula que las Américas no deben contemplarse «como futuros objetivos de colonización por parte de ninguna potencia europea», y que cualquier intento de interferir la libertad de las colonias españolas recién independizadas se consideraría como «manifestación de un ánimo no amistoso hacia Estados Unidos». El criterio general fue que esta declaración política era una advertencia a las potencias europeas en conjunto, y a la británica en particular, para que se abstuvieran de intervenir en los asuntos americanos. Pero, cualquiera que fuese su significación ulterior, la doctrina Monroe se originó en un contexto bastante distinto.

La doctrina, aunque llevó el nombre del presidente Monroe, fue redactada por su secretario de estado, John Quincy Adams. Su motivo, el peligro de que la Santa Alianza europea formada por Austria, Prusia y Rusia quisiera intervenir a favor de la monarquía española y contra la insurrección de las colonias americanas, cuyos diversos focos llevaban diez años ardiendo intermitentemente. En principio, la idea fue sugerida por George Canning, recién nombrado secretario británico de interior, y sugería la posibilidad de una acción conjunta de las flotas británica y estadounidense para patrullar las costas americanas con objeto de evitar cualquier intrusión europea. Los gobernantes de Estados Unidos no aceptaron la proposición, a causa del fuerte sentimiento antibritánico que había dejado la guerra angloamericana de 1812-1814. No obstante, Monroe se apuntó el mérito, porque la doctrina Monroe postulaba exactamente lo que se proponía Canning cuando habló de «invocar la existencia del nuevo mundo para equilibrar la balanza en el viejo mundo».

Sobre estas bases, las autoridades de Estados Unidos establecieron: primero, que las Américas no serían territorio para futuras colonizaciones europeas; segundo, que el sistema de gobierno americano sería radicalmente diferente de los sistemas europeos; tercero, que cualquier intento de influir en territorio americano se consideraría una amenaza a la paz y la seguridad de éste; y cuarto, que Estados Unidos correspondería a la aceptación de estas directrices por los europeos respetándoles las colonias existentes en América y no participando en las guerras europeas.

Aunque se diga que esa doctrina ha sido la base fundamental de la política exterior estadounidense durante más de un siglo, se aplicó de una manera bastante laxa y bien puede afirmarse que en realidad fue el pretexto del imperialismo estadounidense. Como en 1845, cuando el presidente Polk se permitió manifestaciones amenazadoras frente a Gran Bretaña y México declarando que «los pueblos de este continente tienen derecho a decidir acerca de sus propios destinos, y nadie más», criterio generalizado por el presidente Theodore Roosevelt en 1904 cuando afirmó que Estados Unidos era «la potencia de policía internacional» para todo el continente americano. Pero también estaban empezando a extender sus fronteras más allá del continente americano. En 1899 el secretario de estado John Hay estaba anunciando una nueva política, la de «puertas abiertas» para China, que consistía en exigir, en nombre de todos los países, igualdad de oportunidades para comerciar con China. Al año siguiente volvió a la carga, pidiendo que todos los países se comprometiesen a respetar la integridad territorial de China. En 1912, el senador Lodge logró hacer aprobar por el congreso una resolución que ampliaba la doctrina Monroe oponiéndose a interferencias extranjeras en el Japón.

Entre las dos guerras mundiales Estados Unidos empezó a intervenir en los asuntos europeos, por mucho que se diga que durante este periodo se practicaba una política de «aislacionismo». Por lo visto, olvidaron sus propias promesas de no inmiscuirse fuera del continente americano. Hubo sustanciales intervenciones en otras «zonas de influencia», como el Sudeste asiático e Indonesia. Sin embargo, fue después de la II Guerra Mundial, convertido Estados Unidos en una de las dos superpotencias, cuando dichas promesas quedaron totalmente relegadas. En la nueva situación, Estados Unidos invocó la doctrina únicamente cuando les interesó a sus gobernantes, o cuando creyeron que era obvia la necesidad de hacerlo, como en el caso de la crisis cubana de los mísiles. En 1982 hubo opiniones partidarias de invocarla cuando estallaron las hostilidades entre la Argentina y Gran Bretaña por las islas Malvinas o Falkland. El presidente Reagan se opuso entonces porque valoraba más la amistad con la señora Thatcher y con Gran Bretaña. En líneas generales, sin embargo, la doctrina modificada parecía querer decir «ustedes no se metan en América y nosotros nos meteremos en los asuntos de ustedes cada vez que lo consideremos conveniente». Es una actitud comprensible y lógica, dada la primacía mundial absoluta de Estados Unidos desde finales del siglo XX.

## El «destino manifiesto», ¿un disfraz del expansionismo estadounidense?

**Hacia mediados del siglo XIX comenzó en Estados Unidos un gran movimiento expansionista de colonos hacia el Oeste: goteo al principio, inundación al final, hasta alcanzar la costa del Pacífico en California. Fue entonces cuando nació, como justificación, el concepto de un «destino manifiesto», consistente en el derecho a ocupar las vastas extensiones del país. ¿Fue algo más que un mero disfraz de sus instintos expansionistas?**

Muchos extranjeros opinaron desde luego que no era más que un pretexto. En particular los observadores británicos lo jugaron una amalgama indeseable de retórica e ignorancia. Era bien conocido el menosprecio que sentían los estadounidenses por los «indios» aborígenes de las grandes llanuras de América del Norte. La destrucción de los pueblos nativos no pareció bien a todo el mundo. Y la noción de que las posesiones de las potencias europeas en el continente americano carecían de legitimidad, y de que los derechos de aquéllas pudieran ser anulados simplemente porque lo dijeran unos coloniales insumisos, desagradaba tanto en Madrid, París o San Petersburgo como en Londres. Las potencias mundiales trataron el patrioterismo estadounidense con el altivo desdén que según ellas merecía, si es que se molestaban en tomar nota. Incluso los mismos estadounidenses tuvieron sus dudas. Los más responsables juzgaron que la noción era provocativa e innecesaria, y veían en ella sus orígenes de periodismo populista y demagógico. En efecto, la primera mención de la idea del «destino manifiesto» se le ocurrió en agosto de 1845 a un periodista llamado John O'Sullivan, cuando escribió que «la realización de nuestro destino manifiesto consiste en expansionarnos por el continente que nos ha concedido la providencia para el libre desarrollo de nuestra población, que todos los años se multiplica a millones».

El «destino manifiesto» convenció a muchos de los semianalfabetos que leían los periódicos. Se les sugirió la idea de que el expansionismo americano tenía una justificación moral, y les convenía creerlo. De este modo, podían exterminar a los indios, creyendo que eran unos salvajes infrahumanos, y hostigar a británicos, españoles y franceses considerándose impecablemente justificados por hacerlo. Negarlo equivalía a negar el patriotismo de aquellos estadounidenses, y tal vez incluso su virilidad.

En fecha tan temprana como 1838, Jackson había echado ya a los cherokee de Georgia, empujándolos hacia Alabama y luego hacia las tierras improductivas al otro lado del Misisipí, mediante sobornos y otros procedimientos. Pero muchos consideraban que el gran río era «el valle de la democracia». Hacia 1850 dicho valle quedaba ya densamente poblado y cultivado, habiéndose expulsado a las tribus indígenas mucho más al oeste y sin demasiadas ceremonias. Los territorios de la orilla oriental estaban divididos en estados, muchos de los cuales se adhirieron en tropel a la Unión: Luisiana en 1812, Missouri en 1821, Arkansas en 1836, Iowa en 1846. Estos nuevos estados y sus habitantes iban convirtiéndose en influencia poderosa dentro de la política estadounidense. La «cabaña de troncos» de aquellos pobladores del Oeste fue el símbolo de la nueva democracia y de su expansionismo. En enero de 1846, Robert Winthrop, representante por Massachussets, recogió la frase de O'Sullivan en un discurso. Esa creencia reflejaba exactamente las ideas de James Knox Polk, de Tennessee, hombre forjado en el molde de Andrew Jackson y que tras enfrentarse a Henry Clay, candidato de los *whigs* del Este, y alzarse a la presidencia en 1844, hizo suya la misión de ayudar a la expansión nacional.

En 1842, las fricciones a lo largo de la frontera canadiense, secuela de la insurrección de Canadá, dieron lugar al tratado Webster-Ashburn que zanjaba el pleito fronterizo entre Nueva Brunswick y Maine. Pero en 1846 se presentó más al oeste otro conflicto más peligroso, cuando Gran Bretaña y Estados Unidos disputaron por la frontera de Oregón. Los intereses norteamericanos en el lejano Noroeste se intensificaron por la apertura de la llamada Trocha de Oregón en 1842, que llenó de cultivadores, mercaderes y misioneros aquella zona. Llevaban una consigna: «¡El cincuenta y cuatro cuarenta, o la guerra!». Polk hizo suyo el lema que reivindicaba esa latitud como frontera entre Estados Unidos y Canadá, y afirmó: «Nuestros derechos sobre el territorio de Oregón son evidentes e incuestionables». En realidad no deseaba pelear; estaba pendiente el litigio con México, y Polk no quiso indisponerse además con Gran Bretaña. Por último, negoció con el secretario de exteriores británico, lord Aberdeen, un tratado por el cual Gran Bretaña abandonaba una franja de territorio próxima a la desembocadura del río Columbia, aceptando el paralelo 49 como frontera continental, a condición de que se les respetasen a los canadienses Fort Victoria y toda la isla de Vancouver.

Hasta entonces la aplicación del «destino manifiesto» se había reducido a Gran Bretaña, como volvió a ocurrir poco después, cuando Estados Unidos renunció por el tratado Clayton-Bulwer de 1850 a sus intereses en Nicaragua, a cambio de la promesa británica de no ampliar sus asentamientos en Honduras a lo largo de la Costa de los Mosquitos, bajo la pretensión de ejercer un protectorado sobre las tribus nativas residentes allí.

En cambio, México no tenía una marina de guerra poderosa y era presa fácil. El conflicto se centró en Texas, abandonada por Estados Unidos en virtud del tratado de Florida de 1819, pero que estaba llenándose rápidamente de colonos estadounidenses a los que se permitió establecerse allí. En 1834 Texas se declaró independiente, y el ejército mexicano al mando de Santa Anna invadió el país e hizo una matanza en San Antonio, a orillas del río Álamo. Fue expulsado en 1836 por fuerzas tejanas al mando de Sam Houston, y en 1837 el presidente Jackson reconoció la independencia del estado «de la estrella solitaria». Polk hizo su guerra en 1846, pero no fue larga. El conflicto tuvo tres escenarios: California, donde una expedición mandada por John C. Frémont invitó a la insurrección contra las autoridades mexicanas; Nuevo México, donde salió de Fort Leavenworth un pequeño contingente al mando del coronel Stephen Kearny para reducir la resistencia de los mexicanos en Santa Fe, continuando luego hacia California; y finalmente el mismo México. Allí los protagonistas fueron el general Zachary Taylor, alias *rough and ready* («el bronco y pronto»), que cruzó peleando el río Grande hasta meterse en el corazón del país hostil, donde sus enemigos capitularon en Buena Vista, y el general Winfield Scott, que eligió en 1847 la vía marítima para desembarcar en Veracruz y acaudilló en pleno estío una marcha hasta los 3.000 metros de altitud de Ciudad de México, rindiéndola en septiembre.

La paz se firmó en Guadalupe Hidalgo en 1848, y con ella Estados Unidos ganaban California y Nuevo México (que incluía entonces a Arizona), además de quedar reconocida la anexión de Texas. A cambio, los estadounidenses pagaron a México 15 millones de dólares y asumieron las reclamaciones de ciudadanos estadounidenses contra México por importe de 33 millones de dólares más. Mediante una provisión añadida a este tratado, en 1853 Estados Unidos realizó la Compra Gadsden, que incorporó a Nuevo México unos 100.000 kilómetros cuadrados al sur del río Gila, a cambio de otro pago de 10 millones de dólares. La compra del territorio de Alaska a los rusos en 1867 completó los territorios continentales de Estados Unidos.

Apenas habían adquirido California, se descubrió en 1847 la presencia del oro, lo que suministró nuevo ímpetu a la idea del «destino manifiesto». El territorio fue invadido por gran número de buscadores de fortuna. Algunos llegaban por mar después de dar la vuelta al cabo de Hornos, y otros por la vía terrestre, en busca de las quebradas con arroyos cuyas arenas pudieran lavar con sus cedazos. Las montañas se poblaron súbitamente de alborotadores campamentos. San Francisco surgió de la noche a la mañana para convertirse en una metrópoli de la codicia, el vicio y la lujuria, y todo aquel estado, que había llevado hasta entonces una existencia somnolienta de rancheros criollos, se transformó en un hervidero de aventureros anglosajones. En 1850 California pasó a ser un nuevo estado, y durante los veinticinco años siguientes se añadieron a la Unión otros siete, casi todos del oeste.

Las fuerzas económicas impulsaban ese empuje hacia el oeste. Los laboriosos agricultores que se establecieron en las praderas desarrollaron muy pronto la que iba a convertirse en una de las extensiones más grandes del mundo dedicadas al cultivo del maíz. En las regiones más secas se practicó la ganadería extensiva de bovino, que introdujo la época de los *cowboys*. Todo ello ayudado por el tendido del ferrocarril. Si en 1850 sólo se tenían 10.000 kilómetros de vía férrea, en 1860 eran 50.000, cubriendo el oeste y reemplazando las viejas trochas de las caravanas. Chicago, que era un pequeño asentamiento en 1850, creció y se convirtió en una ciudad de muchos miles de habitantes en 1860. Como centro nacional de la industria de enlatado de la carne, pasó a ser también importante nudo ferroviario. Los antaño orgullosos pieles rojas fueron avasallados y los míseros sobrevivientes encerrados en reservas dispersas.

Todo esto se hizo en poco más de una generación. El bisoño y tímido país de 12 millones de habitantes en 1830, aumentados a 45 millones en 1875, iba a convertirse en una de las grandes potencias mundiales. Sus gentes, la mayoría inmigrantes recién llegados, se abrían paso en la vida y conquistaban una nueva mentalidad, no como súbditos obedientes de ningún régimen europeo, sino como adelantados que se adueñaban de nuevas tierras y traían nuevas aspiraciones. La expansión de Estados Unidos no fue casual, ni tampoco deliberada, ni tampoco fue, desde luego, consecuencia de ninguna abstracción filosófica o derecho divino que autorizase a Estados Unidos la ocupación del continente de América septentrional. Fue la respuesta natural a unas fuerzas que eran más demográficas que democráticas. Pero ellos tenían esa creencia, y ellos la hicieron realidad.

## ¿Era un objetivo legítimo el *Lusitania*?

El hundimiento del *Lusitania* fue unos de los muchos «crímenes» atribuidos a los alemanes en la I Guerra Mundial. Causó indignación en Estados Unidos, suscitó mucha germanofobia y perjudicó a la causa de Alemania. Los británicos aseguraban que el *Lusitania* era un barco de pasajeros, inerme, y que no transportaba ninguna clase de contrabando de guerra. Por tanto, su hundimiento sin advertencia previa por parte de un submarino alemán era una atrocidad imperdonable. Los alemanes afirmaron que el barco sí transportaba material de guerra, y que precisamente fue señalado como objetivo por el tipo de contrabando que llevaba. Lo que dijeron los ingleses era mentira pura y simple, y los alemanes tergiversaron los hechos.

La I Guerra Mundial afectó a la mayor parte de Europa desde comienzos de agosto de 1914. Muchos europeos simpatizaban con Gran Bretaña y Francia, aunque no todos ni mucho menos, y Estados Unidos había optado por una neutralidad benevolente. Era difícil mantener esta postura mientras la Armada inglesa trataba de mantener un bloqueo sobre Alemania y los submarinos alemanes hundían barcos mercantes en ruta hacia Gran Bretaña. Al principio, la flota submarina alemana respetó las leyes del mar.

Los submarinos salían a la superficie y lanzaban una advertencia, permitiendo que las tripulaciones de los mercantes largaran los botes salvavidas antes del hundimiento del barco. Pero entonces el almirantazgo inglés autorizó que los mercantes se dotaran de artillería, y además camuflaron de mercantes algunas unidades de la Armada. De manera que los alemanes empezaron a perder submarinos. Entonces los capitanes más cautelosos adoptaron la táctica de «en caso de duda, hundirlos a primera vista», lo que no consentía excepciones para los buques de pasaje. En 1915 la táctica fue adoptada oficialmente por los alemanes. Que los pasajeros estadounidenses y los británicos se diesen por enterados del riesgo que corrían si se embarcaban.

Sin embargo, los del *Lusitania* no creyeron correr ningún peligro. Era el mejor navío de la compañía Cunard. Sus cuatro chimeneas se alzaban a 22 metros de altura sobre la cubierta, tenía 220 metros de eslora, desplazaba 32.500 toneladas y su andadura máxima era de 26 nudos, la mayor de la época. Los camarotes de primera eran el colmo del lujo, y tenía un comedor decorado en blanco y oro, con techo abovedado, un salón principal con entarimado de caoba, gabinete para fumadores, bibliotecas con salas de lectura, y un hospital de 24 camas. El capitán William Turner estaba enormemente orgulloso de su barco. Cuando los alemanes publicaron en Nueva York una nota oficial para advertir a los supuestos pasajeros que iban a entrar en zona de guerra y que viajaban bajo su propio riesgo, Turner le quitó importancia: «Eso de torpedear el *Lusitania* es el mejor chiste que he oído desde hace muchos años».

El 1 de mayo de 1915 embarcaron los pasajeros, casi todos ellos británicos. Iban de Nueva York a Liverpool, adonde esperaban llegar en poco más de siete días. Pero el 7 de mayo, frente al Old Head of Kinsale, cerca de la costa meridional de Irlanda, tuvieron un encuentro inesperado con el submarino alemán *U-20*. El *kapitänleutnant* Walther Schwieger estaba en misión desde finales de abril, y el día anterior había hundido otros dos barcos, permitiendo que la tripulación abandonase uno de ellos y torpedeando el otro sin advertencia previa. Sólo le restaban dos torpedos. Cuando avisó en el horizonte el Lusitania, se acercó cautelosamente y disparó el primer torpedo en inmersión periscópica desde una distancia de 700 metros. Vio la explosión y sus resultados, y al comprobar que el barco se hundía rápidamente, renunció a disparar el segundo torpedo, recogió el periscopio y puso rumbo a puerto, dejando el *Lusitania* abandonado a su suerte.

El barco se hundió en 18 minutos y se ahogaron 1.201 personas, que eran 785 pasajeros y 413 de la tripulación. Otras tres víctimas no pudieron ser identificadas. El hundimiento fue condenado inmediatamente por Gran Bretaña y Estados Unidos diciendo que había sido un crimen incalificable. Se dijo que los alemanes habían acuñado una edición limitada de medallas conmemorativas en apoyo de su afirmación de que pese a ser un barco de pasajeros llevaba contrabando. En realidad, la supuesta medalla fue acuñada por un joyero particular de Múnich, llamado Karl Goetz. En el anverso, unos pasajeros compraban sus billetes a una calavera que simbolizaba la muerte; en el reverso, se hundía un barco cargado de aviones y cañones, y campeaba en torno la leyenda *No Contraband*. Pero se interpretó como una crítica contra la política de guerra de la Alemania imperial, y fue prohibida inmediatamente. No obstante, los británicos replicaron encargando a Gordon Selfridge de Londres una imitación, de la que se acuñaron 250.000 unidades para sugerir la alegría macabra de los alemanes ante tan grande número de víctimas.

Las comisiones que investigaron el hundimiento presentaron sus conclusiones antes del final de la guerra, la británica en junio de 1915 y la estadounidense en el verano de 1918. Ambas afirmaron que el *Lusitania* no transportaba contrabando de guerra, pero no dijeron la verdad. Según los ejemplares de los manifiestos de embarque que se han conservado, el barco transportaba munición, a saber: 4.200 cajas de munición para fusil (con 1.000 cartuchos en cada caja), 1.250 cajas de granadas (sin carga) y 18 cajas de fulminantes por percusión, todo ello rotulado más bien equívocamente «mercancía no explosiva a granel», lo que estaba permitido según las leyes de guerra. Pero los manifiestos estaban incompletos, y el contenido de otras dos bodegas del barco no se ha revelado nunca. Parece probable, aunque no es seguro, que iba una carga de algodón pólvora, es decir, el material altamente explosivo que se obtiene tratando fibra de algodón con ácido nítrico y ácido sulfúrico. Probablemente iba camuflado en una remesa de pieles. En el puerto de Nueva York los inspectores alemanes ciertamente sospecharon que el barco llevaba material prohibido según las leyes estadounidenses, y que en todo caso nunca debió cargarse en un barco de pasajeros. Pero no es probable que consiguieran pruebas concretas. Por otra parte, las notas de advertencia enviadas por el consulado alemán de Nueva York a la prensa no mencionaban el contrabando; este argumento salió a relucir después del percance. El capitán del *U-20* alemán no supo hasta el último instante qué barco estaba torpedeando. Lo hundió a primera vista, de modo que el argumento defensivo alemán de que el barco era un objetivo legítimo no parece demasiado consistente.

No se comprende que el almirantazgo inglés se propusiera luego destruir la reputación del capitán Turner, salvo si se trataba de minar la credibilidad de dicho capitán, para el supuesto de que se le ocurriese hacer revelaciones. Otras revelaciones no eran posibles, dado el estado incompleto de los manifiestos. Los alemanes tenían algunos motivos para sentirse engañados. Los ingleses habían mentido y las sospechas alemanas eran acertadas. No obstante, la campaña de propaganda que montaron los aliados con el suceso del *Lusitania* y el temor —infundado, en la ocasión— a que precipitase la entrada de Estados Unidos en la contienda, hicieron que pocos meses después los alemanes abandonasen la táctica del «hundimiento a primera vista».

## La batalla naval de Jutlandia, ¿fue una gran victoria de la Armada británica?

En 1916, el encuentro entre las unidades de guerra británicas y alemanas en Jutlandia dio lugar a uno de los grandes mitos británicos. Éstos pretendieron haber logrado una gran victoria, muy oportuna en aquella coyuntura más bien adversa, en que hacía mucha falta cualquier victoria pequeña o grande para levantar la moral. Además, un triunfo naval venía a reforzar la creencia de los británicos en la inexpugnabilidad de sus islas. De hecho, la proclamada victoria estuvo a punto de ser un desastre. Sin embargo, la de Jutlandia continúa siendo considerada por muchos como una de las batallas más decisivas de aquella guerra, pese a que no decidió nada realmente, y decir que fue una victoria es, en el mejor de los casos, una afirmación dudosa, y en el peor, una equivocación.

El 31 de mayo de 1916 se produjo allí la única gran batalla naval de la Gran Guerra. Ha recibido el nombre de batalla de Jutlandia por su proximidad a esa península de la costa danesa. Intervino en ella el grueso de ambas Armadas, y su desenlace pudo decidir el sino de la guerra. Los británicos perdieron tres cruceros, tres cruceros ligeros y ocho destructores, y los alemanes un acorazado, un crucero, cuatro cruceros ligeros y cinco destructores. La batalla demostró que los blindajes de los alemanes, su artillería y sus sistemas de tiro eran mejores. Y los británicos sufrieron más bajas: 6.000 marinos muertos frente a los 2.500 de los alemanes.

Lógicamente, los alemanes afirmaron que había sido una victoria alemana. Habían hecho más daño que los británicos, y seguían con su flota en gran parte intacta. Pero los británicos señalaron el hecho de que los alemanes fueron obligados a refugiarse en sus puertos, que no consiguieron romper el bloqueo británico, ni dominar los mares, ni cortar las comunicaciones de Gran Bretaña con Francia. Según esto, Jutlandia fue una gran victoria británica. Pero ¿es cierto? Una verdadera victoria habría hecho posible un bloqueo más estrecho, en vez de mantenerlo a distancia de los puertos alemanes, y habría eliminado toda amenaza a la supremacía naval de Gran Bretaña. En realidad, la presencia de la flota alemana de alta mar en sus puertos seguía siendo un peligro tan grande como antes de Jutlandia.

Ambos bandos habían temido mucho la derrota, lo que contribuyó a la indecisión del resultado. Los británicos dijeron que la inminencia de la niebla les había impedido perseguir a las unidades alemanas, pero eso no fue más que una excusa demasiado transparente. Los alemanes celebraron que los británicos no pudieran seguir teniendo por seguro su dominio de los mares, y de hecho, los medios navales británicos expresaron cierta decepción al observar que Gran Bretaña ya no era capaz de obtener victorias decisivas en el mar, como las de Nelson o Jervis. La prensa británica, en cambio, proclamó la victoria a toda voz. Mientras tanto, los alemanes adoptaron el criterio de que los submarinos iban a darles el dominio de los mares, y por tanto, no era necesario comprometer la flota de superficie considerando que la flota submarina no tardaría en forzar la genuflexión de los británicos. Si los U-Boot alemanes lo hubieran conseguido, su táctica en Jutlandia y después habría resultado justificada. Pero lo que ocurrió fue que se logró conjurar la amenaza de los submarinos. La flota de alta mar alemana quedó confinada en los puertos y cercano el final de la guerra, cuando quisieron movilizarla, se produjo el amotinamiento de la marinería. La gran batalla sirvió de poco. No cambió la situación en los mares, ni mejoró la reputación de la Armada ni la moral del personal en ninguno de los dos bandos. No hubo conclusión: sólo en el sentido de que la flota británica siguió dueña de los mares, y la alemana no, sería lícito decir que aquélla fue la vencedora.

## ¿Puso Lenin en práctica el marxismo?

**Es opinión común que toda la obra de Lenin consistió en llevar a la práctica las ideas acerca de la Revolución comunista esbozadas por Karl Marx en el *Manifiesto Comunista* de 1848 —la obra por la que fue acusado de alta traición en Alemania— y las proposiciones de su libro fundamental, *El Capital*, publicado en 1867. Esta creencia fue luego activamente promovida por los dirigentes soviéticos, como Stalin. Pero su persistencia deriva de una interpretación errónea de la obra y la importancia de ambos hombres.**

Para empezar, las ideas de Marx fueron de orden teórico y general, de manera que pocas orientaciones hallaría en ellas Lenin para la práctica. Muchos de sus libros eran trabajos de divulgación histórica, dedicados a comentar los acontecimientos contemporáneos desde un punto de vista radical. El *Manifiesto Comunista* es desde luego un texto de gran fuerza expresiva, aunque más abundante en retórica que en orientaciones concretas. Por el contrario, *Das Kapital* es, en sus siete partes, un denso tratado de economía escrito en el típico estilo de los profesores y los conferenciantes. En algunos pasajes hallamos esbozos de análisis sociológicos, pero el que hubiese anunciado que este libro iba a ser el fundamento de la Revolución mundial habría incurrido en una improbabilidad tan grande, como si ahora dijéramos que las obras de John Kenneth Galbraith merecen que califiquemos a éste de segundo Mesías. No diseñó Marx un proyecto revolucionario, ni proporcionó ninguna indicación de lo que sería la futura sociedad comunista, ni de cómo se regiría en el supuesto de llegar a existir. En la práctica, esto significa que cuando Lenin planeó la revolución empezó con un papel en blanco, y tuvo que inventársela a medida que iba haciéndola.

Por otra parte, la personalidad de Lenin fue complementaria con respecto a la de Marx, porque era hombre de acción antes que teórico, y aplicó sus considerables recursos intelectuales a concebir las instituciones que harían posible la instauración de una sociedad socialista, ya que no plenamente comunista todavía. Por eso vemos que sus escritos de la época prerrevolucionaria son breves y prácticos. En 1902 detalló los principios inspiradores de los comienzos de su actividad revolucionaria en el panfleto titulado *¿Qué hacer?*, donde planteaba un partido de revolucionarios profesionales, rígidamente disciplinado, una elite formada y capaz de «apartar a la clase obrera de su tendencia inconsciente al tradeunionismo, a marchar bajo la égida de la burguesía». Esa organización, sabedora de lo que convenía hacer en todo momento, proporcionaría el liderazgo necesario para que se hiciese. Mejor «pocos, pero buenos», que diluirse en la masa de los consensos parlamentarios. De manera similar, en su panfleto de 1905, *Dos tácticas de la socialdemocracia ante la Revolución democrática*, lanzaba una advertencia: que la burguesía rusa, en líneas generales, era demasiado débil, titubeante e inconsecuente para confiarle la dirección del movimiento revolucionario. Por tanto, el partido debía apoyar «la dictadura democrática del proletariado», encargada de la tarea de reemplazar la sociedad burguesa por la socialista. Otras dos obras suyas sí reflejan la voluntad de abordar cuestiones teóricas: *Materialismo y empiriocriticismo*, de 1908, y *El imperialismo,* de 1916. En esta última se propuso demostrar cómo las fuerzas capitalistas, en la época terminal del capitalismo monopolista, implican a los obreros en el proceso de explotación de los pueblos coloniales para demorar el día fatídico de la revolución, pero en último término esa táctica está condenada al fracaso y la revolución ha de sobrevenir ineluctablemente. Se trata de explicar al proletariado cómo los elementos posibilistas que hay entre los líderes de la clase obrera se dejan comprar por las «plusvalías» excedentes, parte de las cuales les dedica el capitalismo a fin de ganar un plazo de gracia para su sistema. A ésos, los obreros deben desoírlos, para seguir luchando por la revolución. Esos dos textos siguieron constituyendo las referencias del «marxismo-leninismo» para el resto del siglo.

Cabe decir, pues, con bastante aproximación, que Marx trazó *la estrategia* de la Revolución comunista, y Lenin *la táctica* del golpe de estado revolucionario. Con el tiempo, sin embargo, Lenin se apartó cada vez más de los ideales en los que decía inspirarse, y por último su sistema no fue comunista sino de nombre.

Su prueba más difícil se le presentó a finales de 1917, cuando los bolcheviques se hicieron con el poder. Su optimismo inicial en cuanto a la posibilidad de culminar en pocos meses el triunfo del socialismo, y la confianza en que los errores no eran demasiado importantes porque «nos hallamos en el punto crucial, y en vísperas de la Revolución mundial», rápidamente se evaporaron al contacto con la tozuda realidad. De improviso hubo de cargar con la responsabilidad de gobernar todo un país y de tomar decisiones que marcarían el porvenir del futuro estado comunista. Con la ayuda de un reducido gabinete no elegido y el respaldo de un congreso nacional más amplio de delegados de los soviets, montó la administración semiprofesional que se encargó de los destinos del país y de dar los primeros pasos: confiscar las propiedades privadas, conseguir que funcionasen los trenes, organizar y dirigir la industria rusa. Pronto hubo de plantearse las dificultades de hacer la paz con los alemanes y enfrentarse a la hambruna y la guerra civil, recortando las menguadas libertades que existían en Rusia a fin de adaptar el sistema capitalista existente a las duras necesidades del «comunismo de guerra». Nombró a «técnicos burgueses» para que ayudasen a dirigir las fábricas, y apretó las tuercas de la disciplina a los obreros con el fin de restablecer la economía. Tan extremas fueron las exigencias planteadas a la población, que los bolcheviques no tardaron en hacerse tan impopulares como lo habían sido los zaristas. En marzo de 1921 se sublevaron los marinos de la guarnición de Kronstadt, y los secundó una gran masa de trabajadores de Petrogrado con la exigencia de «soviets sin comunismo», es decir, democracia industrial auténtica y no dictadura de los bolcheviques. Esta señal de advertencia hizo que Lenin se detuviese al borde del abismo, reemplazando el comunismo de guerra por una línea más moderada, la «Nueva Política Económica», que consintió cierta medida de propiedad privada y reintrodujo el incentivo económico del beneficio. Sus críticos le censuraron la pretensión de realizar el comunismo por el procedimiento de abandonarlo, pero gracias a la tremenda fuerza de su carácter consiguió imponer la nueva política. Sin embargo, Lenin se agotó con el esfuerzo realizado durante aquellos años caóticos, y prematuramente envejecido murió en 1924 a la edad de cincuenta y cuatro años.

Así pues, Marx fue el filósofo y teórico que concibió el sueño de reemplazar el sistema capitalista por la utopía comunista, correspondiéndole a Lenin la tarea mucho más ingrata de construir, partiendo de la nada, un sistema supuestamente socialista en las postrimerías de una guerra tremendamente devastadora y en medio de una revolución no menos destructiva. De los dos, el segundo ejerció una influencia práctica mucho más grande en Rusia y en todo el mundo, pero el primero produjo una revolución mental, lo que al largo plazo puede ser más importante.

## Pearl Harbor, 1941: ¿fue una sorpresa total el ataque japonés?

Los japoneses atacaron Pearl Harbor, en Hawai, el 7 de diciembre de 1941, que fue el comienzo de la guerra en el Pacífico. Hay en la historia contemporánea de Estados Unidos una controversia nunca resuelta, y que todavía se discute. ¿Por qué estaba la flota estadounidense del Pacífico en una posición tan vulnerable? En cuanto a los movimientos secretos de los japoneses, ¿cómo pillaron tan desprevenidos a los estadounidenses? ¿Pudo evitarse el desastre? ¿Por qué no se tomó ninguna disposición para evitarlo? Y la pregunta más interesante, tal vez: si Roosevelt, empeñado en no parecer agresor sino agredido, lo maquinó todo deliberadamente. Transcurrido ya más de medio siglo, quizá sea posible contestar a algunas de estas preguntas.

A finales del otoño de 1941 las relaciones entre Estados Unidos y Japón habían llegado a un punto de crisis. Después de ocupar grandes extensiones de la costa de China, los japoneses proyectaban establecer la supremacía sobre todo el hemisferio del Pacífico. Los acontecimientos en Europa habían conducido a la firma del Pacto Tripartito con el Eje, formado por la Alemania nazi y la Italia fascista en septiembre de 1940. Parecía el momento oportuno para apoderarse de las colonias británicas, francesas y holandesas en el Sudeste asiático. En octubre de 1941, el gabinete moderado encabezado por el príncipe Konoye fue sustituido por el del general Tojo, mucho más belicista. Las autoridades japonesas enfilaron la línea dura en las interminables negociaciones con Estados Unidos, comenzadas en mayo. En julio habían ocupado ya la

Indochina francesa, y Estados Unidos replicó inmovilizando las cuentas bancarias japonesas. Se proyectaba además un embargo de suministros esenciales, como el petróleo y otras materias primas vitales. Todos estos factores empujaron a los dirigentes japoneses a tomar una decisión fatídica: los esfuerzos diplomáticos proseguirían durante otras tres semanas, pero si no se llegaba a un acuerdo para finales de mes, sería la guerra. La fecha prevista era el 8 de diciembre (7 de diciembre hora de Washington).

Gracias a un brillante especialista en criptografía, el coronel Lawrence Friedman, que logró descifrar las claves diplomáticas japonesas (el «código Púrpura»), el presidente Roosevelt sabía que los japoneses habían fijado una fecha tope para la solución diplomática: sería a finales del mes de noviembre. Una máquina descifradora estadounidense llamada Magic les permitía a los estadounidenses leer los despachos cifrados japoneses. Por desgracia, ninguno de los mensajes descifrados por la Magic contenía indicaciones precisas acerca de cuándo o dónde iba a tener lugar el ataque. Al continuar las negociaciones, Roosevelt no se proponía hacer concesiones a los japoneses, puesto que había tomado ya la decisión de no hacerlo, sino dar largas mientras completaba los preparativos para la guerra, así como crear un clima político adecuado para que la opinión interior admitiese lo inevitable cuando fuese a ocurrir.

Así que a comienzos de diciembre, Roosevelt esperaba el golpe japonés pero no sabía dónde iba a caer. Uno de sus consejeros, Harry Hopkins, le preguntó por qué no atacaba primero, si sabía que la guerra era inevitable. Roosevelt replicó que para él, era esencial presentarse al mundo como la víctima de la agresión japonesa, de manera que todo el pueblo estadounidense cerrase filas en torno a él para entrar en guerra. Los servicios de inteligencia seguían sin saber dónde se asestaría el primer mazazo. Dicha ignorancia era debida, entre otras cosas, al silencio total de las ondas japonesas mientras su flota se acercaba sigilosamente, navegando con rumbo sudoeste desde el archipiélago de las Kuriles, a 5.500 kilómetros de distancia. Había zarpado a mediados de noviembre con un considerable número de unidades. Según el presentimiento de Roosevelt, el ataque sería en algún punto del Sudeste asiático, tal vez en las Filipinas o en Guam. A nadie se le ocurrió que pudiera ser en Pearl Harbor. El alto mando estadounidense ordenó que todos los mercantes pusieran rumbo a los puertos más próximos, y todas las bases, incluyendo las de Wake y Midway, tenidas por las más expuestas, recibieron órdenes de tomar «todas las precauciones del caso» ante un ataque inminente. El *Lexington* y el *Enterprise* zarparon de Pearl Harbor rumbo a Wake y Midway para reforzar la cobertura aérea. Y aunque otras unidades de la flota del Pacífico también se hallaban en alta mar, el grueso de la fuerza naval estadounidense se hallaba anclada precisamente en el lugar que recibió el ataque.

El 6 de diciembre Magic empezó a descifrar una larga transmisión de Tokio dirigida a la delegación japonesa en Washington. Constaba de catorce apartados y sólo el último contenía datos sobre las intenciones japonesas. Anunciaba que «debido a las actitudes americanas» no quedaba ninguna posibilidad de arreglo diplomático, y ordenaba a los delegados que rompieran las negociaciones el 7 de diciembre a las 13,00 horas exactamente (hacia el amanecer, en Honolulu). El documento no estuvo traducido hasta las 9,15 y transcurrieron otros 35 minutos antes de que fuese entregado al secretario de estado. A continuación, cuando se decidió dar conocimiento del mismo al jefe de la Junta de Estado Mayor, éste no pudo ser localizado, había salido a dar un paseo a caballo. En consecuencia, el mensaje se demoró hasta las 12,00 y para cuando llegó a Pearl Harbor, era demasiado tarde. El ataque había comenzado ya.

Las pérdidas estadounidenses fueron graves. Los japoneses hundieron o averiaron dieciocho unidades, destruyeron 204 aviones en tierra, causaron graves daños a cinco pistas de aterrizaje y mataron a casi 2.500 militares estadounidenses. Más de un millar de ellos quedaron atrapados en el *USS Arizona* cuando éste explotó y se hundió. Sorprende incluso que los japoneses no aprovecharan su éxito tomando toda la isla de Oahu, indefensa después del ataque, lo cual les habría resultado relativamente fácil.

Se comprende bien que Roosevelt iba de mala gana a la guerra, y no deseaba que su país se presentase como la potencia agresora. Pero los costosos titubeos de sus funcionarios, y la falta de imaginación de la inteligencia militar —sobre todo si se compara con el excelente trabajo realizado al descifrar los códigos japoneses—, costaron muy caros cuando estallaron realmente las hostilidades. La inteligencia estadounidense conocía mucho mejor de lo que pareció en aquel momento las interioridades del proceso que llevó a la conflagración. Pero sus procedimientos eran a veces demasiado lentos y burocráticos. En cualquier caso, el conocimiento era incompleto. La astucia con que el alto mando japonés ocultó los detalles del inminente golpe, el silencio total de las radios de la flota japonesa durante su aproximación, y el haber evitado hábilmente las rutas de la navegación mercante, impidieron que los estadounidenses comprendieran la verdad a tiempo. Las críticas también deben dirigirse contra sus mandos militares y navales. En último análisis, los barcos de guerra muy grandes siempre son vulnerables a un ataque por aire, y no parece que lo tuvieran en cuenta suficientemente. El hecho de reunir una concentración semejante de unidades grandes en un lugar tan pequeño como Pearl Harbor invitaba al desastre tarde o temprano.

No tardaron en surgir acusaciones de negligencia, e incluso traición. Se dijo que las más altas autoridades de Estados Unidos, del presidente abajo, estaban implicadas en un complot para arrastrar el país a la guerra pese a la desgana y el aislacionismo de la opinión. Los japoneses habrían sido provocados a lanzar un ataque preventivo de dimensiones suficientes para enfurecer al pueblo estadounidense, pero no tan destructor que comprometiese las posibilidades de una victoria futura de Estados Unidos. Uno de los críticos ha expuesto similares opiniones en un libro publicado en 1973, con el sugerente título de *El esqueleto en el armario de Tío Sam*, y ha sentado la atrevida afirmación de que «Roosevelt vendió la seguridad de los militares y civiles de las islas Hawai a cambio de su propia seguridad política». Otros propugnaron luego opiniones parecidas. En *La crisis de las Lanukai: Incitación a la guerra* se da a entender que el presidente provocó subrepticiamente a los japoneses para que atacaran primero. Otro, *Pearl Harbor y sus consecuencias*, da a entender que la inteligencia naval lo sabía todo acerca de la inminente ofensiva pero se les indicó que callaran. En un examen más detenido de estas acusaciones no se demostró nada, y en 1981 el profesor

G. W. Prange refutó en un libro titulado *Al amanecer y mientras dormíamos* la llamada «teoría del diablo» sobre los motivos de Roosevelt. Discutía si hubo una conjura del mando para incitar a los japoneses a la guerra, y más concretamente, discutía si, admitiendo la existencia de la conjura, el mando estadounidense habría sido tan temerario como para cebar la trampa con toda la flota del Pacífico, o poco menos, esperando anclada e indefensa la mañana del domingo en que iba a ser masacrada. Se hallaron pruebas de debilidades humanas, de errores, de incompetencias y oportunismos, pero ninguna de conjura deliberada.

Al mismo tiempo, es cierto que la ejecución del ataque japonés contribuyó a embellecer la imagen de parte ofendida que Roosevelt deseaba proyectar, lo que le facilitó considerablemente el ordenar la entrada de su país en la contienda. Pero la acusación de que permitió a sangre fría la matanza de Pearl Harbor, como jugador de ventaja que se da a sí mismo las cartas ganadoras, es otra cosa muy distinta, y seguramente carece por completo de fundamento.

## La conferencia de Yalta de 1945: ¿victoria para el Este o para el Oeste?

Sigue viva la controversia sobre el alcance de la Conferencia de Yalta, que reunió a los «tres grandes», Roosevelt, Stalin y Churchill, hacia el final de la II Guerra Mundial. ¿Fue esta conferencia una victoria para las potencias occidentales o para la Unión Soviética y el bloque comunista? Se han argumentado ambas posiciones. Algunos observadores, como el que era secretario de estado norteamericano en aquel entonces, han dicho que Estados Unidos y los demás aliados occidentales sacaron de esa conferencia todo lo que cabía esperar en su momento. Muchos opinantes se adhieren a la postura de otro portavoz más crítico, quien dijo que la conferencia había marcado «el punto más alto de los triunfos de la diplomacia soviética y, por consiguiente, el punto más bajo de la política norteamericana de contemporización».

No se puede dudar de que el presidente Roosevelt, además de hallarse en plena decadencia física, desde hacía algún tiempo trataba al mariscal Stalin con una especial confianza rayana en la complacencia, desde el punto de vista político. Simpatizaba con la difícil situación de la Unión Soviética y se mostraba comprensivo con las ambiciones de Stalin, hasta extremos que los aliados de Estados Unidos no compartían, ni tampoco muchos estadounidenses de la época. En cambio, consideraba a Churchill con más circunspección, casi como si temiera una resurrección del imperialismo británico a escala mundial. Quizá no tenía pleno conocimiento de lo debilitada que estaba la posición de Gran Bretaña, como consecuencia de su agotamiento por el esfuerzo bélico. En todo caso, hasta sus consejeros estaban sorprendidos al comprobar hasta qué punto Roosevelt seguía una línea independiente, sin hacer apenas caso de las llamadas a la prudencia.

Como resultado de las decisiones tomadas durante la conferencia, Stalin obtuvo ventajas impresionantes, aunque manteniendo siempre su actitud hosca y sin agradecer ninguna de las concesiones que se le hacían. Churchill deseaba una mayor coordinación anglo-estadounidense, pero Roosevelt hizo oídos de mercader, «para no dar pábulo a las sospechas soviéticas de una confabulación entre británicos y estadounidenses», según dijo. La cuestión más importante que se discutió en esta conferencia fue la de Polonia. Buena parte de este país se hallaba ya bajo control de la URSS. Cuando se planteó el asunto, Roosevelt se apresuró a admitir la sugerencia soviética de celebrar elecciones «en las que tendrán derecho a participar todos los partidos democráticos y antinazis». Churchill quiso que los comicios se celebrasen bajo supervisión internacional, pero lo único que se avino a hacer Roosevelt en tal sentido fue pedir que todos suscribieran una declaración sobre la Europa Liberada, que sería en esencia una lista de buenas intenciones. Por supuesto, Stalin no tuvo ningún inconveniente en firmarla, sobre todo cuando el presidente le aseguró que las fuerzas estadounidenses se marcharían de Europa dentro de un plazo de dos años. En enero, los reunidos en Yalta le prometieron también a Stalin importantes concesiones territoriales si declaraba la guerra contra el Japón en el mes de agosto. Lo cual cumplió, aunque pocos días antes de la rendición incondicional de los japoneses. No se habló mucho del Lejano Oriente en las negociaciones de Yalta, principalmente porque Rusia aún no era beligerante en la guerra del Pacífico. Los problemas de Jiang Jieshi (Chang Kai-Chek) apenas fueron tenidos en cuenta. Por eso, algunos pudieron decir luego que «la diplomacia estadounidense se ha desentendido de la integridad territorial y la independencia política de China, ha hecho dejación de los principios de la Carta Atlántica, y ha trazado el programa de la conquista de China por los comunistas en las cláusulas secretas del acuerdo de Yalta».

Es cierto que Stalin exigió concesiones, que se le otorgaron, en cuanto a la Mongolia exterior, las islas Kuriles, el sur de Sajalín, el arriendo de Port Arthur y el derecho a explotar conjuntamente con los chinos los ferrocarriles de China Oriental y Manchuria meridional. Por eso, probablemente, sugirieron los descontentos que se había traicionado a la China nacionalista. Los partidarios del realismo, en cambio, hicieron ver que los aliados occidentales no habían concedido nada que los rusos no estuvieran en condiciones de tomarse a su antojo. Averell Harriman aseguró que nada de lo tratado en Yalta había contribuido a la caída de Jiang. Que los rusos no traicionaron a los nacionalistas, simplemente se limitaron a no cumplir lo que les habían prometido, y dejaron que Jiang se hundiera bajo el peso de su propia e incorregible incompetencia.

En efecto los partidarios de Roosevelt no compartían en absoluto la idea de que éste se hubiese entregado imprudentemente a los soviéticos. Un comentarista estadounidense que declaró ante la comisión del senado, incluso negó que fuesen insatisfactorias las condiciones del acuerdo sobre Polonia: «No considero que el acuerdo de Yalta implicase una claudicación. El hecho de que los rusos lo hayan violado no significa que el acuerdo en sí fuese malo. [...] Díganme qué más habrían hecho ustedes en beneficio de Polonia o del pueblo polaco». El secretario de estado Stettinius todavía fue más lejos al decir: «Las actas de la conferencia demuestran que la Unión Soviética hizo en Yalta concesiones a Estados Unidos y Gran Bretaña, más importante que las de éstas a aquélla. Los acuerdos alcanzados [...] fueron, en conjunto, una victoria diplomática para Estados Unidos y Gran Bretaña».

Hoy no sería fácil encontrar a alguien dispuesto a llegar tan allá en la defensa de Roosevelt y su manera de conducir la negociación. Pero también es posible que Stalin no fuese tan calculador o tan traicionero como quieren hacernos creer los anticomunistas occidentales. Al fin y al cabo, aceptó a finales de 1944 y respetó en adelante lo que Churchill denominó «un documento pícaro», que en realidad pretendía excluir a Rusia del Mediterráneo concediéndole Rumania y Bulgaria a cambio de que se abstuviera de suministrar ayuda a los comunistas de Italia y de Grecia. Y lo cumplió, aunque sólo fuese por razones puramente defensivas. Cuando le daban algo, estaba decidido a quedárselo. Incluso su crónico y obsesivo secretismo respondía en parte al gran temor de que Occidente llegase a averiguar por algún camino lo muy debilitada que había quedado la Unión Soviética de resultas de la guerra. Es cierto que trató con draconiana severidad a la oposición no comunista en los Balcanes y en Polonia; era la manera que tenía Stalin de tratar a los oponentes. También fue que anteriormente los observadores occidentales nunca habían tenido ocasión de ver cómo actuaba.

Sea como fuere, Roosevelt, pocos días antes de su muerte, llegó a la amarga conclusión de que había sido demasiado generoso con Stalin. En marzo, una serie de iracundos mensajes enviados por Churchill lo persuadió de que había sido excesivamente optimista en sus esperanzas para el futuro. Se cuenta que aporreó la silla de ruedas con ambos puños y confesó: «¡No se puede negociar con Stalin! Ha quebrantado todas las promesas que hizo en Yalta». Este punto de vista fue íntegramente asumido por el sucesor, Truman. Por desgracia, la interpretación de los acontecimientos, donde antes no llegó ahora se pasaba de la raya.

# 5. REVISIONES HISTÓRICAS

## ¿Buscó Abraham Lincoln la libertad de los esclavos estadounidenses?

Al presidente Lincoln se le considera universalmente como uno de los más grandes que ha tenido Estados Unidos, y se le atribuye el mérito de no haber retrocedido ni siquiera ante la guerra civil con tal de dar la libertad a los esclavos. ¿Hasta qué punto es cierto?

Según sus propias manifestaciones, Abraham Lincoln era de origen humilde y había nacido en una cabaña de troncos, en el año de 1809, y en el estado de Kentucky, esclavista y uno de los más atrasados. Esta versión de sus orígenes iba destinada más bien al consumo de la opinión pública, en una fase ulterior de su carrera. Ni tampoco sus padres fueron unos grandes devotos del Señor, como él siempre proclamó. La madre era de los «blancos inútiles», y el padre, propietario de una pequeña granja «y más taimado que una serpiente de cascabel». Cuando Abraham tenía siete años, la familia cruzó el Ohio para mudarse a Indiana, y luego a Illinois, donde el padre retornó a la agricultura. Pero el joven Lincoln, un muchacho algo flaco y algo desaseado, odiaba la vida del campo y la abandonó enseguida. Se hizo ayudante de un almacenista, y en tal empleo ganó lo suficiente para construir una balsa, con la que bogó río abajo hasta llegar a Nueva Orleáns. Trabajando a sol y a sombra logró costearse la carrera de abogado. También se metió en la política local y entró en la asamblea de Illinois a la edad de veinticinco años como representante por el llamado partido *whig*, que era el de la gente bien aposentada. Empezó a ganar dinero y respetabilidad como abogado de la compañía del ferrocarril. Entró en la política nacional en 1846, cuando fue elegido representante por Illinois, y tuvo un papel importante en el movimiento que condujo a la creación del partido republicano.

La cuestión más urgente de la época era la de la esclavitud. Aunque Lincoln no era abolicionista, ni mucho menos, tenía opiniones firmes al respecto. Visto lo que sucedió con el compromiso de Missouri de 1820 y el compromiso de 1850, le pareció que el Norte estaba esquivando el asunto, con lo que se incentivaba al Sur y se fomentaba la extensión de la esclavitud en los territorios federales.

Hasta 1857 Abraham Lincoln apenas había destacado entre los cientos de abogados metidos en política que tenía el Norte. Fueron sus ideas sobre la esclavitud las que le ayudaron a perfilarse en un primer plano. Aunque no es fácil decir en qué consistieron dichas ideas, ya que solía modificarlas según cuál fuese la audiencia a la que se dirigía. Si hablaba a unos radicales, fustigaba la esclavitud sin paliativos, en tanto que institución. Ante unos oyentes de la ultraderecha de su partido, prefería subrayar la superioridad racial de los blancos. Desde un punto de vista moderno, sin duda se consideraría a Lincoln un racista. Él no creía que los esclavos fuesen iguales a los blancos, ni que fuesen aptos para ser jurados ni votantes, y se habría opuesto a cualquier sugerencia de integrarlos en la sociedad (suponiendo que tal cosa se le hubiese ocurrido a alguien). Pese a todo, esto consideraba generalmente, lo mismo que otros muchos en el Norte, que la esclavitud era perjudicial. En un discurso de 1854 pronunciado en Peoria (Illinois), sostuvo que la legislación debía inspirarse en el principio propugnado por los padres fundadores: la conveniencia de restringir la esclavitud o, al largo plazo, abolirla. Pero también propugnó que el principio de «soberanía popular» era inadmisible, y por eso votó en contra de la ley Kansas-Nebraska. Porque la esclavitud en los territorios no era un asunto que incumbiese únicamente a los habitantes de dichos territorios, sino a los de toda la nación. El nuevo partido republicano, al que Lincoln se unió y que pronto pasó a encabezar, proponía que se permitiese a los estados del sur conservar sus esclavos, puesto que sólo una enmienda constitucional podía privarlos de ese derecho, y aquéllos no la aceptarían nunca. Pero se impediría toda extensión de la esclavitud, y ciertamente no estaría permitida en los territorios del oeste.

En 1858 Lincoln se lanzó a una serie de debates sobre el porvenir de la esclavitud en Estados Unidos, con Stephen A. Douglas, veterano senador por Illinois. No podía ser más grande el contraste entre ambos, tanto en sus personas como en sus ideas. Douglas apoyaba el criterio de la «soberanía popular», es decir, que quienes se establecieran en los nuevos territorios tuvieran derecho a decidir si querían que hubiese esclavitud o no. Lincoln mantenía la doctrina republicana, es decir, que se ilegalizase la esclavitud en dichos territorios para evitar su extensión. Pero ciertamente no hizo campaña sobre esta cuestión, ni anunció ningún designio abolicionista. Pese a ello, el Sur desconfiaba mucho. Amenazaron con separarse de la Unión si salía elegido algún «republicano negro», es decir, de los partidarios de impedir la extensión de la esclavitud, como el mismo Lincoln. Sin embargo, entre los demócratas del sur no había unanimidad en cuanto a la postura que conviniese adoptar una vez lanzada la amenaza. Muchos eran seguidores de la doctrina de la soberanía popular según Douglas, pero los extremistas hicieron escisión basándose en el criterio de Dred Scott, que todos los territorios debían quedar abiertos a la esclavitud, y nombraron un candidato aparte, John Breckinridge, de Kentucky. La consecuencia fue que Lincoln ganó en las elecciones de 1860 por una cómoda mayoría.

A partir de este momento, la amenaza de secesión de los unionistas preocupó a Lincoln más que cualquier supuesto plan para emancipar a los esclavos. En 1858 había dicho: «Una casa dividida contra sí misma no permanece en pie. Ni creo que pueda durar un gobierno sobre una mitad de esclavistas y otra de libertarios. No preveo que la Unión se disuelva. No preveo que la casa se derrumbe. Pero sí quiero que la casa deje de estar dividida».

Este discurso muestra que si bien Lincoln contemplaba un posible fin de la esclavitud, no estaba proponiéndolo en ese momento. Lo cual no fue óbice que los negros lo considerasen un salvador y levantasen los ojos hacia él con esperanza. De hecho, todos los estados del Sur se habían segregado en marzo de 1861, antes de que Lincoln hubiese asumido sus funciones, y el país se halló precipitado a la guerra, o a la «rebelión», como prefería decir Lincoln. Y lo mismo que no hizo concesiones durante los primeros meses de su presidencia, más adelante, asediado por los que le urgían a una solución pactada, reveló aquellos rasgos de fortaleza y tenacidad por los que era admirado por los negros. Aunque se enfrentaba a una serie de desastres militares que habrían descorazonado a cualquier hombre de carácter menos sólido, persistió en su punto de vista que, con esclavitud o sin ella, lo que no podía permitirse era que ningún estado abandonase la Unión. Fue execrado en el Sur, donde veían en él todos aquellos rasgos que más aborrecían, e incluso en el Norte muchos le negaban entidad política y lo consideraban un arribista que traía los deplorables hábitos del Oeste. Un crítico dijo de él que era «un presidente vulgar para un pueblo vulgar», pero, aunque la intención fuese peyorativa, Lincoln lo tomó a elogio, y estaba muy orgulloso de serlo.

En la guerra que estalló entonces, el Norte poseía los recursos para salir vencedor, pero le faltaban el espíritu y la gallardía de los sudistas, y además no supieron ganarse las simpatías del extranjero. La victoria costó cinco años de terrible guerra civil. En todo ese tiempo, la decisión de Lincoln jamás flaqueó, pero tampoco su tolerancia ni su compasión. Nunca quiso predicar el odio. Después de Appomattox, reunido el gentío y la banda militar para celebrar la victoria en Washington, cuando se le preguntó qué música debían tocar Lincoln dijo: «Por favor, pídanle a la banda que toque Dixie».

Aunque nunca pretendió ser un orador, sus discursos siguen siendo uno de sus principales títulos de fama. Su discurso de Gettisburg en noviembre de 1863, que seguía a la proclama de emancipación del mes de enero del mismo año, es tal vez el más famoso que haya pronunciado un líder democrático, y uno de los más breves, puesto que consta de sólo 200 palabras. Y constituye su mayor legado al pueblo, negros y blancos por igual.

Pero hizo la guerra para salvar a la Unión, no para dar la libertad a los esclavos. Como escribió Lincoln en una carta a Horace Greeley, el director del *New York Tribune*:

> Mi objetivo principal en esta lucha es salvar la Unión, no salvar ni destruir la esclavitud. Si yo pudiera salvar la Unión sin liberar a ningún esclavo, lo haría. Si pudiera salvarla liberando a todos los esclavos, lo haría. Y si pudiera salvarla liberando a unos sí y a otros no, también lo haría.

Tal vez la reputación de Lincoln como campeón de la libertad no sea del todo merecida. Sin embargo, y aunque también fue una consternación para el Norte su asesinato en el Ford's Theatre de Washington en abril de 1865, cinco días después de la capitulación de Lee, para el Sur, en cambio, fue el mayor desastre. Porque se desató allí el programa de represalias a discreción que durante toda su vida Lincoln había tratado de evitar. Él siempre propugnó la tolerancia, la piedad, el perdón. Pero era más fácil desencadenar el resentimiento y la venganza, y había más gentes dispuestas a eso. Tal vez Lincoln no habría podido impedirlo si hubiese vivido, pero tal como ocurrieron las cosas después de su muerte, costó más de cien años el integrar a los esclavos liberados en la sociedad estadounidense.

## ¿Hubo en realidad una carrera por África?

En los días de gloria de los imperios europeos, al final del siglo XIX, los libros de historia hablaban y no paraban de cómo se asentaron las colonias en África, y de la lucha consiguiente por la primacía entre las principales potencias de Europa. Estos hechos se narraban como valientes y heroicas epopeyas de roturación de las tierras vírgenes de lo que entonces solía llamarse «el continente negro», seguidas de una alocada «carrera» entre los países europeos, por ver quién se apoderaba de la mayor cantidad de territorio africano en el menor tiempo posible. Más adelante, esa interpretación de la historia africana ha sido puesta en tela de juicio por muchos historiadores que ahora la ven bajo un prisma muy diferente, y consideran que la noción de una «carrera por África» es sumamente errónea.

Antes de 1870, la mayor parte del interior de África era desconocida para los europeos. Las potencias controlaban algunos asentamientos costeros, siendo los principales de éstos la colonia de El Cabo, perteneciente a los británicos, y Argelia, un dominio francés. A finales del siglo, todo el continente, salvo las importantes excepciones de Etiopía, Libia y Marruecos, pertenecía a los europeos. La misma suerte habrían corrido los etíopes, a no ser porque en 1896 infligieron una humillante derrota a los invasores italianos en Adowa. En Marruecos intervenían ya España y Francia. Esa transformación acontecida en el lapso de sólo treinta años dio lugar a la noción de una carrera desesperada entre las potencias europeas por conquistar colonias en África, y que esa rivalidad era consecuencia de la adopción por todas ellas de la ideología imperialista. La creencia no resiste un escrutinio detallado.

Generalmente, se ha querido ver en Gran Bretaña el ejemplo paradigmático de potencia colonizadora del siglo XIX, y se considera que el estadista británico Disraeli inspiró al pueblo británico y a los partidos políticos principales el deseo y el orgullo de ser un gran imperio. Sin embargo, Gran Bretaña había perdido su gran imperio americano en 1783. Desde entonces, los británicos miraban las colonias restantes como unas reliquias muy caras de mantener, «la carga del hombre blanco», según las llamarían más tarde, que Gran Bretaña tenía el deber de gobernar y proteger hasta que ellas decidieran seguir también el ejemplo americano y conquistaran su libertad.

A mediados del siglo XIX la gran responsabilidad de Gran Bretaña en el extranjero era la India, que había demostrado con la gran sublevación de 1857 su escasa disposición para someterse al dominio británico. Pese a la experiencia americana y a la inquietud de la India, sin embargo, los británicos no demostraron mucha prisa por librarse de sus colonias. O dicho más exactamente, toda su política en América iba encaminada a impedir que Estados Unidos se apoderase del Canadá, ni de ninguna de las colonias británicas en el Caribe. Al mismo tiempo, Gran Bretaña se establecía en Nueva Zelanda y establecía nuevas colonias en Australia. La preocupación de Disraeli era que los liberales diesen licencia a las colonias para que cada una siguiera su camino, en vez de unirlas forjando vínculos eficaces con la metrópoli. El 24 de junio de 1872 Disraeli pronunció un discurso memorable en el Palacio de Cristal de Londres. Incitaba a mantener el imperio y sobre todo, a no abandonar la misión de Gran Bretaña en la India. Para ello sería preciso fortalecer los lazos con la India, lo mismo que con los demás territorios que se poseían. Pero, a diferencia de algunos glosadores del discurso que sobrevinieron más tarde, Disraeli no aconsejó *la expansión* imperial.

Si hubo realmente una rebatiña por tener colonias africanas a finales del siglo XIX, es llamativa la escasa diligencia que pusieron en ello las principales potencias. Algunos historiadores aseveran que la «carrera» comenzó con Leopoldo de Bélgica y su compañía internacional para la explotación del Congo. Pero eso fue un negocio privado, y el gobierno belga no demostró el menor deseo de intervenir, hasta que mucho más tarde se vio obligado a hacerlo por la presión de la opinión pública internacional. Muchas de las empresas coloniales fueron fundadas por mercaderes particulares, que luego trataban de ahorrarse los gastos administrativos convenciendo a sus gobiernos de que asumieran la responsabilidad, mientras ellos continuaban con sus tráficos y su explotación, y los misioneros conquistando fieles. Gran Bretaña abandonó sus intereses en el Congo sin que hiciera falta insistir demasiado, y no se avino a convertir Nigeria en una colonia de la Corona hasta 1900. La preocupación principal seguía siendo la India y las rutas comerciales con ella. Cuando el debilitado imperio otomano ya no estuvo en condiciones de proteger la ruta terrestre, se abrió el canal de Suez que la hacía innecesaria. Gran Bretaña adquirió la mayoría de las acciones del canal en 1875 y confió al jedive de Egipto la protección del mismo. Pero tampoco era capaz. Gran Bretaña entró en una coalición internacional encaminada a apuntalar el poder del jedive, hasta que se vio peleando sola en Egipto, defendiendo al jedive contra la insurrección de Arabi Pachá en 1882. Los sucesivos gobiernos británicos, lejos de ensayar un asentamiento permanente en Egipto, durante veinte años intentaron desembarazarse de ese fardo por todos los medios. En varias reuniones internacionales manifestó su disposición a dejar Egipto, siempre y cuando fuese posible garantizar la seguridad de Suez por algún otro procedimiento. Trece años se resistieron las autoridades británicas a la presión popular deseosa de vengar al general Gordon. Sobre todo, por motivos económicos. Y cuando enviaron finalmente la expedición de Kitchener en 1898, el designio principal fue el de eliminar la amenaza contra Egipto que representaban los sucesores del Mahdi.

En otras partes de África los británicos también fueron colonizadores desganados. Temerosos de que una posible alianza entre los alemanes y los boers amenazase la ruta a la India por El Cabo, los gobernantes británicos declararon el protectorado sobre Bechuanalandia en 1885. Pero no hicieron nada por impedir que los alemanes colonizasen el África sudoccidental en 1884, aunque sí hicieron una demostración ocupando Walvis Bay, siempre para defender la ruta de El Cabo. En el África oriental los británicos incluso dieron facilidades a la expansión alemana, aunque tomando Zanzíbar en 1890 para asegurar la vigilancia contra el tráfico de esclavos. En virtud de un acuerdo con los alemanes, en 1890 se asignó Uganda a la esfera de influencia británica, pero Salisbury y Gladstone no quisieron anexionarla al principio, y no fue plenamente británica hasta 1895. La colonia de El Cabo seguía siendo la avanzadilla principal en la ruta a la India por el sur, y Gran Bretaña deseaba protegerla. Pero, puesto que los boers rechazaban la soberanía británica, era necesario evitar que la República Boer se hiciese demasiado fuerte, o que hallase aliados en los territorios colindantes. Mientras tanto, el imperio portugués, antaño grande, estaba agonizando. Los británicos se consideraron en el deber de apoyar a sus aliados de toda la vida. Por tanto, no debían permitir que los boers ni ninguna potencia extranjera arrebatasen a Portugal la estratégica bahía Delagoa. Al norte de la República Boer, en 1889, el establecimiento de la británica Compañía de Sudáfrica completaba el cerco, lo que permitió enfrentar la amenaza boer en el turbulento territorio de Matabelelandia.

Algún tiempo después el emperador Guillermo II de Alemania se quejaba de que su país había llegado tarde al reparto de África y que le habían dejado las sobras. Ésa nunca había sido la opinión de Bismarck. A falta de una potente flota, Alemania no tenía ninguna vocación colonial en ultramar. Por eso, las adquisiciones de territorios por Bismarck, como los de Camerún y el África sudoccidental, estaban concebidas más bien como fichas para el tablero de juego de la diplomacia europea. En la Conferencia de Berlín de 1884 se trató casi tanto de relaciones europeas como del reparto de posesiones en África. Es decir, que las colonias alemanas no eran un fin en sí mismas, sino peones del ajedrez internacional; más tarde, sirvieron para justificar el programa alemán de construcción de una Armada. En la década de 1880, Bismarck habría cedido una colonia a cambio de alguna ventaja en Europa. En la de 1890, esa opción ya no era posible porque las colonias se habían convertido en posesiones de prestigio. Aun así, nadie se dio demasiada prisa por rebañar los restos.

En 1882, Bismarck invitaba ya a los franceses a apoderarse de Túnez, para lograr que los descorazonados italianos se uniesen a la Dúplice Alianza. Aguzado así su apetito de colonias, en la década de 1890 los italianos pasaron a la acción en Eritrea y Somalia. Pero también tenían sus intereses en Europa. Después de 1882 no hicieron nada por competir con las grandes potencias europeas en África, y sólo les interesaban las adquisiciones fáciles. Rápidamente se avinieron a limitar sus ambiciones mediante un acuerdo con los británicos en 1891, y si entraron en Etiopía en 1896 fue sólo porque no esperaban encontrar mucha resistencia.

A Francia le interesaba mucho más la recuperación de Alsacia y Lorena que la adquisición de un imperio africano. Túnez era una prolongación de los intereses de Francia en Argelia. Los franceses permitieron que Gran Bretaña se estableciese en Egipto, aunque lo lamentaron más tarde. Los británicos no le disputaron a los franceses su influencia en el Sahara, y les cedieron el dominio exclusivo sobre Madagascar mediante un tratado en 1890. La expedición del coronel Marchand hacia el Nilo no obedecía a la intención de disputarles a los británicos su posición en el Sudán; fue un incidente fortuito que se convirtió en asunto de prestigio nacional, pero como a Francia no le interesaba una aproximación entre los británicos y los alemanes, se hizo atrás.

El imperialismo era un asunto caro. Buenos negocios para los inversionistas europeos, lo fueron únicamente las mineras de Kimberley y del Rand, y más tarde, las del Congo. Ningún país adquirió colonias en África por razones directamente imperialistas. Los que se repartieron el continente lo hicieron por muy diversos motivos, y lo hicieron amistosamente. Incluso lo de Fachoda fue menos barril de pólvora de lo que pareció. Nunca hubo una «rebatiña». Las adquisiciones se hicieron con muchas dudas, y algunas de ellas bajo el supuesto de que iban a ser temporales. No hubo carrera, nadie se dio prisa a tener colonias africanas. Después de 1900 las colonias europeas en África se identificaron con el orgullo nacional y el prestigio de cada país. Para entonces, las relaciones se habían condensado en alianzas, y las diferencias se habían enconado y convertido en odios.

## ¿Produjo el «telegrama Zimmermann» la entrada de Estados Unidos en la guerra?

Hay un error común y todavía muy difundido, según el cual fue el hundimiento del *Lusitania* la causa de que Estados Unidos se declarase beligerante, pese a la diferencia de casi dos años entre ambos acontecimientos. Otro error, éste más complicado de dilucidar, es el que asevera que la causa de la entrada en la guerra fue un telegrama despachado por Berlín a México. O no se trata exactamente de un error, sino sólo de un aspecto muy parcial de la verdad.

El 19 de enero de 1917, el ministerio de Asuntos Exteriores alemán a cargo de Alfred Zimmermann envió un telegrama en clave al embajador alemán en la capital mexicana, en el que se proponía una alianza entre Alemania y México en caso de que Estados Unidos declarase la guerra a Alemania. ¿Era ésta una proposición seria, y en qué medida precipitó la beligerancia estadounidense? Apenas cabe dudar de que Alemania consideraba inevitable, a comienzos de 1917, la intervención de Estados Unidos en la contienda. Como Alemania había declarado la guerra submarina sin restricciones, era inevitable que se hundiesen barcos estadounidenses y que muriesen marinos de esa nacionalidad. Parece probable que la decisión, anunciada el 31 de enero, fue tomada varios días antes y no sin muchas discusiones. De manera que, cuando salió el telegrama del 19 de enero, constaba ya la reanudación de la guerra submarina ilimitada. El telegrama proponía una alianza entre Alemania y México. Para la eventualidad de una victoria, se le prometía a México la devolución de Nuevo México, Arizona, Texas y otros territorios perdidos en 1846. México debía persuadir a los japoneses para que hicieran la paz con Alemania y que declarasen la guerra a Estados Unidos, aunque no quedaba claro cómo iban a conseguir tal cosa los mexicanos.

El contenido del telegrama reflejaba una notable ignorancia de la política mexicana por parte de los alemanes. El presidente Carranza debía su cargo al apoyo del estadounidense general Pershing, que en 1916 había forzado el repliegue del rival de aquél, Pancho Villa. Posteriormente, Carranza, temiendo perder el apoyo nacionalista, envió tropas contra las incursiones de Pershing en territorio mexicano, pero lo hizo más bien tarde y de mala gana. Si Villa era ciertamente antiamericano, Carranza no podía permitirse semejante lujo. Tal vez los alemanes creyeron que su ofrecimiento haría que los mexicanos se uniesen alrededor de Villa, pero éste se hallaba ya muy mermado de fuerzas y apoyos. Por otra parte, la transmisión del telegrama, aunque codificado, fue en sí misma una imprudencia. No tenían ninguna certidumbre de que el código no hubiese sido descifrado, o lo que era todavía más probable, de que una vez descifrado, el texto no fuese a parar a manos adversarias. Si el contenido llegaba a ser conocido por los estadounidenses, la posición de los aislacionistas del país quedaría debilitada y se precipitaría la entrada de Estados Unidos en la guerra. Pero por otra parte, los alemanes no habrían enviado el telegrama, de no estar convencidos de que tal suceso era inminente.

Lo que ocurrió fue que el almirantazgo inglés descifró el telegrama y comunicó los resultados al embajador estadounidense. Para preservar la confidencialidad de su fuente de información, los estadounidenses sobornaron a un empleado de la legación alemana en México que facilitó una copia del texto descifrado. Mientras tanto, el 2 de febrero Estados Unidos rompía relaciones con Alemania y Austria-Hungría, oficialmente por el anuncio de la guerra submarina publicado el 31 de enero. Los estadounidenses demoraron la publicación del telegrama hasta el 1 de marzo. ¿A qué fue debida esta espera? La Casa Blanca tenía el texto completo desde hacía casi un mes. No lo hizo para cubrir a sus informadores británicos. El presidente Wilson todavía confiaba en que los alemanes reconsiderasen su decisión y la anulasen. Al fin y al cabo, acababa de ser reelegido bajo la consigna: «Él nos ha evitado la guerra». Siempre partidario de la paz, Wilson se acercaba a la guerra de mala gana y dando largas. A comienzos de marzo, sin embargo, no pudo seguir evitándola. Cuando se diese a conocer el telegrama, la postura de los partidarios de entrar en guerra se vería reforzada. Todavía retrasó Wilson otro mes, hasta el 2 de abril, el mensaje ante el congreso anunciando la beligerancia. Esa demora sólo sirvió para encender los sentimientos antigermánicos en buena parte del país.

Pero no fue el telegrama el desencadenante principal de la guerra, ni siquiera el pretexto para declararla. Pesó mucho más en los ánimos la guerra submarina: el hundimiento de barcos estadounidenses, la pérdida de vidas, el perjuicio infligido al comercio. Además, los banqueros del este se hallaban muy comprometidos con la causa aliada, habiendo concedido sustanciales créditos que iban a ser difíciles de cobrar si los aliados perdían la guerra. La votación crucial fue: 373 votos a favor de la guerra en el congreso y 50 en contra. En el senado, 82 a favor y sólo 6 en contra. Estas mayorías reflejan un estado de opinión que no precisaba la estupidez del ministerio alemán de Asuntos Exteriores para consolidarse. El telegrama no fue el desencadenante, puesto que la beligerancia era ya prácticamente inevitable, pero sin duda facilitó la tarea de convencer a la opinión estadounidense.

## ¿Estaba derrotado el ejército alemán en 1918?

En otoño de 1918 los ejércitos alemanes se replegaban en todos los frentes. Caían en manos de los aliados aquellos campos de batalla que tan terribles luchas y tanta pérdida de vidas habían presenciado durante los primeros años de la contienda. La línea Hindenburg en que los alemanes depositaban sus esperanzas defensivas quedó penetrada y además desbordada por los flancos. El armisticio del 11 de noviembre de 1918 le ahorró a Alemania una invasión a gran escala por parte de los aliados. Pero ¿estaban derrotados los ejércitos alemanes?

Uno de los dogmas principales en que se apoyó el movimiento nazi durante la década de los treinta, fue que los efectivos alemanes no habían sido derrotados. Decirlo, e incluso pensarlo, equivalía a la alta traición según los nacionalistas alemanes. El ejército había sido traicionado por un odioso contubernio entre liberales, demócratas y pacifistas, todo ello instigado por los judíos. Ésa fue la leyenda de la «puñalada por la espalda». El ejército alemán no estaba derrotado en otoño de 1918, simplemente se había replegado para acortar las líneas de defensa, y estaba decidido a seguir luchando, pero los políticos lo impidieron.

Las ofensivas alemanas de la primavera de 1918 consiguieron algunos éxitos iniciales, pero se agotaron, al igual que todas las ofensivas anteriores en el frente occidental, sin haber logrado ninguna ruptura sustancial. Para el alto mando alemán este fracaso revestía carácter de catástrofe. La iniciativa era imperiosamente necesaria debido a la entrada en guerra de Estados Unidos en 1917. El año siguiente los estadounidenses podían lanzar tropas frescas al teatro de la guerra, hasta 4 millones de soldados. Por tanto, Ludendorff se veía en la necesidad de alcanzar la victoria antes de que eso ocurriese. Pero lo que obtuvo fue un triunfo efímero que le costó fuertes bajas, como siempre les ocurría a los bandos atacantes en aquella guerra. Peor aún, la ofensiva alemana precipitó la unificación del mando enemigo bajo el mariscal Foch. A partir del mes de agosto, los aliados, pese a sus pérdidas recientes, pudieron montar una serie de contraataques. Fuese casualidad o intención, los aliados dieron con una nueva táctica consistente en atacar los puntos débiles de los alemanes, para desplazar luego el ataque a otro sector tan pronto como se consolidaba la resistencia alemana gracias a la llegada de refuerzos. A finales de septiembre, los alemanes habían perdido todo el terreno conquistado en los últimos meses y, por añadidura, casi todo lo conseguido al precio de cuantiosas bajas en 1916 y 1917.

Debilitado por un leve ataque cerebral y alarmado por la pérdida de Bulgaria, a finales de septiembre Ludendorff decidió que Alemania ya no tenía ninguna oportunidad de ganar la guerra. La ofensiva de primavera había diezmado sus mejores tropas, y las bajas se cubrían con la movilización de muchachos de quince años y hombres quincuagenarios. Cundió cierta desmoralización mientras la ofensiva se hallaba en plena marcha, cuando las fuerzas alemanas vieron que el armamento y los pertrechos que capturaban al enemigo eran de calidad muy superior a los suyos. Entonces comprendieron que no era posible la victoria que se les había prometido. La contraofensiva aliada cayó sobre unas fuerzas que habían perdido en gran parte sus esperanzas, aunque todavía disputaban tenazmente cada pulgada de terreno. Así pues, se luchaba todavía con la mayor intensidad a comienzos de octubre, cuando Alemania solicitó un armisticio. Hubo un cruce de mensajes entre Alemania y los aliados sobre si los alemanes aceptarían los catorce puntos del presidente Wilson y evacuarían todos los territorios ocupados. A lo que parece, Ludendorff quiso evitar que la guerra afectase al territorio alemán, y trasladar a los políticos la responsabilidad por los acuerdos de paz. De esta manera, un ejército alemán invicto tal vez podría reanudar la pelea en otra oportunidad. Cuando se dio cuenta de que las condiciones formuladas por los aliados apuntaban al desarme de Alemania, de manera que ésta no pudiese resucitar la guerra, Ludendorff trató de frenar las negociaciones. Pero la caja de Pandora ya estaba abierta y no pudo volver a cerrarla. En Berlín los políticos insistían. Los turcos abandonaron la guerra. Se aceleraba la desintegración de Austria-Hungría, y una invasión de Alemania por el sur habría encontrado el camino expedito. El amotinamiento de los marinos de Kiel excluía toda posibilidad de lanzar una operación naval en aquella fase terminal de la guerra, y la amenaza de revolución en el país hizo que los negociadores civiles del armisticio estuvieran dispuestos a aceptar casi cualquier condición por dura que fuese. La abdicación del Káiser quitó algo de hierro a la tensa situación. Se firmó el armisticio el 11 de septiembre y se evitó la desintegración de Alemania.

Tampoco estaba desintegrado el ejército alemán. Comarcas devastadas, nidos de ametralladoras y una decidida resistencia alemana obstaculizaban el avance de los aliados. En algunos lugares rompieron la línea Hindenburg logrando penetraciones de hasta cincuenta kilómetros, pero sufrían fuertes pérdidas: 100.000 estadounidenses cayeron en la ofensiva de Argonne. Cuando se firmó el armisticio, todos los frentes alemanes se hallaban en territorio extranjero, excepto una pequeña parte de Alsacia. Haig opinaba que Alemania aún estaba en condiciones de oponer una defensa formidable. Ni Foch ni Pershing creían tampoco que estuviera vencida. Ciertamente, y aunque se batían en retirada, no habían sufrido una derrota militar decisiva en ningún frente. En realidad, el repliegue achicaba las líneas defensivas y contaban todavía con una importante presencia en el nordeste de Francia, lo que facilitaba la defensa de las posiciones alemanas.

Por tanto, no fue ningún desastre bélico lo que condujo al armisticio. Éste fue consecuencia, en parte, del deseo de Ludendorff de conservar los efectivos alemanes evitando que fuesen aniquilados en 1918 por la llegada de fuerzas americanas muy superiores. Además, el colapso de los aliados de Alemania hacía insostenible la posición de este país. Y también hay que tener en cuenta la actuación de los políticos del viejo Reich, dispuestos a hacer concesiones con tal de salvar lo que pudiera salvarse del antiguo régimen. Para las fuerzas alemanas la derrota y el desastre eran ineluctables, aunque en noviembre de 1918 la cesión del terreno todavía se pareciese más a un repliegue ordenado que a una desbandada. El hecho de que los ejércitos conservasen buena parte de sus fuerzas en noviembre de 1918, justificó las posteriores afirmaciones de Ludendorff y otros en el sentido de que Alemania no fue derrotada, sino traicionada por los políticos. Así nació el mito de la «puñalada por la espalda», que Hitler supo explotar junto a otros mitos.

## ¿Qué importancia tuvo la huelga general de 1926 en Gran Bretaña?

**Es creencia común que la huelga general de mayo de 1926 llevó a Gran Bretaña al borde de la guerra de clases y de la revolución proletaria. Esas opiniones no tienen ninguna justificación. La idea de una «revolución» no estaba en las mentes de nadie, salvo algunos agitadores de las izquierdas, y aunque ellos quizá creyeron que estaba incubándose, no tuvo nunca una probabilidad de llegar a existir.**

Indudablemente, las condiciones de trabajo en la minería del carbón venían siendo deplorables desde hacía más de un siglo. Aunque se intentó mejorarlas, nunca dejaron de ser difíciles, peligrosas y sucias: largas y fatigosas jornadas de trabajo y salarios ínfimos. En 1918 se les dificultó mucho a los mineros la adaptación a la situación de la posguerra.

Perjudicaban a la industria las importaciones de carbón alemán barato que formaban parte del programa de indemnizaciones de guerra. Los propietarios trataban de restablecer sus márgenes recortando los costes todavía más. En esa industria el resentimiento entre el trabajo y el capital era una tradición profundamente arraigada. Desde que se empezó a hablar en serio de socialismo, los mineros estuvieron siempre en la vanguardia de los que exigían el fin del sistema capitalista. Reclamaban la nacionalización, en parte por la creencia de que era necesario unificar el sector para que éste operase con más eficiencia que las compañías privadas por separado, y en parte, porque pensaban que la nacionalización les garantizaría un salario mínimo razonable, y la mejora de las condiciones de trabajo. En 1925 los propietarios anunciaron drásticos recortes de salarios para aumentar la competitividad de las exportaciones. Los mineros apelaron a la confederación sindical Trades Union Congress. En la jornada llamada del «viernes rojo» (31 de julio de 1925), la TUC amenazó con activar la alianza ya existente entre los obreros portuarios, los ferroviarios y los mineros del carbón, y llamar a la huelga general solicitando además la participación de todos los sindicatos confederados.

Para evitar la crisis, el primer ministro conservador, Stanley Baldwin, prometió una comisión real que examinaría todos los problemas de la industria del carbón. Incluso ofreció subvenciones a costa del contribuyente durante los nueve meses que tardaría esa investigación. Durante ese lapso no se modificarían los salarios ni las jornadas, y cualquier pérdida para los trabajadores se compensaría a cargo del subsidio, para el que se presupuestaron finalmente unos 24 millones de libras. La comisión Samuel, así llamada porque la presidió el liberal sir Herbert Samuel, elaboró un detallado informe en el que proponía muchos cambios en la organización del sector, pero insistía en que los mineros debían admitir alguna reducción salarial, a menos que estuviesen dispuestos a retornar al número de horas que trabajaban antes de la guerra. Las conclusiones fueron rechazadas por ambos bandos: las compañías juzgaron que se había ido demasiado lejos en las concesiones, los mineros consideraron que no se avanzaba lo suficiente. El comunista galés A. J. Cook, que era el líder de los mineros, resumió las objeciones de éstos en la consigna: «Ni un penique menos de paga, ni un minuto más de jornada». El 1 de mayo cesó el trabajo en las minas, y tres días después los sindicatos se adhirieron al movimiento y comenzó la huelga general.

La situación parecía sumamente peligrosa. Había el precedente de otra huelga general en Glasgow, y los militantes más radicales de Escocia estaban impacientes por hacer demostración de su particular tipo de lucha. El partido comunista apoyaba la huelga, con la debida reverencia al ejemplo bolchevique. En cuestión de horas, más de setenta poblaciones quedaron bajo el control de unos comités de huelga muy parecidos a los soviets rusos. Las autoridades invocaron la ley de emergencias que permitía el embargo de fincas, edificios, reservas de alimentos y otros artículos de necesidad. Entre los extensos poderes que se reservaba la autoridad, el de incautarse de los automóviles particulares y asumir el control de los ferrocarriles, las compañías marítimas, las reservas de carbón y petróleo, movilizar a los bomberos, a la policía y a las fuerzas armadas, vigilar las reuniones públicas y registrar los domicilios de los sospechosos de sedición. Todo esto se justificaba con la pretensión de que la huelga creaba una «situación de inconstitucionalidad». Tal como decía Baldwin en sus exhortaciones: «Respaldad a las autoridades. Haced respetar las leyes, cuya custodia corresponde al parlamento. La huelga general es un desafío al parlamento y el camino hacia la anarquía y la ruina».

En ausencia de verdaderos periódicos, porque los impresores se habían sumado a la huelga, el país andaba ansioso de noticias, lo que hizo proliferar los rumores. Muchos acudieron a la gran novedad de entonces, las ondas. Los que tenían la fortuna de poseer un aparato de radio, lo colocaban en el alféizar de la ventana para que todo el vecindario pudiera escuchar las noticias de la BBC. En beneficio de los demás, las autoridades lanzaron una *British Gazette* producida por esquiroles (aunque en inglés no se llaman así, sino *scabs*, es decir «roñosos»), bajo la militante dirección de Winston Churchill. Tan militante, que se refería a los huelguistas como «el enemigo» y decía que la huelga era «un conflicto que, si se lleva la lucha a los extremos, no puede concluir sino con la caída del régimen parlamentario o con su victoria decisiva». En la época, el izquierdista *New Statesman* titulaba uno de sus artículos: «¿Hay que ahorcar al señor Churchill o no?». Aunque, en realidad, no dedicaba muchas líneas a la segunda alternativa. La TUC, por su parte, lanzó el *British Worker* para contrarrestar la propaganda gubernamental. En este órgano negaban enérgicamente que estuvieran atacando la constitución. Pero esta iniciativa se vio obstaculizada por la decisión de que parasen también los impresores, debida a la propia confederación, y además los oradores que arengaban a la huelga, y que eran los portavoces de la TUC, muchas veces contradecían las afirmaciones de ésta. Uno de ellos, miembro del partido laborista independiente, andaba por el noroeste proclamando con entusiasmo: «¿Qué es eso, hombre? ¡Pero si nunca había pasado nada igual! Si los líderes de aquí no nos dan la espalda, antes de una semana tendremos arrodillados a los capitalistas. ¡Esto es la revolución, muchachos! ¡Por fin!».

El entusiasmo se reveló erróneo. Los británicos en general eran gente tranquila y paciente, que no se dejaba arrastrar con facilidad a extremismos o violencias. Aunque el gobierno movilizó mucha policía especial para hacer frente a la emergencia, no tuvo gran cosa que hacer. En cuanto a los transportes, los nuevos vehículos a motor permitieron una razonable distribución de los artículos de primera necesidad por carretera. Estudiantes que hasta entonces tal vez no habrían trabajado ni un solo día en la vida se emplearon como maquinistas del ferrocarril con más entusiasmo que conocimiento de causa. Quizá satisfacían así sus fantasías infantiles. Se ha dicho que esa revolución británica fue tan tranquila y sosegada como los domingos de la época victoriana, aunque sin la asistencia a la iglesia. También se rumoreó que la policía especial reclutada para contener a los huelguistas se dedicaba a jugar partidos de fútbol con ellos. Al cabo de sólo nueve días, la junta general de la TUC se desmoralizó y desconvocó la huelga. Todos excepto los mineros regresaron agradecidos al trabajo. En las minas la huelga continuó hasta bien entrado el otoño, pero finalmente hubieron de volver al tajo aceptando las condiciones de la patronal.

Baldwin preservó su imagen de «hombre de paz» instando a la moderación en las negociaciones, pero quedó desautorizado por el cariz vengativo de la ley de conflictos de trabajo aprobada en 1927. No sólo quedaban ilegalizadas cualesquiera huelgas futuras generales o por solidaridad (aunque no se ve cómo sería posible imponer el cumplimiento de una disposición así en la práctica), sino que se promulgó además una serie de limitaciones irritantes a la actividad de los sindicatos.

Con todo, y pese al dramatismo del episodio, la huelga general no tuvo muchas repercusiones reales. No modificó la política del gabinete de Baldwin, ni cambió el rumbo económico de la época. La baja de los salarios y de los precios, el aumento del paro, la necesidad cada vez mayor de instituciones de providencia social, todo eso continuó como antes, tras la interrupción huelguística. Ésta fue el final, que no el comienzo, de un periodo de disturbios y posible revolución. En líneas generales, nadie más volvió a hablar de «guerra de clases» ni de «revolución proletaria». Durante la década de los treinta las clases trabajadoras se apretaron el cinturón y soportaron los padecimientos que les infligía la crisis económica; en 1945, después de la II Guerra Mundial, alcanzaron el poder en las legislativas y se embarcaron esperanzadas en la realización de la revolución por la vía democrática.

## ¿Quién incendió el Reichstag?

El Reichstag, es decir el edificio del parlamento alemán, ardió a comienzos de 1933, lo que desencadenó una controversia que ha tardado muchos años en quedar zanjada. Vaharadas de retórica izquierdista contribuyeron a nublar la cuestión. Todavía hoy se debate a veces sobre la responsabilidad por el atentado.

En la tarde del 27 de febrero de 1933, el Reichstag quedó envuelto en llamas. Nombrado canciller sólo un mes antes, Hitler no tenía la mayoría parlamentaria y le convenía fomentar la histeria contra los «rojos», así que decidió aprovechar la oportunidad. Había denunciado las intenciones subversivas de los comunistas, pero carecía de pruebas que sustentaran sus acusaciones. El incendio le proporcionó un pretexto excelente.

Los nazis acusaron a los comunistas y poco después montaron un juicio contra los supuestos incendiarios ante el Tribunal Supremo de Leipzig. El proceso fracasó porque el acusador principal, que era Goering, no logró dar consistencia a los cargos frente a la brillante actuación del abogado defensor. Al mismo tiempo, el manifiesto interés de los nazis por forzar una sentencia condenatoria hizo creer, lógicamente, que ellos mismos habían sido los incendiarios. Varios historiadores de prestigio, como Alan Bullock, han recogido esta idea errónea en sus obras. ¿Qué sucedió en realidad?

Hacia las nueve de la noche, un estudiante universitario que había utilizado la biblioteca iba a regresar a su casa, cuando oyó que alguien rompía un cristal y creyó ver un individuo que entraba en el Reichstag por una de las ventanas de la planta baja. Llamó a un guardia, pero no encontraron a nadie. Sin embargo, el policía vio llamas y llamó a los bomberos. Eran las 9,15. Al principio los bomberos no consiguieron entrar, y luego perdieron algún tiempo tratando de dominar los pequeños fuegos de los pasillos. Eran las 9,40 cuando se decidió movilizar a todo el cuerpo de bomberos de la capital, y acudieron sesenta unidades al edificio. Para entonces el incendio se había extendido a todo el edificio, quedando éste irremisiblemente arruinado. Un personaje nazi de segunda fila, sabedor de que Goering, que era el presidente del Reichstag, estaba en una celebración cercana junto con Hitler y Goebbels, telefoneó para darles la noticia. Al principio ellos no la creyeron. Pero Hitler, intuyendo una posibilidad de sacar ventaja de la situación, se embarcó en uno de sus accesos de cólera y exigió el apresamiento y el fusilamiento de los comunistas, puesto que se veía claramente que aquello era una conjura comunista.

Mientras tanto, en el interior del edificio detuvieron a un muchacho semidesnudo, un holandés llamado Marinus van der Lubbe. Lo llevaron a la comisaría más próxima. Interrogado hasta la madrugada del día siguiente, dio una explicación completa de lo que había hecho. Los motivos no quedaron claros. Por lo visto, intervino algún tipo de vago resentimiento y la creencia de que el incendio del edificio serviría como «faro de la insurrección». El detenido impresionó a los interrogadores por su claridad e inteligencia. Describió dónde había comprado el petróleo y las mechas, y cómo se había quitado la mayor parte de la ropa a fin de empaparla en petróleo, repartir las prendas por distintos lugares y pegarles fuego. La policía comprobó los detalles de la declaración y verificó que eran ciertos. Los expertos de los bomberos corroboraron que técnicamente el resultado era posible, teniendo en cuenta la distribución del edificio y la presencia de la cúpula central, que había funcionado a manera de chimenea. Esto, en combinación con el linimento habitualmente utilizado para limpiar el entarimado, favoreció la propagación del fuego. En realidad, la elección del lugar era ideal. Se admitió la versión de Van der Lubbe en el sentido de que había actuado solo, sin intervención alguna por parte del partido comunista.

Pero Hitler y sus adláteres no podían aceptar esa explicación. Durante el proceso trataron de rebatir las pruebas de los investigadores y su valoración de la personalidad de Van der Lubbe. Ellos crearon la leyenda del muchacho subnormal, manipulado sin escrúpulos por el partido comunista para inducirlo a perpetrar el acto. Dijeron que era miembro en activo de dicho partido, cuando en realidad no era más que un izquierdista con ideas vagamente socialistas. En el partido comunista no le conocía nadie. Los nazis subrayaron la improbabilidad de que un hombre solo fuese el causante de un incendio de tan grandes proporciones, y citaron a numerosos expertos para que declarasen que no pudo hacerlo sin contar con ayuda. Muchos de éstos no eran bomberos ni policías, sino profesores de química y criminólogos, algunos de los cuales ni siquiera visitaron el Reichstag incendiado. Finalmente, sólo uno de los acusados, Torgler, que era el líder de la representación parlamentaria comunista, se había acercado al parlamento aquella tarde, y se había marchado alrededor de las ocho. Los demás, el destacado dirigente comunista Dimitrov y otros dos búlgaros, ni siquiera andaban por las inmediaciones, ni tenían ninguna relación con Van der Lubbe, que era un desconocido para ellos.

Los magistrados del Supremo se hallaban en una situación sumamente incómoda. Normalmente, antes de condenar les habría gustado ver alguna prueba de la culpabilidad del acusado. Y no era tanto que Van der Lubbe la negase. Al contrario, habló con claridad, coherencia y exactitud durante seis horas, tratando de convencer al tribunal de que nadie había instigado su conducta. Rebatió las declaraciones de los expertos diciendo: «Yo estaba allí, y ellos no. Sé que era posible hacerlo, porque lo hice». Más impresionante, sin embargo, fue el testimonio de Dimitrov, el principal de los comunistas procesados. Estuvo lúcido, convincente, y le dio tantas vueltas al acusador principal, Goering, que lo dejó reducido a balbucir incoherencias.

Por último, el alto tribunal falló que Van der Lubbe era culpable. En aquella fecha el delito de incendio no tenía pena de muerte, pero luego Hitler lo dispuso así con carácter retroactivo y Van der Lubbe fue decapitado. Los cuatro comunistas quedaron en libertad, no sin antes tener que escuchar la observación de que Van der Lubbe había actuado necesariamente «con la colaboración de persona o personas desconocidas».

Dimitrov puso el dedo en la llaga de la actitud nazi cuando lanzó a las barbas de Goering, y en presencia de los jueces, la acusación siguiente: «Van der Lubbe ha tenido colaboradores, sí. Pero, puesto que no he sido yo, necesariamente habrán sido ustedes». Los comunistas, que organizaron en Londres un contraproceso y demostraron a satisfacción propia que los responsables del atentado habían sido los nazis, insistieron mucho en la existencia de un pasadizo «secreto», que según decían, llevaba cables telefónicos y eléctricos así como tuberías de calefacción a la colindante vivienda de Goering (que era donde se hospedaba el informante originario cuando avisó por teléfono a su anfitrión y demás congregados en la fiesta). Decían que los camisas pardas habían utilizado ese pasadizo para colarse en el interior del parlamento. Lo incendiaron, y luego metieron a Van der Lubbe por la ventana para que lo encontrase allí la policía y cargase con todas las culpas. Esta versión era bastante increíble, y en cualquier caso, pasaba por alto la circunstancia de que a las 8,45 había acudido al edificio un cartero que traía el correo de los parlamentarios y que no vio, oyó ni olfateó nada sospechoso. El detalle de este humilde personaje, que ni siquiera fue llamado a declarar durante el juicio, demuestra que el edificio del Reichstag estaba desierto a la nueve, que fue cuando irrumpió Van der Lubbe.

La conclusión más probable, por tanto, es que no fueron los comunistas ni los nazis quienes incendiaron el Reichstag. Van der Lubbe lo hizo, él solo.

## La batalla de Inglaterra: ¿cuál fue el papel de los «pocos»?

Pocos mitos tan poderosos o tan inspiradores para nuestros contemporáneos como el del pequeño grupo de bizarros pilotos de caza que en agosto y septiembre de 1940 combatieron con sus Spitfires y lograron extraordinarias victorias frente a la superioridad aplastante de la Luftwaffe alemana.

En esa época, las fuerzas alemanas andaban muy ocupadas preparando la invasión a gran escala de Gran Bretaña, reciente aún la caída de Francia. En cuatro semanas, contando desde el 15 de agosto en que comenzó la ofensiva aérea alemana, el Fighter Command perdió casi 500 aparatos, y el jefe de la Luftwaffe, el *reichsmarschall* Goering, empezaba a dar por descontada la victoria en el aire. Hordas de cazas alemanes —hasta 800 el día 30 de agosto— sobrevolaron el centro de operaciones del Fighter Command en el sur de Inglaterra, e infligieron graves daños a los adversarios. Por los partes que los aviadores enviaban al retorno de sus misiones, el alto mando se persuadió de que las escuadrillas de los Spitfire y Hurricane estaban muy estropeadas; según las cuentas que llevaban los alemanes, a la RAF sólo le quedaban unos 300 aviones de caza. A comienzos de septiembre, Goering consideró reunidas las condiciones para un cambio de táctica. El 2 de septiembre y en parte como réplica a las incursiones de la RAF sobre Alemania, Goering ordenó el inicio de las operaciones a gran escala sobre Londres en horas diurnas. Era el verdadero comienzo del *blitz*, «relámpago» en alemán, pero que los ingleses tomaron como sinónimo de bombardeo. Todo el sur de Inglaterra recibió un castigo tremendo, pero finalmente la Luftwaffe no pudo lograr la supremacía en el aire, y así nació la leyenda del «puñado de valientes» de la RAF que salvaron a su país.

Aquellos «pocos» eran chicos pijos de los colegios de pago, producto de las residencias estudiantiles inglesas para la gente bien. Hablaban con afectado deje aristocrático, y cuando se hicieron combatientes por la supervivencia de la patria pasaron a lucir impresionantes bigotes, pañuelo de seda al cuello y gafas de aviador.

El mito lo originó la brillante oratoria bélica del primer ministro británico, Winston Churchill, en el tributo radiofónico que rindió a los pilotos que todos los días exponían la vida en los aires, cuando el desenlace de la batalla aún estaba lejos de hallarse decidido. Citaba un monólogo del *Enrique V* de Shakespeare que hace referencia a los *happy few*, los «pocos felices» (porque son los elegidos), y aseguró en tono solemne a la angustiada audiencia que «en el terreno de los conflictos humanos, nunca tantos han debido tanto a tan pocos» (20 de agosto de 1940).

Es decir, que ya eran leyenda antes de haber vencido (a medias) en la batalla. Pero hay una realidad más prosaica. El número de los «pocos» estuvo reforzado por otros muchos, que eran chicos corrientes de las escuelas públicas, aunque los llamaban «sargento piloto» en vez de «oficial piloto», y por un importante número de pilotos extranjeros procedentes de los países recién ocupados por la Alemania nazi, como Polonia, Francia y Checoslovaquia, así como también del Canadá y otros países de la Commonwealth que ayudaban a luchar contra el enemigo común. Aunque algunos de éstos carecían, tal vez, de los distinguidos modales característicos de los renombrados «pocos», su contribución fue de incalculable valor.

Por otra parte, la inferioridad numérica no era tan grande como pareció a tenor de las tácticas que pusieron en juego. Normalmente, cuando la RAF atacaba a las escuadrillas que iban aproximándose, lo hacía en pequeño número para tratar de romper, ante todo, las grandes formaciones de los bombarderos alemanes. Volaban de espaldas al sol y atacaban súbitamente en pequeños grupos para sorprender, y no tanto porque fuesen pocos. En realidad, e incluso después de las últimas pérdidas en Francia con la destrucción de 450 cazas británicos, en julio quedaban todavía unos

700 aviones en condiciones de oponerse a los 2.600 de la Luftwaffe (pero esta cifra también incluye a los bombarderos alemanes). De hecho, fueron los alemanes quienes se quedaron primero sin aviones ni piezas de repuesto, sencillamente porque su organización era menos eficiente. Por otra parte, cuando un piloto británico o aliado era derribado, caía sobre territorio amigo, y se le podía dar otro avión enseguida (en el supuesto de que sobreviviese al combate, claro está). En cambio, los alemanes derribados y sobrevivientes caían prisioneros. Las pérdidas alemanas fueron proporcionalmente mayores: dos aparatos derribados por cada uno que perdió la RAF. Durante el mes de octubre, por ejemplo, en la fase final de la batalla de Inglaterra, la RAF perdió 186 aviones y la Luftwaffe 379.

Otro hecho que confirió autenticidad a la leyenda fue la «jornada victoriosa» del 15 de septiembre de 1940. Era el punto crítico de la batalla de Inglaterra, porque la Luftwaffe realizó el último y más costoso esfuerzo para hacerse con el dominio de los cielos. La radio y los periódicos británicos proclamaron eufóricos que habían caído 185 aparatos alemanes, frente a pérdidas despreciables por parte de la RAF. Después de la guerra, las fuentes alemanas informaron que sus pérdidas estuvieron entre cincuenta y seis y sesenta aparatos. Los británicos derribados fueron veintiséis. ¿Cómo se explica esa discrepancia?

Había mucha confusión en el ardor de la batalla. El piloto de la RAF que le acertaba a un aparato alemán no se quedaba a mirar si el avión averiado era avión perdido. Algunos conseguían deshacer camino sobre el Canal echando humo y ser reparados para volver a pelear otro día. Pero quedaba registrado por la RAF como un derribo. E incluso cuando el avión enemigo estallaba hecho pedazos, no siempre se lograba precisar cuál de los pilotos ingleses se había cobrado la presa, especialmente si habían sido varios los cazas ingleses que ametrallaban al alemán. Podía ocurrir entonces que quisiera apuntarse el derribo más de un piloto de la RAF. El Fighter Command no dejó de notar que algunas de estas pretensiones eran contradictorias o inexactas, pero tampoco se disponía de ningún sistema para verificar las cifras. Ellos no inflaron las que facilitaban los pilotos, puesto que no sacaban ningún beneficio con eso, sino que las transmitían tal cual a las autoridades, y éstas procuraban explotarlas al máximo. Esas cifras persuadieron a los británicos de que se había obtenido una victoria tremenda el 15 de septiembre. Las buenas noticias hacían mucha falta entonces.

De todas maneras, exageraban las pérdidas reales del enemigo en más de un 300 %. Quizá la RAF se equivocó al darlas por razonablemente ajustadas, lo mismo que cuando sobreestimó los efectivos totales de la Luftwaffe. Tampoco los alemanes tuvieron una información más exacta en cuanto a la marcha de la batalla de Inglaterra. La Luftwaffe pagó muy caro el error de Goering al subestimar los efectivos reales de la RAF. Y la sobreestimación del 15 de septiembre por parte de los británicos dio un gran empujón a la moral. Esa fecha pasó a la leyenda como una salvación milagrosa casi tan grande como la de Dunquerque.

Pero no fue un milagro. Las razones del triunfo de la RAF fueron bastante más laicas. La inteligencia británica, al descifrar las claves que usaba Goering, se enteraba de las órdenes de éste casi al mismo tiempo que los aviadores alemanes. Las características técnicas y de vuelo de los aparatos ingleses generalmente fueron superiores a las de los alemanes, y el invento del radar, cuyas instalaciones se extendieron rápidamente, era de gran ayuda porque localizaba las formaciones alemanas incluso antes de que estuvieran cerca de las costas de Gran Bretaña. Los ingleses contaron también con una ventaja paradójica. El mariscal Goering había sido un as del aire durante la I Guerra Mundial —volaba en el «circo» del barón Richtofen—; en cambio, los jefes de la fuerza aérea inglesa como sir Hugh «el Pesado» Dowding y el futuro mariscal del aire, «el Bombardero» Harris, habían comprendido los cambios introducidos por la tecnología moderna en la guerra aérea, y no eran unos «caballeros del aire» aficionados a pelear noblemente en duelos de hombre a hombre, sino más bien organizadores eficientes, planificadores y gestores capaces de dirigir todos los detalles de una formidable maquinaria defensiva. Uno de ellos, quizá no tan conocido, fue sir Keith Park, neozelandés de carácter áspero y gran maníaco del trabajo, que realizó una contribución enorme a la batalla de Inglaterra con su brillante organización de la defensa en todo el sector sudoriental de Gran Bretaña (en el que estaba comprendido Londres), desde su cuartel general del grupo 11 radicado en Uxbridge.

No vamos a negar que los muchachos de la RAF se mostraron a la altura de su leyenda. El espíritu de lucha y de ayuda que la elite de los «pocos» transmitió a sus compañeros voluntarios, así como el humorismo con que restaban trascendencia a lo que estaban haciendo, contrastaban mucho con la vanidosa distancia que mantenían los aviadores de la Luftwaffe. Los resultados que obtuvieron aquéllos en un momento de crisis justificaron la admiración que se les dispensó. Pero no quita que la leyenda de los «pocos» sea una leyenda. Como escribió el francés Georges Bernanos en su *Carta a los ingleses* (Río de Janeiro, 1942, edición francesa 1946), fue «un cuento de hadas, un cuento que ningún adulto serio creería... un cuento para niños».

## Operación Barbarroja: ¿olvidó Hitler el invierno ruso?

Los ejércitos de Hitler invadieron Rusia en junio de 1941. En diciembre, esos ejércitos estaban detenidos, paralizados por el comienzo del invierno. Muchos historiadores han aducido que los alemanes no habían pensado en el invierno ruso cuando hicieron sus preparativos, con un desconocimiento de la meteorología rayano en la negligencia. Esa opinión es fundamentalmente errónea.

Los alemanes sabían perfectamente que los inviernos en Rusia son rigurosos. Hitler, aunque autodidacta, tenía sus conocimientos de historia y estaba al tanto de lo ocurrido con el sueco Carlos XII y el francés Bonaparte. Y el alto mando alemán no estaba exclusivamente compuesto por temerarios. Tenían meteorólogos perfectamente conscientes de los extremos cambios de temperatura en Rusia. Éstos sabían que durante el invierno ruso promedio, únicamente los meses de enero y febrero serían tan crudos como para tener que suspender las hostilidades. Y los generales habían previsto que la campaña terminaría con éxito en diciembre. Luego la campaña de los Balcanes lo retrasó todo, por supuesto, y los meteorólogos descartaron la posibilidad de otro invierno especialmente severo. Los de 1939-1940 (el invierno de la guerra de Finlandia) y 1940-1941 habían sido extraordinariamente fríos, con temperaturas muy inferiores a las medias invernales en Rusia. Los meteorólogos pusieron en conocimiento del alto mando que no se habían conocido otros iguales desde los comienzos de la observación científica del clima, y que la probabilidad de que se produjese un invierno igualmente severo en 1941-1942 era desdeñable.

Por tanto, Hitler preveía que lo principal de la campaña llegase a su conclusión mucho antes de lo más crudo del invierno. Pero no fue así. La estación se presentó adelantada y con un frío extremo. La nieve cayó en octubre y cuajó lo mismo que otras veces, pero el 13 de noviembre se registró una temperatura de –23 °C, siete grados por debajo del promedio de temperaturas mínimas para el mes de enero. El 5 de diciembre, los termómetros cayeron a –38 °C, que era mucho frío incluso en Rusia, y marcó la tónica para el resto del invierno. La ofensiva de los alemanes quedó frenada, la gasolina y el aceite de los motores de tanques y camiones se congelaron. Los alemanes llevaban los uniformes de verano y hubo gran número de congelaciones. Los rusos, algo mejor equipados, contraatacaron. Por supuesto, otros factores contribuyeron también al fracaso del ataque alemán, pero si el invierno ruso hubiese sido el de todos los años, posiblemente los alemanes habrían continuado la ofensiva hasta bien entrado el mes de diciembre, y el signo de la guerra tal vez habría sido muy distinto.

**Temperaturas medias en Moscú (°C)**

| | Máximas | Mínimas |
|---|---|---|
| Noviembre | 1,5 | –3,3 |
| Diciembre | –4,5 | –9,5 |
| Enero | –9,3 | –16,2 |
| Febrero | –5,7 | –13,6 |

# 6. REEVALUACIONES HISTÓRICAS

## La caída de la Bastilla en 1789, ¿qué significación tuvo?

**La Bastilla era la fortaleza real que dominaba el distrito obrero de Saint-Antoine, al este de París, en la época anterior a la Revolución francesa. La existencia de la Bastilla, ¿representaba una amenaza para el pueblo de París como se pensó entonces? ¿Tuvo la caída de esa fortaleza la enorme importancia que se le ha atribuido?**

Aunque la Bastilla tenía un patio exterior generalmente abierto al público, no dejaba de ser una fortificación impresionante, y apta para alojar una guarnición, si alguien se hubiese propuesto reprimir a la ciudadanía de París. Construida a finales del siglo XIV como defensa contra los ingleses, fue cárcel de estado durante el reinado de Carlos VI, y en la época de Luis XVI todavía gozaba de un siniestro prestigio como lugar de detención. Tenía ocho torres circulares, con muros de metro y medio de grueso. La defensa artillera constaba de treinta piezas de a ocho, y el recinto contenía un pañol y un arsenal donde los revolucionarios creyeron —erróneamente, según se demostró luego— que se hallarían grandes cantidades de armas y municiones. En 1789 creían también que contendría gran número de víctimas de la arbitrariedad monárquica. Era conocida la existencia de numerosas mazmorras subterráneas, mugrientas y saturadas de humedad, y las buhardillas también eran celdas donde los internos se helaban de frío en invierno y se ahogaban de calor en verano.

De hecho, en julio de 1789 sólo se hallaron siete presos y una guarnición de ochenta y dos veteranos, recientemente reforzada por treinta y dos suizos. En principio, la chusma y los desertores que asaltaron la Bastilla el 14 de julio fueron a por los mosquetes, y para neutralizar la amenaza artillera. De Launay, el alcaide, no quiso ceder a sus exigencias y por el momento la partida quedó en tablas. La multitud forzó la verja, pero luego no se atrevió a entrar, creyendo que se le tendía una trampa. Hacia el final de la jornada, el nerviosismo creció en ambos bandos. De Launay estaba considerando hacer volar todo el pañol con unos 300 barriles de pólvora, lo que habría implicado la práctica demolición de la fortaleza y de buena parte del barrio. Ya de noche, prefirió rendirse a cambio de un salvoconducto que le fue prometido, no obstante lo cual, la mayoría de la guarnición fue linchada y el mismo De Launay, corrido a palos por las calles, y finalmente traspasado a bayonetazos y fusilado. Enseguida se encontró un cuchillo para cortarle la cabeza y pasearla espetada en una pica.

El asalto demostró que la Bastilla apenas era más que un símbolo de la supremacía del soberano, mucho menos fuerte en la realidad que en su apariencia. Fue literalmente desmantelada piedra a piedra, hasta que dejó de existir. Hasta los planos destruyeron, de manera que todas las representaciones posteriores son reconstrucciones puramente imaginarias. No obstante, el 14 de julio sigue siendo la gran fiesta nacional de los franceses.

## ¿Hubo mujeres en la «marcha de las mujeres» de 1789?

**La «marcha de las mujeres» sacó de Versalles al rey, a la reina y a su hijo e hija, o como los llamaron campechanamente, «el panadero, la panadera y los panaderitos», para devolverlos a París. Esa marcha ha entrado en la leyenda de la Revolución, pero ¿fueron las mujeres, como parece indicar su nombre?**

El origen del asunto fue la carestía del pan en París. La cosecha de 1789 fue buena, pero la trilla y el transporte del grano en carretas hasta las ciudades se realizaron con retraso. En la capital se pasaba hambre. Los campesinos acaparaban el trigo y los panaderos también se aprovecharon de la situación para aumentar los precios. A medida que se alargaban las colas del pan, se les acortaba la mecha de la indignación a los parisinos. Muchos creían que el rey no estaba al corriente de la situación, o de lo contrario habría tomado medidas. La municipalidad reclamó disposiciones urgentes a la Asamblea Nacional, y también a Versalles. Muchos periódicos populares, como el *Ami du Peuple* que editaba Marat, reclamaban que la corte y la asamblea se transfirieran a París.

La chispa que prendió la pólvora fue el traslado del regimiento de Flandes a Versalles por orden del rey, preocupado por la seguridad. Cuando llegó el regimiento, se celebró un banquete de bienvenida en la Ópera. El rey y la reina alternaron con los homenajeados. Se corearon consignas contrarrevolucionarias, se lucieron escarapelas negras y se pisotearon las tricolores, así como otros símbolos revolucionarios. El relato de estos ultrajes llegó a París debidamente amplificado.

Unas 5.000 pescaderas y verduleras (*poissardes*, como las llamaban) se reunieron en la capital y decidieron marchar sobre Versalles. Recorrieron las calles de París coreando la consigna de traer al rey, *le bon papa*. En principio no había malicia, aunque a un observador atento no le habrían pasado desapercibidas algunas notas amenazadoras. De acuerdo con aquel ambiente carnavalesco, algunas de las «mujeres» lucían barbas y bigotes, porque eran en realidad hombres disfrazados, y otros muchos se unieron a la manifestación vestidos de hombres y portando además sus armas, cuestión de hacerse escuchar. Más tarde se les unieron también algunos voluntarios de la Bastilla y destacamentos de la Guardia Nacional, que nominalmente obedecían a las órdenes de Lafayette, aunque de hecho éste se limitó a recibir las órdenes de ellos. Llevaban picas, mosquetes y alguna que otra pieza de artillería. Los que emprendieron la marcha fueron unos 20.000 manifestantes, que recorrieron lentamente y bajo una continua lluvia los veinte kilómetros hasta Versalles. Atardecía cuando invadieron el palacio y la Asamblea.

Luis, que había salido a cazar por Meudon, regresó precipitadamente a palacio para enfrentarse a la situación. Los militares ya estaban preparándose pero el rey dio contraorden, y después de muchos titubeos decidió acatar las exigencias de los «manifestantes». Prometió medidas para abastecer de alimentos la capital, se acogió a la protección de la Guardia Nacional y ratificó los decretos de agosto y la Declaración de Derechos. Incluso aceptó recibir a una representación del populacho. Entraron los delegados encabezados por una moza del mercado llamada Pierrette Chabry, conocida por su soltura de expresión. Pero cuando se vio frente al soberano se desmayó a sus pies, y el rey, que tampoco era demasiado aficionado a hablar en público, la reanimó usando su propio frasquito de sales.

La situación se puso fea al día siguiente, cuando fueron asesinados dos miembros de la guardia de corps, y la reina para salvar la vida tuvo que abandonar sus habitaciones y refugiarse en las del rey. La muchedumbre coreó el grito de «¡A París con el Rey!», y por último la familia real se avino a regresar con los manifestantes a la capital, donde quedó alojada en el palacio de las Tullerías. Esta mudanza era desfavorable porque privaba de su libertad de movimientos a Luis. El soberano y su familia eran rehenes de París, y París a su vez encabezaba la revolución.

Es innegable, por consiguiente, la importancia histórica de la «marcha de las mujeres», aunque no quede claro qué papel jugaron en ella las que participaron. La leyenda ha querido recordarla con ese nombre, y ahora ya forma parte de la historia.

## ¿Quiénes eran en realidad «la canalla» revolucionaria?

El populacho de la capital tuvo una intervención destacada en el Terror de 1793. Ha sido descrito a menudo como una turba violenta e impredecible, una mezcla de vagos y maleantes de la capital con los elementos más levantiscos de la comarca, que acudían a París acuciados por la necesidad de encontrar comida y trabajo. Ejemplos de esta caracterización fueron las famosas y sanguinarias *tricoteuses* que hacían calceta a la sombra de la guillotina, burlándose de los *aristos* que iban a ser ejecutados. El nombre de canalla deriva del italiano *canaglia* (de *cane*, perro) y denota el vilipendio que se ha hecho de aquellas gentes. Pero ¿es exacta la descripción de los revolucionarios como una gentuza de baja extracción?

No hay duda de que tenían un aspecto extravagante. Muchos de los hombres lucían enormes bigotes, pobladas patillas y largas y descuidadas melenas. Exhibían escarapelas y otros distintivos revolucionarios, arrastraban un heterogéneo armamento y, en líneas generales, mostraban una conducta desaforada y amenazadora.

Pero no eran turbas en realidad. La mayoría se reclutaba entre la honrada clase trabajadora, y se mezclaban con ellos otros muchos elementos de origen no tan popular como pretendían: patronos de pequeñas empresas, periodistas, funcionarios de baja categoría, oficinistas, tenderos e incluso algunos comerciantes y almacenistas. Muchos incluso vestían aún el calzón ajustado típico de las clases medias y altas, pero eran más los portadores de pantalón holgado al estilo de los trabajadores manuales, por eso los llamaban *sans-culottes*. En esto de ser sans-culottes funcionó una especie de esnobismo inverso: muchas personas de bastante categoría social procuraban confundirse con ellos y afectaban su manera de vestir y sus modales. Los auténticos sans-culottes vivían en los cuartos o quintos pisos de las casas de vecinos, cuyos alquileres eran más baratos a causa de la fatiga de las escaleras. Gran número de ellos estaban afiliados a los clubes jacobinos de barrio en su *section* de la capital.

Entre ellos hubo líderes de violento radicalismo, llamados los *enragés* o locos furiosos, caracterizados por opiniones extremistas como las de Jacques René Hébert (que finalmente logró imponer su objetivo de abolir la Iglesia francesa), o los que reclamaban el control de los precios mediante una ley de topes máximos, o como Francis Noël (alias «Gracchus») Baboeuf, el precursor de posteriores teorías socialistas. El extremismo de los enragés los enemistó con la corriente principal de los jacobinos que representaba Robespierre, por ejemplo, y cuyas ideas no iban mucho más allá del individualismo pequeño burgués. Hubo también algunas mujeres activistas, pero tanto ellas como ellos fueron devorados por el eclipse del extremismo. Todos desaparecieron en la purga decretada a comienzos de 1793. Sin embargo, los elementos más significados no procedían de las clases inferiores; para tener ideas y para saber expresarlas se necesitaba un mínimo de formación, a la que no tenía acceso la «canalla». Como ha escrito el historiador George Rudé: «Parece un rasgo constante de los movimientos políticos más organizados [...] la intervención de los tenderos y amos de pequeños talleres, que arrastraban consigo a sus dependientes y aprendices».

De ahí que sea inexacta la versión tradicional de una «canalla» compuesta por los elementos más bajos y marginados de la sociedad.

## ¿Fue el telegrama de Ems el *casus belli* de la guerra franco-prusiana de 1870?

**En 1870 Francia y Prusia, las dos potencias militares más fuertes de Europa continental, se enfrentaron en una guerra que ha sido caracterizada de «colisión frontal» por un historiador. Francia, herida en su orgullo nacional y amenazada su seguridad por el rápido crecimiento del poderío prusiano, se**

**enfrentó a Prusia, la principal preocupación de cuyos líderes era salvar la faz y desquitarse de un desaire diplomático recientemente infligido por los franceses. Muchos creen que la causa inmediata de la guerra fue un telegrama enviado por el emperador alemán. ¿Es cierto eso?**

Las circunstancias fueron como sigue. En contra de los deseos de Otto von Bismarck, presidente de su consejo de ministros, Guillermo I, rey de Prusia, decidió hacer caso de las advertencias que le dirigían Gran Bretaña, Austria y Francia, y aconsejó a su joven pariente, el príncipe Leopoldo de Hohenzollern-Sigmaringen, un lejano miembro de la casa real, que abandonase sus aspiraciones al trono de España entonces vacante. A juicio de aquellas potencias, tal candidatura comprometía poco o mucho el equilibrio del poder. Especialmente Francia debía temer la eventualidad de verse asediada en dos frentes. Así que el desistimiento fue recibido con gran alivio en toda Europa, y anunciado a todo trapo en Francia como un triunfo diplomático francés y una humillación evidente para Prusia.

Bismarck estaba furioso, principalmente porque el rey no hacía caso de sus consejos en la materia, y amenazó con presentar la dimisión. Estaba cenando con dos altos jefes militares, Von Moltke y Von Roon, y mientras debatían tristemente cómo salvar el prestigio se recibió un telegrama del rey Guillermo, enviado desde el balneario de Ems, donde el soberano estaba tomando las aguas. El monarca había sido abordado por el embajador francés, el conde Benedetti, para exigirle garantías de que los prusianos no iban a permitir la renovación de la candidatura, y telegrafiaba a su propio gobierno para participar su negativa a dar tales garantías.

Entonces Bismarck pensó que, con un poco de suerte, el telegrama serviría para el propósito que a él le preocupaba. No tenía intenciones de provocar una guerra con Francia (en contra de lo que se sigue creyendo comúnmente), sino sólo de dejar a salvo el orgullo de Prusia y convertir la victoria diplomática de Francia en una derrota diplomática. De manera que leyó el telegrama en voz alta a sus invitados y luego, pretextando que era demasiado largo para enviar a la prensa el texto íntegro, tachó del mismo varias parrafadas sustanciales. En la lectura ante sus colaboradores, le atribuyó al rey Guillermo el mensaje siguiente:

> El conde Benedetti me ha interpelado en el paseo para exigirme, hablando finalmente en términos muy importunos, que le autorizase a telegrafiar inmediatamente para anunciar mi compromiso de no dar anuencia, ni ahora ni nunca, a la candidatura de los Hohenzollern, en el supuesto de que vuelvan a presentarla. *Finalmente me negué con cierta severidad, no pareciéndome adecuado ni prudente un compromiso perpetuo de esa especie. Como es natural, le dije que, puesto que yo aún no tenía ninguna noticia y él las recibía más pronto que yo de París y de Madrid, bien podía ver que mi gobierno, una vez más, no había intervenido para nada en este asunto. En el ínterin Su Majestad ha recibido una carta del Príncipe. Habiendo dicho* Su Majestad *al conde Benedetti que estaba esperando noticias del Príncipe,* ha decidido *en relación con la demanda en cuestión, y escuchados los argumentos del con-*

*de Eulenburg y de mí mismo,* no recibir de nuevo al conde Benedetti, *sino* (e) informarle por mediación de un ayudante de campo de que Su Majestad *ha recibido ahora del Príncipe la confirmación de la noticia que Benedetti ya tenía de París y que* no tiene nada más que decir al Embajador. *Su Majestad deja al criterio de V. E. si la demanda de Benedetti y su denegación deben comunicarse inmediatamente a nuestros embajadores así como a la Prensa.*

Por supuesto, una vez suprimidas las palabras que se han puesto de letra cursiva en la cita anterior se daba a entender que el mensaje había sido mucho más brusco, y que Guillermo I había replicado destempladamente al embajador imperial. Inmediatamente la publicación suscitó el escándalo tanto en París como en Berlín. En cuestión de días, ambos gobiernos se vieron empujados a la guerra.

No se puede afirmar que el envío del telegrama de Ems fuese la causa de la guerra franco-prusiana, pero sí que elevó mucho la temperatura diplomática en ambos países. En esta coyuntura, lo que buscaba Bismarck no era la guerra sino un desquite diplomático. En cualquier caso, Francia no estaba obligada a replicar a la provocación de Bismarck. Tuvo razón Napoleón III cuando, sintiéndose viejo y enfermo, quiso desistir de la ruptura definitiva con Prusia. Pero la emperatriz Eugenia era del partido de la guerra, y el jefe del gabinete imperial francés, duque de Gramont, amenazó con la dimisión si Napoleón III no recogía el guante públicamente arrojado. De modo que hubo guerra, pero no es exacto decir que su causa fue el telegrama.

## Florence Nightingale: ¿fue ella la «dama de la lámpara»?

La imagen angélica de la enfermera Florence Nightingale atendiendo a los heridos y mutilados en los lazaretos de la Guerra de Crimea dio origen a esa leyenda. La dama de la lámpara impresionó fuertemente la imaginación de los británicos a mediados del siglo XIX. Su mera presencia levantaba la moral de unos soldados condenados a la miseria y la invalidez, por lo que besaban su sombra cuando ella pasaba entre sus camas, como si fuese una santa. La realidad fue bastante diferente.

Para empezar, la enfermera más querida de aquella guerra no fue la «dama de la lámpara». Este honor le corresponde a Mary Seacole, nacida en Jamaica, que por su abnegación y dedicación al deber mereció el título de «madre del ejército» que espontáneamente le otorgaron los soldados británicos. Fue experta y compasiva, y si no es más conocida, ello se debe a la falta de documentación sobre su actividad: el director del museo Florence Nightingale instalado en el hospital St. Thomas de Londres dice de Mary que «debería figurar al lado de otros contemporáneos suyos como Henri Dunant, el fundador de la Cruz Roja». En cambio, miss Nightingale fue lo que no dice su imagen popular. Sus méritos no consistieron tanto en manejar las vendas y los orinales, sino en ser una gran reformadora de la profesión, y azote de la negligencia y la ineptitud administrativas.

A decir verdad, durante la Guerra de Crimea casi nunca estuvo allí. Mientras la enfermera Seacole creaba un depósito de suministros médicos y un centro de asistencia en el lugar llamado Spring Hill, a ocho kilómetros escasos de Sebastopol, y transportaba en persona sus materiales al frente, el hospital que constituyó la base de operaciones de miss Nightingale estaba en Scutari, un barrio de Constantinopla sito en el lado asiático del Bósforo, adonde llevaban muchos de los heridos y enfermos cruzando 320 kilómetros de mar Negro en una travesía que teóricamente duraba cuatro días, pero que con mal tiempo solía prolongarse hasta dos o tres semanas.

Florence Nightingale nunca se contempló a sí misma como «la dama de la lámpara», sino como ángel vengador y enemiga de la pereza y la indiferencia de los mandos del ejército y el funcionariado. Los oficiales heridos se asombraban cuando veían que pasaba de largo, sin dedicarles ni una palabra, absorta en sus problemas. Trabajó con entusiasmo inagotable y criticó acerbamente a sus adversarios, los torpes y desidiosos. Tuvo que luchar contra el bajísimo nivel de formación y aspiraciones de los profesionales de la época, mujeres y hombres. Casi todos eran estólidos, groseros y brutales al estilo de la dickensiana señora Gamp. Lejos de dar la bienvenida a Seacole cuando ésta se presentó, Florence Nightingale, ya establecida en Scutari con un equipo de treinta y ocho enfermeras, la desdeñó constantemente y le puso toda clase de dificultades. La hostilidad tal vez era más de tipo social que profesional. Seacole creyó que la Nightingale no la aceptaba por ser negra, y que hacía diferencias entre las señoras, que debían encargarse de organizar, y las fregonas, a las que corresponderían todos los trabajos ingratos. Pero Seacole no encajaba en ninguna de las dos categorías: no era una «señora» (en el limitado sentido que entendería Nightingale), y tenía demasiada calificación y una larga y meritoria carrera para ser fregona. La discriminación contra Mary Seacole sería una de las pocas cosas en que andarían de acuerdo Florence Nightingale y la jerarquía militar.

Para todas las demás cuestiones, las autoridades militares y Florence Nightingale anduvieron constantemente a la greña. En Scutari quedó consternada cuando se enfrentó por primera vez a la suciedad y la miseria indescriptibles que halló en el lazareto, así como a la ausencia de los recursos más elementales para que las enfermeras pudieran ejercer. No sólo la ofendían los padecimientos de los enfermos y los confiados a sus cuidados, sino que se escandalizó todavía más al advertir la increíble incompetencia y desidia tanto del *War Office* como de la junta de médicos militares que supuestamente dirigía los hospitales de campaña durante la guerra.

Prácticamente sola, y sin perder nunca la compostura ni levantar demasiado la voz, Florence Nightingale revolucionó la organización de los hospitales militares. Acosó sin descanso a sus superiores en Gran Bretaña y en Crimea, en un esfuerzo infatigable por conseguir que se hicieran las cosas. Los asedió con un diluvio de cartas y nunca permitió que éstas quedaran sin respuesta. Imponía la noción de que ella, una simple mujer, había captado la importancia de un trabajo al que ellos no dedicaban ninguna atención. Los importunó hasta que llegaron a temblar ante la simple mención de su nombre. Aunque era relativamente delicada, trabajó con más asiduidad que nadie, excediendo los límites de la resistencia humana en el cumplimiento de la misión que ella misma se había impuesto.

Aún le quedó algún tiempo para inspeccionar los lazaretos de la misma Crimea, aunque en sus visitas ignoró en gran medida a la enfermera Seacole. Las condiciones en Crimea eran incluso peores de lo que temía encontrar. Los mandos militares le opusieron una muralla de apatía e incomprensión. Hubo una falta total de colaboración por parte de las supuestas autoridades, que no se molestaron siquiera en buscar alojamiento y comida para el pequeño grupo. Ella se fatigó durante algunas semanas hasta que cayó enferma con fiebre y, casi delirando, no tuvo más remedio que abandonar el trabajo. Pero no por eso regresó a Inglaterra, sino que reanudó su desagradecida tarea en Scutari.

Al final de la guerra había obtenido el reconocimiento de la opinión pública, de la oficialidad, de la profesión médica e incluso de la reina Victoria, que la recibió en Balmoral y le prendió un broche especialmente diseñado por el príncipe Alberto. Pero a ella le pareció que todavía quedaba mucha reforma administrativa pendiente. Arruinó su propia salud en el empeño, ya que continuó siempre con la misma energía hasta quedar inválida. Las preocupaciones dominantes de toda su vida fueron la reforma del sistema médico, el mejoramiento del trato a los pacientes, y la dignificación de la profesión de enfermera, mediante la reforma de la enseñanza y de las condiciones del ejercicio de la misma. Fue distinguida con la Orden del Mérito en 1907 y murió en 1910 a la edad de noventa años.

## ¿Puso fin la Guerra de Secesión a la esclavitud en Estados Unidos?

Se afirma con cierta frecuencia que la guerra civil en Estados Unidos fue el fin de la esclavitud y que este resultado no se habría conseguido de otra manera. Por otra parte, algunos estudiosos estadounidenses sostienen que la esclavitud como sistema económico estaba ya condenada y que habría acabado por desaparecer aunque no se hubiese producido la guerra. La controversia tiene casi cien años de antigüedad. ¿Estamos en condiciones de darla por cerrada ahora?

Es indudable la importancia de la esclavitud para los estados del sur antes de la guerra. Además de los cultivos del azúcar y del tabaco, el auge de la producción de algodón durante la primera mitad del siglo XIX fue una prueba visible de esa importancia. Entre 1820 y 1860, dicha producción aumentó de 100.000 a más de 4,5 millones de fardos o «balas» al año. El algodón crudo era el primer artículo de exportación, generalmente destinado a las fábricas del Lancashire en Inglaterra. En 1860 la población de los estados sureños era de unos 9 millones de habitantes, de los cuales unos 4 millones eran esclavos. En esa época la esclavitud no estaba distribuida de manera uniforme, sino que tendía a concentrarse en los distritos algodoneros, donde no eran demasiado conocidos los progresos de la mecanización agrícola. Los blancos propietarios de esclavos serían apenas 50.000, de los cuales unos 8.000 tenían más de cincuenta esclavos. Fueron estas regiones algodoneras el reducto principal del esclavismo estadounidense, pero hacia 1860 la situación económica tal vez estaba cambiando ya.

Por un lado, declinaba la importancia del Sur, ya que la expansión hacia el Oeste se evidenció como un imán mucho más potente para atraer inmigrantes y recursos. Al mismo tiempo, la producción de algodón requería mucha mano de obra y esquilmaba las tierras con bastante rapidez. Los precios no tendían a subir mucho en los mercados. Tradicionalmente la subida era del orden de 5 % al año, pero en 1860 el precio del algodón sólo subió un 1 %. Los esclavos se encarecían mucho más. El efecto fue que los propietarios de plantaciones empezaron a prestar más atención a la mecanización como posible remedio de sus dificultades. Son ésas las estadísticas reveladoras de que la esclavitud estaba condenada a desaparecer de todas maneras.

En estudios recientes, los historiadores de la economía han examinado las condiciones imperantes en el Sur antes de la guerra. En 1956 Conrad y Meyer opinaron que la esclavitud era en la época una inversión tan rentable como cualquier otra; el alza de los precios de las mujeres demuestra que los propietarios confiaban en la continuidad del esclavismo y en que aumentase en conjunto el valor de las fincas explotadas por tal sistema. Fogel y Engerman corroboraron esta opinión en 1974, tratando de demostrar que la economía esclavista era eficiente y rentable, y que las condiciones de vida de los esclavos en activo estaban mejorando conforme los propietarios reconocían la necesidad de valorarlos. Se ha intentado extrapolar las estadísticas para demostrar que la esclavitud habría podido constituir la base de una economía sureña floreciente incluso después de la guerra civil. Pero las predicciones de este género nunca logran desprenderse totalmente de su carácter especulativo. El crecimiento sostenido de la economía estadounidense, su diversificación en nuevos productos, la mejora de la red de transporte, e incluso la aparición de nuevos tipos de fábricas, determinaron nuevas tendencias estadísticas que no podían predecirse con seguridad. Por tanto, es bien posible que la tendencia alcista del precio de los esclavos no se hubiese prolongado después de 1860, especialmente después del periodo anterior de caída de los precios del algodón.

La pregunta fundamental sigue siendo ésta: ¿cabe imaginar unas condiciones en que el trabajo esclavo fuese más eficiente que el voluntario? El esclavismo tiende a retrasar la mecanización, y por tanto, actúa como un freno a la innovación técnica. La mano de obra no tiene ningún incentivo para aumentar el esfuerzo. Hay muchos motivos para pensar que la esclavitud no estaba destinada a conocer una situación favorable en Estados Unidos después de la guerra civil. La situación del mercado del algodón y los niveles de precios no presentaban tendencia a mejorar. El Norte y el Oeste crecían con muy superior rapidez gracias a la inmigración en masa y al considerable progreso técnico, mientras el Sur parecía sumido en un estancamiento inmemorial. Su economía presentaba serios desequilibrios en 1860, puesto que se basaba en una mano de obra mísera y desprovista de iniciativa que nunca habría constituido un mercado de demanda a gran escala. La riqueza nacional estaba pésimamente repartida entre un pequeño número de propietarios ricos y el empobrecimiento de la mayoría. Parece cierto que la esclavitud en el Sur no tenía futuro, e iba a entrar en su decadencia terminal aunque no hubiese estallado la Guerra de Secesión.

## ¿Quién ha de cargar con la culpa por la caída de Jartum, Gladstone o Gordon?

La muerte del general Gordon en el Sudán, en 1885, fue atribuida entonces, y también más tarde por muchos historiadores, a la obstinación, los titubeos y la intención deliberada del entonces primer ministro, W. E. Gladstone. Pero en realidad, el destino de Gordon no lo determinó Gladstone sino el mismo Gordon y quien debía acudir a su rescate, lord Wolseley. En cuanto a Gladstone, contribuyó con la demora en despachar refuerzos para salvar a Gordon. Pero, para empezar, éste no debería haberse puesto en situación de necesitar que se comprometieran nuevas fuerzas para acudir a salvarlo, y además la indecisión de Gladstone no fue el factor clave para que los refuerzos no llegasen a Jartum en momento oportuno.

En 1883, un jefe tribal nacionalista y fanático musulmán se atribuyó a sí mismo el título de *Mahdi* o líder inspirado, y logró apoderarse de la mayor parte del Sudán, exceptuando únicamente los sectores controlados por las guarniciones de Egipto. Hacia el final del año, las fuerzas del Mahdi acabaron con el general Hicks y su ejército. Después de algunas vacilaciones, el gobierno británico decidió enviar al general Gordon para que diese cuenta de la situación. En vez de disponer la retirada, Gordon decidió resistir. Después de un asedio, el Mahdi tomó la ciudad de Jartum el 26 de enero de 1885. Gordon murió y los refuerzos enviados por el gobierno británico llegaron dos días después.

Este episodio trágico suscita una serie de interrogantes. La ofensiva proposición de que Gordon era demasiado aficionado a la botella no está sustanciada por ninguna prueba, sino más bien al contrario. La materia controvertible la integran cuatro cuestiones principales: ¿Para qué fue enviado Gordon al Sudán?, ¿fue de Gladstone la iniciativa?, ¿se saltó Gordon sus instrucciones cuando decidió mantenerse en Jartum?, ¿por qué tardó tanto Gladstone en mandar a rescatarlo, haciéndose por tanto responsable de que las fuerzas llegasen demasiado tarde?

El general Charles Gordon adquirió veteranía peleando en China contra los rebeldes Taiping en la década de 1860. Allí ganó prestigio y fueron las autoridades chinas agradecidas quienes lo ascendieron a general. Su país, en cambio, prefirió dedicarlo a tareas menores y no fue hasta 1873 que lo destinaron al Sudán como gobernador de las provincias ecuatoriales, y luego como gobernador general de todo el Sudán. Cuando la revolución del Mahdi aplastó a Hicks Pachá y a su ejército, amenazando con extenderse y aniquilar también las guarniciones egipcias restantes, el gobierno se vio en la necesidad de tomar una decisión. No parece que esa decisión justificase muchas vacilaciones. El gabinete de Gladstone era contrario al imperialismo de Disraeli, por lo que la presencia británica en Egipto sólo se prolongaría hasta que el Jedive lograse implantar en este país un gobierno estable. Por tanto, si la intención era salir de Egipto no se entiende el empeño por retener el Sudán. Aunque no todos los ministros de Gladstone estaban de acuerdo en lo de la retirada. El ala imperialista del partido liberal, dirigida por lord Hartington, prefería explorar la posibilidad de preservar la influencia británica en Egipto, lo que imponía lógicamente el intento de mantener una presencia en Sudán. De hecho, todo dependía de cuánta fuerza tuviese realmente el Mahdi, y qué medida de fuerza iba a necesitarse para mantenerlo a raya.

Teniendo en cuenta que Gordon había servido en Sudán y conocía la región, a primeros de diciembre de 1883 el gobierno consultó a sir Evelyn Baring, cónsul general británico en Egipto, la posibilidad de enviar al militar para una evaluación del estado de cosas en Sudán. Pero Baring estaba enemistado con Gordon y por dos veces hizo constar que no era partidario de su nombramiento. Durante los meses siguientes fue cobrando intensidad una campaña de prensa, posiblemente montada por los liberales imperialistas. De nuevo Gladstone quiso consultar a Baring. Algunos ministros formaron grupo aparte y decidieron solicitarle a Gordon que fuese al Sudán para informar. La mayoría de estos ministros eran del ala imperialista del partido liberal, y si la misión de Gordon fue un error, la responsabilidad por ese error incumbe a ese grupo antes que a Gladstone. Sin embargo, la elección de Gordon no implica que tratasen de manipular en secreto a sus colegas y a Gladstone para lograr el mantenimiento de las guarniciones sudanesas. Es más cierto que Gordon fue elegido porque, aparte haber declarado públicamente que era partidario de mantener la presencia en el Sudán, tenía experiencia militar y conocimiento del país, por lo que parecía la persona más idónea. Además, su reputación de dureza y eficiencia no significaba necesariamente que no fuese capaz de organizar un repliegue defensivo, y ésas fueron concretamente las instrucciones que le transmitió la comisión ministerial y que él se comprometió a cumplir. El gobierno y Gladstone tenían derecho a esperar que se cumpliesen dichas instrucciones.

Recién llegado Gordon a Egipto, el Jedive lo nombró gobernador general del Sudán. La misión que le había confiado el gobierno británico era de informar y evacuar; en cambio, el encargo del Jedive, a cuyas órdenes directas quedaba Gordon, nunca estuvo claro. No tuvo en cuenta Gordon que al aceptar el nombramiento del Jedive se exponía a un conflicto de intereses, y en este sentido las reservas de Baring en cuanto a su persona tal vez resultaron acertadas. No parece que Gordon percibiese siquiera ese conflicto de intereses. Él era el hombre de la situación: la ausencia de comunicaciones eficaces significaba que muchas veces se vería obligado a adoptar iniciativas y tomar decisiones importantes. La evaluación que hizo fue que la popularidad del Mahdi sería efímera, que la presencia británica en el Sudán era necesaria para proteger a las aisladas guarniciones egipcias, y que las tropas británicas e indias no tardarían en despejar el problema del Mahdi y sus seguidores. Pero el gobierno británico, creyendo todavía que Gordon iba a ejecutar las instrucciones que había recibido, retiró las tropas británicas remanentes en el Sudán. Se cerró el cerco alrededor de Jartum, y Gordon quedó a expensas de que se despachasen fuerzas para levantar el asedio. El primer ministro británico Gladstone no quedó muy contento ante la incómoda postura en que la desobediencia de Gordon colocaba al gobierno británico. Gladstone no era un pragmático, era incapaz de adaptarse a los cambios de las circunstancias, y cuando se había formado un criterio tendía a maliciar de sus oponentes atribuyéndoles las peores intenciones, o en todo caso las más equivocadas. Gladstone resistió durante algún tiempo a las presiones de la opinión pública e incluso a las instancias de la reina. Hasta que, por fin, de muy mala gana y convencido todavía, a tenor de los despachos que enviaba Gordon, de que la situación no era tan grave como se aseguraba, aceptó el envío de socorros. Fue preciso que lord Hartington amenazara con dimitir del gabinete. En agosto, lord Wolseley fue nombrado jefe de la expedición, que llegó a Egipto a comienzos de septiembre, cuatro meses y medio antes de la caída de Jartum. Entre El Cairo y Jartum median unos 1.300 kilómetros.

Wolseley mandaba a unos 10.000 de los mejores soldados británicos e indios. Tenía previsto embarcarlos en una flotilla y enfilar Nilo arriba para evitar una larga y agotadora marcha a través del desierto. No fue hasta mediados de noviembre cuando Wolseley se dio cuenta de que el proyecto de la flotilla era inviable porque el río no llevaba caudal suficiente para negociar las cataratas. Es en otoño cuando el Nilo alcanza su nivel más bajo. Y como la expedición no estaba suficientemente equipada para la travesía del desierto con todos los efectivos, hubo otro retraso. Por ejemplo, llevó casi seis semanas el conseguir un número suficiente de camellos. Lord Wolseley partió a finales de diciembre y llegó a Jartum demasiado tarde. La muerte de Gordon forzó un cambio brevísimo de política, ya que finalmente Wolseley recibió orden de evacuar el Sudán, tal como estaba previsto desde el comienzo.

La tardanza en decidir la misión de Wolseley sí debe atribuirse al hecho de que Gladstone era el menos dispuesto de los primeros ministros a permitir que la arbitrariedad de unos subordinados influyese en la política del gobierno. Por eso se le cargó la responsabilidad del desastre. Pero esa tardanza en sí no fue la determinante del infortunio de Gordon. Si Wolseley hubiese preparado desde el primer momento la aproximación terrestre, le habría sido posible presentarse en Jartum dos semanas antes, no dos días después de la muerte de Gordon. Y si bien Gladstone y Wolseley deben llevar sus partes de responsabilidad, lo principal de ella recae sobre el hombre que desobedeció las órdenes, que ignoró datos fidedignos de las exploraciones realizadas, y que rehusó la oportunidad de escapar cuando la escapatoria todavía era posible. No fue justo, por tanto, que vilipendiaran a Gladstone como ocurrió después de la tragedia.

## La Inglaterra eduardiana, ¿una Edad de Oro?

Con frecuencia se ha dicho que el reinado de Eduardo VII fue para Inglaterra una Edad de Oro, en cuanto a influencia y prosperidad. ¿Es exacta o siquiera aproximadamente verdadera esa opinión? Esa creencia en una Edad de Oro se explica en parte por la idealización sentimental, en contraste con la época de la I Guerra Mundial y los difíciles años veinte. Después de un comienzo prometedor, el resto del siglo XX le reservaba al pueblo británico una serie de amargas decepciones.

La década eduardiana de 1901-1910 coincidió con el punto culminante del imperio británico, cantado por los emocionantes versos patrióticos de Rudyard Kipling y solemnizado por la grandiosa música de sir Edward Elgar (la de su marcha *Pompa y Circunstancia* se convirtió en *País de Gloria y Esperanza*, uno de los himnos no oficiales del país). La presencia británica en la India, que siempre fue asunto de mucha pompa y circunstancia bajo el virreinato de lord Curzon, culminó en el Gran Durbar de 1911, cuando el nuevo soberano, Jorge, V visitó el subcontinente en compañía de su reina y fue proclamado emperador de la India. Al mismo tiempo, Gran Bretaña abandonaba su tradicional postura aislacionista en política exterior, es decir, la abstención de entrar en alianzas diplomáticas, y se hizo protagonista de la política europea firmando con Francia y Rusia la Triple Entente. Y aunque era ya dueña de una flota que dominaba los mares desde hacía más de un siglo, se embarcó en un gran programa de modernización naval, lo que no dejaba de ejercer un efecto secundario de proclamación de riqueza e influencia además de poderío militar irresistible.

En el interior, la era eduardiana fue sinónimo de vida fácil y lujosa. Las grandes familias vivían en magníficas residencias urbanas y tenían en el campo mansiones que eran verdaderos palacios, así como extensas posesiones, donde daban empleo a cincuenta o más criados y un número aún más grande de aparceros y braceros. Su alimentación, tomada de los propios huertos y preparada por cocineros de su propio servicio, era abundante y variada. Sus más pequeños deseos eran atendidos con diligencia. Se recuerda el caso de un gentilhombre inglés que mandaba planchar ligeramente el periódico porque no le gustaba leer un papel arrugado a la hora del desayuno. En conjunto, aquella clase dominante creó algunos de los ejemplos más impresionantes de arquitectura doméstica y los más nobles monumentos civiles de una época de Europa caracterizada por el esplendor de las artes y la brillantez de los espectáculos.

Pero esa época se basaba en la desigualdad resultante de una distribución inicua de la renta. Por debajo de esa clase que vivía en el lujo, aparecía una burguesía mucho más modesta, y luego los diversos grupos de funcionarios y artesanos, seguidos de una estratificación cada vez más baja, hasta llegar a la hez de la sociedad eduardiana. Para muchos de éstos, la propina de una moneda de seis peniques arrojada al descuido por un *gent* era más de lo que podían aspirar a ganar en una hora, o en una jornada en el caso de los criados. Estaban los trabajadores portuarios, por ejemplo, que acababan de lograr el reconocimiento de los famosos «6 peniques del estibador», y las mujeres que vivían en cochambrosos tabucos donde despellejaban conejos a penique la docena, o pegaban a mano bolsas de papel para los comercios, a penique el centenar, y tenían hijos generalmente mugrientos, ignorantes, andrajosos y famélicos. A falta de una providencia pública organizada, estas clases bajas dependían de la tacaña caridad de organizaciones no gubernamentales como el Ejército de Salvación o los Hogares del Doctor Barnardo, atendidas por celadores codiciosos, y siempre apuradas de dinero. No habrían de transcurrir muchos años para que las escandalosas grietas del brillante edificio de la «superioridad» militar y técnica de los británicos se hiciesen demasiado visibles.

Así, para la gran mayoría que siempre vivió al límite de la miseria, sin más perspectivas que el hospital de pobres de cara a la vejez, la era eduardiana no fue una Edad de Oro. Únicamente lo fue en un sentido: que no habiéndose introducido todavía ni el papel moneda ni la intrincada maquinaria del crédito, la circulación del soberano de oro era todavía el fundamento de la primacía mundial de Gran Bretaña. Los que después de la guerra empezaron a tocar el dinero de papel tal vez sí contemplaron retrospectivamente la época eduardiana como una auténtica Edad de Oro.

## ¿Fue la Gestapo el instrumento de una tiranía sin fisuras?

**La Gestapo y las SS figuraron entre los instrumentos más temibles de que se dotó el régimen nazi en Alemania para liquidar a sus oponentes reales o imaginarios. Estas organizaciones han sido consideradas a menudo como herramientas de una tiranía totalitaria. En realidad, su funcionamiento a menudo fue arbitrario, aleatorio e incluso trivial. Se sugiere que sería oportuna una reevaluación de la eficacia de la Gestapo y las SS como instrumentos coercitivos.**

La maquinaria de la represión se apoyó principalmente en la Gestapo (abreviatura de *Geheime Staats-Polizei*, es decir, policía secreta del estado). Creada por Goering, tenía entre sus órganos ejecutivos las SS de Himmler (*Schutz-Staffeln* o escuadras de seguridad), la elite de negros uniformes segregada de las SA iniciales y mucho más eficiente que aquella tropa turbulenta de secciones de asalto, uniformadas de camisa parda. Tenían la misión de imponer obediencia y sumisión, y no sólo frente a los políticos, los funcionarios y el poder judicial, sino a la nación entera. En particular, los jueces debían conformarse a la nueva máxima nazi: «El deber de los jueces no es administrar justicia, sino aniquilar a los enemigos del nacionalsocialismo». La Gestapo creada por Goering pasó a depender de Heinrich Himmler, el jefe de las SS, que hizo de aquélla una rama de la policía de seguridad al mando de Richard Heydrich, el segundo de las SS. Administraban los campos de concentración, que absorbieron miles de víctimas al principio, y luego millones.

Por supuesto que no todos los «enemigos del estado» eran verdaderos oponentes. Pero como no hacía falta ningún juicio legal para encerrar a una persona, bastando a tal efecto la firma de un funcionario de la Gestapo, el funcionamiento de los campos conoció muchas irregularidades. Además de los muchos socialistas, comunistas, dirigentes sindicales y judíos, internaron a numerosos profesionales, como médicos y dentistas, así como a periodistas, pacifistas, testigos de Jehová, sacerdotes, abogados y personalidades de las artes y del teatro.

El sistema estaba concebido para atemorizar a todo el país. Pese a su proclamada devoción al pueblo alemán, Hitler en realidad lo despreciaba y permitió una explotación sin precedentes: «Uno puede hacer con ellos lo que quiera. Son unos sumisos [...] gentecillas insignificantes, obedientes como perros, y rompen a sudar en cuanto les dirige uno la palabra».

Sin embargo, no hay que sobreestimar la eficacia de este sistema policial por horribles que fuesen sus aspectos. Era un sistema de terror, y desgraciado el que cayese en sus engranajes, pero su funcionamiento fue aleatorio, muchas veces arbitrario, y se caracterizó tanto por su inconsistencia como por su falta de escrúpulos. Los ensoberbecidos funcionarios de la Gestapo eran capaces de cometer los errores más estúpidos y de pasar por alto los hechos importantes mientras perseguían algún desacato trivial.

No se han conservado muchos archivos de los campos, porque los encargados de su administración tuvieron buen cuidado de quemar el material susceptible de incriminarlos cuando acabó la guerra y el país fue liberado. Queda alguna documentación procedente de los edificios donde las SS tuvieron su temido cuartel general. No es probable que dispusieran de tiempo para seleccionar y suprimir los casos más flagrantes, aunque tampoco hay que perder de vista esa posibilidad. En general, se admite que estos archivos reflejan el verdadero nivel de actuación de la Gestapo. A lo que parece, confiaban mucho en hablillas locales y denuncias interesadas. Por ejemplo, contra el individuo de carácter huraño y que hubiese parecido a las comadres algo desafecto al régimen, o que alguna vez no se había cuadrado delante de la esvástica. O los que usaban siempre ropa de luto, o tenían un perro que ladraba demasiado y molestaba al vecindario. El sistema seleccionaba y suprimía a los raros, los impopulares, los inconformistas, por un procedimiento bastante análogo al de las cazas medievales de brujas y herejes. Como método para mantener la seguridad interior de un país era demasiado incierto, y produjo resultados muchas veces arbitrarios. Algunos de los que lograron sobrevivir o escaparon de las garras de la Gestapo declararon luego que el comportamiento de aquellos funcionarios era impredecible. Como fue el caso de un policía melómano que, encargado de detener a una mujer judía, la dejó escapar cuando descubrió que era pariente de un director de orquesta al que admiraba mucho aquél. En estas condiciones, es obvio que la ausencia de unas normas administrativas que rigiesen la conducta de aquellos funcionarios, y tal vez una cierta indefinición de las órdenes impartidas, contribuyeron a un funcionamiento algo caótico. Precisamente una de las características más indeseables del terrorismo de estado es su carácter muchas veces aleatorio, además de la crueldad de sus consecuencias.

## ¿Fue Hitler un seguidor de los pasos de Bismarck?

**Se ha propugnado algunas veces que Bismarck y Hitler, además de ocupar cargos similares en la Alemania de sus respectivas épocas, llevaron a cabo tareas parecidas en el decurso de sus carreras políticas. Ambos hombres tuvieron un lado brillante y un lado sombrío de su carácter. Ambos adoptaron medidas de política interior positivas para los alemanes, que mejoraron la situación económica y elevaron el amor propio nacional. Ambos rechazaron la democracia. Ambos supieron tratar sin contemplaciones a sus adversarios, e inculcaron en sus compatriotas la disciplina y el sentido del deber. Ambos valoraron la unidad nacional por encima de todo, apostaron al militarismo y a la expansión bélica, se embarcaron en guerras contra sus vecinos europeos y arrastraron el país a desastrosas derrotas y humillaciones. ¿Es justa esa comparación?**

Hay algunos parecidos superficiales entre estos dos políticos, en efecto, pero nadie ha conseguido aportar pruebas serias, ni para afirmar que Hitler fue el Bismarck del siglo XX, ni para decir que Bismarck fue el Hitler del siglo XIX. Porque las diferencias entre el uno y el otro son mucho más acusadas que los parecidos.

Para empezar, Bismarck era un hidalgo prusiano y Hitler un desclasado austriaco. Este comentario social no se trae aquí por puro esnobismo. Es que dice mucho acerca del uno y del otro. Bismarck, aunque no tan *Junker* como gustaba de presentarse, era de familia cómodamente aposentada y hombre culto, que se movía con soltura entre las clases altas de la sociedad europea. Dominaba bien el francés diplomático, y poseía un conocimiento suficiente de otras lenguas. Había heredado el respeto a la ley y el orden, concebidos también por él como bases fundamentales de la sociedad alemana. Albergaba convicciones personales claras y bien arraigadas en materia de política, moralidad y religión, lo que no impidió que respetase las convicciones de otros. Su patriotismo fue ortodoxo, e incluso convencional. En este sentido acertaban los que lo consideraron el archiconservador de Europa.

En cambio Hitler carecía de casi todas estas cualidades. Era vástago de una familia pequeño burguesa venida a menos, con toda la ignorancia y los prejuicios propios de esa clase. Autodidacta de muy incompleta formación, tenía la cabeza llena de elucubraciones erráticas y bastante irracionales acerca de toda clase de temas de historia, arte, filosofía, política y ciencia, que no se abstuvo de proclamar. Fue uno de los desagradables productos de la disolución social y política provocada por la desintegración del viejo edificio autoritario del imperio de los Hohenzollern después de 1918. Profundamente inseguro, fue despiadado y cruel con sus oponentes reales e imaginarios. Dedicó toda su vida a perseguir un ideal de exclusividad y dominación racial, tan absurdo como peligroso. Personalmente no albergaba ningún principio, que se sepa, y se consagró exclusivamente a su engrandecimiento personal aunque fuese necesario recurrir a procedimientos gangsteriles. Al mismo tiempo, era caprichoso, perezoso e inconstante. Todas las tareas que le aburrían las delegaba en sus aduladores subordinados, y pasaba buena parte de su tiempo viendo películas viejas y operetas sentimentales y barriobajeras. Sus gustos eran banales y ordinarios. Significativamente, le agradaban los pasajes más estrepitosos de la música de Wagner (cuyo antisemitismo compartía) y la tendencia más brutalista de la arquitectura moderna. Bismarck ni siquiera habría tomado nota de la existencia de un individuo así, o en todo caso, lo habría considerado un agitador chiflado.

Obviamente fueron diferentes en política interior. Por ejemplo, en su afán de saltarse o derribar el edificio jurídico y administrativo heredado del antiguo régimen imperial, sustituyéndolo por la obediencia a un *diktat* ideológico tan impreciso como arbitrario. Su política de *Gleichschaltung* (la «absorción» del marco social y legal del estado por el partido nazi) fue peligrosa y absurda, y no tuvo otra finalidad sino la de legitimar su propia voluntad personal «responsable únicamente ante la historia». Incluso sus más estrechos seguidores renunciaron a entender racionalmente lo que Hitler trataba de hacer, y adoptaron una postura de adhesión devota y sublimada. O más sencillamente, se limitaron a medrar por cuenta propia mediante el saqueo de los recursos del sistema. Las fuerzas sociales, económicas, comerciales y hacendísticas del Tercer Reich eran incoherentes y contradictorias en el fondo: no tenían más salida que la guerra, y por eso la duración de aquel Reich destinado a imperar mil años se redujo a un episodio de poco más de una década.

En política exterior también fueron diferentes a más no poder, por más que algunos hayan querido ver una continuidad. A Bismarck le interesó por encima de todo la estabilidad de Europa, y procuraba hacer amigos y aliados para proteger el desarrollo de la recién creada Alemania. Hizo cuanto le fue posible para evitar una gran guerra europea, y de hecho, la I Guerra Mundial fue consecuencia de haber abandonado sus directrices políticas el joven Káiser que lo despidió en 1890, es decir, en contra de su legado y no por causa del mismo. En cambio, Hitler pensaba en términos de conquista, no de coexistencia, y su política tendía inevitablemente al conflicto bélico. Le interesaba explotar y finalmente dominar a las naciones vecinas, y creía que el único medio para alcanzar una verdadera estabilidad sería el establecimiento de una hegemonía militar invencible sobre Europa, fundada en sus teorías de pureza y superioridad racial.

Las actitudes del uno y el otro con respecto a Austria son otra ilustración de sus diferencias. Bismarck valoraba los sólidos y potentes fundamentos del imperio de los Habsburgo, como garantía de estabilidad y paz al sur de Alemania. Deseaba su continuidad porque era un factor de disciplina y conservadurismo, y además porque Bismarck prefería convivir pacíficamente con la Iglesia católica, a la que reconocía como una fuerza poderosa y procuraba contener dentro de sus límites, en el seno de la Alemania mayoritariamente luterana dirigida por él. En este aspecto Hitler no entendió absolutamente nada. Él no estimaba ninguna ideología excepto la suya, y por eso cometió la imprudencia de forzar el *Anschluss*, la anexión de Austria a Alemania justificada exclusivamente por consideraciones raciales. Al hacerlo, pasaba por alto la historia y la influencia estabilizadora de Austria en el centro de Europa, con lo que contribuyó indirectamente a la atomización política de la región. Sumida Austria en la insignificancia, después de 1945 quedó expedito el camino para que Stalin llevara el comunismo a esa parte del mundo y la dominase durante medio siglo. Y todavía en la década de los noventa continuaban los efectos de ese desequilibrio con la desintegración de Yugoslavia y la aceleración del proceso que, en acertada analogía con otro anterior desencadenado por la caída del imperio otomano, se ha llamado «balcanización».

## Independencia de la India: ¿la echó a perder Gran Bretaña?

**En 1947 la India y Pakistán ganaron la independencia, pero no fue un proceso pacífico. Y no porque Gran Bretaña, la potencia condicional, se opusiera a concederla. Fue el estallido del sectarismo religioso lo que enfrentó a los hindúes con los musulmanes y los sij, causando multitudinarios desplazamientos de poblaciones y medio millón de muertos, como poco. Se acusó entonces a Gran Bretaña por ese caos y desastre, y se han repetido esas acusaciones muchas veces después, por más que son inmerecidas en gran parte. Están equivocados los que consideran la independización como una operación mal concebida y atropelladamente ejecutada.**

Los británicos dijeron que gracias a ellos la India tenía paz, unidad, derechos iguales para todas las religiones, modernas vías de comunicación y un cierto desarrollo económico. Estas ventajas, sin embargo, no podían reemplazar la independencia. Durante la década de los treinta, el gobierno británico introdujo reformas que garantizaban a las provincias de la India una medida considerable de autogobierno. El proyecto de constituir un estado federal fracasó ante la oposición de los príncipes indios, pero aparte de algunas voces aisladas como la de Churchill, los británicos eran partidarios de ir aproximando cautelosamente la India a algún tipo de independencia bajo el estatuto de *Dominio*. Sobrevino la guerra, y después de la contienda el nuevo gabinete laborista, perdida la paciencia al comprobar que hindúes y musulmanes no se ponían de acuerdo, concedió la independencia a la India, dividida diez meses antes de lo previsto en principio. El estallido de los odios religiosos y las matanzas consiguientes dieron pie a ciertas críticas superficiales contra los laboristas, acusados de haber conducido el asunto con poca prudencia, pero un examen más detallado puede llevarnos a una conclusión diferente.

La India unida fue un invento británico, ya que nunca lo había estado sino temporalmente y por la fuerza. En sus últimos tiempos, el Gran Mogol no había sido más que un figurón. Por tanto, si Gran Bretaña deseaba conceder la independencia a una India unida, se necesitaba una detenida preparación y mucha buena voluntad por parte de todos. El comienzo fue malo, puesto que los británicos encarcelaron a los líderes del partido nacional del congreso durante la guerra. La obstinación británica hizo de esos líderes unos partidarios de los japoneses. Innecesariamente, dicho sea de paso, ya que no era probable que los japoneses implantasen el tipo de autogobierno que los británicos ya ofrecían. La misión Cripps de 1942 prometió el estatuto de Dominio para después de la guerra. Los dirigentes indios querían la independencia inmediata. Se ha contado que Gandhi había calificado a la oferta inglesa de «cheque posdatado y girado contra un banco que está a punto de quebrar». Las autoridades británicas no querían conceder la independencia mientras fuese inminente el peligro de invasión japonesa. Los líderes del congreso lanzaron una campaña bajo la consigna «marchaos de la India». Gran Bretaña reaccionó metiendo otra vez en la cárcel a los dirigentes del congreso.

Después de la guerra, los británicos creyeron que la India unida sería realizable ofreciendo salvaguardias a la minoría musulmana. El líder musulmán Jinnah no estuvo de acuerdo. Él quería la división, y un Pakistán independiente. No se fiaba de los hindúes, y si bien participó en el gobierno provisional establecido en septiembre de 1946, no quiso intervenir en las negociaciones para una nueva constitución. En ese momento ya no quedaban prácticamente tropas inglesas en la India, y la metrópoli tampoco tenía hombres que enviar si se le hubiese ocurrido hacerlo. Prácticamente todo el ejército indio estaba compuesto por indios, incluso la oficialidad superior. El funcionariado lo estaba también gracias a un proceso iniciado en la década de los treinta. Así que mientras los líderes indios agitaban el fervor nacionalista y religioso (Gandhi era el único que les imponía un poco de contención), prácticamente no existía una autoridad inglesa capaz de mantener el orden. Los alborotos y la violencia estaban cundiendo rápidamente y el gobierno británico, viendo la imposibilidad de mantener un control efectivo, deseaba una solución que fuese aceptable para las dos comunidades religiosas principales cuanto antes, a ser posible antes de que el subcontinente se hundiese en la anarquía. Les pareció a los británicos que una partición como la exigida por Jinnah era lo único susceptible de evitar el derramamiento sectario de sangre, y que cuanto más se tardase peor sería la violencia y más caos habría. Para forzar el acuerdo entre las facciones enfrentadas sin asumir el compromiso de la partición en momento tan prematuro, los británicos anunciaron en febrero de 1947 que tenían previsto transferir el poder a la dirigencia india en junio de 1948 a más tardar. Se nombró nuevo virrey a lord Mountbatten con el encargo de llevar a término esa operación a más tardar.

No tardó en darse cuenta Mountbatten de que la partición era inevitable. Convenció a Nehru, el líder del Congreso, de que la unidad de la India no podía conservarse a no ser desencadenando una tremenda guerra civil con enorme derramamiento de sangre. También se daba cuenta de que la partición no dejaría de acarrear, igualmente, derramamientos de sangre, y decidió que cuanto más pronto se resolviese la participación y la concesión de la independencia menos cruento sería el proceso. Teniendo en cuenta que tampoco era posible trazar una frontera que dejase a todos los hindúes en un lado y a todos los musulmanes en el otro, el designio debía consistir en una partición más o menos equitativa que contentase aproximadamente a ambos bandos. Y como se ha dicho, cuanto antes. Se fijó una nueva fecha para la independencia: el 15 de agosto de 1947. Mountbatten aceleró al máximo los preparativos y, si bien la frontera finalmente fue trazada por sus funcionarios británicos, nada demuestra que los indios hubiesen sido capaces de dibujarla mejor. De cualquier manera que se hiciese, siempre quedarían minorías étnicas y religiosas en el lado equivocado. Algunos problemas, como el de Cachemira, no fue posible resolverlos y todavía hoy siguen desafiando todo intento de compromiso.

El medio millón de víctimas musulmanas, hindúes y sij de 1947 no puede cargarse por entero a la cuenta de Gran Bretaña. El fracaso de los británicos fue que su país se había quedado sin fuerzas después de cinco años de guerra mundial; en consecuencia, no tenían la voluntad ni la capacidad para mantener su antigua preeminencia. Nadie había previsto la carnicería que se desencadenó en agosto y septiembre de 1947 por todo el subcontinente indio. Tal vez habría sido posible limitarla si Gran Bretaña hubiese tenido la capacidad militar y el deseo de retrasar la independencia varios años, para implantar a su debido tiempo una solución unitaria aceptable. Pero Gran Bretaña carecía ya de poder y recursos para imponerse. Tal vez habría sido posible limitarla, también, si Gran Bretaña hubiese mantenido el plazo original de junio de 1948 en vez de mostrar unas prisas tan inoportunas. Pero esto último es dudoso. Lo que temía todo el mundo era que cuanto más tardase la independencia, más probablemente Jinnah o Nehru plantearían algún inconveniente o se echarían atrás de decisiones ya adoptadas. Al fin y al cabo, había costado mucho tiempo el conseguir que Jinnah simplemente se aviniese a negociar. Todas las opiniones bien informadas coincidían en que cada día de demora iba a costar más muertes. No habrían sido tantas, si los políticos no hubiesen cultivado los odios raciales y religiosos lo mismo a escala nacional que en los escenarios locales. En cierto sentido incluso podría afirmarse que la política británica fue un éxito, puesto que impuso una solución pragmática para un problema insoluble en apariencia. Pero el coste fue tremendo.

# 7. REEVALUACIONES POLÍTICAS

## ¿El New Deal puso fin a la Gran Depresión?

A comienzos de la década de los treinta, Estados Unidos, y junto con este país casi todos los demás del mundo desarrollado, fueron golpeados por la Gran Depresión. En 1933 el número de los estadounidenses sin trabajo se acercaba a los 13 millones. Los agricultores se arruinaban y muchos bancos se vieron en la imposibilidad de rembolsar a sus depositarios. El presidente Hoover hizo alguna tentativa de aliviar el problema, que consistió sobre todo en facilitar ayuda federal a los bancos y promover obras públicas tanto a nivel federal como de los estados. Pero las presidenciales de noviembre de 1932 lo hicieron a un lado y dieron el poder a Franklin D. Roosevelt. Entre las promesas electorales de éste figuraba la de un «nuevo contrato» social encaminado directamente a corregir los males de la Depresión. Durante los primeros años de la nueva presidencia, el New Deal cristalizó en una abundante actividad legislativa por parte del presidente y del congreso. Pero es un error, en el que caen muchos, creer que el New Deal fue el remedio universal y que solucionó todos los problemas que se había propuesto.

Roosevelt no tenía un programa económico coherente. Su ataque a la Depresión fue una serie de medidas independientes, cada una de las cuales abordaba un aspecto del problema. Si la medida no daba resultado, lo intentaba con otra. Él no era ningún socialista. Su intención era salvar el capitalismo, no destruirlo. De hecho, tomó prestadas algunas ideas de sus oponentes, los republicanos. Tampoco era keynesiano. Tenía escaso dominio de la ciencia económica, y la idea de aumentar el gasto público y cargar el déficit al presupuesto le horrorizaba tanto como a sus consejeros hacendísticos. Aceptaba el déficit a corto plazo, pero creía en la necesidad de equilibrar los presupuestos a la larga con el fin de evitar la inflación. En todo el mundo, los responsables de enfrentarse a la crisis económica tenían muy presente la inflación galopante de los años veinte en Alemania. Estados Unidos era el mayor acreedor del planeta y el mayor consumidor, pero la pérdida de exportaciones exacerbada por la ley aduanera Smoot-Hawley de 1930 había sido un factor principal del hundimiento de la economía estadounidense. Para que Estados Unidos pudiera rehacerse era preciso que el resto del mundo se rehiciera también.

Según las teorías económicas ortodoxas, el cambio de signo se produciría de todas maneras. La baja de los costes de la mano de obra y de los precios tarde o temprano animaría el consumo. Entonces aumentaría la demanda de mano de obra y empezaría el ciclo de alza económica después del ciclo de baja. Como siempre; sólo que en aquel caso la caída había sido tan fuerte que la recuperación se hacía esperar más. El objetivo de Roosevelt era agilizar el ciclo y adelantar la recuperación.

En buena parte la marcha de la economía depende de la confianza: en la moneda, en el sistema bancario, en el mercado. Roosevelt tuvo un éxito considerable en este aspecto. Eran especialmente vulnerables los pequeños bancos del país, porque el colapso de un deudor importante o una serie de quiebras de las explotaciones agrícolas podían acorralar contra las cuerdas a un banco. Muchos de ellos habían quebrado ya cuando Roosevelt asumió el poder, y los percances de los establecimientos locales amenazaban a la gran banca que los había sostenido concediéndoles crédito. La garantía federal prevista en la nueva ley de emergencias bancarias sólo cubría a los bancos solventes, dejando que cayeran los débiles. La ley Glass-Steagal aumentó la confianza en los bancos al obligarlos a separar sus operaciones comerciales de la actividad inversora, e iba dirigida a frenar la especulación bancaria. Así ganaban credibilidad los sobrevivientes, al tiempo que la caída de los precios atenuaba el temor a la inflación y devolvía la fe en la moneda. Las medidas de la administración resucitaron la confianza de los inversionistas por cuanto pusieron cortapisas a los movimientos bursátiles fraudulentos, especulativos y marginales.

Buena parte de la legislación bancaria entró en vigor durante los «cien días», y junto con la baja de los tipos de interés, sirvió para preparar el terreno. Naturalmente, no bastaba con restaurar la confianza. Roosevelt trató de abaratar las exportaciones renunciando al patrón oro, pero las exportaciones seguirían languidecientes mientras no se rehiciera el resto del mundo. Más éxito tuvo con la agricultura. Se incentivó a los bancos para que no activaran los embargos por las hipotecas fallidas y se avinieran a renovarlas. La ley de ajustes agrícolas preveía la destrucción subvencionada de excedentes, la concentración de cultivos y el fomento de la creación de cooperativas. Una ley de préstamos federales a la agricultura aliviaba la carga de las hipotecas y facilitaba la concesión de nuevos préstamos. Aunque la ley de ajustes fue declarada inconstitucional por el Supremo, las nuevas legislaciones de 1937 y 1938 restablecieron la mayor parte de sus disposiciones, y en 1939 la agricultura experimentó una modesta mejoría. El crédito y las cooperativas permitieron aumentar la mecanización, y en muchos lugares las explotaciones volvieron a entrar en zona de beneficios. Incluso en las regiones desertificadas de la llamada «cuenca polvorienta» se logró contener el éxodo a las ciudades. Y el programa de rehabilitación del valle del Tennessee (*Tennessee Valley Authority*) fue un gran éxito que creó puestos de trabajo en siete estados, a los que suministró energía hidroeléctrica barata, permitiendo poner en regadío miles de kilómetros cuadrados anteriormente estériles.

En otros lugares no tuvo tanta suerte Roosevelt con sus intentos de crear empleo. Un cuerpo civil de conservación proporcionó trabajo temporal a muchos jóvenes. Eran proyectos de repoblación forestal e infraestructura, pero estuvieron muy criticados porque la administración federal pagaba jornadas a cambio de muy poco trabajo. La administración de socorros de emergencia ayudaba en parecido sentido a los adultos. En 1935 la administración de obras públicas y civiles reemplazó a la de fomento de obras, y el grueso de la actividad pasó a las obras de construcción para proyectos federales y estatales, pero el exceso de cautelas administrativas e incompetencia en la gestión hizo que la industria de la construcción no saliese muy beneficiada. La administración de recuperación nacional trató de ayudar a la industria y fomentar la colaboración entre patronos y sindicatos, pero descuidó a las pequeñas empresas y favoreció a las grandes corporaciones, y también padeció en cierta medida el exceso de burocracia. No obstante, en la medida que la «sopa de letras» (por las siglas del gran número de agencias creadas) pagó salarios y compró materiales, herramientas y vehículos, se proporcionó impulso al consumo y se contribuyó a levantar la economía.

De manera similar, los programas de providencia social, con la ley de seguridad social de 1935, apuntaban no a los síntomas económicos sino a los efectos sociales de la Depresión. Su eficacia fue marginal en cuanto a la creación de demanda; el seguro de paro y el de vejez no tuvieron un impacto inmediato ni entonces ni durante bastantes años, aunque sí ayudaron a devolver la confianza en el plano de la opinión y en el del consumo, más o menos como las charlas radiofónicas del presidente y los emblemas del Águila Azul (un distintivo concedido a las empresas que se comprometiesen a cumplir con los mínimos de salarios y máximos de horas de trabajo postulados por la *National Recovery Administration*).

Así pues, Roosevelt quiso actuar en todas direcciones con su New Deal. Y no tardó en crearse enemigos. En 1935 el Supremo paralizó el New Deal declarando inconstitucional la mayor parte de su legislación. Se consiguió salvarla parcialmente, aunque pasándola por agua. Hubo una caída espectacular del desempleo en 1937, al reducirse en 5 millones el número de parados. Pero fue efímera. En 1938 el paro aumentó en más de 2 millones y en 1940 el empleo seguía obstinadamente estancado por debajo del nivel de 1937. En consecuencia, Roosevelt no acabó con la Depresión, que se prolongó durante toda la década de los treinta. La recuperación nunca fue más que parcial y espasmódica. En parte dependía del restablecimiento del comercio mundial y éste a su vez dependía de la resurrección de la economía estadounidense. Fue la guerra en Europa lo que puso fin a la Depresión. A partir de 1939 las políticas del New Deal pasaron a un segundo plano mientras Estados Unidos dedicaba todas las energías al rearme. El paro cayó luego en picado, y aumentaron rápidamente las exportaciones de alimentos, pertrechos de guerra y armamento. En 1940 el PNB había aumentado 26 % sobre el valor correspondiente al comienzo de la Depresión en 1930. El éxito de Roosevelt, por consiguiente, no estuvo en terminar con la Depresión, sino en restaurar la confianza financiera y económica del país y demostrar que era posible contener la Depresión ya que no derrotarla.

## ¿Fue Churchill un gran líder durante la guerra?

Winston Churchill accedió al cargo de primer ministro de Gran Bretaña en mayo de 1940, y dirigió el país durante los años negros de 1940 y 1941, y hasta la victoria final en 1945. Se le atribuyó la parte de mérito en el triunfo de los ejércitos aliados, y la gratitud general hizo que se le comparase con Pitt *el Viejo,* quien condujo a Gran Bretaña a la victoria en la Guerra de los Siete Años. Pero también Churchill fue criticado por su conducción de la guerra; se dijo que no tenía ni la menor idea de estrategia y que había cometido muchos errores. De este modo sus méritos han pasado a ser tema controvertido, y aún no se ha aquietado la polvareda.

Cuando asumió su cargo Churchill, acababa de caer Noruega, estaban siendo atacadas Bélgica y Holanda, y era inminente la derrota de Francia. De estos desastres se acusó a los predecesores de Churchill, cuando éste era una voz solitaria que clamaba en el desierto contra el peligro de Hitler sin que nadie lo escuchase. De modo que cuando Churchill se enfrentó a la batalla de Inglaterra, es decir, a los bombardeos aéreos con que los alemanes pensaban machacar la resistencia de los británicos para preparar la invasión, aquél estaba considerado como uno de los pocos líderes en quienes podía confiar el país. El partido laborista, que había odiado siempre a Churchill, admitió que era el mejor primer ministro disponible y durante toda la guerra le apoyó lealmente. No hubo «puñalada por la espalda» como la que recibió Asquith durante la I Guerra Mundial.

Supo concitar apoyos principalmente gracias a su perentoriedad y obstinación en conseguir que se hicieran las cosas. Ciertamente trabajó con ahínco, durmió poco y exigió que los demás hicieran lo mismo. Vigiló de cerca el esfuerzo bélico y la marcha misma de las hostilidades, lo cual significa que se entremetió con frecuencia en la marcha de muchos departamentos subordinados. Lo cual sirvió, al menos, para evitar que se durmieran, pero tal vez habría invertido mejor el tiempo si se hubiese dedicado a estudiar la estrategia de la guerra con sus consejeros.

Aunque, en realidad, ¿entendía algo de estrategia? En la primera fase de la guerra sus preocupaciones principales fueron la supervivencia y la victoria, sin tener una idea precisa de cómo iban a lograrse tales cosas. En los meses cruciales, de junio de 1940 a junio de 1941, mientras Gran Bretaña luchaba sola y no tenía más aliados que Grecia, las escasas fuerzas británicas estaban repartidas entre la defensa de las islas, la campaña de África del Norte, las ofensivas de Eritrea y Abisinia, la defensa de Grecia y la defensa de Creta. Fue mucha suerte que Gran Bretaña consiguiera salir relativamente ilesa del apuro.

En diciembre de 1941, cuando Estados Unidos se declaró beligerante, Churchill convenció a Roosevelt de que era preciso derrotar antes a Alemania que al Japón. Esta decisión, aceptada de no muy buena gana por los estadounidenses, fue de la mayor importancia en la última fase de la guerra. Pero en este caso, Churchill tuvo de su parte a Stalin. Hubo varias reuniones entre Churchill, Roosevelt y Stalin, pero salvo la ocasión mencionada, el primero pocas veces logró influir sobre ninguno de los otros dos. Sus peticiones a Roosevelt antes de la entrada en guerra de Estados Unidos no adelantaron la intervención militar, y sólo sirvieron para agotar las reservas británicas de divisas, puesto que era preciso pagar los suministros estadounidenses de armamento. En la época, Roosevelt recelaba que Gran Bretaña trataría de utilizar la guerra para ampliar su imperio. No se daba cuenta de que los tiempos del imperio británico ya habían fenecido, ni de que Rusia también era una potencia imperialista como lo fue siempre. Así que en las reuniones de las tres potencias, Churchill casi nunca pudo imponer sus criterios. En vano intentó que apoyasen su plan de un gran ataque aliado por los Balcanes (el fantasma de Gallipoli, un fracaso de Churchill en la guerra anterior). Y viceversa, casi hasta la víspera del Día D Churchill albergó muy poco entusiasmo por la apertura del llamado «segundo frente».

Tampoco sus relaciones con los subordinados fueron siempre excelentes. Muchas veces, los miembros de su gabinete y más a menudo todavía los de su administración, eran los últimos en enterarse de las decisiones más recientes de Churchill, aunque afectasen a sus departamentos. Pero le mantuvieron la lealtad. A sus mandos siempre los urgió a la acción incluso cuando la acción no era posible o podía conducir al desastre. Como fue el caso cuando el general Wavell, presionado por Churchill para que atacase al enemigo desde Egipto, pidió tres meses para preparar la operación así como grandes suministros de tanques y pertrechos, que le fueron negados. Churchill defenestró a Wavell, nombró para el puesto al general Montgomery y le concedió a éste todos los refuerzos que se le habían negado a Wavell, además de cinco meses de preparación. Pero las victorias de Montgomery hicieron olvidar el trato infligido a Wavell. El primer ministro azuzaba a los mandos que estaban en los frentes y los cambiaba de destino cuando la ofensiva no salía adelante; en cambio se mostró de una indulgencia exagerada con algunos de sus íntimos. Tal vez confió demasiado en Beaverbrook y en Brendan Bracken, lo mismo que fue casi el único en apoyar al mariscal Harris frente a las críticas de casi toda el arma de Aviación. También tuvo sus desencuentros con el general De Gaulle, aunque... quién no los tuvo.

En ocasiones, su obstinación bordeaba la estupidez, como cuando tuvo que intervenir el rey Jorge VI para evitar que Churchill participase, como se proponía, en el desembarco del Día D: un triunfo del sentido común sobre la impetuosidad. Y su propuesta de unión entre Gran Bretaña y la Francia de 1940 a punto de ser derrotada fue más patética que profética. Pero dejemos esto: es relativamente fácil confeccionar, por selección negativa, un catálogo de los errores de Churchill durante los cinco años en que le tocó dirigir la guerra. Su mayor triunfo fue el sentido de determinación que aportó desde que se hizo cargo del ministerio. Era el hombre capaz de conseguir que se hicieran las cosas, y así lo anunció al país en el parlamento y a través de la radio. Cuando ocurría un desastre no trataba (normalmente) de ocultarlo a la opinión. Y cuando anunció «sangre, sudor, fatigas y lágrimas» los hombres y mujeres del país se alzaron a la altura del desafío. Siempre que fue necesario tomar decisiones, las tomó, bien o mal. Nadie más habría inflamado la voluntad británica de resistir como él lo hizo en 1940.

Aquellos de su gabinete que, ante la derrota de Francia, deseaban considerar una paz negociada, no supieron medir con quién se las tenían. No fue perfecto, ni un superhombre, pero sin él es muy posible que Gran Bretaña hubiese capitulado ante Hitler, dejando al amigo americano solo ante el peligro y con una tarea casi imposible.

## ¿Cuál fue el origen del «telón de acero»?

El 4 de marzo de 1946, Winston Churchill pronunció un importante discurso en Fulton (Missouri). Fue entonces cuando aludió a un «telón de acero» que se había abatido sobre Europa, refiriéndose al muro ideológico, y en la práctica físico, que separaba rígidamente la Europa comunista y la occidental. Se ha aducido que ese discurso marcó el verdadero comienzo de la Guerra Fría. Sin embargo, el dicho del «telón de acero» no fue una invención de Churchill.

La primera vez que se usó fue probablemente en un artículo escrito por Goebbels en febrero de 1945, y ciertamente lo utilizó y en el mismo sentido apuntado el conde Schwerin-Krosigk, último ministro de Asuntos Exteriores que tuvo la Alemania nazi, en una declaración radiofónica, cuando la última esperanza de los nazis consistía en tratar de romper la alianza entre los occidentales y los rusos. El mismo Churchill empleó la expresión en un mensaje de junio de 1945 al presidente Truman. Y como Churchill no era de los que desaprovechan una buena frase, venga de donde venga, volvió a citarla en su discurso de Fulton, y fue entonces cuando tuvo la repercusión internacional que le valió la continuidad.

## ¿Triunfó el comunismo en China gracias a Stalin?

Muchos aficionados a la historia han creído que el apoyo de Stalin y de los comunistas rusos hizo posible que Mao Zedong (Mao Tse-Tung) crease la República Popular China en 1949 derrotando a los ejércitos nacionalistas de Jiang Jieshi (Chang Kai-Chek). El caso es que la política de Stalin, por más que éste fuese comunista, siempre se caracterizó por lo convencional, cautelosa e incluso conservadora. Hasta después de 1950 no se reconcilió con la existencia del régimen de Mao en China. En una palabra, es un error creer que la República Popular China contó con el apoyo y la ayuda de la Unión Soviética.

En las décadas de los veinte y los treinta Stalin se veía a sí mismo como el campeón de las causas populares comunistas frente a las fuerzas del imperialismo mundial. Por eso se puso de parte de los nacionalistas chinos frente a las intervenciones capitalistas y colonialistas de las potencias occidentales en aquel país. En 1922, el líder popular chino Sun Yatsen se dejó persuadir y aceptó la ayuda rusa. Los soviéticos enviaron a un consejero, Mijaíl Borodin, para que asesorase a Sun con vistas a la organización de un gobierno eficaz y un ejército nacional capaz de defender a la joven República. Cuando falleció Sun en 1925, tomó las riendas del país Jiang, que se había formado como militar en el Japón y luego, en 1923, en Moscú. Pero Jiang no simpatizaba con el comunismo. En 1927, cuando los nacionalistas se apoderaron de Shangai, hizo una matanza de miles de seguidores comunistas del Kuomintang. Andaba ya de concierto con los intereses de los grandes propietarios y los banqueros de Shangai, como lo demostró al casarse con Soong Meiling, hermana de la viuda de Sun y de religión cristiana. Los comunistas que formaban el ala izquierda del Kuomintang huyeron y fueron perseguidos. Jiang dedicó los diez años siguientes a acosarlos y tratar de exterminarlos, pareciéndole enemigos más peligrosos incluso que los japoneses que invadieron el país después de 1937.

Stalin no se dio mucha prisa en sacar conclusiones, en parte porque aún veía a los nacionalistas como una resistencia contra las potencias occidentales y el Japón, tradicional enemigo de Rusia por el este. Y en parte también, porque ninguno de sus consejeros se atrevió nunca a llevarle la contraria, de modo que Stalin persistió en su postura pro nacionalistas incluso bastante después de que éstos hubieron dejado de serle útiles. Cuando se vio amenazado por la Alemania nazi en Europa, aceptó un pacto de no agresión con los japoneses en abril de 1941. Más tarde, durante la Gran Guerra Patria, anduvo demasiado ocupado en defender la supervivencia de la Unión Soviética frente a la invasión nazi. El resultado de todo esto fue que durante toda la contienda no intervino para nada en los asuntos de China, ni declaró la guerra al Japón hasta casi el final. Entonces avanzó sobre Corea y Manchuria, aunque luego devolvió esta última a los nacionalistas. En las fases finales de la guerra civil de China, se limitó a reconocer de palabra a Mao pero apenas le envió ninguna ayuda. Mientras tanto, Jiang contaba con el decidido apoyo de Estados Unidos, gracias a lo cual estaba seguro de derrotar a sus enemigos, los comunistas, quienes a su vez contaban con el apoyo de la mayoría del campesinado. Stalin tardó en darse cuenta de que Mao no iba a ser el perdedor, y sólo entonces consintió una minúscula ayuda. Mientras tanto, Jiang lanzó una ofensiva para apoderarse de las principales ciudades del país, aunque ello lo obligó a dispersar excesivamente sus fuerzas. Pekín (Beijing) cayó en manos de los comunistas en 1949, seguida de Nanquín (Nanjing), Chungking (Chonqing) y Cantón (Gwangzhou). En diciembre de 1949, Jiang y su gobierno huyeron con armas y bagajes a la isla de Formosa (Taiwán), de donde acababan de ser expulsados los japoneses.

Por consiguiente, el triunfo de los comunistas debió bien poco a la Unión Soviética. Desde 1927 hasta 1947 habían recibido muy poco socorro de Stalin, convencido, por lo visto, de la victoria de Jiang. Hasta 1950 no firmaron Stalin y Mao un tratado de amistad y alianza entre las dos grandes potencias comunistas, que debía tener una vigencia de treinta años. A partir de entonces, los rusos enviaron a la República Popular cuantiosas ayudas técnicas y económicas, junto con gran número de expertos para poner en marcha la modernización.

Dicho esto, cabría imaginar que tal vez Stalin perdió la gran oportunidad de forjar lazos sólidos entre las dos fuerzas principales del comunismo. Pero esto también sería inexacto. Los comunistas chinos nunca fueron tan dóciles como los europeos de los países satélites. Ambicionaban un rol dominante en Asia, y fomentaron líneas políticas independientes en las pequeñas potencias de Europa, como Albania. A menudo adoptaron políticas muy independientes de su conveniencia en las relaciones con el Tercer Mundo, y reclamaron participación en los secretos nucleares de la URSS. Lo que no siempre pareció bien a Stalin, ni mucho menos a su sucesor Jrúschov, quien llegó a considerar a Mao como un amigo algo cargante.

## ¿Hasta qué punto fue merecida la reputación del presidente Reagan?

En sus dos periodos como presidente, Ronald Reagan disfrutó de un prestigio envidiable entre la opinión pública, y es uno de los pocos presidentes que han salido del cargo más populares de lo que eran cuando accedieron a él. No obstante, se discute mucho todavía su labor, y algunos incluso cuestionan su capacidad.

A los extranjeros Reagan les parecía penosamente ignorante, mal informado por sus colaboradores y, aunque dotado de aguda intuición, intelectualmente perezoso. No le gustaba perder el tiempo en detalles, y muchas veces se hizo culpable de una sorprendente superficialidad. Durante toda su vida, primero como actor de éxito y luego como gobernador de California, prefirió dar por sobreentendidas muchas cosas y evitó hacer demasiadas preguntas. Nunca sujetó su mentalidad a una disciplina rigurosa; al contrario, optaba siempre por los juicios superficiales. La consecuencia fue que sus consejeros procuraban prepararlo en la medida de lo posible y luego se limitaban a confiar que las decisiones que él tomaba coincidiesen con los designios de quienes las habían formulado. Era capaz de cometer errores garrafales. William Safire, el columnista del *New York Times*, le juzgó duramente cuando escribió: «El presidente ha descuidado su preparación. Él cree que todo es fácil. Alguien de su entorno debería decirle que las democracias ponen a prueba la capacidad de comprensión de los dirigentes, y que él se ha ganado un suspenso en ese examen». En las conferencias de prensa cometió numerosas meteduras de pata. Lo cual fue debido, en parte, a que era algo duro de oído, pero sobre todo a que nunca acabó de entender la jerga de la Casa Blanca. Cuando sus ayudantes se dieron cuenta de la dificultad, le instalaron un pequeño altavoz en un lugar oculto para las cámaras, por donde le traducían las preguntas en términos que él pudiese comprender. Esto causaba cierto regocijo entre los corresponsales extranjeros, quienes aseguraban que por allí se le «soplaba» al presidente lo que debía contestar. A estos defectos se añadía su escasa memoria para los nombres y las caras; algunos han dicho que ése fue un signo premonitorio del mal de Alzheimer que pronto empezaría a padecer en su vejez. Y todo ello se complicaba con un cierto aislacionismo nada raro entre los estadounidenses, es decir, ese desconocimiento de todo lo que no tenga que ver directamente con su país, que tanto irrita a los extranjeros, pero que a ellos mismos les parece un rasgo excusable cuando no una cualidad loable.

A cambio de todo esto, Reagan tuvo un concepto muy firme y claro de la presidencia, modelado sobre un recuerdo más bien sentimental de lo que había sido la presidencia de Franklin Roosevelt. De este concepto derivó tanto su tendencia a delegar la toma de decisiones, como la explotación de su don natural para actuar en público. Él se veía a sí mismo como «el gran comunicador», talento natural reforzado por la experiencia profesional como actor de cine, capaz de aunar al país con la fuerza persuasiva de su voz, y de galvanizar a la opinión pública cuando fuese necesario introducir cambios. Lo mismo que su padre, fue un gran vendedor, y como tal, sabía que todo vendedor debe creer en su producto antes de ponerse a venderlo. Incluso cuando estaba mal informado o equivocado, hablaba con tal seguridad y convicción que persuadía a los demás. Nunca demostró actitudes de reserva, ni duplicidad, ni agresividad, sino que decía cosas llanas en un tono sencillo con el que la gente pudiera sintonizar. Durante las primarias de 1980, un ayudante suyo tomó un taxi y le preguntó al conductor su opinión acerca de Reagan. «Es el único político al que se le entiende lo que dice», fue la respuesta del taxista. La habilidad de Reagan como comunicador también fue consecuencia de otros recursos que tuvo; aunque no supiera mucho de la geografía mundial, ni de teoría económica, ni de la ciencia astronáutica, sí tenía una idea firme de lo que quería y un programa político claramente establecido, además de unos valores morales sencillos, claramente comprendidos y aplicados sin titubeos (lo mismo que la británica Margaret Thatcher, con quien le unió una auténtica relación de complicidad). Tuvo pocas dudas como presidente... demasiado pocas, han dicho sus críticos.

Además de ser «el gran comunicador», Reagan fue «el gran delegador». Cuando llegó a Washington traía la intención de crear un gabinete del tipo que le había servido mientras fue gobernador de California. Iba a ser el brazo actuante de su administración, según había prometido, y se tomó tan en serio esta promesa como la de reducir la carga fiscal y poner fin a la mentalidad providencialista en los gastos del estado. Aunque el gabinete resultó demasiado numeroso para funcionar con eficiencia (un ayudante suyo ha comentado que el gabinete «fue tan útil, aproximadamente, como el apéndice ileocecal»), él nunca dejó de delegar funciones más asiduamente que sus predecesores, concediendo amplia autoridad a sus colaboradores y considerable libertad de acción. Mientras ellos trabajaban como negros en despachos sofocados de calor, él prefería hacer la siesta. No por indolencia natural, sino porque no juzgaba necesario prestar atención a los detalles. Al rememorar la presidencia de Carter, le escandalizaba el excesivo detallismo de éste; él prefería considerarse el responsable de las grandes decisiones, a la manera del presidente de un consejo de administración. Un rasgo original de su presidencia fue la afición a permitir que los consejeros comentasen asuntos que no pertenecían a la esfera de incumbencia de cada uno. Como él mismo creía en los principios generales, así daba libre curso a su sospecha de que la energía era demasiado importante para dejarla en manos del Departamento de Energía, y los Asuntos Exteriores demasiado serios para que decidiera por sí solo el departamento de Estado. Esto, que tanto extrañaba al general Alexander Haig, a un hombre como Henry Kissinger le habría parecido intolerable. Reagan prefería las discusiones informales con sus colaboradores a la lectura de informes especializados, muchas veces prolijos y fatigosos. A algunos miembros de su administración cada vez más compartimentados en sus deberes específicos no les gustó ese sistema. Pero otros, por el contrario, no aguardaban sino una leve afirmación con la cabeza, un asentimiento medio distraído de su presidente, o tal vez habrían preferido no tener presidente en absoluto. Aunque no era así como interpretaba Reagan la responsabilidad que le había conferido el país que había votado a su favor. Él nunca pensó ser un monigote de cartón.

En consecuencia, durante las dos legislaturas Reagan habló directamente a la nación y cultivó los elementales lazos que tenía con sus gentes. Pero, aunque esas gentes le apreciaron y valoraron, fue un líder de limitada visión y limitados alcances, tanto dentro como fuera de su país. Muchos intelectuales y críticos profesionales dirían incluso que fue un mal presidente, o lo que cabía esperar de un actor metido a desempeñar el papel presidencial. Si nos limitamos a considerar lo que hizo, la lista de sus méritos no es demasiado extensa. Pero, paradójicamente, la reputación de la presidencia nunca estuvo tan alta como mientras él ejerció ese cargo.

## Margaret Thatcher, ¿la esperanza blanca del conservadurismo británico?

Margaret Thatcher, la primera mujer que ha formado gobierno en Gran Bretaña y líder del partido conservador durante casi todos los años finales del siglo xx, suscitó pasiones fuertes durante su largo mandato y luego ha pasado a ser una de las figuras políticas más discutidas de su generación. Para sus partidarios representa un personaje de importancia extraordinaria, que materialmente dio forma a su país hacia finales del siglo y le confirió el carácter que tiene en la actualidad. Para sus adversarios, sigue siendo una mujer gritona y temible, cerril, obsesiva y tiránica en el ejercicio del cargo, impertinente y mal aconsejada fuera de él. Tal vez ha llegado ya el momento de ensayar una valoración de su importancia histórica.

Margaret (Roberts) Thatcher, hija de tenderos, nacida en Grantham en 1925, estudió en el instituto de Grantham, y química en el Somerville College de Oxford. Luego se dedicó al derecho, militó en las filas de los conservadores y fue elegida representante por Finchley en 1959. Pasó por varios cargos desde 1961 hasta 1964. Más tarde, en 1970, Edward Heath la nombró ministra de Educación. Después de la caída de este gabinete, dio la campanada cuando fue elegida líder del partido conservador en 1975, y otra vez al ganar las elecciones generales de mayo de 1979. Durante el ejercicio del cargo, las desavenencias en el seno de su partido se enconaron más que en ninguna otra época, desde la disputa por la reforma aduanera de Joseph Chamberlain. Ha quedado una estela de rencores que todavía escuecen.

En primer lugar, Thatcher nunca rehuyó el enfrentamiento. Ella nunca adoptó la noción de consenso propuesta por Neville Chamberlain, Harold Macmillan, Edward Heath y otros *tories* partidarios de la «unidad nacional». Propugnaba una redefinición del conservadurismo basada en conceptos de moralidad individual. Dejó bien sentado que para ella, el conservadurismo significaba «gobernar una sociedad, no administrar una economía». En segundo lugar, fue una persona extraña al sistema; aunque de extracción social sorprendentemente parecida a la de Heath, nunca logró una aceptación tan completa como éste. Muchos se burlaban en privado de su estilo a la pata la llana y algo cándido en ocasiones, haciéndola blanco de ese esnobismo clasista que sigue siendo uno de los rasgos menos agradables de los conservadores británicos. Un crítico dijo: «Básicamente sigue siendo una comadre de Finchley». A Francis Pym lo traicionó su actitud esencialmente despectiva hacia ella cuando comentó que «tenemos al mando un sargento, no un oficial superior». Aquellos tories de la «unidad nacional» por lo visto confiaban en que el trato con ellos acabaría por pulir a la Thatcher y «civilizarla». Creían que la rudeza de sus manifestaciones ocultaba la inseguridad de una mujer que aún no había aprendido a moverse con la soltura de los acostumbrados a «estar en la cumbre».

Muy desengañados se quedaron los críticos cuando echaron de ver que Thatcher seguía atacando las que ella consideraba «ideas elementales» de los tories. Como observó en 1979 Nicholas Ridley, uno de sus admiradores: «Sus creencias fundamentales eran bastante obvias: moneda fuerte, reforma de los sindicatos, limitar la providencia social a los casos necesarios, reducción de impuestos, restablecimiento de Gran Bretaña en el lugar que le corresponde en el mundo [...] Las elecciones de 1979 marcaron el comienzo de un largo periodo de rigurosas reformas». Pronto la batalla en el seno del partido pasó a ser descrita como el enfrentamiento entre los *wets* (húmedos) y los *dries* (secos), o los blandos y los duros, como diríamos nosotros. La discusión se centró en el monetarismo, y se reflejó desde el primer momento en los presupuestos de la nueva administración. Los wets eran los tories de la «unidad nacional», que habrían preferido recurrir al poder del estado para una política económica más eficaz. Por otra parte, los dries como Biffen, y más tarde Howe y Lawson, habían llegado al monetarismo por caminos diferentes y figuraron enseguida entre los partidarios de Thatcher. Un veterano de Eton como Ian Gilmour, tal vez el mejor teórico de los wets, había publicado en 1977 un libro titulado *En el seno de la derecha*, donde propugnaba la necesidad de crear lo que llamaba «un sentido de comunidad». Pero Thatcher, por individualista y por radical, estaba muy lejos de esa postura. Una vez incluso llegó al punto de afirmar: «No creo que exista eso que llaman la sociedad». A comienzos de la década de los ochenta, cuando las políticas monetaristas dispararon la inflación y elevaron la cifra del paro a 3 millones, los wets creyeron llegado el momento favorable para ellos. Pero Thatcher se mantuvo firme sosteniendo que «no hay nada más que intentar. No hay alternativa». Esta frase, *there is no alternative*, reducida en ocasiones a las siglas *TINA*, y otras por el estilo, definieron su estilo de simplicidad, franqueza y convicción: «En el fondo, la gente sabe por instinto que tengo razón en lo que digo y hago. Y lo sé porque yo me he criado como ellos. Me considero una persona muy normal, muy corriente, dotada de las antenas del instintivo sentido común». Confortada por esta convicción interior, Thatcher se puso a escardar a los colaboradores cuya «sequedad» le parecía dudosa, reemplazándolos por hechuras suyas, al tiempo que procuraba ampliar los márgenes de su poder como primera ministra. Vigilaba con detenimiento el orden del día en las reuniones del gabinete, para cortar las discusiones sobre temas controvertidos. Utilizó su oficina de prensa y a su leal secuaz sir Bernard Ingham para controlar a sus ministros, y para filtrar informaciones susceptibles de perjudicarlos si se estimaba que habían agotado su plazo de utilidad. Muchos de los que sucumbieron así —St. John Stevas, Gilmour, Prior, Pym— no recobraron jamás la influencia que habían tenido en otros tiempos. Otros desengañados, como Heath, se recluyeron en los bancos del parlamento tragándose el rencor y se abstuvieron de todo comentario público acerca de ella. En 1985 casi nadie se atrevía a desafiar la supremacía de Thatcher.

Por encima de todo quiso proporcionar un liderazgo al país, y más concretamente un liderazgo que la gente pudiera entender. Odiaba las componendas y el estancamiento de las décadas de los sesenta y setenta, los incorregibles bandazos *stop-go* de la economía, las huelgas paralizantes, el estado enfermizo de la industria nacional, la decadencia incontenible, y se propuso restaurar la prosperidad y el éxito.

Contó con dos grandes ventajas durante su magistratura, el apoyo popular y un grupo parlamentario muy próximo a ella en opiniones y orígenes sociales. El apoyo de la base se constataba durante las conferencias de su partido, donde ella se hallaba en su elemento... al contrario que muchos de los demás ministros del gabinete, que las aborrecían. Ella veía esas conferencias anuales, no como el momento para decidir lo que debiese hacerse, sino como una oportunidad para renovar lazos con la gente del pueblo partidaria de la derecha. En opinión de Thatcher, estas personas corrientes representaban precisamente el segmento de la opinión pública con el que los «barones» de los tories habían perdido el contacto. De ahí también su obsequiosa atención a las cámaras de la televisión, para asegurarse de que sus mejores frases salieran en los telediarios de la noche.

El thatcherismo, en cambio, nunca fue una «ideología». Para ella, esa misma palabra significaba adhesión servil a un esquema abstracto creado de antemano, noción que rechazaba enérgicamente. Sin embargo, transmitió a muchos observadores la impresión de que ella también actuaba respondiendo a una ideología. Esta impresión se debía a la coherencia de movimiento, dirección e intención de su política. Los thatcherianos decían actuar «por lo derecho» y tenían ideas bastante claras acerca de qué cosa fuese «lo derecho». Ella aludió varias veces a las llamadas «virtudes victorianas», como si quisiera dar la sensación de que era una liberal decimonónica al estilo de los seguidores de Gladstone. Pero habría sido más exacto decir que se retrotraía mucho más lejos que eso, tal vez hasta los tiempos de Adam Smith. Tenía una visión de Gran Bretaña dispuesta en círculos concéntricos: primero el individuo, rodeado de la familia en que el individuo encuentra su realización. El estado no es más que el último círculo, que sólo existe para que puedan realizarse y prosperar el individuo y la familia. En este sentido hay que interpretar su manifestación de que la sociedad no existe: es el rechazo de la visión corporativista de la sociedad a manera de inmensa entidad de providencia social, que existe por derecho propio y marca las pautas al individuo. Por algo Thatcher fue educada en la religión metodista, con profundos criterios religiosos, morales e individualistas.

No hay que subestimar tampoco su influencia en la sociedad de finales del siglo XX. Es verdad que su juicio no fue infalible, como cuando se dejó caer en la trampa del impuesto censal, o cuando les leía la cartilla a los políticos extranjeros explicándoles las ventajas de la autonomía fiscal para argumentar su desconfianza con respecto a la moneda única europea. Pero en noviembre de 1990, cuando perdió el poder de manera súbita —y seguramente inexplicable para su mentalidad—, siendo reemplazada por el templado y respetuoso John Major, dejaba a sus espaldas una Gran Bretaña muy cambiada.

Todo el panorama estaba muy cambiado. Obsesionada por la soberanía nacional —curiosa contrapartida a la idea de la soberanía individual—, se había resistido frente a una Europa supranacional y una moneda común. Al mismo tiempo, en el interior, el estado se había desprendido de áreas enteras de responsabilidad a precios de saldo, abandonando a muchas gentes que supuestamente se había comprometido a ayudar. Fue la liquidación de inmensas redes de la actividad económica como el gas y la electricidad, la minería del carbón, el abastecimiento del agua y los ferrocarriles, en un proceso significativamente calificado por algunos estadistas tories, como el anciano Harod Macmillan, de «subasta de la vajilla familiar». Sus oponentes llegaron a sospechar que Thatcher iba a privatizar hasta el servicio de correos y el servicio nacional de la salud. Puso a raya a los sindicatos y les quitó la querida ilusión de ser ellos los verdaderos amos del país. Redujo la carga fiscal, aunque en último término su idea de un impuesto de capitación que distribuyese a cada individuo la parte congruente del gasto tropezó con las reticencias de los que tradicionalmente reclaman su parte de poder político pero prefieren dejar el pago de las facturas a los demás. A tal punto consiguió redefinir Thatcher las actitudes de la opinión pública para con el estado, que en 1997, cuando los laboristas recobraron el poder con Blair, éste no se atrevió a dar marcha atrás a la innovaciones introducidas por ella, sino que prefirió redefinir el socialismo tal como ella había redefinido el conservadurismo. El resultado del paso de Thatcher por el poder fue que toda la política británica pasó a estar sintonizada con el individualismo y dejó de estarlo con el corporativismo.

## ¿Fue tan ventajoso el hundimiento del comunismo mundial?

Pocos acontecimientos tan importantes, y al mismo tiempo tan enigmáticos como la caída del comunismo en muchos países de Europa y Asia alrededor de 1990. Queda China como uno de sus más antiguos reductos, y queda Cuba. Pero ha desaparecido la antigua Unión de Repúblicas Socialistas Soviéticas, y lo mismo todos sus estados satélites del este de Europa. No parece que nadie los eche demasiado en falta, pero resta mucha incertidumbre y abundante controversia sobre el significado histórico de estos cambios.

El súbito e inesperado desplazamiento del poder ocurrido hacia finales de la década de los ochenta puso en marcha la desintegración de todo el bloque soviético en Europa oriental, y le siguió poco después, en 1991, el colapso del poder comunista en la propia Unión Soviética. Estos acontecimientos tuvieron el beneplácito inicial de Occidente, en parte porque implicaban la destrucción del pacto de Varsovia y de este modo se simplificaban los problemas de relación diplomática de Occidente con sus interlocutores orientales, pero también porque se celebraba que las masas de la población anteriormente sometidas al control político de los soviéticos pudieran aspirar a un estilo de vida más libre y feliz. Transcurridos más de diez años, sin embargo, todavía se debate la cuestión de si el derrumbamiento del poder comunista ha resultado tan beneficioso como parecía a primera vista, y si se puede considerar que los diferentes regímenes políticos que sucedieron al antiguo orden constituyen realmente una mejoría.

Quizá sea preciso atribuir cierto fundamento a la opinión de que no es tanto la perversidad intrínseca de los sistemas políticos lo que inflige padecimientos a la humanidad, como las insuficiencias morales de la humanidad misma, de los gobernantes y los gobernados.

*La Unión Soviética.* Lo que se hundió en la Rusia de 1991 no fue sólo el comunismo, sino también el leninismo. Ese comunismo era un sistema estatal colectivista concebido a finales del siglo XIX y comienzos del XX, y vagamente inspirado en el marxismo y el socialismo. El leninismo era un sistema cuyas características esenciales no fueron las ideas ni los programas políticos, sino más bien unos principios de organización tendentes a que unos líderes construyeran y mantuvieran un estado dotándolo de una estructura unificada y un partido único que lo dirigiese. En la realidad, sin embargo, ninguno de los dos «ismos» cumplió lo que prometía.

No fue posible la organización eficaz de la economía con los métodos socialistas. La maquinaria industrial rusa rechinaba, agobiada por las limitaciones que se le imponían, sufrió estancamiento y quedó cada vez más atrasada en relación a Occidente. Al mismo tiempo, el partido designado a ser un instrumento de renovación se atrofió cada vez más después del periodo estalinista. Al imponer una disciplina centralizada, se agostó el pensamiento independiente. Finalmente se redujo a una clase privilegiada cada vez más arrogante, pero asediada por la realidad (más o menos como la burocracia zarista) y reducida a tratar de perpetuarse en el poder. La intención de Gorbachov fue remediar esas debilidades mediante políticas de apertura (*glasnost*) y reestructuración (*perestroika*). Pero tuvo escaso éxito. No consiguió imponer la autoridad de la ley en la vida cotidiana, ni establecer procedimientos jurídicos sobre los cuales edificar confianza. Tampoco logró desmantelar la economía de planificación estatal. Las nuevas empresas o los nuevos mercados que debían reemplazarla no consiguieron arraigar. Y por último, el fracaso en la empresa de transformar un imperio monolíticamente unificado en una federación libre de estados sólo sirvió para acelerar la desintegración. Pese a ser uno de los hombres más dotados de su generación, sus propias limitaciones y la complejidad de la situación lo derribaron del poder. Su derrota fue debida en parte a la supervivencia del antiguo estado monolítico bajo una forma no comunista, y en parte a la supervivencia de la *nomenclatura*, con sus ambiciones de poder supremo militar o político. La continuidad de la vieja forma de estado no permitió una ampliación suficiente de las capas burguesas, y el malestar general causado por el derrumbamiento de la economía alimentó la nostalgia del viejo régimen por parte de los que lamentaban la desaparición de la era comunista.

El fracaso del experimento de Gorbachov puede atribuirse a tres causas. En primer lugar, sobreestimó la capacidad del incipiente elemento burgués así como el sentido del deber cívico por parte del *apparat* o funcionariado político y de los militares, además de subestimar la importancia del nacionalismo, que hizo posible o mejor dicho estimuló el separatismo. En segundo lugar, valoró con excesivo optimismo la dificultad de realizar la transición a la democracia y cambiar las leyes, el mercado, la economía y la organización del imperio, todo al mismo tiempo, en vez de proceder por partes y gradualmente. Tercero, se empeñó en asumir personalmente la responsabilidad por todo, a la manera estalinista, en vez de desarrollar instituciones presidenciales que hubiesen permitido una distribución departamental de los cometidos. Por ejemplo, para lo tocante a la economía, que realmente habría requerido una dedicación completa. Si hubiese sabido trabajar en equipo, y si toda la vieja clase dirigente hubiese tenido tanto espíritu de servicio al país como él, a lo mejor la historia habría tenido otro desenlace muy distinto.

El virus nacionalista se contagió rápidamente a toda la Unión Soviética. El 25 de diciembre de 1991 el elemento principal de la Unión, que era la República Socialista Federal Soviética Rusa, se convirtió en Federación de Rusia y reemplazó la bandera roja con la hoz y el martillo, recuperando la tradicional tricolor de franjas horizontales roja, azul y blanca. Boris Yeltsin, elegido por escasa mayoría presidente de la Unión Soviética en marzo de 1990, pasó a ser el presidente de esta federación y aceptó que se constituyese una nueva unión, la Comunidad de Estados Independientes (CEI), de la que pasaron a formar parte otros estados de la antigua URSS, como Belarús (Bielorrusia) y Ucrania. En diciembre se habían integrado once estados, quedado fuera de la CIS únicamente Georgia y las tres repúblicas bálticas. Los recursos industriales y nucleares, así como las fuerzas armadas convencionales de tierra, mar y aire se repartieron entre las nuevas entidades.

En consecuencia, las naciones occidentales se hallaron frente a un monstruo de muchas cabezas, de manera que la situación era menos amenazadora pero desde luego bastante más peligrosa que antes, cuando todo estaba sometido al mando monolítico del partido comunista de la Unión Soviética (PCUS). Esa peligrosidad era consecuencia de la ambición de las elites militares, el resentimiento y la frustración de los *apparatchiki*, el descontento de las masas trabajadoras por la pobreza y la impotencia en que se veían, y el desorden y el gangsterismo que habían reemplazado a la anterior disciplina y legalidad severa que regían la sociedad rusa. A falta de la formación y la experiencia necesarias, era mucho pedir que Rusia fuese capaz de realizar de un salto la transición de la dictadura centralizada a la democracia liberal. Frente a esta situación inédita, Occidente no tuvo ni la menor idea de cómo reaccionar, y las actitudes oscilaron entre la neutralidad benévola, dejar que Rusia se las arreglase para resolver sus dificultades, y algún tipo de intervención más positiva, que generalmente consistió en tratar de arreglar las dificultades de Rusia metiendo dinero occidental.

*La Europa del Este*. Parecidos fueron los acontecimientos en los países de Europa oriental dominados por las oligarquías ex comunistas. La insatisfacción popular estaba en ebullición desde hacía mucho tiempo. De vez en cuando estallaba alguna insurrección. En líneas generales, el descontento estaba motivado por el bajo nivel de vida, los bajos salarios, la carestía crónica y el atraso industrial, e iba dirigido contra la elite dominante, es decir, los pocos que parecían ser los beneficiarios principales de todo el sistema. Los líderes de la Europa del Este reaccionaron de la única manera que sabían, aumentando la represión contra los descontentos e intensificando el control. Gorbachov, cuando visitaba estos países, daba muestras de apoyar los procesos de reforma, aunque con no mucha decisión, insinuando que no se veía por qué la *glasnost* y la *perestroika* no iban a funcionar también en las llamadas «repúblicas populares». Pero los dirigentes europeos orientales protestaban, movidos por un verdadero pánico a la desintegración política. Consideraban, no sin razón, que Gorbachov les estaba quitando la alfombra de debajo de los pies. Las poblaciones de aquellos países ventearon los nuevos aires de libertad política y multiplicaron sus clamores. En 1988 y 1989 aparecieron las primeras grietas en las estructuras de la Europa del Este, que todo el mundo había creído inconmovibles hasta entonces. En agosto de 1989 el poder pasó a manos de dirigentes moderados en Polonia, y en 1990 se celebraron allí las primeras elecciones libres desde hacía más de medio siglo. Los estados bálticos hicieron una buena transición (aunque hubo un momento en que Gorbachov titubeó acerca de si reprimirla o no), si bien el problema principal de éstos era la presencia de una sustancial minoría rusa, que en el caso de Latvia (Letonia) era casi una mayoría. En Alemania del Este se aflojaron también las restricciones, y el muro de Berlín cayó a finales de 1989. Comenzaron asimismo las reformas democráticas en Hungría y Checoslovaquia. En Rumania cayó uno de los regímenes comunistas más represivos; el dictador Nicolae Ceaucescu fue apresado junto con su mujer y ambos murieron sanguinariamente ejecutados. Por último Albania, la más dura y primitiva de las dictaduras balcánicas, derribó también a sus líderes comunistas e inició su ensayo de libertad.

Si toda esta desintegración constituyó una mejora en comparación con las anteriores dictaduras de partido único, es cosa que todavía está por ver. Una de las primeras críticas que se alzaron en Europa estuvo motivada por esa misma desunión, y se recordó el término de «balcanización» para describirla. Durante la década de los noventa y mientras Yugoslavia se descomponía en sus viejas divisiones étnicas, algunos empezaron a pensar que, cualesquiera que fuesen los males ocultados por la oligarquía comunista, al menos ésta había acertado a mantener la paz entre los distintos grupos evitando la violencia de las guerras nacionalistas y de religión. La lucha despiadada que estalló en Croacia, Bosnia y Kosovo reveló que los nacionalismos eran todavía más brutales y destructivos que las medidas más extremas con que el mariscal Tito logró someter y unificar a su pueblo. Los observadores occidentales podían pensar, en su fuero interno, que era mejor que aquellas gentes se matasen entre sí, para no tener que entrar a matarlas en Europa oriental. Pero puestos a elegir entre la contienda de las facciones nacionalistas y la represión comunista monolítica, realmente no se sabía qué era peor.

# 8. REEVALUACIONES INTERNACIONALES

## Múnich: ¿la política de la traición?

En Múnich, a finales de septiembre de 1938, se reunieron Hitler, Mussolini, Daladier y Chamberlain para decidir el futuro de una región de Checoslovaquia, el *Sudetenland.* El acuerdo final fue ceder a Alemania la región en disputa, y efectivamente pocos días después las tropas alemanas entraron, supuestamente en defensa de la sustancial minoría de etnia alemana que vivía en aquellos lugares, y ocuparon todo el país de los Sudetes. Esta acción fue denunciada en los términos más amargos por las autoridades checoslovacas, que la calificaron de traición por parte de sus aliados. Punto de vista que luego compartieron muchas opiniones en los mismos países aliados. Todavía hoy se discute si las decisiones tomadas en Múnich constituyeron una traición contra los checos.

*La actitud checa* estaba clara. Su posesión del Sudetenland derivaba del tratado de Saint Germain de 1919 por el que las autoridades austriacas, al final de la I Guerra Mundial, habían cedido aquella región a Checoslovaquia.

Se trataba de una región muy industrializada. Pilsen era la sede de las fábricas de armamento Skoda, y tenía unas defensas tan efectivas que hasta las tropas alemanas que las ocuparon en 1938 quedaron impresionadas. Las cuarenta divisiones del ejército checo figuraban entre las mejor instruidas y equipadas de Europa. Además contaban con el apoyo de dos grandes potencias: Francia, la más concretamente acusada por la traición de Múnich, y la Unión Soviética, aunque los representantes de ésta fueron excluidos de la conferencia al igual que los de los mismos checos. Éstos creyeron que una postura más firme por parte de las democracias occidentales no sólo habría frenado a Hitler y evitado la invasión de su país, sino que además habría proporcionado a Ludwig Beck, jefe del Estado Mayor alemán, la esperada oportunidad para poner de acuerdo a toda la oficialidad alemana y acabar de una vez con el régimen nazi. Pero Francia, en vez de cumplir con las obligaciones de su tratado, había acudido a Múnich como cómplice de una siniestra conjura encaminada a quitarle al país una de sus provincias más ricas y más importantes, y reducirlo a la impotencia frente a la amenaza alemana.

Esa decisión impidió también que Checoslovaquia hiciese frente a la Alemania nazi por sí sola. A primera vista, la determinación de luchar sola no parecía irracional. Los checos tenían un ejército de 800.000 hombres en pie de guerra y podían movilizar reservas hasta sumar 3,5 millones. Este ejército era casi tan numeroso como el alemán. La fuerza aérea checa era de 1.600 aparatos. Los alemanes tenían 2.600 aviones. Los checos podían alinear 470 tanques, que habrían opuesto fuerte resistencia a los 720 blindados alemanes. Las fortificaciones de hormigón a lo largo de la frontera bohemia eran formidables, y los generales alemanes que las inspeccionaron luego las juzgaron casi inexpugnables. Como dijo el mariscal de campo Von Manstein: «No cabe duda de que, si Checoslovaquia hubiese decidido defenderse, sus fortificaciones nos habrían retenido, puesto que carecíamos de medios para una ruptura».

Sin embargo, esa posibilidad era ilusoria. Las fortificaciones bohemias estaban desbordadas por los flancos debido a la anexión de Austria. Las tropas alemanas podían entrar por detrás de la línea defensiva, cruzando la frontera austro-checa, cuyas fortificaciones eran mucho más primitivas. Por otra parte, un ataque alemán por sorpresa habría destruido los aviones checos en tierra, tal como luego le ocurrió a Polonia, y si se hubiese llegado a los duelos aéreos, los aparatos alemanes eran técnicamente superiores.

Hasta aquí lo que se refiere a los checos. Las demás potencias implicadas en el problema de Checoslovaquia no pensaron que perpetraban una traición, sino que obedecían al móvil de la autoconservación. Consideraron que el interés propio era más importante, y si la única manera de mantener la paz era sacrificar a Checoslovaquia, ellas estaban dispuestas a pagar ese precio.

*La Rusia soviética* se proclamó indignada por la renuncia de las democracias occidentales, empezando por la exclusión de los representantes de aquélla. Predominó la impresión de que los rusos estaban dispuestos a dar su pleno apoyo a Checoslovaquia, tal como prometieron en 1935. Pero esa impresión en sí misma era parte del problema. Ni Inglaterra ni Francia tenían demasiado interés en que la influencia soviética se propagase a la Europa central, y preferían que se las dejase resolver el problema a su manera. En realidad, la Unión Soviética no tenía mucha voluntad de comprometerse en Checoslovaquia, ni deseo alguno de sacarles las castañas del fuego a las potencias occidentales. Stalin se había mostrado ya extraordinariamente tibio en su voluntad de intervenir en España: no tenía inconveniente en dejar que los comunistas españoles luchasen por la República, pero redujo su propia contribución al mínimo, y además se hizo pagar espléndidamente dicha contribución. Los asuntos internos reclamaban toda su atención, y toda aventura en el extranjero le merecía el epíteto de «trotskismo». En 1931 había revelado su verdadera actitud en lo tocante a las intervenciones en el extranjero: «Llevamos entre cincuenta y cien años de atraso en comparación con los países adelantados. Es preciso centrarnos en recuperar ese atraso en un plazo de diez años: ¡o lo conseguimos, o nos aplastarán!».

Lo que hizo en la práctica fue ocuparse de la colectivización de la agricultura y la industrialización de Rusia, así como mantener la disciplina y la cohesión en el seno del partido, eliminando los desviacionismos y purgando a los disidentes. Esta actitud defensiva excluía cualquier compromiso en Checoslovaquia, el desenlace de cuyo problema importaba poco a Rusia incluso en caso de haber sido favorable. En realidad y pese al evidente parentesco con aquel país eslavo, albergaba un secreto desprecio hacia los checos, cuyo sistema democrático desdeñaba por burgués y reaccionario. Tal vez fue un error, aunque absolutamente comprensible, el no invitar a Stalin. Si él o Molotov hubiesen ido a Múnich, habrían sido invitados a mostrar sus cartas y se les habría descubierto su escaso interés por la causa checa.

*Francia*, denunciada por los checos como la principal responsable de la traición de Múnich, era aparentemente fuerte en Europa. Tenía el ejército más numeroso y estaba vinculada a la Unión Soviética por el pacto franco-soviético de 1935, que incluía el compromiso de defender a Checoslovaquia. Pero esa fuerza de los franceses también era ilusoria. El gobierno del frente popular, que introdujo un ambicioso programa de reformas sociales, había llevado el país a la devaluación, el paro, las huelgas y la conflictividad social. En 1938 lo sustituyó un gobierno de derechas que llamó a la unidad nacional, consciente de la división y la debilidad imperantes. El tan alabado ejército francés estaba mal equipado y tenía poca moral de combate. El gabinete Daladier, paralizado por las divisiones de la opinión e incapaz de gobernar con firmeza, temía por encima de todo el auge del comunismo en Francia y prefirió dejar la iniciativa a Gran Bretaña, aunque no podían ignorar que los británicos no le habían hecho ninguna promesa a Checoslovaquia, ni estaban en condiciones de suministrar las fuerzas en opinión de Francia necesarias para la defensa de la causa checa. En Múnich quedó claro que los franceses no cumplirían con sus compromisos y que estaban dispuesto a ceder frente a los alemanes con tal de darse un plazo de supervivencia.

*Gran Bretaña*, por su parte, no tenía voluntad de acudir en socorro de Checoslovaquia. El primer ministro británico, Chamberlain, dijo en una declaración radiofónica que la crisis era «una querella en un país lejano, entre gentes de las que no sabemos nada», y se mostró deseoso de conservar la paz casi a cualquier precio. El gabinete discutió la cuestión y según ha contado Chamberlain «[...] estuvo unánime en considerar que no debíamos pronunciar una amenaza a Hitler, y que le declararíamos la guerra si entraba en Checoslovaquia. Pero era de la máxima importancia que se guardase en secreto esta decisión».

Ahora bien, y puesto que tal decisión, para ser eficaz, debería haber sido anunciada a tambor batiente, no se entiende por qué decidieron mantenerla en secreto. A no ser que admitamos que Gran Bretaña no deseaba fortalecer la determinación de Francia en el sentido de oponerse a las exigencias alemanas, y que además no deseaba fomentar la decisión de aquellos generales alemanes deseosos de derribar a Hitler. Todo indica que Chamberlain temía la caída de Hitler porque implicaba el peligro de que los comunistas se hiciesen con el poder en Alemania; por eso dijo que «la desaparición de Hitler proporcionaría diez millones de votos más a los comunistas en Alemania». A lo mejor eso explica por qué Chamberlain voló tres veces a Alemania en septiembre de 1938, pese a que odiaba los aviones, y por qué no escatimó esfuerzos por llegar a un arreglo que evitase la guerra, pese a la viva antipatía que le inspiraba Hitler. También explicaría su interés por alcanzar un acuerdo aparte después de la misma conferencia de Múnich, cuando los dos hombres firmaron el célebre «papel» en el que Gran Bretaña y Alemania expresaban su compromiso conjunto por la futura paz. Ése fue el papel que Chamberlain agitó triunfalmente al aire cuando bajó del avión en Heston, y al que aludió aquella misma tarde cuando declaró ante la multitud que le aclamaba en Downing Street: «Creo que inaugura la paz para nuestra época». En realidad, es muy dudoso que confiase en las garantías de Hitler, pues había tenido ocasión sobrada de desengañarse de su creencia anterior en cuanto a que el canciller fuese un hombre razonable y dispuesto a parlamentar. Estaba seguro de que no tardaría en presentar otro ultimátum, por el que Europa quedaría de nuevo expuesta al peligro de la guerra. Pero Chamberlain consideró que necesitaba asegurarse el apoyo de los países de la Commonwealth y la anuencia de Estados Unidos para el caso de que estallase la conflagración. De esta manera, nadie caería en el error de pensar que los británicos hubiesen sido los agresores. También imaginó que Gran Bretaña aprovecharía el respiro proporcionado por Múnich para adelantar sus preparativos bélicos. Pero no fue así. El rearme británico se llevó adelante con poca perseverancia, y Alemania aprovechó el plazo para reducir la diferencia armamentística entre los dos países. En 1938 Gran Bretaña estaba en mejores condiciones para derrotar a Alemania (incluso en el supuesto de que no se hubiese logrado derribar a Hitler) que en 1939. El hecho es que los gobernantes británicos andaban tan obsesionados con su miedo al comunismo, que permitieron que esa consideración determinase todas sus iniciativas en la reunión de Múnich.

Parece, pues, que la doctrina de la «seguridad colectiva» proclamada en la década de los treinta se convirtió en la doctrina de «el último pierde» a la hora de traicionar a Checoslovaquia. Nadie quería hacerlo, pero los checos lógicamente pensaron que eso fue precisamente lo que ocurrió.

## Hitler y Mussolini: ¿fueron amigos y aliados?

Entre estudiosos de la historia se cree comúnmente que Hitler y Mussolini, firmantes principales del pacto del Eje y aliados militares durante la guerra, fueron íntimos colaboradores e incluso amigos personales. En realidad no fue ésa la naturaleza de su relación.

La mayoría de los que han considerado el tema con cierto detenimiento se muestra de acuerdo en que la relación entre los dos hombres no fue cordial en ningún momento. Ambos tenían serios defectos de carácter que los hacían bastante insufribles para quienes los rodeaban. Mussolini era soberbio, imperioso y vanidoso, aunque logró inspirar simpatía a algunos de los que lo trataron, como Anthony Eden. Hitler era pedante, vocinglero y bastante grosero, y si bien supo ganarse partidarios que le guardaron fidelidad, literalmente, hasta la muerte, con frecuencia inspiró gran aversión a los que se veían obligados a aguantarlo. Lo extraño, quizás, habría sido que se llevasen bien esos dos dictadores.

De los dos, al parecer Hitler se sintió algo más atraído por la personalidad de Mussolini. Cuando él todavía no era más que un oscuro agitador, podía contemplar en el otro a un triunfador brillante, un líder poderoso y digno de emulación. El primer encuentro entre ambos no se produjo hasta 1934, y no fue afortunado. Sin embargo, en septiembre de 1937 Mussolini fue invitado a presenciar unas maniobras militares en Mecklenburg, y luego Hitler le dio una espléndida recepción en Berlín, ambos entronizados en el Maifeld y aclamados por una multitud de 800.000 manifestantes. Esta experiencia le causó gran impresión al líder fascista. En 1938, cuando Mussolini retiró su oposición a la anexión de Austria por los nazis, Hitler se excedió en extravagantes y casi ridículas demostraciones de agradecimiento. Obviamente, por aquel entonces su admiración no era fingida. Mussolini era un hombre del pueblo con el que Hitler podía sentirse a sus anchas, al contrario de lo que le ocurría con los miembros de las tradicionales clases dominantes, y no digamos con Víctor Manuel y las demás cabezas coronadas de Europa. Pero también es cierto que más tarde se sintió defraudado por la actuación de Italia durante la guerra, y acabó considerando la alianza con Mussolini como una carga desde el punto de vista militar. No perdía oportunidad de leerle la cartilla y aleccionarlo sobre sus errores, pero le guardó lealtad hasta el fin e incluso organizó su liberación en septiembre de 1943, cuando el italiano había perdido el poder y estaba prisionero en las montañas. Restablecido en la efímera república de Salò, al norte de Italia, visitó Alemania varias veces en 1944, pero ya humillado por su propia ineficacia y teniendo que soportar innumerables arengas sobre los fracasos del fascismo y la cobardía y traiciones del ejército italiano, todo lo cual había perjudicado enormemente a la causa común.

En cambio, la primera impresión de Mussolini cuando conoció a Hitler había sido bastante menos favorable. En el primero encuentro de 1934, celebrado en el norte de Italia, Mussolini reparó en el comportamiento agitado e inseguro de Hitler. En especial, no le gustaron ni el cabello lacio ni los ojos color azul aguado de Hitler, y comentó a uno de sus ayudantes que no le agradaba el aspecto del alemán. Otro testigo presencial observó que Hitler llevaba una gabardina amarilla y zapatos de paisano, y que se tapaba la entrepierna con un sombrero de fieltro gris «como un fontanero que se avergüenza de la menos presentable de sus herramientas». Pero la reacción inicial mussoliniana de divertido desdén fue cambiando con el tiempo. En las reuniones siguientes, lo que más le llamó la atención fue el gran poderío de Alemania. Seguía aludiendo con ironía al colorete de las mejillas de Hitler y a su aspecto vulgar («no sé qué le habrán visto los alemanes a ese hombre»), pero quedó impresionado e incluso envidió el gran ascendiente de Hitler, que empezaba a mostrarse como el más fuerte de los dos. La vanidad de Mussolini quedó herida cuando se vio relegado al papel de segundo violín por un hombre al que en su fuero íntimo despreciaba. En cuanto a los sermones y la mojigatería de Hitler, le causaban bastante antipatía. Como escribió Ciano, que estuvo presente en una de las reuniones de 1942 en Salzburgo:

> Hitler habla, habla, habla. Mussolini sufre y guarda silencio, ¡él, tan acostumbrado a hablar y que los demás lo escuchen! El segundo día, después del almuerzo, Hitler habló ininterrumpidamente durante una hora y cuarenta minutos. No omitió absolutamente ningún argumento. [...] Sólo Cavallero, que es un fenómeno de servilismo, fingía escucharlo. Los pobres alemanes tienen que aguantarlo todos los días y estoy seguro de que se saben de memoria cada palabra y cada pausa. El general Jodl, después de luchar como un valiente, por último se tumbó a dormir en un diván.

Lo malo era que, por más mojigatas y cuestionables que fuesen sus opiniones, Hitler estaba respaldado por los recursos organizados de lo que quizás era el estado más poderoso de Europa, y era evidente que tenía medios para hacer que se ejecutasen sus voluntades. En cambio, Mussolini se convertía cada vez más en una sombra de sí mismo, hasta que murió ejecutado por los partisanos y colgado cabeza abajo en el patio de una cochera de Milán, en 1945.

## ¿Fueron los juicios de Nuremberg (1945-1946) un simulacro de justicia?

Los actos perpetrados por los nazis durante la II Guerra Mundial determinaron que en 1943 los aliados prometieran llevar ante la justicia a los criminales de guerra. Los juicios se celebraron en Nuremberg, entre noviembre de 1945 y agosto de 1946. Los aliados crearon un tribunal militar internacional para juzgar a los acusados, formado por cuatro jueces más un suplente para cada uno de ellos, por si caía enfermo. Representaban a las cuatro potencias aliadas: Gran Bretaña, Francia, Estados Unidos y la URSS. Los acusados eran 199, aunque se juzgó al mismo tiempo, en otros lugares, a miles de alemanes: por otros tribunales militares aliados, por sus propios compatriotas después de la retirada de los aliados y por los países antes ocupados. Incluso en la época, muchos ya pusieron en duda importantes aspectos de legalidad de los juicios, que siguen siendo discutidos por quienes opinan que en aquel entonces la venganza prevaleció sobre la justicia.

Los acusados de Nuremberg fueron juzgados por cuatro cargos: crímenes contra la paz (preparar y ejecutar actos de agresión), crímenes de guerra (sevicias infligidas a los prisioneros de guerra y a la población civil de otros países), inhumanidad extrema contra las personas, individual o colectivamente, y conspiración (la participación en proyectos conducentes a los otros tres grupos de delitos). Cierto número de acusados estaban ya muertos, como Hitler, Goebbels y Himmler. El ex jefe del Frente del trabajo nazi, Robert Ley, se ahorcó para no ser juzgado. Hermann Goering se tragó una cápsula de cianuro después de recibir la sentencia y así evitó la horca. El industrial Gustav Krupp estaba senil e incapaz de entender la acusación; en su lugar fue juzgado y sentenciado más tarde su hijo Alfred. De los 24 reos principales, tres salieron absueltos. Otros tres, entre los cuales Rudolf Hess, el lugarteniente de Hitler, fueron condenados a cadena perpetua. Dos fueron condenados a veinte años de cárcel, uno a quince y Doenitz, el que se rindió a los aliados, a diez. Algunos prófugos, como Adolf Eichmann, el responsable de administrar la «solución final» a los judíos, así como Franz Stangl, ex comandante de los campos de Treblinka o Sobibor, fueron habidos más tarde en el extranjero, llevados a juicios, y condenados. Los ahorcados el 16 de octubre de 1946 fueron doce.

Semana tras semana fueron consolidándose las pruebas durante el juicio, con detalles cada vez más abrumadores y estremecedores. Uno de los acusados, Hess, daba muestras de trastorno mental. El único que demostró lucidez y respuesta pronta hasta el final fue Goering. Los demás eran hombres deshechos. Uno de ellos, Hans Frank, que había dejado en los treinta y ocho volúmenes de su diario personal pruebas más que suficientes de su intervención en asesinatos, muertes por hambre y exterminios, se derrumbó por completo y resumió el sentimiento de muchos cuando dijo: «Pasarán mil años antes de que se olvide la culpabilidad de Alemania».

¿Hasta qué punto fueron legítimos el juicio y sus sentencias? Pocos negaron entonces la justificación moral. Los crímenes perpetrados eran espeluznantes y terribles, y habría sido inconcebible que no recibiesen un castigo. Se admitió que las convenciones de La Haya y Ginebra proporcionaban una base jurídica suficiente para el juicio. El parecer general, pues, coincidió en dar la anuencia al juicio, puesto que de alguna manera debían expiar los que habían cometido aquellas atrocidades sin precedentes.

Sin embargo, quedaban algunos detalles no resueltos. ¿Cómo iba a ser ilegal una agresión, en ausencia de disposiciones legislativas que la previesen para castigarla? Casi nunca se había visto que ningún estado o gobernante individual fuese castigado por quebrantar un tratado, aunque después de Nuremberg sí se han intentado varios procesos en tal sentido. Para no poner en apuros a la Unión Soviética, que había cometido exactamente las mismas agresiones contra Polonia y Finlandia, los cargos se limitaron a los ataques perpetrados por las potencias del Eje exclusivamente. Pero esto equivalía a definir el delito a la medida y aplicar la sanción selectivamente. Jamás se acusó a ningún italiano. Italia había cambiado de bando, y acusar a un aliado hubiera sido abrir las puertas a una acusación similar contra la URSS.

En resumen, los acusados fueron condenados por unos delitos que no eran delitos según el derecho internacional de la época en que fueron cometidos. Pero si era lícito redefinir como delitos de derecho internacional unos crímenes extremos contra la humanidad, o la conspiración para perpetrarlos, esa misma acusación habría estado justificada contra Churchill por los bombardeos sobre Dresde, en caso de que hubieran ganado la guerra los alemanes en vez de perderla.

Por otra parte, no se admitió que los acusados se defendieran diciendo «no hice nada más que cumplir órdenes». Es muy irreal presuponer que un subordinado sepa, quiera y pueda distinguir entre lo que es una orden legal y la que no lo es. Durante la guerra, los mismos aliados consideraron que la tropa estaba obligada a acatar las órdenes superiores y que no se les podía demandar ninguna responsabilidad por ello. Pero ahora los aliados decían que la «obediencia debida» no era un eximente sino sólo un atenuante. Esto ciertamente habría constituido una pésima noticia para el bombardero del *Enola Gay* que recibió la orden de arrojar la primera bomba atómica sobre Hiroshima.

La crítica más fuerte, sin embargo, es también la más sencilla. Para que un castigo tenga al menos una apariencia de justicia, el que sentencia no puede ser juez y parte al mismo tiempo. Los jueces de Nuremberg representaban a las naciones que habían sido partes beligerantes, y por tanto, era imposible pretender que fuesen imparciales. Habría sido mejor constituir un tribunal de naciones neutrales, como Suecia o Suiza, si se quería dar la sensación de imparcialidad. Este defecto del tribunal dio argumentos a los que afirmaban que los juicios no eran más que actos de venganza y represalias de los vencedores. Como el mismo Goering observó agudamente ante sus jueces: «Siempre los ganadores serán los jueces, y los perdedores los acusados». Esa crítica debilita a perpetuidad la justificación moral del Tribunal de Nuremberg, aunque no excusa la inhumanidad de los crímenes que motivaron la constitución del mismo.

## La guerra de Corea: ¿fue Stalin el responsable?

En junio de 1950, un ejército norcoreano de 130.000 hombres cruzó la frontera e invadió Corea del Sur. En aquella época muchos creyeron que había sido la Unión Soviética la instigadora principal de esa invasión, y la acusación ha sido reiterada muchas veces desde entonces, como puede comprobarse al pasar revista a los relatos históricos de la guerra. Pero también hubo, y casi desde el comienzo, quien puso en duda esa interpretación. Sin embargo, sus revelaciones no han logrado derrocar la versión predominante, que todavía es la aceptada como verdadera explicación de la guerra. Pero la teoría de la agresión soviética continúa arrojando muchas dudas.

Si se acepta que esa guerra obedeció principalmente a designios de los rusos, la primera duda que se plantea deriva de la implausibilidad de los motivos que se le atribuyen a Stalin. Pocas semanas antes del comienzo de la invasión norcoreana los delegados rusos habían abandonado una reunión del Consejo de Seguridad de Naciones

Unidas, en protesta por la negativa de las potencias occidentales a admitir la entrada de los representantes de China comunista reemplazando a los delegados de Jiang Jieshi (Chang Kai-chek). Según la postura estadounidense, el régimen nacionalista chino exiliado en Taiwán era el único gobierno legítimo de China, y los comunistas dueños del poder en Beijing desde finales de 1949 no eran más que unos gobernantes *de facto* sin ningún derecho a pretender el lugar de China en Naciones Unidas. Por supuesto que los rusos no tenían ningún motivo para no regresar a la mesa del Consejo de Seguridad una vez comenzada la invasión, pero el caso es que no lo hicieron, lo cual sugiere que estaban tan sorprendidos como los demás. La postura soviética oficial fue que al haberse excluido ilegalmente del Consejo de Seguridad a la delegación de Mao, todas las decisiones del Consejo quedaban viciadas, y por consiguiente no hacía falta vetarlas. Estados Unidos postuló, con el apoyo de las demás potencias occidentales, que la mera ausencia de los rusos en el Consejo de Seguridad no constituía en sí misma un veto, y por tanto no excluía que Naciones Unidas tomase decisiones mientras ellos no estaban allí. Ambas interpretaciones tienen sus puntos a favor, pero parece sumamente probable que, de haber sido instigadores de la invasión, como afirmaban sus oponentes, los rusos habrían tenido buen cuidado de hallarse presentes con el fin de vetar cualquier moción de Naciones Unidas relacionada con la guerra. Lo que ocurrió en realidad fue que el Consejo decidió intervenir en Corea contra la invasión, que los rusos que podían oponerse no estaban allí, y por consiguiente, que la Unión Soviética no pudo evitar la intervención de Naciones Unidas en la guerra.

Con independencia de todo esto, muchos indicios sugieren que la guerra empezó porque tanto Syngman Rhee, del sur, como Kim Il Sung, del norte, estaban decididos a que Corea no siguiera siendo un país dividido. Los dos tenían planes para reunificar el país, por la fuerza si fuese necesario, una vez se hubiesen retirado los aliados. Tampoco cabe ninguna duda de que ambos lados exhibieron un comportamiento provocativamente beligerante durante las semanas previas a la guerra. Antes de la conflagración, el ministro de defensa del presidente Syngman Rhee le había dicho al general MacArthur que tenía ya listas a sus tropas para penetrar en Corea del Norte. E incluso antes, en 1949, el mismo presidente se había ufanado de que sus fuerzas estaban en condiciones de tomar en tres días Pyongyang, la capital del norte. Kim Il Sung también estuvo provocativo al desdeñar los cien escaños que se le reservaban después de las recientes elecciones en el sur, para que los ocuparan los suyos cuando fuese efectiva la reunificación. También permitió, o tal vez fomentó, numerosos «incidentes» fronterizos entre los dos países, que crearon un ambiente de gran malestar. Las manifestaciones de su camarilla, desfiguradas por la habitual jerga comunista, se caracterizaban también por su tono intemperante. Apenas cabe dudar de que la guerra fue, en su origen, una guerra civil, y que cada bando maniobraba para provocar al otro y que éste hiciera el primer movimiento.

Los estados extranjeros, al principio, fueron poco más que espectadores pasivos. Los rusos sabían que las declaraciones de Kim eran fanfarronadas, y dudaban de su capacidad para conducir una guerra a gran escala. El general Kalinov observó los preparativos de Corea del Norte, y llamó la atención sobre la inexistencia de una fuerza aérea modernizada. El general Zajarov advirtió que no convenía a Rusia dejarse arrastrar automáticamente: «Hay que tener cuidado con esos coreanos. [...] No vayamos a hacer como el aprendiz de brujo, y crear una fuerza capaz de trastocar la situación en el Lejano Oriente».

Kim consultó con Moscú, pero Stalin compartía las dudas expresadas por sus generales. No obstante se avino a preguntar la opinión de Mao Zedong. El parecer de éste fue que la guerra acabaría enseguida sin dar tiempo siquiera a Estados Unidos para intervenir. En cualquier caso, dijo Mao, era un asunto interno, y ya se las arreglarían los coreanos entre ellos. Lo que no contribuyó precisamente a inflamar el entusiasmo de Stalin.

La visión estadounidense también estaba nublada por prejuicios ideológicos, aunque de sentido contrario. Después de 1949 había empezado a arraigar la idea, propagada con diligencia en Washington por el senador McCarthy, de que la caída de Jiang Jieshi debía atribuirse en exclusiva a la cobardía de los occidentales, y de que un poco más de resolución por parte de Estados Unidos habría permitido que aquél saliera airoso en su pelea con Mao. El presidente Truman albergaba una profunda desconfianza personal contra el comunismo ruso, y estaba ya más que medio persuadido de que convenía una postura firme frente a la URSS. Los comentaristas estadounidenses apuntaban la existencia de una confabulación comunista mundial y que tarde o temprano Estados Unidos tendría que enfrentarse a ella. Contribuyó a reforzar tal estado de opinión la publicación de un papel del departamento de defensa llamado NSC 68 (por «comité nacional de seguridad documento número 68»), que decía:

> [...] poner en pie un programa amplio y audaz de reconstrucción del potencial defensivo de Occidente hasta que exceda al del mundo soviético, y responder a cada nuevo desafío con celeridad y de modo inequívoco. [...] Este nuevo concepto de la seguridad exigirá de la nación una partida presupuestaria anual del orden de 50 millones de dólares, o en todo caso, no muy inferior a la del pasado periodo bélico.

Se insinuaba así la primera nota de dureza en las actitudes de Estados Unidos frente a los estados comunistas. La nota diplomática lanzada por la administración Truman contra Moscú el 27 de julio de 1950 fue prueba evidente de la nueva beligerancia. Al mismo tiempo, el anuncio público realizado en Washington de la intervención en la disputa a favor de Corea del Sur (antes de dar oportunidad a que se discutiese la cuestión en Naciones Unidas) demostró que Estados Unidos tenía decidido entrar en la contienda y «entrar solo» si fuese necesario.

Por otra parte, Stalin no perdía de vista que Occidente contaba con la decisiva ventaja tecnológica del arsenal nuclear, de ahí la lógica preocupación por evitar el enfrentamiento. Lo que la URSS necesitaba por encima de todo en aquella coyuntura, era un margen de paz y tranquilidad mientras ella se lamía las heridas: Stalin sabía perfectamente que el país estaba agotado después de la reciente lucha contra la Alemania nazi, sus fuerzas peligrosamente debilitadas, y el Ejército rojo muy disperso por la necesidad de ocupar muchos países del este de Europa. Ciertamente no era el mejor momento para montar una confrontación sobre un asunto que no era de importancia primordial para los rusos. El hecho de que Stalin haya cargado con la culpa histórica por la guerra coreana pese a todos estos hechos refleja que las potencias occidentales en general y Estados Unidos en particular sobreestimaban mucho el poderío, las pérfidas intenciones y la satánica astucia de los líderes soviéticos. A la luz de su debilidad económica y militar, sin duda la URSS celebró que las potencias occidentales la tratasen con tanta circunspección.

## ¿Fue un desastre total la insurrección de Hungría en 1956?

**El alzamiento húngaro de octubre de 1956 suele ser visto como un intento de escapar a la férula soviética; pero un intento fallido, por lo que el país recayó en la sumisión a la URSS durante tres decenios más. Esto tal vez es cierto para el primer quinquenio posterior al suceso, pero sería erróneo creer que no sirvió de nada al largo plazo.**

Inmediatamente después de la guerra, Hungría había quedado bajo la ocupación militar directa de los soviéticos, y más tarde bajo un régimen comunista que contaba con el pleno respaldo de la URSS. Pero en febrero de 1956, el XX Congreso del PCUS dio lugar a una serie de revelaciones contra Stalin por parte del nuevo líder ruso Jrúschov, y se habló de «diferentes vías hacia el socialismo», lo que sugirió que iba a relajarse un tanto el monolitismo estaliniano y, en consecuencia, el control sobre los países satélites. Al mismo tiempo, los húngaros venían observando la marcha de los acontecimientos de Polonia en el verano de 1956, donde halló expresión un claro rechazo de la influencia soviética, y la presión de los polacos logró la liberación y el retorno al poder del popular dirigente Wladislaw Gomulka.

En octubre los más decididos empezaron a presionar al nuevo dirigente húngaro Ernö Gerö, pidiendo el restablecimiento del popular primer ministro Imré Nagy. Mientras fingía ceder, Gerö solicitó a las tropas soviéticas estacionadas en Hungría que le ayudaran a controlar la situación. Esta iniciativa en vez de controlar la situación tuvo la virtud de encender el conflicto. Durante la última semana de octubre estalló la lucha en Budapest y otras ciudades. Fueron puestos en libertad los presos políticos y linchados algunos miembros de la policía secreta AVO reconocidos en las calles. Nagy abolió audazmente el sistema de partido único y se habló de celebrar elecciones libres. Pero lo más peligroso para la Unión Soviética fue que propusiera convertir a Hungría en un país «no alineado», es decir retirarlo del pacto de Varsovia para seguir una política exterior independiente. Se oyeron gritos de «rusos fuera» en la capital. Una manifestación de estudiantes se apoderó de la radio y empezó a lanzar proclamas en nombre de Radio Budapest Libre. En uno de los parques de la ciudad, los jóvenes ataron un cable a una estatua de Stalin y la derribaron con ayuda de un potente camión. Sólo quedó en pie sobre el zócalo el colosal par de botas de bronce; el resto de la estatua fue paseado por la ciudad, remolcado por un camión de la basura. Nagy formó su primer gabinete, para el que nombró a varios no comunistas, y negoció un alto el fuego. El ministro de guerra húngaro, Pal Maleter, inició negociaciones con funcionarios soviéticos para la prevista retirada total de las fuerzas rusas.

Sucedía esto hacia la misma época en que ingleses y franceses lanzaban un ultimátum a Egipto e Israel sobre la seguridad del canal de Suez. Dicha nota sirvió de pretexto para la invasión de Egipto por fuerzas británicas y francesas. Estos acontecimientos indicaban la preocupación de las potencias occidentales por los asuntos del Próximo Oriente, e inclinaron la balanza a favor de la intervención militar soviética en Hungría. Al mismo tiempo, las emisoras de propaganda estadounidenses incitaban al levantamiento en Hungría y al abandono del pacto de Varsovia. Muchos húngaros creyeron que la ayuda norteamericana era inminente. Tal vez Jrúschov se sintió amenazado por este giro de los acontecimientos. En todo caso, decidió actuar.

A los pocos días, un gran número de tropas soviéticas reforzadas por carros blindados regresaron para aplastar a Budapest. Los tanques recorrían las calles a toda velocidad disparando cañonazos a diestro y siniestro contra los edificios. Nagy lanzó un desesperado llamamiento a los occidentales, que no obtuvo resultado. Él y Maleter fueron llamados a Rusia, supuestamente para parlamentar. A su llegada los prendieron, y más tarde les hicieron un juicio secreto y los ejecutaron en 1958. El lugar de Nagy como primer ministro pasó a ocuparlo János Kádár, un tipo más flexible, al que le correspondió la tarea de restablecer la anterior sumisión de Hungría en su condición de país satélite de los soviéticos.

El Ejército rojo restableció el orden en Budapest, pero el tributo fue terrible: la muerte de 30.000 húngaros, muchos de ellos simples transeúntes, y de casi 7.000 soldados rusos. Retornaba el pánico ancestral ante el imperialismo ruso. O como dijo un observador estadounidense: «La liberación fue un fraude. Lo fue desde el primer momento. Lo único que hizo Hungría fue desenmascararlo ante todo el mundo. Por grande que fuese el miedo de Eisenhower al comunismo, su miedo a la guerra era todavía más grande. [...] De este modo supieron los húngaros y otros pueblos del este de Europa que no habría liberación, y que su táctica de explotar la rivalidad entre el Este y el Oeste había terminado». Mientras tanto, el nuevo régimen húngaro instaurado por los soviéticos obedecía sumiso y gobernaba el país con rígida ortodoxia, mientras el pueblo callaba y rechinaba los dientes. Había terminado el breve coqueteo de Jrúschov con la liberalización, y también el de Hungría.

A primera vista, pues, parece que la insurrección húngara no consiguió nada que valiese la pena. El desenlace había sido un verdadero desastre para Hungría. Pero la cosa no fue tan sencilla. En primer lugar, la Unión Soviética modificó en adelante su manera de tratar a los socios de Europa oriental. La represión no volvió a ser tan sofocante. Por ejemplo, cuando se rebelaron los checoslovacos en 1968, Rusia tuvo buen cuidado de que los tanques de otros países del pacto de Varsovia se dejasen ver al lado de los suyos en las calles de Praga. Y si bien hubo peligrosos «cara a cara» entre las tropas y la población civil checa, apenas se produjo ningún derramamiento de sangre. El líder checo Dubcek fue enviado a trabajar de guardabosques, en vez de pegarle un tiro en la cárcel Lubianka. Tampoco se volvió a intervenir tan estrechamente como antes en los asuntos internos de los países ex «satélites».

El caso de Hungría fue distinto de todos los demás. Kádár se presentaba como totalmente conformista, y en efecto completó la colectivización de las tierras agrícolas en 1961. Pero no tardó en iniciar medidas que iban introduciendo con disimulo las mismas reformas políticas que habían solicitado inútilmente los anteriores dirigentes. De este modo, el comunismo húngaro adquirió pronto un matiz nacional inequívoco. Durante la década de los sesenta soltaron a muchos detenidos políticos y se relajó poco a poco la vigilancia de la policía secreta. En el país se estableció un ambiente de cierta libertad, y se atenuó también la censura de prensa. En 1964 Kádár llegó a un acuerdo con el papado y la Iglesia católica en materia de religión (aunque el cardenal Mindszenty se negó a aceptarlo y se encerró en la embajada estadounidense, de donde no salió sino hacia el exilio en 1971). En 1968 comenzó la descentralización económica. Aumentaron las relaciones con Occidente, se recibieron las primeras inversiones extranjeras, y se introdujo cierto grado de competencia económica entre las empresas. En 1983 se celebraron las elecciones políticas de un modo absolutamente atípico, en comparación con lo acostumbrado bajo el sistema comunista. Los húngaros introdujeron en 1987 una tributación sobre la renta siguiendo el modelo occidental, y poco después también el impuesto sobre el valor añadido (IVA). Cuando Kádár dimitió de la dirección política en 1988, el nuevo primer ministro Károly Grosz fue todavía más lejos, al autorizar sindicatos libres y legalizar los partidos políticos. En el mes de mayo se adoptó una nueva constitución basada en la democracia multipartido y un nuevo ejecutivo presidencial. Pero hacia 1990 había progresado mucho la disolución de todo el bloque de Europa del este. Una formación de centroderecha ganó las elecciones; tras devaluar la moneda en 1991 concedió indemnizaciones a los terratenientes y empresarios que habían sido expropiados por el comunismo, y firmó un compromiso para la futura entrada de Hungría en la Comunidad Europa. No es exagerado afirmar que, en conjunto, este proceso de modernización fue una consecuencia de la insurrección de 1956.

## La Revolución cultural: ¿cuáles fueron los verdaderos motivos de Mao?

Con frecuencia los historiadores occidentales presentan la Revolución cultural china diciendo que Mao Zedong trató de identificar y eliminar a sus adversarios políticos, a fin de perpetuar su dictadura personal sobre el pueblo chino. Todavía no contamos con una verdadera descripción del terror y la brutalidad de esa época, pese a la vívida crónica de Jung Chang en *Cisnes salvajes,* publicada en 1993 en Occidente [en 1996 la edición en español]. Pero es un error fundamental el considerar la Revolución cultural como el mero capricho destructivo de un autócrata. El presidente Mao tenía otros motivos.

Mao albergaba fuertes dudas en cuanto al rumbo que estaba tomando la República popular desde 1950, como lo evidenció la campaña de las «Cien Flores» lanzada en 1956, cuando Mao fomentó activamente, aunque por breve tiempo, la manifestación de opiniones discrepantes en el seno del partido e incluso la crítica frontal. El motivo de estas dudas era la desfavorable comparación que Mao realizaba con los objetivos y el funcionamiento del comunismo soviético en Rusia. Le parecía que el comunismo ruso estaba demasiado preocupado por la modernización, la industrialización y la occidentalización, de cuyas tendencias él desconfiaba en mayor o menor grado. Lo veía excesivamente dominado por camarillas y comisiones, y controlado por técnicos y expertos que sólo se fijaban en las producciones y no se ocupaban de educar la mentalidad socialista de los ciudadanos. Con esto, a su modo de ver, se corría el peligro de crear una nueva clase dirigente de administradores preocupados sobre todo por acaparar poder, ventajas y privilegios. Y con el tiempo, el país quedaría sometido a una minoría egoísta y alejada del pueblo, no muy diferente de los mandarines manchúes que antes de la Revolución lo habían conducido a la ruina. Por eso Mao concibió la idea de que la Revolución debía permanecer siempre en marcha, siempre consciente de sus ideales y sus fines, sin permitir que se fosilizara en la complacencia por lo conseguido. Le parecía también que después de Stalin los comunistas rusos habían dejado de luchar contra el capitalismo occidental y estaban demasiado pendientes de emularlo. Que sólo pensaban en mejorar las relaciones con Occidente, en llegar a acuerdos de reducción mutua de armamentos con las potencias occidentales, en proporcionar a la población artículos de consumo para contrarrestar el descontento. Mao estaba convencido de que los dirigentes soviéticos eran unos «nuevos zares», en todo parecidos a los antiguos. O dicho de otra manera, él se planteaba una línea política más espartana, más puritana.

La esencia de la Revolución cultural, por tanto, fue el ataque a las instituciones formales, el esfuerzo maoísta por mantener vivo el espíritu original que forjó la unión entre los héroes revolucionarios en la época de la Larga Marcha. Bajo esta luz hay que considerar las iniciativas para sacar de la rutina al personal de la nueva República, los ingenieros electrónicos reconvertidos en mecánicos de automóviles, o los doctores en filosofía limpiadores de letrinas. Mao consideraba que toda institucionalización funcional era contraria, por definición, al espíritu revolucionario, y decidió combatirla vigorosamente.

Sus acciones tuvieron dos consecuencias que tal vez él no calibró suficientemente. En primer lugar, la necesidad de confiar en los guardias rojos, muchos de los cuales eran mozalbetes medio ignorantes que atemorizaron a ciudades y aldeas con sus desfiles y sus demostraciones de fe ciega en lo que ellos creían ser el pensamiento de Mao recogido en el «libro rojo», y que amenazaron y humillaron a los profesores, los funcionarios y los jerarcas del partido, en quienes veían la personificación del viejo orden revolucionario. Incluso reorganizaron los escalones superiores de la elite dominante, y expulsaron a hombres como Liu Shaochi. El segundo y más importante efecto fue la paralización del país. Las escuelas, las universidades y otros lugares cerraron durante parte del año 1967 mientras se procedía a una revisión de currículos docentes y de la finalidad de la enseñanza en general. Se suspendieron los exámenes y se interrumpieron las actividades de investigación científica y demás por el estilo. De este modo, la China comunista, país evidentemente retrasado, perdió todavía más puestos en el escalafón competitivo. Hasta que se desgastó la revolución. Hacia 1968 comenzó a recuperar China parte de su impulso anterior.

A los extranjeros les resultó enigmático y temible ese movimiento de millones de jóvenes uniformados que se abandonaban al frenesí del entusiasmo revolucionario, con abundantes muestras de menosprecio a los mayores y escasa utilidad constructiva. Al final los guardias rojos fueron más lejos de lo que el mismo Mao había previsto, y toda la vida del país quedó trastornada por aquel cataclismo ideológico. El resultado definitivo, después de la muerte de Mao en 1975, fue el endurecimiento de la división ideológica entre los moderados, los que trataban de adaptar la revolución a las nuevas realidades políticas de finales del siglo XX, y los radicales, en el fondo conservadores a ultranza por su adhesión a la vieja mística revolucionaria.

## La crisis de las Malvinas, 1982: ¿hizo bien Gran Bretaña en ir a la guerra?

En 1982, la crisis de las islas Malvinas, o Falkland, ilustró perfectamente los peligros a que se exponía Gran Bretaña con su política colonialista, trasnochada a finales del siglo XX. Se puede discutir el rumbo que tomó el gobierno británico antes de la crisis y durante ella, y no sería exacto decir que en la época el gabinete Thatcher no tenía otra alternativa más que la línea beligerante.

A primera vista, las pretensiones de Argentina sobre las islas podrían parecer justificadas. Este archipiélago está situado a unos 700 km de la costa, y puesto que forma parte de la misma plataforma continental, por el «argumento de proximidad» se diría que pertenece al territorio argentino. Lo malo es que el «argumento de proximidad» no lo admite casi nadie en el mundo. Se darían situaciones muy complicadas si se aplicase a lugares como las islas del canal de la Mancha, o las de Córcega, o Rodas, o las mismas islas británicas que no están a 700 km de la costa de Francia sino sólo a 40.

De hecho, los argentinos no recurrieron a dicho argumento, sino que esgrimieron razones históricas. Incluso se retrotrajeron al tratado de Tordesillas de 1493, en virtud del cual el papa Alejandro VI adjudicó a Portugal el hemisferio oriental, y el occidental a España. Pero muchas naciones no acataron este tratado (poco después, algunas incluso decidieron no acatar tampoco al papa). En particular Gran Bretaña y Francia no admitían reivindicaciones territoriales que no estuvieran justificadas por un asentamiento permanente del país que las plantease. Esto no afecta a las Malvinas, que no fueron descubiertas hasta mediados del siglo XVI (y lo hizo entonces un francés, no un español). Hacia mediados del siglo XVIII los franceses iniciaron una colonización. Al término de la Guerra de los Siete Años, los británicos expulsaron a esos colonos. Los franceses cedieron sus derechos a los españoles. El depósito comercial establecido allí por la marina inglesa fue suprimido por los españoles en 1770. Parecía que iba a estallar la guerra, pero en 1771 españoles y británicos firmaron un tratado en el que, además de allanar otras diferencias, incluyeron una cláusula secreta comprometiéndose ambas partes a abandonar las islas y dejarlas deshabitadas.

Cuando empezó a desintegrarse el imperio español en América del Sur, durante la guerra contra Napoleón, las Malvinas fueron reclamadas por Buenos Aires, y en 1816, cuando ésta se integró en las Provincias Unidas, quedó transferida la territorialidad. Cuatro años después los argentinos instalaron una guarnición en el archipiélago, pero los británicos adoptaron el punto de vista de que una guarnición no era en realidad un asentamiento, y que en cualquier caso los argentinos habían transgredido el acuerdo de 1771. Los argentinos objetaron que ellos no habían tenido arte ni parte en el acuerdo de 1771 y por tanto no se consideraban obligados por el mismo. Pero los británicos los expulsaron de todas maneras. A continuación echaron a perder el efecto de esa demostración de legalismo estableciendo ellos a su vez un asentamiento en 1832, aunque no militar esta vez, y proclamaron que las islas llamadas Falkland eran una colonia británica. Y así quedó la cosa hasta el siglo XX.

El primer problema contemporáneo en cuanto a la propiedad de las islas se planteó después de la II Guerra Mundial, cuando Argentina llevó la disputa a Naciones Unidas en 1947. Gran Bretaña propuso que toda la cuestión de las posesiones británicas en esa zona geográfica fuese sometida al Tribunal Internacional de Justicia, lo que fue declinado por Argentina (y por Chile) argumentando sus «derechos irrenunciables» en dicha zona. En 1955 Gran Bretaña presentó el caso unilateralmente, pero el Tribunal no quiso pronunciarse, visto que los argentinos no reconocían su jurisdicción. Después de esto hubo en Buenos Aires algunas manifestaciones antibritánicas, que en 1977 condujeron a la decisión del laborista James Callaghan y su gabinete de enviar naves al Atlántico Sur, sin perjuicio de tratar de llegar al mismo tiempo a un acuerdo. Cuando asumió el poder la señora Thatcher, envió a Nicholas Ridley con proposiciones que iban todavía más lejos: se proponía una congelación de la disputa a largo plazo y un compromiso de devolución, por el cual la titularidad correspondería a la Argentina y se establecería una administración mixta anglo-argentina. Esta idea, si se hubiese continuado, habría proporcionado una alternativa admirablemente sensata y práctica, en comparación con el rumbo que la política enfiló luego.

Por desgracia, hubo varias dificultades. Una de éstas, que el plan recibió duras críticas en Londres a cargo de diputados de todas las tendencias, conservadores, laboristas y liberales, juzgando que habían faltado agallas por ahí. Otro problema fue la actitud del consejo legislativo de las Falkland, al que no entusiasmaba que se cediese la zona a la Argentina, por más que los argentinos prometieran hacer de ella «la más mimada de sus provincias». La tercera dificultad fue que la delegación argentina no quiso aceptar más demoras. Ofrecieron a todos y cada uno de los 1.800 habitantes una indemnización del orden de 17.000 dólares si aceptaban la soberanía argentina, pero también esto fue rechazado. Los argentinos declararon entonces que «de no llegarse rápidamente a una solución negociada, pondrían fin a las conversaciones y buscarían otros medios para resolver la disputa».

A lo que parece, fue más o menos en este momento cuando el gabinete Thatcher decidió adoptar una línea más dura. Se llegó a la conclusión de que la impaciencia argentina era resultado directo de la reciente reducción de la presencia naval británica en el Atlántico Sur por motivos económicos. Y por tanto, de que la única manera correcta de enfrentar la situación era enviar refuerzos. Con gran contrariedad, la señora Thatcher descubrió que no tenía más que un pequeño destacamento de setenta *royal marines* en la East Falkland y un rompehielos artillado con cañones de 20 mm para patrullar toda la colonia. La debilidad británica se puso de manifiesto en marzo de 1982, cuando un buque de guerra argentino desembarcó en South Georgia una compañía de sesenta «chatarreros» que se adueñaron de la isla sin dificultad. En Gran Bretaña empezaron a alzarse voces exigiendo una reacción más vigorosa, entre ellas la de Denis Healey, el portavoz de Asuntos Exteriores por los laboristas, que calificó de «imprudente y claudicante» la actitud del gobierno.

Por entonces germinó en la mente de la señora Thatcher la idea de que una pequeña guerra victoriosa en semejante lugar remoto tal vez sería oportuna para un gabinete que iba a tener que buscar la reelección en el plazo de poco más de un año. Su resolución se concretó a comienzos de abril, cuando las tropas argentinas desembarcaron en Port Stanley y se apoderaron del archipiélago en poco más de tres horas. El gobernador británico Reg, Hunt fue deportado a Uruguay, y se estableció una administración argentina. Thatcher recogió el desafío sin más vacilación. A lo que siguieron diez meses de guerra no declarada en el Atlántico Sur entre las fuerzas argentinas y las británicas.

En un notable alarde de improvisación logística, los británicos reunieron una escuadra de unos treinta barcos de guerra y de apoyo, una flota aérea con los aparatos más modernos, y unos efectivos de 6.000 hombres, que fueron eficientemente transportados a 14.000 kilómetros de distancia con la misión de reconquistar las islas. South Georgia fue recuperada el 25 de abril y Port Stanley, en East Falkland, el 13 de junio. Las bajas argentinas fueron unas 400, y las británicas alrededor de cincuenta. La Royal Navy perdió dos destructores y dos fragatas que fueron blanco de mísiles lanzados desde el aire, y también un portacontenedores alquilado a la Cunard, el *Atlantic Conveyor*, hundido por un misil Exocet frente a San Carlos durante la operación de desembarco en ésta. Por su parte, los argentinos perdieron en mayo casi 400 hombres más, cuando su crucero *General Belgrano* fue torpedeado y hundido por un submarino británico. El conflicto demostró nuevamente la vulnerabilidad de las grandes unidades navales a los ataques por aire. Y también produjo, de manera casi automática, la caída del presidente Galtieri poco después del final de las hostilidades.

Mientras procuraba buscar una solución a la disputa antes de la guerra y durante la misma, Estados Unidos se hallaba en una situación muy difícil, puesto que ambos contendientes eran países amigos. Los intentos de mediación del presidente Reagan fueron infructuosos. Primero envió a Londres al general Alexander Haig en representación del Departamento de Estado y del Consejo Nacional de Seguridad. Para tratarse de que se le encargaba de evitar o limitar el conflicto, Haig no apreció debidamente la importancia de la cuestión; cuando le mostraron unos mapas del archipiélago dijo no entender por qué se enfadaban tanto los británicos. «¡Vaya! ¡Pero si no es más que un grano en el culo!», es la frase que se le atribuyó. Sin embargo, era muy importante para Reagan, que trataba de impedir la resolución número 502 del Consejo de Seguridad contra el empleo de la fuerza, y además estaba suministrando material de guerra a los dos bandos. Pero la señora Thatcher no quiso ceder ni un ápice de su postura: «Hemos dado a entender claramente al señor Haig que lo primordial ha de ser la retirada de las tropas invasoras, que la invasión no modifica en ningún sentido la soberanía de las islas, y que cuando llegue el momento de las futuras negociaciones, lo esencial será la voluntad de los habitantes de las mismas Falkland».

En esta última frase tal vez se resume el error más fundamental de Gran Bretaña. Es verdad que Thatcher resultó reelegida en 1982 logrando aumentar incluso su mayoría, y que tuvo la satisfacción de complacer a todos los *jingos* contemporáneos deseosos de defender la noción tradicional del imperio británico. Otra cuestión sería y sigue siendo si valió la pena gastar cientos de millones en preservar aquella posición, de hecho insostenible, en el Atlántico Sur. En la época y tras abandonar anteriores proyectos de cesión de la soberanía titular a Buenos Aires, quizá no fue posible considerar otra alternativa, excepto la de plegarse a las amenazas de los *dago*. La Junta argentina era «una banda de forajidos (según explicó Haig a su gabinete), condenada por Naciones Unidas. La resolución 502 les mandaba retirarse, y puesto que no lo hicieron, Gran Bretaña estaba autorizada por el artículo 42 de la Carta de las ONU a recuperar su territorio mediante un uso proporcionado de la fuerza. Que fue lo que hizo, pero parece empresa quijotesca la de embarcarse en una guerra para evitar que menos de 2.000 colonos (y más de 600.000 ovejas) vivieran bajo la bandera argentina en vez de hacerlo bajo la Union Jack.

Al mismo tiempo, no parece mucho más grave el transferir a la remota soberanía de Buenos Aires el puñado de habitantes de las Falkland, que el entregar casi 5 millones de chinos de la colonia británica de Hong Kong al dominio de la China comunista cuando expiró el viejo tratado en 1997, o que devolver Gibraltar a los españoles. Lo que tal vez han olvidado los émulos contemporáneos de Palmerston es que Gran Bretaña ha dejado ya de ser una potencia imperial, y que los gestos de imperialismo a finales del siglo XX salen mucho más caros y son menos oportunos de lo que eran en otros tiempos.

## La crisis cubana de 1963: ¿salvó Kennedy al mundo libre?

La mayoría de los historiadores está de acuerdo en elogiar sobremanera al presidente Kennedy por el coraje y la firmeza que demostró cuando se enfrentó a la crisis cubana de los mísiles en 1962, que según nos cuentan salvó al mundo de la destrucción nuclear. Esta interpretación del caso requiere considerables matizaciones.

No cabe duda de que la situación en octubre de 1962 era seria. Los aviones de reconocimiento U-2 que sobrevolaban Cuba revelaron la instalación de silos para mísiles nucleares en la isla bajo supervisión rusa. Se calculó que el radio de acción de dichas armas amenazaba a casi toda la superficie de Estados Unidos. Los consejeros de Kennedy le advirtieron que era preciso sacarlas de allí. Pero ¿cómo lograr la retirada de los mísiles sin desencadenar una guerra nuclear? Algunos propusieron atacar por sorpresa las bases cubanas. En cuyo caso probablemente se habría eliminado la amenaza, pero morirían técnicos rusos y soldados cubanos. Otros querían invadir Cuba y aseguraban que esta vez no sería un fracaso como la abortada invasión por Bahía de Cochinos el año anterior. Robert Kennedy objetó que no deseaba «que su hermano fuese recordado por otro Pearl Harbor» (aunque no se sepa bien qué quiso decir con eso). El secretario de defensa optó finalmente por un bloqueo naval de la isla, que impediría la llegada de futuras expediciones de armas nucleares. El 22 de octubre el presidente Kennedy anunció por medio de unas declaraciones televisadas que iba a imponer lo que llamó una «cuarentena» a la isla, y amenazó con represalias nucleares a plena escala si el presidente Castro trataba de utilizar los mísiles contra Estados Unidos: «Será la actitud oficial de este país el considerar cualquier lanzamiento de un misil nuclear desde Cuba contra cualquier nación del hemisferio occidental como una agresión de la Unión Soviética contra Estados Unidos, a la que se replicará empleando todos los medios».

Por tanto, Kennedy le planteaba a Jrúschov el órdago de una guerra nuclear si no desautorizaba la arriesgada iniciativa y ordenaba la retirada de las armas. Jrúschov por su parte intentó despistar, negando ante todo que estuvieran instalándose armas nucleares en Cuba. A continuación, aseguró que eran sólo defensivas. Mientras tanto se calculó que faltaban pocos días para que las bases fuesen operativas. El país fue puesto en alerta roja. La fuerza aérea, dispuesta a destruir los silos antes de que estuvieran en condiciones de ser utilizados. La Armada, en sus posiciones para cerrar el paso a la primera expedición rusa que se aproximase, y una flota de superbombarderos B-52 en vuelo permanente, cargados de bombas atómicas en previsión de una guerra.

Pero la crisis pasó, porque ninguno de los bandos deseaba la guerra. Los primeros barcos rusos consintieron ser abordados y registrados, y cesó la entrada de armamento nuclear en Cuba. Jrúschov escribió a Kennedy ofreciendo la retirada de los mísiles a cambio de una garantía de que Estados Unidos no atacaría la isla. Kennedy iba a aceptar el ofrecimiento, pero antes de contestar recibió una segunda carta de Jrúschov, en la que planteaba el desmantelamiento de las bases nucleares americanas de Turquía. No quiso entrar Kennedy en este punto. Aceptó el trato ofrecido en la primera carta e ignoró la segunda. Al anochecer del 27 de octubre Robert Kennedy se reunió con el embajador soviético Anatoli Dobrinin y exigió para el día siguiente «el compromiso de retirar las bases». Si los rusos no aceptaban, las fuerzas de Estados Unidos lo harían, amenazó. También añadió que, si bien no era parte del trato, se desmontarían las bases de mísiles de Turquía en caso de que los rusos cumplieran con lo exigido por Estados Unidos.

El reflujo de la crisis fue tan rápido como su aparición. Jrúschov empezó a desmontar los mísiles diciendo que ya habían servido para la finalidad propuesta, la de evitar que Cuba fuese atacada por los estadounidenses. Poco después fueron retirados los mísiles de Turquía bajo supervisión de Naciones Unidas. Se instaló un enlace de emergencia con teléfono y télex entre la Casa Blanca y el Kremlin para evitar crisis semejantes en el futuro, o para impedir estallidos bélicos accidentales por interpretación errónea de datos de inteligencia o averías de equipos detectores. Más tarde, en 1963, empezó la firma de una serie de tratados de prohibición de pruebas nucleares, seguidos en 1968 por un tratado de no proliferación nuclear. Estos acontecimientos marcaron el comienzo de un leve deshielo en la temperatura de la Guerra Fría.

Los estadounidenses proclamaron que había sido una gran victoria para el «mundo libre» y Kennedy fue felicitado por su firmeza y determinación. En Occidente las opiniones coincidieron más o menos con la de aquel funcionario de la Casa Blanca que dijo «nos hemos desafiado cara a cara, mirándonos a los ojos, y me parece que ha sido el adversario el que ha parpadeado primero». Otros observadores menos generosos acusaron a Kennedy de manufacturar la crisis para acallar a sus críticos republicanos y mejorar las oportunidades de su partido en las parciales de noviembre de 1962. La campaña había girado alrededor de asuntos interiores como el programa de la Nueva Frontera. Una crisis internacional representaba la oportunidad de perfilarse como estadista prudente pero enérgico. Él sabía que la instalación de cuarenta y cuatro mísiles en Cuba no alteraba significativamente el equilibrio del poder, puesto que Estados Unidos tenía cuatro veces más mísiles que la URSS, aunque tampoco se podía ignorar que su proximidad causaba aprensión a los estadounidenses. Y fue esa incertidumbre lo que decidió explotar a fondo. Considerada desde esa perspectiva, la crisis cubana pareció a algunos una apuesta excesivamente arriesgada, con el envite nuclear al fondo.

En cuanto a Jrúschov, la retirada resultó fatal para su carrera política. No tardó ni un año en perder el poder. Algunos estuvieron de acuerdo con el análisis estadounidense y consideraron que había sido el perdedor del enfrentamiento. Y en efecto, en 1964 la URSS se lanzó bajo el sucesor Brejnev a un amplio programa con el objetivo de reforzar el ejército y la marina, y alcanzar la paridad con Estados Unidos en el capítulo del armamento nuclear. La valoración retrospectiva del propio Jrúschov fue muy diferente. No tenía en mucha consideración a su adversario, al que juzgaba bisoño y mal informado, y si bien creyó que el presidente Kennedy era sincero y no mal intencionado, opinaba que por desgracia obraba como instrumento del poderoso complejo militar-industrial estadounidense que lo empujaba a la guerra. Reveló que le había merecido crédito el comentario de Robert Kennedy al embajador Dobrinin cuando supuestamente dijo que los rusos debían plegarse a los deseos estadounidenses, o de lo contrario el presidente sería derribado por los militares. Pensó que las presiones de la política interior le imponían al presidente una postura ultrapatriótica en apoyo de su partido y para mejorar los resultados electorales. Este análisis de la situación en 1962 arroja sobre la crisis de los mísiles de Cuba una luz inédita, aunque también es lógico que Jrúschov no tuvo más remedio que alegar una justificación de ese tipo.

## ¿Fue razonable la «teoría del dominó»?

En la década de los sesenta ganó terreno la idea de que Estados Unidos tenía el deber de hacer cuanto fuese necesario para contener la expansión del comunismo en el este asiático. Los países que tuviesen vecinos comunistas poderosos debían ser protegidos, o de lo contrario irían cayendo uno tras otro, y todo el hemisferio quedaría bajo la dominación marxista. Tal estrategia se evidenció como un grave error estratégico e histórico, y en todo caso su puesta en práctica fue casi totalmente ineficaz.

Después de 1945, Estados Unidos hizo desesperados esfuerzos por evitar la guerra civil en China, y cuando el conflicto estalló, siguió buscando la mediación entre las partes enfrentadas. Las sucesivas administraciones norteamericanas se sintieron amenazadas por la victoria del comunismo en China. Como tenían una doctrina que postulaba la existencia de una conspiración comunista a escala mundial para subvertir los estados democráticos, siguieron proporcionando recursos y apoyo al líder nacionalista Jiang Jieshi refugiado en la isla de Taiwán, y durante más de veinte años le negaron el reconocimiento al régimen comunista de Beijing. Otros alzamientos comunistas en los estados vecinos autorizaban la suposición de que todo el este asiático iba a correr la misma suerte.

En particular, la península indochina. Al principio, las administraciones de Estados Unidos anduvieron reticentes, por el tufo a «colonialismo» que habría desprendido cualquier intervención. Pero los escrúpulos empezaron a desvanecerse ante los insistentes llamamientos que suscitaba el derrumbamiento de la dominación francesa en Indochina. Lo que intensificó el temor al comunismo asiático fue el fortalecimiento de Ho Chi Minh en la parte norte del país, así como la resonante derrota infligida a un numeroso ejército francés en Dien Bien Phu en 1954. En 1960 la «teoría del dominó» había alcanzado gran preponderancia en las mentes de los analistas. Era la doctrina según la cual, la caída del régimen prooccidental en un país asiático iría seguida de otras, en sucesión incontenible, como cuando se derriba una fila de fichas de dominó. Por tanto, cuanto más pronto acudiese en defensa de la región Estados Unidos, más países se salvarían de la dominación comunista.

Como consecuencia de esta persuasión, bajo la magistratura de Kennedy los estadounidenses intensificaron su compromiso en la defensa de Vietnam contra los ataques de Ho Chi Minh. Para empezar enviaron «consejeros», y más tarde tropas de combate. El presidente Johnson declaró belicosamente en 1966 que «los estadounidenses se mantendrán firmes y lucharán al lado del pueblo de Vietnam del Sur [...] hasta que haya cesado la agresión». En 1968 Estados Unidos asumía en su totalidad la dirección de la guerra, mantenida gracias al dinero, los pertrechos y el armamento que fue enviando al país junto con medio millón de hombres. Cuando se vio presidente, Nixon anunció su intención de iniciar la retirada, pero tardó algunos años en librarse del compromiso, hasta que se firmó en enero de 1973 el armisticio de París.

Según las condiciones del acuerdo, las tropas estadounidenses debían salir del Vietnam en el plazo de dos meses, se procedería al canje de prisioneros y Naciones Unidas sería invitada a aportar una fuerza de supervisión de la tregua.

El Vietnam del Sur, que Estados Unidos había sostenido al precio de grandes sacrificios, cayó en manos del Norte como una fruta madura. En 1975 el comunismo triunfaba a lo largo y lo ancho de todo el país. Aún no había terminado la década de los setenta cuando los ejércitos del nuevo estado vencedor desbordaron las fronteras de Laos, estado vecino de reciente independencia. También invadieron Camboya, o Kampuchea, como se dio en llamarla, donde infligieron una derrota a los jemeres rojos, cuyo líder Pol Pot, tras derribar a su predecesor, el general Lon Nol, gobernaba a su desgraciado pueblo con inconcebible barbarie. Pol Pot exterminó a cerca de la mitad de la población con sus inhumanos procedimientos, de manera que la invasión vietnamita fue recibida casi con alivio. En el mismo Vietnam, donde los comunistas andaban muy ocupados en purgar a sus antiguos adversarios, se produjo en 1979 un gran éxodo de balseros, es decir, de ex partidarios del anterior régimen de Saigón y gentes de clase media que huían del país embarcándose en cualquier tipo de vehículo susceptible de flotar, con tal de no verse obligadas a vivir bajo el sistema comunista. Ante todos estos acontecimientos muchos observadores juzgaron que Estados Unidos tal vez había agravado el error inicial de intervenir en el sudeste asiático, añadiéndole el error de abandonarlo a destiempo. O tal vez sería que había algo de cierto en la «teoría del dominó», puesto que ahora toda la región quedaba amenazada por el comunismo.

Pronto, sin embargo, los acontecimientos demostraron que el miedo histérico al comunismo era exagerado. En la década de los ochenta los vietnamitas retiraron sus fuerzas tanto de Laos como de Kampuchea. En Vietnam también cundió la pacificación. La China comunista, en vez de hacer causa común con los nuevos gobernantes vietnamitas, e inquieta por el comportamiento levantisco de sus ex protegidos, se indispuso con ellos a raíz de una serie de disputas fronterizas. En 1979 éstas condujeron a un breve estallido bélico en el que los chinos no quedaron demasiado bien parados. De manera que las relaciones entre los estados del bloque comunista, empezando por las de Rusia y China, distaban mucho de parecerse al bloque monolítico que habían descrito el senador McCarthy y otros muchos observadores estadounidenses. Al igual que en el resto del mundo, los vecinos comunistas se llevaban mal. En Estados Unidos se empezó a sospechar que la «teoría del dominó» ya no tenía relevancia, si es que la tuvo alguna vez.

Lo que se había imaginado como un inmenso bloque ideológico, en realidad era un peligro diferente, mucho menos amenazador y totalmente convencional, el del nacionalismo. Los líderes que parecían comprometidos en la conjura comunista, en realidad no buscaban otra cosa más que expulsar de sus países a los extranjeros molestos para poder dedicarse a fomentar objetivos de expansión nacional. No se deslizaron por la pendiente de la dictadura comunista todos los países del sudeste asiático. En Estados Unidos habían sobreestimado el peligro al que creyó enfrentarse el pueblo estadounidense. En los lugares donde los líderes comunistas seguían detentando el poder, como

Corea del Norte y Vietnam, rápidamente iban adoptando, a la manera de los camaleones, el camuflaje más apropiado a sus circunstancias particulares, y pensando sólo en sus propios intereses persiguieron políticas mucho más nacionalistas que comunistas.

## ¿Tuvo éxito la distensión entre Oriente y Occidente?

**Después de su desafío «cara a cara» durante la crisis de los mísiles de Cuba, en 1962, y habiéndose evitado por poco el holocausto nuclear, Estados Unidos y la URSS pusieron en marcha políticas diplomáticas de distensión y desarme. Sin embargo, los resultados de la distensión fueron muy escasos en líneas generales. Están en un error quienes le atribuyen mayor importancia.**

Las dos potencias firmaron en 1963 un tratado de prohibición de pruebas nucleares en la atmósfera o submarinas, a fin de reducir el peligro de contaminación de los océanos y las llamadas «lluvias radiactivas». También alcanzaron un acuerdo de no proliferación nuclear en 1968, cuya finalidad era impedir que otros países tuviesen acceso a ese tipo de armamento. Ambos tratados fueron ratificados por otros muchos países, aunque no por Francia ni por la China comunista. En aquella época, la idea de la distensión favorecía los designios de las potencias firmantes. Estados Unidos estaba en su compromiso de Vietnam y con pocas ganas de embarcarse en otros conflictos. Al mismo tiempo, la Unión Soviética, donde Brejnev y los suyos exhibían la intransigencia de lo que se llamó entonces «la línea dura», en realidad deseaba una componenda con Estados Unidos por más que ello enfureciese a los comunistas chinos. A comienzos de la década de los setenta el presidente Nixon hizo sucesivas visitas a Beijing y Moscú, y consiguió mejorar relaciones con ambas. Durante su estancia en Moscú se firmaron dos nuevos e importantes acuerdos como resultado de lo que llamaban las «conversaciones para la limitación de armas estratégicas» (oportunamente abreviadas como SALT, sus siglas en inglés). El primero versaba sobre los sistemas antimisiles balísticos (ABM) y trataba de delimitar las regiones en donde podían desplegarse dichos sistemas. El segundo limitaba la cantidad total de mísiles balísticos intercontinentales (ICBM) y mísiles balísticos instalados en submarinos (SLBM) en poder de cada una de las dos potencias. Brejnev devolvió el cumplido visitando Estados Unidos en 1973, donde se celebró una segunda conferencia de los altos dirigentes.

No fue duradera, sin embargo, esta mejoría de las relaciones entre los dos bandos. El entusiasmo se disipó en el decurso de la década de los setenta. En Moscú, algunos manifestaron su contrariedad porque los tratados vigentes no tenían en cuenta un nuevo tipo de armamento americano, los llamados vehículos de reingreso múltiple e independiente (MIRV). Un solo misil podía desplegar, en la fase final de su trayectoria, una lluvia de ojivas diferentes, cada una de ellas guiada por separado. Ello permitía atacar múltiples objetivos de manera simultánea. La desconfianza se acentuó con la guerra del Yom Kippur en 1973, cuando las dos potencias, aunque oficialmente neutrales, siguieron suministrando armamento a sus respectivos aliados tradicionales. Brejnev incluso amenazó con un ataque a los israelíes, para que aceptaran un alto el fuego patrocinado por el Consejo de Seguridad.

Sin embargo, los dos países no abandonaron del todo sus intentos de cerrar nuevos acuerdos. En 1974 Nixon visitó de nuevo la URSS y firmó con Brejnev una serie de ellos. Se prohibían las pruebas nucleares subterráneas de potencia superior a los 150 kilotones, y en otro tratado se aceptaba limitar el despliegue de sistemas ABM a un solo tipo de sistema. Un tercero preveía nuevas limitaciones al armamento estratégico. El presidente Ford los ratificó en su reunión con Brejnev en Vladivostok a finales de 1974. Nixon y Brejnev habían iniciado también un proyecto mucho más ambicioso, aunque fracasado en último término, con el designio de establecer una Conferencia para la seguridad y la cooperación en Europa (CSCE). Una de las consecuencias de este plan fue la Conferencia de Helsinki de 1975, cuyo documento final incluyó declaraciones de buenas intenciones sobre una serie de asuntos como las fronteras, los derechos humanos, el desarme, la cooperación económica y científica, y demás por el estilo. Nada de esto produjo resultados concretos, por desgracia.

En el fondo, estos proyectos fracasaron porque subsistía la desconfianza entre Estados Unidos y la Unión Soviética. Por una parte, Brejnev estaba presionado por los soviéticos partidarios de la línea dura, que le incitaban a adoptar posturas más firmes frente a los occidentales. Por otro, la Unión Soviética mediante un esfuerzo tremendo lograba alcanzar casi la paridad con el potencial nuclear de Estados Unidos. Los estadounidenses por su lado se habían librado del agobio vietnamita y empezaban a asomar otra vez sobre el parapeto. El gasto militar de Estados Unidos incluida la ayuda militar a los países aliados pasó de los 45.000 millones de dólares en 1976 a 70.000 millones en 1979. En vista de ese volumen de gasto, la conclusión de las conversaciones SALT 2 en Viena, en junio de 1979, fue poco más que un gesto propagandístico. La relaciones entre Estados Unidos y la URSS se deterioraron aún más como consecuencia de la invasión de Afganistán por los rusos en 1979. Esta invasión, junto con las sospechas de «aventurerismo» soviético en algunos lugares de África, como Sudán, Somalia y Mozambique (así como el apoyo a los cubanos en Angola y Zaire), determinaron en 1981 que la nueva administración Reagan estuviera mucho menos dispuesta a regatear con los soviéticos. Una de las primeras acciones de los estadounidenses consistió en rechazar el tratado SALT 2, que no fue ratificado por el senado. Ni el fallecimiento de Brejnev en 1982 ni la rápida sucesión de líderes ancianos en Rusia cambiaron la actitud de Estados Unidos, que siguió desconfiando de las intenciones soviéticas incluso después del acceso de Gorbachov al poder en 1985.

En 1986 Gorbachov planteó en Reykjavik unas propuestas de desarme asombrosas por su contenido. Tan asombrados quedaron Reagan y la delegación estadounidense, que durante algún tiempo no supieron cómo reaccionar. Costó más de dos años de arduas negociaciones entre las dos potencias el llegar al primer tratado importante, que consistió en la abolición de los misiles balísticos de alcance medio. Al poco,

Gorbachov dispuso la retirada de las fuerzas soviéticas de Afganistán, a lo que siguió otra oferta todavía más radical, la de retirar, con armas y bagajes, los efectivos estacionados en Europa oriental, e incluso permitir la inspección de las ultrasecretas bases militares soviéticas por expertos occidentales, para que controlaran el desmantelamiento y destrucción de los armamentos excedentes.

Nada de eso fue debido a una supuesta entrada en razón por parte de la Unión Soviética. La flexibilidad de Gorbachov desde luego respondía a su talante moderado, pero sobre todo a la ruina económica de Rusia, que precisamente era consecuencia del insostenible esfuerzo que imponía la carrera de armamentos. Gorbachov estaba dispuesto a hacer lo que fuese necesario con tal de resolver los problemas de su país. Si la distensión iniciada en 1963 produjo pocos resultados, ello fue debido a la falta de confianza entre los líderes de ambos bandos, ninguno de los cuales tenía demasiado interés en que triunfase la distensión. Por otra parte, los escasos acuerdos conseguidos no hicieron más que contener el crecimiento de los arsenales nucleares, pero no mermaban la capacidad efectiva de las potencias para la guerra nuclear. Se diría que los dos bandos opinaban que la distensión y el desarme eran cosas buenas, con tal de que se tuviese en cuenta el principio de «vayan pasando ustedes primero».

Se podría opinar que la distensión sirvió para rebajar la tensión en el plano internacional. A finales de la década de los setenta y comienzos de los años ochenta predominó la sensación de que el peligro de guerra nuclear remitía un tanto, aunque persistieran las diferencias entre los dos países. Es posible que la idea de distensión ayudase a crear una relativa confianza mutua, disminuyendo la peligrosa tendencia a llevar las cuestiones al punto que llegaron cuando la crisis cubana. Pero en 1991 cambió todo el panorama internacional irrevocablemente. Se hundió el comunismo, y con él desapareció el imperio soviético de «estados satélites» en el este de Europa. Incluso algunas provincias soviéticas como Armenia, Ucrania y los países bálticos aspiraban a emanciparse del control centralizado. Lo que significaba, en conjunto, que la carrera de armamentos entre el Occidente y el Oriente empezaba a perder trascendencia. Finalmente, la distensión se impuso cuando ya no hacía falta seguir hablando de distensión.

## ¿Fue la Guerra de las Galaxias lo que acabó con la Guerra Fría?

A la iniciativa de defensa estratégica, o SDI por sus siglas en inglés, popularmente llamada la Guerra de las Galaxias por alusión a un estreno de mucho éxito en la época, se le acredita muchas veces el mérito de haber contribuido significativamente al final de la Guerra Fría entre Estados Unidos y el bloque comunista en 1990. Esta idea es una ficción total, lo mismo que la ciencia-ficción de la que ha tomado el nombre. Es un error creer que haya supuesto ni la menor diferencia en cuanto al desenlace de la Guerra Fría. O si influyó en algo, fue en un sentido bastante distinto del que generalmente se supone.

De hecho, toda la idea era ciencia-ficción en sí misma. Su finalidad principal, proclamada con gran convicción por el presidente Reagan, consistía en proteger todo el territorio de Estados Unidos bajo un paraguas de mísiles antimisiles, que interceptarían infaliblemente cualquier ataque soviético destruyendo sus vectores, a ser posible en el espacio exterior. De haberse realizado, habría supuesto la invulnerabilidad de Estados Unidos sin que los rusos contaran con una protección simétrica. Pero la idea, por más que infinitamente tranquilizadora para la opinión pública, era irrealizable por varios motivos técnicos.

Tal vez Reagan recordaba una película de ciencia-ficción de los años cincuenta en que había intervenido él mismo, y cuyo argumento guardaba notable semejanza con el nuevo plan. En todo caso, impulsó la SDI con entusiasmo, aunque no hay razones para suponer que se creyera ni media palabra. Por otra parte, el coste prometía ser astronómico, lo que en último término resultó ser su punto fuerte principal. Cuando asumió su cargo en la Casa Blanca en 1980, Reagan intensificó otros proyectos de un tipo algo más convencional, como el de los MIRV diseñados para alcanzar simultáneamente gran número de objetivos al dispersar múltiples ojivas transportadas por un solo misil pero provistas de guiado independiente. Al mismo tiempo, en un alarde de fantasía reunió en Washington a un grupo de autores de ciencia-ficción para solicitarles sugerencias detalladas con vistas a la SDI. A continuación empezó a hablar de la ficticia tecnología como si existiese realmente, e incluso amenazó a los rusos con desplegarla.

Ellos mordieron el anzuelo y empezaron a buscar estrategias similares de su propia invención. Lo que los obligaría a redoblar sus programas de investigación científica, puesto que ningún espionaje por eficaz que fuese iba a poder descubrir unos secretos estratégicos que no existían. Cuando Gorbachov se reunió con Reagan en la cumbre de Reykjavik de 1982, la amenaza de la SDI pendía sobre la cabeza del primero.

Como hemos dicho, la utilidad principal de la SDI consistió en que los rusos no podían permitírsela. Las investigaciones necesarias, añadidas a la ya agobiante carga del rearme soviético, significaban un esfuerzo económico capaz de comprometer hasta la misma estabilidad del sistema. El presupuesto militar soviético, además de soportar el reciente conflicto bélico en Afganistán, habría tenido que pasar de los 45.000 millones de dólares anuales a más de 90.000 millones. Consciente del peligro que ello suponía para la economía dirigida de su país, Gorbachov insistió astutamente en solicitar reducciones, lo mismo en Reykjavik que más tarde, y con más éxito, en la reunión de 1987 en Washington. Sus proyectos reformistas iban también dirigidos a edificar un consenso político más amplio y a mejorar la eficiencia de la economía en general. Pero lo que sucedió fue que la URSS se hundió completamente y el bloque soviético se desintegró.

Algo hay de cierto, por consiguiente, en la opinión de que la SDI contribuyó al colapso del comunismo mundial. Pero fue por razones económicas, no militares ni estratégicas. Fue un farol inspirado que permitió arramblar con toda la mesa.

## ¿Falsificó Stalin pruebas fotográficas?

Con frecuencia, las imágenes dejan una impresión más fuerte y más duradera que las palabras. La fe en la veracidad absoluta del testimonio fotográfico es muy infundada, porque las fotografías pueden falsificarse lo mismo que cualquier otro documento histórico.

En el decurso de su carrera, Stalin, además de purgar de la vida política a sus enemigos, trató de purgarlos también de la historia por el procedimiento de trucar las fotografías en que apareciesen. El ejemplo más famoso de esta manipulación sin duda es la fotografía en que Lenin pronuncia una arenga a las tropas delante del teatro Bolshoi, en 1920. Aparece en una tribuna de madera y en plena gesticulación retórica; a su lado, en el estrado, se halla Trotski, y Kameniev un poco más atrás. A finales de la década de los veinte, cuando Stalin excluyó del poder a Trotski, también mandó retocar la fotografía. Trotski desapareció, y la misma suerte corrió Kameniev después de las grandes purgas de la década de los treinta.

Stalin también sacó ventaja política de otro trucaje fotográfico sencillo, al mejorar su prestigio mediante un montaje que superponía dos fotos diferentes. Una de ellas era de él mismo, la otra representaba a un Lenin postrado (a consecuencia de la apoplejía sufrida en 1922). Al acercar las dos figuras sedentes se daba a entender una relación de intimidad y confianza mutua entre ambos políticos, cuando en realidad andaban por aquel entonces profundamente desavenidos. Después de 1924, Stalin utilizó esa falsa apariencia para sugerir que era él, y no Trotski, el legítimo heredero político de Lenin.

# 9. ENIGMAS PERSISTENTES

## Inglaterra, Gran Bretaña y el Reino Unido: ¿para qué tanta confusión?

En muchos libros de historia, la de Inglaterra suele comprender la del país de Gales, y por lo general también las de Escocia e Irlanda, en parte o por entero. Está luego Irlanda del Norte, a la que algunos llaman Ulster... Y además, ¿qué estatuto tiene «Gran Bretaña»? Esas distinciones nacionales muchas veces nos resultan confusas e imprecisas, y no digamos a los extranjeros. Incluso los nativos se equivocan con frecuencia. ¿Es posible poner en claro estos significados? ¿Qué es el «Reino Unido»?

En la época de las grandezas imperiales británicas, a finales del siglo XIX, la «historia inglesa» incluía la de las colonias y tal vez incluso la de la India. Lo cual devino práctica habitual en el dominio de habla inglesa (e incluso para muchos que no hablaban inglés pero estaban dominados por ellos). Después de 1783, Estados Unidos se autoexcluyó, aunque en este caso muchos ingleses de determinada extracción social consideraron que debería haberse mantenido la costumbre, puesto que indudablemente los americanos no eran más que unos colonos renegados.

«Las islas británicas» designa exactamente todo el archipiélago situado más allá de la costa noroeste de Europa (a cuyo continente pertenecen), la más grande de las cuales se llama «Gran Bretaña» (denominación que no incluye a Irlanda). Después del decreto de unificación de 1800, «islas británicas» pasó a ser sinónimo de «el Reino Unido de Gran Bretaña e Irlanda», reducido a «el Reino Unido de Gran Bretaña e Irlanda del Norte» una vez entró en vigor la partición de Irlanda en 1921.

En cuanto a Gran Bretaña, distinguimos tres naciones: Inglaterra, País de Gales y Escocia:

*Inglaterra* es la que predomina, al ser con mucho la más importante por recursos y población. En el decurso del siglo XX sus ciudadanos adoptaron la costumbre de llamarse «británicos», en parte por consideración hacia las respetables minorías inglesas de Gran Bretaña, y en parte para comodidad de los extranjeros, a los que no puede exigírseles un conocimiento tan detallado de los asuntos de la isla.

*País de Gales* nunca fue un reino independiente reconocido como tal por Inglaterra, pese a las pretensiones de algunos príncipes como Owen Glendower (1405). Fue conquistado poco a poco durante el siglo XIII, y administrado como si formase parte de Inglaterra. A sus habitantes, los galeses, se les llama *welsh* en inglés, palabra que desgraciadamente aparece como verbo en el inglés coloquial con el significado de «mentir».

*Escocia* sí tiene una historia como reino independiente, aunque bajo soberano común con Inglaterra desde 1603, y hasta el decreto de unificación de 1707. Desde entonces se consideró parte de Inglaterra, aunque desde hace poco tiene parlamento propio. Los escoceses se llaman *scots* en inglés, y lo escocés como adjetivo es *scottish*, debiendo quedar reservada la palabra *scotch* al whisky de ese origen, que ha hecho la fama del país en todo el mundo.

Aunque aparezcan en los libros de historia inglesa largos tramos del pasado de Escocia y del País de Gales, estas dos naciones reivindican su nacionalidad aparte, y tienen su propios idiomas nacionales, aunque son muchos los galeses y escoceses que hablan inglés y todavía más los que lo entienden. La división nacional básica es la que hay entre anglosajones y celtas. El inglés, lengua mayoritaria, conserva una amplia base de raíces anglosajonas pero con abundantes préstamos del latín y del francés que hablaban los normandos. En cuanto a la lengua de origen céltico, el gaélico, hay notables semejanzas entre las variantes escocesa, irlandesa y galesa, e incluso con el bretón, el bable y el habla antigua de Cornualles, donde existe una minoría que reclama un estatuto independiente para las tierras situadas al oeste del Tamar, bajo el antiguo nombre de *Kernow*.

Durante el siglo XX los conceptos de lengua y nacionalidad revistieron fuerte carga política en muchos lugares del mundo y también, como no podía ser de otro modo, en Gran Bretaña. Hacia el final del siglo mencionado, y conforme aumentaba la población inmigrante, las palabras «Bretaña» (del bretón *Prydain*) e «Inglaterra» sufrieron un curioso desuso, promovido en parte por el establecimiento de asambleas nacionales separadas para el País de Gales y Escocia. También se intentó resucitar la de Irlanda del Norte. En mayo de 2002 se han propuesto asimismo varias asambleas regionales inglesas. Los comunicadores de la radio y la televisión decían, por ejemplo, que la gente que había salido de vacaciones al extranjero estaba regresando «a estas islas», e incluso un ministro del gabinete ha hablado de la necesidad de ser «representativos de todos los intereses existentes en el Reino Unido, lo cual incluye *a todas las naciones* del Reino Unido». Con esa tendencia las islas británicas van a parecer más políglotas de lo que han sido en realidad. Casi parecía que estuviera feo decir *Britain*, y tampoco se usaba mucho la palabra *England*, a no ser en conexión con los triunfos deportivos y dada la imposibilidad de evitarla por completo. La equivalencia correcta de «Inglaterra» parecía ser «las regiones», y «el Reino Unido» era la expresión comodín. Como si estuviera pasado de moda el concepto de una sola nación o el país estuviera desintegrándose interiormente, a punto de disolver su identidad en la más amplia identidad europea. A lo mejor no sería mala idea, en estos comienzos del tercer milenio.

## ¿Cómo murió Napoleón I?

Santa Elena es una isla de clima lluvioso y azotada por los vendavales del Atlántico Sur, que los británicos utilizaban para hacer escala. Fue allí donde tuvieron exiliado a Napoleón I cerca de seis años, y donde murió el 5 de mayo de 1821. Pero ¿cuál fue la causa del fallecimiento?

No tardó mucho en circular el rumor de que Napoleón no había muerto de causa natural. Al fin y al cabo, sólo tenía cincuenta y pocos años. En cambio, los franceses que lo acompañaban y los ingleses que lo guardaban tenían mucho que ganar con su desaparición. Como poder volverse a casa, entre otras cosas. Se dijo que lo habían envenenado mediante la administración lenta de arsénico o de estricnina. Los franceses acusaron a los ingleses, afirmando que era la venganza por los largos años de guerras que Napoleón había impuesto tanto a Inglaterra como al resto de Europa. Lo cual parece bastante improbable. Sir Hudson Lowe, el gobernador de Santa Helena, era hombre estricto y desprovisto de imaginación, que no pensaría sino en atenerse a la letra de sus instrucciones. No habría sido capaz de tomar por su cuenta una iniciativa de ese tipo. Los militares y civiles a sus órdenes tenían destinos de duración limitada y regresarían a casa cuando expirasen sus plazos respectivos. No así los franceses que compartieron el exilio de Napoleón. La lealtad los obligaba a quedarse en Santa Helena y servirle hasta el final. Pero todo el séquito de Bonaparte le era tan adicto, que es imposible señalar a ningún sospechoso. Se ha acusado al general Montholon, un ex compañero de armas, porque tuvieron una fuerte discordia, pero no hay pruebas de nada más. Entre exiliados y bajo aquellas circunstancias no era de extrañar que surgieran desavenencias, de manera que las riñas en sí mismas no son indicativas de ningún posible crimen. Se ha postulado recientemente que Montholon o alguno de sus ayudantes se hallaban en una conjura secreta con Carlos, el heredero del trono francés, para eliminar a Napoleón. Los indicios son escasos y circunstanciales. Es posible que Montholon tuviera deseos de volver a Francia, pero hay mucha distancia de esto a la traición y al asesinato.

La autopsia fue realizada por médicos británicos y franceses que no se pusieron de acuerdo en cuanto a la causa del óbito. Los franceses aseguraron que la salud de Bonaparte estaba deteriorada por su larga estancia en tan malsano clima, y se remitieron a las úlceras gástricas de Napoleón. Los ingleses dijeron que era cáncer de estómago, con el que poco tendría que ver el clima de Santa Helena ni las condiciones del cautiverio. Más recientemente, los métodos modernos de análisis permitieron descubrir trazas de arsénico en un rizo del cabello de Napoleón, aunque no adelantó mucho la discusión con eso. La contaminación arsenical puede producirse antes o después de la muerte, y ciertamente contenía arsénico la cola del empapelado de la estancia donde pasaba aquél la mayor parte del tiempo. Puede estimarse probable que Napoleón murió de enfermedad gástrica, que pudo ser cáncer o ulceración grave. Antes de afirmar lo contrario sería preciso aportar nuevas pruebas.

## El Álamo: ¿qué ocurrió durante las horas finales?

**Jim Bowie y Davey Crockett figuran entre los grandes héroes de la leyenda y el folclore de Estados Unidos. El cuchillo de monte Bowie y la gorra de castor de Crockett confieren individualidad original a la leyenda, pero las circunstancias de su muerte le añaden la dimensión épica. El 6 de marzo de 1836, el ejército mexicano al mando del general Santa Anna conquistó la misión de El Álamo en San Antonio de Tejas, y exterminó a toda la guarnición. Bowie y Crockett lucharon con desesperación y hasta el último minuto por la causa de la independencia de Texas, ¿o no?**

A comienzos de 1836 los tejanos se proclamaron independientes de México, por lo que cayó sobre ellos todo el poder del ejército encabezado por el general Santa Anna, presidente de México. De acuerdo con una estimación prudente disponía de 3.000 soldados bien instruidos, y los tejanos apenas tuvieron tiempo para coordinar su defensa. Los pequeños asentamientos fueron dominados con facilidad y los habitantes de San Antonio, desesperando de recibir socorro exterior, se refugiaron en el espacioso recinto fortificado de la misión. Durante doce días, contando desde el 24 de febrero, 200 paisanos tuvieron en jaque a los mexicanos. Cuando cedió por fin la defensa, no quedaban hombres sobrevivientes, y se supuso que Bowie, Crockett y el co-comandante William Travis estaban entre los caídos. La última vez que fueron vistos, aún peleaban y exhortaban a no desfallecer a los demás.

Pero las horas finales de El Álamo fueron de caos y confusión, y no es muy coherente el testimonio de quienes sobrevivieron. No se tiene la seguridad de que viese caer a los tres líderes. Aunque luego los tejanos aseguraron que se había hecho una matanza con la guarnición, los mexicanos afirmaron que quienes cayeron lo hicieron peleando. Pero no dijeron que hubiesen tomado prisioneros, ni que ninguno de los hombres que luchaban hubiese solicitado rendirse. Recientemente se ha afirmado que Crockett y los demás fueron hechos prisioneros y que los mataron después de entregarse, pese a que Crockett pidió cuartel diciendo que era un paisano y que se había visto atrapado en la batalla por una desgraciada coincidencia. Esto lo afirma el diario de un tal José Enrique de la Peña, teniente coronel que peleó a las órdenes de Santa Anna en El Álamo. La tardía aparición del documento en 1955 justifica todas las sospechas, aunque está escrito sobre papel de la época y algunos estudiosos lo tienen por auténtico. Si lo fuese, nos veríamos obligados a revisar la versión heroica y popular de la muerte de Crockett, y al mismo tiempo los mexicanos quedarían como unos asesinos a sangre fría, en vez de homicidas en el ardor de la batalla.

Otra hipótesis asevera que Bowie, Crockett y otros sobrevivieron a la batalla y sufrieron varios años de cautiverio. Esta versión no se apoya en ningún indicio fiable. Sam Houston y otros dirigentes de los tejanos habrían tenido buenos motivos para callar, en cualquiera de estas dos eventualidades, que dejan en mal lugar el heroísmo de los tejanos al reemplazarlo por la pasividad de una rendición. Pero si admitimos la teoría de la cautividad, es un poco extraño que Santa Anna, cuando cayó prisionero pocas semanas después en San Jacinto, no hubiese revelado esa circunstancia a quienes lo apresaron, aunque sólo fuese para tratar de negociar un canje. Ni parece probable que, si aquéllos fueron prisioneros de los mexicanos, no se filtrase ningún rumor, ni se conociese ningún detalle más.

La versión mexicana de que murieron peleando confirma la leyenda heroica y no concede ninguna credibilidad a la versión de De la Peña. En cualquiera de las demás alternativas el grito de «Remember the Alamo» perdería mucho valor como divisa de guerra de los tejanos. Atendido el estado actual de nuestros conocimientos, parece probable que el asedio acabase con una matanza; que dicha matanza ocurriese durante la batalla o después, sólo depende de la autenticidad del diario de De la Peña.

## La Guerra de Secesión: ¿era ineluctable la victoria del Norte?

Se ha dicho con frecuencia que los estados del norte eran mucho más fuertes que los del sur, y que de cualquier manera la guerra tenía que terminar con la victoria del Norte. Con frecuencia los juicios históricos se formulan en términos de la inevitabilidad de lo ocurrido, pero tal veredicto no siempre se apoya en un análisis riguroso.

Es cierto que cuando estalló la guerra civil en 1861, el Norte parecía contar con todas las ventajas. Con una población de cerca de 20 millones de habitantes reforzada además por un constante flujo de inmigrantes, era incontestable, en el plano puramente numérico, la superioridad sobre los 9 millones de habitantes del sur. Además, casi la mitad de éstos eran negros esclavos y las autoridades no se atrevieron a darles armas. El Norte estaba comunicado mediante una red de ferrocarriles, valiosa desde el punto de vista estratégico así como por consideraciones industriales. Mientras el Sur necesitaba bienes manufacturados del Norte o importados, principalmente de Gran Bretaña, el Norte poseía una capacidad industrial superior y sobre todo fabricaba grandes cantidades de munición. La innovación técnica fue otra característica del Norte, lo mismo que la abundancia de recursos financieros gracias a las bolsas de valores y de productos de primera necesidad. El endeudamiento del Norte aumentó mucho con la guerra, hasta exceder los 3.000 millones de dólares, pero los recursos del país no estaban agotados ni mucho menos. Pese a la guerra, la renta per cápita en el Norte se multiplicó por dos entre 1860 y 1870. Casi toda la Armada era del Norte, y desde el comienzo de la guerra controlaba los mares e impidió que los estados del sur continuaran su comercio con Europa. El ejército de tierra norteño era también superior numéricamente y llegaron a formar en sus filas más de 100.000 hombres, de los cuales tres de cada cuatro tenían menos de veintiún años. Aunque la instrucción fue muy deficiente y hubo mucha indisciplina, acabaron por constituir un ejército formidable capaz de vencer al Sur. Por último, el Norte tenía en la persona de Lincoln un líder político muy superior a cuantos consiguieron alinear los sureños, en términos de valentía personal, prudencia política y buen juicio.

Por otra parte, también la Confederación del Sur constituía una fuerza temible. Desde el punto de vista militar, los sureños estaban más acostumbrados a la vida al aire libre, más disciplinados, y animados por una fe ciega en su causa. En cambio, los ejércitos del Norte, reforzados luego por hombres del reemplazo, enrolaron a muchos elementos inferiores, gente debilitada por la vida en los suburbios industriales y muchas veces absolutamente ajena a lo que se ventilaba en la guerra. De ahí que el Sur produjera por lo menos tantos generales capaces como el Norte, y dos de ellos extraordinarios, que fueron Robert E. Lee y «Stonewall» Jackson, ambos virginianos. Contaban con la ventaja de unas líneas de comunicaciones interiores y una organización social más idónea para la creación de un ejército eficaz. El Sur también tenía la lealtad incondicional de la mayoría de sus ciudadanos, que combatían por lo que valoraban más, su libertad, su autogobierno y, en muchos casos, la defensa de sus hogares y sus familias. Al mismo tiempo, gozaron de las simpatías de muchos gobiernos europeos. Lord Palmerston, por ejemplo, incluso llegó a acariciar la idea de acudir en socorro de los sureños. Es curioso pero aquella guerra fue también una cuestión de clases: los estratos privilegiados de donde procedían los miembros de muchos gobiernos simpatizaban con el Sur, pero la clase obrera era partidaria de los estados norteños, con cuyas capas populares se identificaba, incluso cuando (como sucedió en el Lancashire) el bloqueo marítimo del sur impedía la llegada de materias primas y privaba a aquélla de sus puestos de trabajo. Al principio, sin embargo, el Norte hubo de sobrellevar los errores de algunos mandos ineptos o indiferentes, hasta que la dirección de la guerra pasó a Ulysses S. Grant. Las victorias del Norte tardaron más en llegar, y cuando lo hicieron fueron más sangrientas, más costosas, y logradas al precio de enormes esfuerzos.

La guerra, sin embargo, los exigía. El Sur se había separado de la Unión, y el Norte debía forzar su retorno, o de lo contrario no habría vencido. Cualquier acuerdo que hubiese reconocido la independencia del Sur o su derecho a extender el esclavismo, habría equivalido a una derrota del Norte. La Confederación no tenía ninguna necesidad de derrotar al Norte, le bastaba con no dejarse derrotar por él. El Norte sólo podía vencer derrotando al Sur y conquistándolo. Pero si bien el Norte no luchaba por su existencia, sí lo hacía por una idea, la idea de la Unión. La emancipación de los negros fue una causa sobrevenida. El *Himno de batalla de la República* que escuchaban los yanquis en sus marchas, les hablaba de la Unión y la Libertad, pero no mencionaba a los esclavos para nada.

En cualquier caso, el desenlace de la guerra no era cosa hecha ni mucho menos. Las repúblicas sudamericanas y los estados de Italia lograron su independencia en condiciones mucho más desfavorables. Incluso Hungría pudo conseguirla, a no ser por la intervención de Rusia. Las victorias del Sur, como la de Bull Run, demostraron que la Confederación iba en serio, mientras que los nordistas daban síntomas de no estar por la labor. ¿Quién será capaz de decir qué efecto habrían causado sobre la resolución, la moral o la estabilidad política del Norte unas cuantas victorias más, y tan espectaculares como la que se anotó el Sur en 1861, a dos pasos de Washington? Todavía en 1864, pocos personajes públicos europeos dudaban de que la secesión iba a ser permanente. Pero si no se hubiese mantenido la Unión irreversible por la que combatían los del Norte, entonces los Estados Unidos de América se habrían convertido en los «estados desunidos» de América, y habría cambiado toda la marcha de la historia.

## ¿Engañó Lloyd George al Sinn Fein?

En 1922 Lloyd George puso en práctica un plan para resolver el problema de Irlanda, basado en la división de la isla. Según sus partidarios, el arreglo alcanzado fue el mejor que se podía conseguir dadas las circunstancias, y el trato concedido tanto a los nacionalistas como a los unionistas, escrupulosamente equitativo. Para sus críticos, sobre todo los irlandeses, Lloyd George obtuvo el consentimiento del Sinn Fein mediante tácticas dudosas, falsas promesas y maniobras políticas torticeras. ¿Fue engañado el Sinn Fein y llevado a una trampa? ¿O fue la intransigencia de los conservadores lo que arruinó unos planes generosamente concebidos y unas promesas sinceras? La controversia sigue encendida.

Enfrentado a la imposibilidad de mantener la dominación británica sobre Irlanda por la fuerza, así como a la no menor imposibilidad de imponer a los irlandeses del norte (el Ulster) la obediencia a Dublín, habría sido preciso que Lloyd George fuese un superhombre de la política porque su mayoría parlamentaria, aunque suficiente, estaba formada en buena parte por conservadores dispuestos a no abandonar jamás la causa unionista en Irlanda.

Según las propuestas originarias de Lloyd George en 1920, la provincia del Ulster debería quedar bajo la autoridad de Dublín, lo cual habría provocado una insurrección. Y en efecto, lo que ocurrió fue que los conservadores las vetaron, pese a ser compañeros de coalición. Por ello, en 1921 Lloyd George planteó varias opciones, una de las cuales era la partición. Belfast y Dublín tendrían sus respectivos parlamentos. Lo cual fue aceptado prontamente por los unionistas del Ulster, que así veían alejarse el peligro de una Irlanda unida. Pero ¿cómo se conciliaba esto con la determinación del Sinn Fein, que peleaba por la unificación de Irlanda? Sus representantes, fatigados por la lucha contra Inglaterra, fueron amenazados por Lloyd George con la suspensión de las negociaciones, lo que equivalía a un virtual ultimátum. Al mismo tiempo se les insinuó que la comisión encargada de establecer la frontera entre las Irlandas del Sur y del Norte trazaría de tal manera la divisoria (sobre todo, «comiéndose» grandes partes de Tyrone y Fermanagh), que la existencia del Ulster dejaría de ser viable, y con el tiempo ellos mismos solicitarían la unificación con Dublín. Estas insinuaciones fueron corroboradas por varios dirigentes del partido de Lloyd George, de manera que los representantes del Sinn Fein las dieron por buenas y aceptaron los acuerdos propuestos, hoy conocidos como Tratado de Irlanda (y ratificados por el parlamento inglés en diciembre de 1921, y por el dáil irlandés en enero de 1922). La enorme confianza que tenía Lloyd George en sí mismo, y la creencia de que sus colegas conservadores le debían a él las posiciones de que disfrutaban, permiten suponer que sus ofrecimientos eran sinceros y que confiaba hallarse en condiciones de cumplirlos. O si no podía cumplirlos, al fin y al cabo no habían sido nada más que insinuaciones.

Así pues, el Sinn Fein se quedó confiado en que la comisión anglo-irlandesa tendría carta blanca. Pero resultó que fue el gobierno minoritario laborista quien estableció la comisión en 1924. Lloyd George y otros dijeron entonces que no se admitirían revisiones de la frontera, salvo retoques menores. Fueron retoques triviales en Tyrone y Fermanagh, y aun exigiendo concesiones por parte de los nacionalistas en otros lugares, en vista de lo cual los irlandeses se retiraron de la comisión y los seis condados del Ulster continuaron con sus fronteras prácticamente inalteradas.

¿Cuáles fueron las intenciones iniciales de Lloyd George, y en qué sentido podría decirse que engañó a los negociadores del Sinn Fein? En diciembre de 1921, comentó que la mayoría de los habitantes de los condados de Tyrone y Fermanagh seguramente preferirían ser súbditos de Dublín: ¿lo dijo para apoyar la libertad de acción de la comisión sin que pareciese que lo hacía? El cambio de opinión entre 1921 y 1924 deriva, en parte, del hecho de que para entonces ya no ocupaba el poder. Cualquier gobierno conservador desde luego habría preferido mantener intactos los seis condados. Es posible que Lloyd George hubiese pensado en una comisión libre, al principio, y fue suficiente para conseguir que el Sinn Fein se sentara a la mesa de negociaciones en 1920. Pero cuando aquél descubrió que ni los unionistas ni sus colegas conservadores aceptarían nunca el trazado de nuevas fronteras en Tyrone y Fermanagh, declaró que eso jamás había formado parte de sus designios. Por tanto, Lloyd George no acudió a las negociaciones con ánimo de engañar, pero su posterior y típico pragmatismo le dio buen resultado (aunque bueno para él nada más). No les faltó razón al Sinn Fein y a Dublín para sentirse engañados.

## ¿Quiénes fueron los *kulaks*?

**En la década de los treinta Stalin lanzó en la Unión Soviética un ataque contra los *kulaks*, calificados de enemigos de la revolución comunista. Fueron apresados y deportados hacia los lugares de ejecución, o recluidos en los campos de trabajos forzados de Siberia. Lo sucedido, sin embargo, nos dice muy poco acerca de quiénes eran los *kulaks*, y quizá deba interpretarse más bien como una astucia de la propaganda de Stalin, ampliamente creída en la época, y que le sirvió para imponer su reforma colectivista de la agricultura.**

Según el líder soviético, los *kulaks*, es decir la clase de los campesinos ricos, eran un obstáculo para los proyectos de colectivización total de la tierra en Rusia. Denunció su apego pequeño-burgués a las nociones de beneficio y empresa privada, y los acusó de sabotear los planes quinquenales de reforma de la agricultura o, cuando menos, de no colaborar como era debido. Con esto logró atizar el resentimiento y la desconfianza de los campesinos pobres, envidiosos de la situación privilegiada de los *kulaks*. Se ha calculado que unos 2 millones de éstos perecieron de resultas de las campañas estalinistas.

En cuanto a la identidad y composición de esa clase social, no tenemos demasiadas referencias. Las primeras alusiones datan del siglo XIX, después de la emancipación de los siervos en 1861. Por desgracia, faltan datos objetivos en cuanto a rentas, contribuciones pagadas o cuantía de los presupuestos familiares. Se dispone de alguna información estadística sobre las tasas que pagaban. Es decir, los impuestos sobre artículos de consumo como el azúcar, el té y el algodón (pero no el alcohol, que ellos mismos fabricaban tradicionalmente en alambiques clandestinos). Pero con esto no averiguamos gran cosa acerca de los *kulaks*. En realidad, nunca se habló mucho de ellos antes de la Revolución comunista. La información anecdótica sugiere que formarían tal vez un 15 % de la población rural. Solían aumentar su patrimonio roturando tierras no explotadas anteriormente o apropiándose de las fincas comunales. También arrendaban tierras adicionales y fueron los introductores de métodos modernos y de nuevos cultivos, como el del lino. También iniciaron algunas explotaciones textiles, con las que daban trabajo artesanal a la población especialmente en invierno, cuando poco se podía hacer en los campos. Algunos serían ricos, pero no lo corrobora la considerable morosidad en los pagos de los arriendos y, sobre todo, de los tributos, que es cosa que los campesinos de todo el mundo han odiado siempre.

Tampoco tenemos muchas indicaciones de que estuvieran oprimidos por los grandes terratenientes, ni de que ellos fuesen los opresores del pequeño campesinado. O mejor dicho, no se ve dónde hay que trazar la línea divisoria entre *kulaks* y pequeños campesinos. En general, las condiciones de clase eran fluidas en aquella época, y las familias pasaban muchos altibajos. Un campesino joven, recién casado y con varios hijos, solía pasarlo bastante mal, y lo mismo los viejos cuando ya no podían trabajar tanto como antes; en el periodo intermedio, con hijos mayores que aún no se hubiesen emancipado y trabajasen para él, a lo mejor uno prosperaba un poco y sus vecinos dirían que estaba hecho un *kulak*. Entonces trataría de mejorar sus sistemas de cultivo, o de comprar algo de maquinaria, o unas cuantas cabezas de ganado. Su familia vestiría y comería un poco mejor. Siempre andaban buscando maneras de prosperar y esta mentalidad no se confinaba a los *kulaks:* todos los campesinos pensaban igual.

Según esto, parece que la palabra *kulak* no fue más que el calificativo aplicado por la propaganda comunista a los que hacían resistencia contra las reformas agrícolas del régimen. En la realidad, el *kulak* enemigo implacable de clase y adversario irreconciliable de la Revolución comunista debió de ser poco más que una quimera mental del dictador soviético, una especie de ogro de los niños o chivo expiatorio (como Trotski y sus secuaces) de los errores del propio Stalin, cuando pese a todos los cambios no se materializaba la prometida utopía colectivista. Entonces los vecinos envidiosos denunciaban a alguno, y se quedaban muy contentos viendo cómo se lo llevaban los funcionarios del partido por *kulak* y contrarrevolucionario. Que probablemente no era lo uno, ni lo otro.

## Guernica: ¿quién tuvo la culpa?

**La responsabilidad por la destrucción de Guernica dio lugar a una enconada controversia que se prolongó muchos años después del acontecimiento, con mutuas y destempladas acusaciones entre las partes. Ahora, más de tres cuartos de siglo después de los hechos, tal vez sea posible determinar quiénes fueron los culpables del bombardeo, y dar por cerrada la polémica.**

Guernica, una villa de la provincia vascongada de Vizcaya, fue alcanzada por la violencia de la Guerra Civil Española comenzada en 1936. La lengua, la cultura y las tradiciones de las provincias vascas eran y son enormemente diferentes de las de la España castellana, y no se simpatizaba mucho con las fuerzas del nacionalismo centralista que mandaba el general Franco. En octubre de 1936, el gobierno republicano de España otorgó a los vascos libertades similares a las ya concedidas a los catalanes de Barcelona. Bajo el roble de Guernica, donde tradicionalmente los reyes de España juraban los derechos especiales de las provincias vascas, se constituyó el gobierno de Euzkadi, cuya legitimidad negaron inmediatamente los nacionales. Con una población de sólo 7.000 habitantes y alojada en un recóndito valle a 10 kilómetros del mar y 30 de Bilbao, la capital de la provincia, a primera vista Guernica parecía hallarse al abrigo de la guerra: un remanso para los numerosos fugitivos que confluían hacia ella con intención de proseguir hacia el norte y pasar la frontera francesa huyendo de los frentes localizados hacia el oeste y el sur.

En abril de 1937 cayó sobre ella una fuerza de destrucción masiva que la dejó en ruinas y mató a un millar de sus habitantes. Las explosiones y los incendios devoradores fueron presenciados por el alcalde, el cónsul inglés y algunos corresponsales de la prensa extranjera que cubrían la información de la guerra. Esos testigos afirmaron que el pueblo fue bombardeado por aviones alemanes Heinkel 111 y Junkers cincuenta y dos, en número superior a la treintena y con escolta de aviones de caza Messerschmitd 109 y otros de tipo más antiguo, Heinkel cincuenta y uno, que ametrallaron a la población en fuga mientras los bombarderos destruían las casas. Más tarde Pablo Picasso pintó un cuadro, tal vez el más famoso de los suyos, para conmemorar los horrores de la guerra.

Al principio los nacionales negaron que Guernica hubiese sido bombardeada, y aseguraron que los trozos de metralla y los daños provenían de cargas colocadas por extremistas vascos que volaron su propia ciudad, a fin de excitar la indignación contra los nacionales. Los mandos franquistas quedaron espantados cuando pudieron contemplar el alcance de la destrucción, y negaron haber tenido nada que ver con ella. Incluso se ha afirmado que Franco montó en cólera cuando se enteró de la incursión. Hasta 1970 no admitieron las autoridades del régimen nacional que Guernica había sido bombardeada desde el aire, y que habían hallado trazas de explosivos de alta potencia así como también de bombas incendiarias. Pero siguieron manteniendo que ellos no habían ordenado la destrucción ni participado en su planeamiento.

Por lo general, se acusó a la Luftwaffe alemana, atendido que sus aviones habían ejecutado la operación. Constan muchas declaraciones públicas y privadas de los aviadores que participaron en el bombardeo (los de la llamada Legión Cóndor); la explicación alemana habitual es que la ciudad era objetivo militar, entre otras cosas porque existía una fábrica de armas ligeras en las inmediaciones (que no resultó dañada) y un puente estratégico sobre el río Oca que habría sido vital para una evacuación del sector por el ejército republicano. Tampoco este puente fue destruido. Si la idea fue de los nazis, hay algunos aspectos de la incursión difícilmente explicables. ¿Por qué utilizó la Legión Cóndor unos modelos relativamente antiguos, y no los Stuka de bombardeo en picado, y extraordinariamente precisos, de que habría podido disponer? ¿Y cómo apuntaron tan mal que dejaron intactos los objetivos militares? La excusa de que el humo y la polvareda de la ciudad impidieron una puntería más exacta no se sostiene, tratándose de una organización como la Luftwaffe, que presumía de su profesionalidad. Por otra parte, los diarios de algunos oficiales revelan que los mandos de los nacionales conocían de antemano la operación, por más que protestasen luego aseverando su inocencia.

Lo más probable parece que la operación fuese inspirada por los nacionales y realizada de manera más bien chapucera por la Luftwaffe alemana, a cuyos jefes la idea no les seducía demasiado. Otra hipótesis que se ha apuntado reiteradamente es que los alemanes estaban haciendo ejercicios para sus futuras incursiones sobre las grandes ciudades de Europa, es decir, con vistas a la previsible II Guerra Mundial. Es una noción bastante caprichosa e improbable. De todas maneras, parece que tanto los nacionales como sus aliados alemanes se avergonzaron del episodio y por eso intentaron negar su evidente responsabilidad.

## El desastre del *Hindenburg*, ¿fue un sabotaje?

La catástrofe del dirigible alemán *Hindenburg* en 1937 ocurrió muy poco después de otra similar, la del *R101*, accidentado durante su viaje inaugural en Beauvais (Francia). Ambos percances pusieron fin al desarrollo de aeronaves rígidas con fines comerciales, y fueron atribuidos en su momento, y también más tarde, a la gran inflamabilidad del hidrógeno, el gas que les proporcionaba sustentación. El veredicto estaba equivocado: investigaciones recientes sugieren otras causas bastante distintas.

El *Hindenburg* era una aeronave rígida de 245 metros de eslora, del diseño convencional de Zeppelin, construida y botada por la compañía Zeppelin de Friedrichshafen en 1936. Alcanzaba una velocidad máxima de 150 kilómetros por hora y una velocidad de crucero de 140 km/h, y podía transportar cien pasajeros y un considerable volumen de carga comercial. En 1936 emprendió el servicio regular a través del Atlántico Norte y llegó a transportar un millar de pasajeros y varias toneladas de carga entre Alemania y Estados Unidos en diez travesías, amén de viajes a otros destinos del Nuevo Mundo. Era el orgullo de Hitler, quien expresó el deseo de que el dirigible fuese bautizado con el nombre de *Adolf Hitler*, lo que los propietarios declinaron cortésmente.

El 6 de mayo de 1937 y cuando el *Hindenburg* se disponía a aterrizar en Lakehurst (Nueva Jersey), el hidrógeno se incendió y el dirigible quedó destruido totalmente. Murieron treinta y seis de los noventa y siete pasajeros que transportaba, y hubo además muchos heridos. Como el día era tempestuoso y el aterrizaje se demoró por la necesidad de maniobrar entre dos tormentas eléctricas cercanas, muchos atribuyeron el accidente a una descarga de electricidad atmosférica, que habría incendiado el hidrógeno que estaba soltando la aeronave a fin de perder altura. El suceso causó gran impresión en todo el mundo y motivó el establecimiento de una comisión investigadora por parte del departamento de comercio estadounidense. La investigación ocupó bastante tiempo y la compañía Zeppelin, cuyo prestigio peligraba con el desastre, también realizó sus propias averiguaciones, aunque los resultados de éstas no se publicaron.

En vista de lo cual abundaron las teorías explicativas. Durante algún tiempo se desconfió de un alemán, acróbata profesional, sospechando que tal vez había escalado por el interior del fuselaje para tomar fotografías usando una cámara con flash, pero esa hipótesis acabó por ser descartada. También se especuló sobre la posibilidad de un sabotaje a cargo de fanáticos antinazis deseosos de desacreditar al Tercer Reich. Aunque esta sugerencia fue investigada a fondo, nunca se halló prueba alguna. En último término, los investigadores culparon a la naturaleza sumamente inflamable del hidrógeno, y la conclusión fue que este gas era demasiado peligroso para utilizarlo en las grandes cantidades que requería un transporte aéreo viable. Y en efecto, el desastre del *Hindenburg* significó el fin de las aeronaves rígidas llenas de hidrógeno en el transporte aéreo comercial. Aunque los alemanes tenían preparada otra unidad para reponerlo, abandonaron la investigación y el desarrollo, y luego, al estallar la guerra en 1939, no se volvió a hablar de los vehículos «más ligeros que el aire».

En 1990, sin embargo, los científicos de la NASA manifestaron algunas dudas en relación con ese veredicto. Estaban convencidos de que el hidrógeno, lejos de ser peligroso, era uno de los medios más idóneos y ecológicamente correctos que podían encontrarse, lo mismo en su uso como combustible que para proporcionar empuje ascensional a unas aeronaves. Consideraron que pese al tiempo y al trabajo invertidos en la investigación, los investigadores no habían dilucidado las causas básicas de la catástrofe y había tomado el camino fácil de acusar al hidrógeno. Pero esta supuesta causa del desastre no concordaba con las observaciones de los testigos presenciales, todos los cuales habían declarado ante la comisión. Por ejemplo, coincidían en decir que las llamas del incendio habían sido de color rojo y anaranjado. Pero el hidrógeno arde con una llama muy pálida de color azulado. Se revisaron muchas pruebas, y se analizó por primera vez el informe privado de la compañía Zeppelin para cotejarlo con el del departamento de comercio. Se practicaron investigaciones sobre los resultados de la investigación, incluyendo experimentos para poner a prueba las conclusiones.

De esta manera han ido concretándose nuevas explicaciones del desastre. En primer lugar, el hidrógeno cautivo no se comporta como suponían los autores de la investigación. Expulsado normalmente, no hay inflamación espontánea ni siquiera en presencia de altas tensiones de electricidad estática. Por primera vez se sospechó de otros aspectos de la estructura y el funcionamiento del *Hindenburg*. La envoltura del fuselaje y las bolsas del hidrógeno recibieron un tratamiento para mejorar su duración y, sobre todo, aumentar su reflectividad (para que el sol no recalentase el hidrógeno ni lo dilatase excesivamente). Las piezas de la envoltura estaban rebordeadas y unidas por sogas para facilitar su manipulación. La compañía Zeppelin conocía perfectamente los problemas originados por la electricidad estática, y había supuesto correctamente que las cargas estáticas acumuladas serían derivadas a tierra cuando la aeronave llegase a destino, en cuyo momento se largaba un cable de toma de tierra. Por desgracia, el producto utilizado para el tratamiento superficial de la cubierta contenía aluminio en polvo y otros elementos como el óxido de hierro, que precisamente forman parte de los combustibles sólidos utilizados en la misión Apolo de la NASA y que son muy inflamables. Por otra parte, al ser los paneles piezas separadas, acumulaban electricidad estática independientemente, aislados los unos de los otros por una holgura del orden de dos o tres centímetros. Y aunque estuvieran unidos por cuerdas, éstas no alcanzarían la conductividad eléctrica suficiente para descargarlos, ni siquiera estando mojadas. Cualquier chispa eléctrica que saltara bastaría para inflamar el combustible sólido con que estaba pintada exteriormente la envoltura.

Lo que han descubierto los investigadores modernos, por tanto, es que la presencia de una gran masa de hidrógeno en el interior de la aeronave no fue la causa directa del accidente, aunque el gas alimentó el incendio una vez iniciado. Todo ello conduce a la recomendación de reconsiderar las posibilidades inherentes a los «más ligeros que el aire» como eficientes y económicos medios de transportes.

## ¿Fue inevitable el acceso de Hitler al poder?

**Se equivocan muchos estudiosos de la historia cuando postulan que era inevitable la conquista del poder por Hitler y sus escuadras nazis, dado el estado de desmoronamiento en que se hallaba la República de Weimar en sus últimos días, consecuencia de la crónica desunión de los alemanes y de la tremenda depresión económica de 1929-1933. Ese determinismo no tiene en cuenta que los problemas de la época podían desembocar en cualquier otro desenlace aparte el que realmente ocurrió. Un examen algo detallado de la cuestión lo pondrá de manifiesto.**

En 1929 el partido nazi distaba de ser la formación política más importante de la República de Weimar. En las recientes elecciones de mayo de 1928 había alcanzado una representación de 12 escaños en el Reichstag (de los 491 totales). Hubo luego cierto número de escaramuzas callejeras entre sus partidarios y los del partido comunista, aunque la alteración del orden público pasó casi desapercibida en muchas ciudades. Fue en julio de 1932 cuando un importante cambio de tendencia aumentó la representación nazi a 230 diputados, aunque todavía eran menos de un tercio del total de 608 escaños correspondientes al nuevo parlamento. Y luego incluso retrocedieron algo en las elecciones de noviembre de 1932. Al año siguiente se alzaron al poder, pero mediante triquiñuelas y supercherías políticas. No fue en modo alguno un cataclismo inevitable.

Es verdad que la democracia se hallaba poco arraigada en Alemania. La República democrática no era popular porque había asumido las amargas consecuencias del tratado de Versalles que puso fin a la I Guerra Mundial, con las onerosas indemnizaciones de guerra y la humillante pérdida de territorios alemanes a manos de potencias vecinas «inferiores», como Polonia. Las crisis económicas de 1923 y 1929 también crearon enorme descontento y comprometieron la credibilidad de las autoridades republicanas. Sin embargo, la democracia no estaba fatalmente condenada al fracaso. Se desenvolvió con bastante acierto hacia la mitad de la década de los veinte, y una vez pasada la borrasca económica se habría producido muy probablemente la recuperación en el decurso de los años treinta. La utilización del alarmismo como arma propagandística contra los oponentes políticos contribuyó mucho al descrédito de la República de Weimar en Alemania; algo parecido sucedió en Gran Bretaña con la desconfianza frente al gabinete de Ramsay MacDonald y el partido laborista. La mayor parte de la clase media alemana, cada vez más influyente, creía en las posibilidades de la República para superar la crisis, y por eso el fracaso de la República fue un desengaño y una decepción mayor.

Gran parte de la culpa recae sobre la demagogia de las derechas. Se temía otro rebrote inflacionista que reeditase la «inflación galopante» de 1923, por lo que marcaron distancias rompiendo con los socialistas del SPD en 1929, cuando éstos plantearon un amplio programa de providencia social en auxilio a los afectados por el desempleo. Brüning se enfrentó al mismo problema en mayo de 1932, y propuso una política no menos desagradable para la derecha, que consistía en dar tierras a los parados repartiendo las fincas de los *Junkers* (proyecto que fue inmediatamente acusado de «reforma agraria al estilo bolchevique»). En junio de 1932 cayó este gabinete y fue reemplazado por el de Von Papen. Éste era un intrigante nato y buscaba una solución de ultraderecha en forma de «gobierno de reconstrucción nacional», como puente hacia un sistema de tipo autoritario y para ahorrarse las incómodas cortapisas democráticas de la República. La maniobra fracasó, pero tuvo la consecuencia no prevista de fortalecer la posición de Hitler. En diciembre, Von Papen se vio obligado a presentar la dimisión y Von Schleicher fue nombrado nuevo canciller. Pero Hitler reaccionó cerrando un trato con Von Papen: el nuevo canciller sería Hitler, y Von Papen, vicecanciller. El presidente de la República, el anciano Hindenburg, aceptó el plan y así accedió al poder Hitler en enero de 1933. Pero nadie, ni siquiera Von Papen, creyó que el arreglo iba a ser duradero.

Después de su investidura en enero Hitler llamó a elecciones para marzo de 1933, a fin de consolidar su legitimidad, por ficticia que fuese. Estas elecciones, las terceras generales al Reichstag en el plazo de un año, fueron libres en apariencia, pero viciadas en realidad por la violencia y la intimidación. Ni por ésas, sin embargo, lograron los nazis la mayoría. Consiguieron 288 escaños de los 647 totales y obtuvieron menos del 45 % de los votos emitidos. Hitler había sido nombrado legalmente canciller por Hindenburg pero, por más que reivindicase la «legalidad» de su régimen, nunca fue elegido directamente por el pueblo alemán.

En 1933 muchas personas incluso inteligentes decían en Alemania: «Dejad que ese Hitler disfrute su rato de poder. Antes de seis meses habrá demostrado su incapacidad para dirigir un estado. [...] Las responsabilidades del gobierno desprestigiarán a los nazis, y nos habremos librado de ellos para siempre». Con lo que subestimaron mucho la gravedad del peligro que representaba Hitler. En 1947, A. W. Dulles señaló la debilidad fatal de la *intelligentsia* alemana en un libro titulado *El trasfondo de Alemania*:

> Los intelectuales no se dieron cuenta de que nunca hay que tomar la democracia como cosa hecha. No vieron la necesidad de defenderla. Para aquellos profesores alemanes tan serios y tan orgullosos de las universidades alemanas, el movimiento de Hitler, según quedaba

> explicado en *Mi lucha*, era tan incoherente y ridículo que no hacía falta tomarlo en serio. Cuando quisieron darse cuenta, muchos de ellos estaban destituidos, encarcelados, silenciados o exiliados.

Y sigue escribiendo Dulles:

> Para cuando los alemanes se dieron cuenta de qué era lo que significaban «la resurrección nacional» y el «rearme moral», ya se hallaba firmemente establecido uno de los estados policiales más despiadados que el mundo ha conocido [...] que dedicó a la supresión de la libertad las técnicas modernas, como la radio, la telefotografía y las grabadoras de voz ocultas, así como los métodos más eficaces de detección y tortura, paralizando cualquier posible oposición a la dictadura nazi.

Fue un grave error, en efecto, el de subestimar la dureza y la astucia reptiliana de Hitler. El tema principal de sus discursos era que sólo él podía salvar a Alemania del desastre. Solicitó para sí mismo un «periodo de prueba» de cuatro años, transcurridos los cuales se dirigiría de nuevo a los electores para solicitar la «renovación» de su mandato. Siempre tuvo buen cuidado de representarse a sí mismo como un demócrata del género populista. Pero tan pronto se vio en el poder, se dedicó a saldar viejas cuentas y a intrigar para perpetuarse. En vísperas de las elecciones de marzo, por ejemplo, se incendió el Reichstag, y Hitler se apresuró a sacar provecho del episodio acusando a los comunistas de ser los perpetradores del atentado. Tanta prisa se dio a lanzar esta acusación, que muchos pensaron que los incendiarios habían sido los nazis. Pero no sólo consiguió montar un proceso público a los comunistas, sino que además persuadió al decrépito presidente Hindenburg para que firmase una serie de leyes de excepción (lo que estaba en sus facultades según el artículo 48 de la constitución de Weimar). Quedaron suspendidas las libertades constitucionales individuales y prohibido el partido comunista en vísperas de las elecciones. Se proclamó la «coordinación» (*Gleichschaltung*) de toda la administración con arreglo a los principios nazis, supuestamente «en defensa del pueblo». En marzo hizo aprobar una ley de poderes especiales con la que se colocaba a sí mismo por encima del legislativo, ya que le autorizaba a gobernar por decreto. Esto y otras disposiciones que tomó, como llenar el Reichstag de seguidores suyos, emplear a sus camisas pardas en el servicio de orden del parlamento y para intimidar a los críticos, y utilizar a la Cámara como caja de resonancia de sus discursos, en la práctica redujeron el sistema parlamentario al absurdo y a la irrelevancia, aunque nunca lo abolió formalmente. Así, la República de Weimar nunca fue disuelta, simplemente se disipó.

Nada de esto, sin embargo, era inevitable. Hitler orquestó estos procedimientos adrede para consolidar su poder. Un líder auténticamente democrático y preocupado por la buena marcha de su país habría actuado de otras maneras totalmente distintas. Fue uno de los primeros ejemplos de cómo un líder desprovisto de escrúpulos puede aprovechar la apatía de las masas, o explotar la ignorancia y los prejuicios de éstas, para burlar a la fracción más inteligente y mejor formada. Las ataduras con que paralizó a sus compatriotas sólo pudo romperlas el desastre nacional. Hitler conocía el secreto del demagogo: ofrecer alguna explicación para los males del país, por fantasiosa que sea, y ofrecerse luego para aliviarlos. A las personas inteligentes del futuro, el éxito que él tuvo en asegurarse un seguimiento popular devoto debería servir para recordarles que no se necesita ser honrado, ni culto, para adueñarse de la dirección de un estado.

## ¿Estaban los alemanes enterados, poco o mucho, de que existían los campos de concentración y de lo que ocurría en ellos?

Hacia el final de la II Guerra Mundial, cuando se conoció el pleno alcance del Holocausto, se adujo en defensa del pueblo alemán que los peores de entre aquellos horrores sólo eran conocidos por un reducido grupo de jerarcas nazis, y que la población había sido mantenida en la ignorancia en cuanto a los excesos perpetrados por aquéllos. Esa falsa interpretación sigue circulando.

Con frecuencia, los alemanes conducidos por los aliados a visitar los campos manifestaron sorpresa y consternación. Algunos incluso sufrieron colapsos nerviosos ante lo que veían. Los que vivían en las inmediaciones eran pocos, sin embargo, y no fue posible llevar a todo el mundo. Lo que se hizo fue filmar los campos y proyectar los documentales en las salas de cine de todo el país. La reacción típica de aquellos habitantes, tras doce años de lavado de cerebro por la propaganda nazi, fue que las películas eran propaganda aliada y estaban trucadas.

Sin embargo, el pueblo alemán conocía desde el principio la existencia de campos de concentración. Los primeros fueron establecidos en territorio alemán hacia 1933 y no se hizo nada por mantenerlos en secreto. Dieron puestos de trabajo a personal civil alemán, necesitaron empresas alemanas que suministrasen pertrechos y servicios, y algunos de ellos se instalaron relativamente cerca de los grandes centros urbanos de Alemania. Desde la «noche de los cuchillos largos», las matanzas políticas que cometían los nazis no eran ninguna novedad para los alemanes, y debieron saber que las muertes por malos tratos o ejecuciones eran habituales en los campos. Las normas por las que éstos se regían no eran documentos clasificados, y castigaban con la muerte las infracciones más triviales.

Es algo distinto el caso de los campos de exterminio, es decir los creados para implantar la «solución final». Todos se instalaron fuera de las fronteras alemanas de antes de la guerra: Auschwitz y Treblinka fueron los más terribles y los nazis lógicamente prefirieron no dar a conocer su siniestra finalidad. Aun así, es forzoso que fuesen conocidos por muchas personas, además de un reducido puñado de mandos nazis. Muchos de los SS prestaron servicio en ellos, y algo contarían a sus familias de lo que habían visto. La empresa alemana IG Farben que fabricaba el gas letal Zyklon B para las cámaras de exterminio debió saber para qué servía, y lo mismo muchos empleados de ella, si no todos. Los bancos alemanes no podían ignorar el origen de la súbita aparición de grandes cantidades de oro odontológico. Muchas empresas alemanas pequeñas fueron proveedoras de los campos y conocerían cuál era la situación en ellos. Los médicos debieron tener alguna noticia de las «investigaciones» que practicaban algunos de sus colegas en los campos. E incluso los alemanes que carecieran de amigos o de parientes directamente enterados, no dejarían de ver los vagones de los trenes que rodaban incesantemente hacia el este, repletos de ganado humano. ¿Realmente creyeron que iban destinados a campos de trabajos forzados?

Indudablemente algunos alemanes, en particular los habitantes de las comarcas rurales o los que vivían lejos de las principales líneas ferroviarias este-oeste, pudieron vivir ajenos a la existencia de los campos de exterminio. Pero otros, y no es de creer que fuese una minoría insignificante, sí tuvieron conocimiento directo y supieron lo que se hacía allí. La gran mayoría de la población debió oír rumores, a los que atribuyese mayor o menor autenticidad. Podían descartar los que les pareciesen demasiado descabellados; en cuanto a los que considerasen verosímiles, mejor callar y no meterse en complicaciones con la Gestapo. De todos modos, los años de machacona propaganda nazi habían embotado el sentido moral de los alemanes. En suma puede asegurarse que supieron de la existencia de campos de concentración, pero carecieron, en su mayoría, de referencias seguras acerca de los campos de exterminio, y les faltó fibra moral o política para tratar de informarse mejor o hacer algo al respecto.

## ¿Sabían los aliados que existía un Holocausto?

**Después de la II Guerra Mundial muchos dirigentes de los países aliados aseguraron no saber nada en cuanto al exterminio planificado de judíos realizado por los nazis en Alemania y otros lugares de la Europa ocupada durante los diez años anteriores. En la mayoría de los casos esas protestas de ignorancia eran mentiras. Lo cierto es que callaron en su momento lo que sabían y decidieron no hacer nada al respecto durante la guerra. Este silencio no fue por ignorancia, sino por cálculo.**

Lo sabían, pero no hicieron de ello ningún uso propagandístico ni estratégico. Parece bastante cierto que al menos en Gran Bretaña muchos políticos tenían una idea bastante más que aproximada acerca de lo que estaban haciendo los nazis alemanes en el este de Europa y en las regiones occidentales de Rusia. El profesor Breitman, de la American University de Washington, ha publicado en 1998 un libro titulado *Secretos oficiales: Lo que planearon los nazis, y lo que supieron ingleses y estadounidenses*. Postula que los británicos conocieron la política nazi de matanza en masa de judíos a comienzos del verano de 1941, por lo menos. Hasta 1982 no les fue comunicada la información a los estadounidenses, que la requirieron para investigar a sospechosos de crímenes de guerra. El autor especula sobre las causas de tan extraordinaria reticencia británica al empleo de los datos que tenían.

Una de las razones parece ser algún desacuerdo entre dirigentes británicos por lo tocante a la fiabilidad de la información y a la conveniencia de hacer uso de ella, caso de ser cierta. El secretario de Exteriores, Anthony Eden, fue uno de los que se opusieron en la época (argumentando, según creemos entender, que el empleo de la información daría cancha a la propaganda de Goebbels cuando argumentaba que los aliados «estaban haciendo la guerra a favor de los judíos»). Otro motivo fue que los alemanes debían seguir desconociendo que los británicos habían logrado descifrar las claves secretas alemanas, y precisamente las primeras noticias acerca de matanzas de judíos en el frente oriental provenían de mensajes codificados de la policía. Pero la razón principal según el autor del libro fue la considerable desconfianza que existía entre Londres y Washington sobre asuntos judíos. La derecha británica juzgaba al presidente Roosevelt demasiado «blando» con los judíos, o dicho de otro modo, demasiado susceptible a la influencia del grupo de presión judío en Washington, al que se atribuía gran ascendiente sobre las decisiones de la política estadounidense en general. En diciembre de 1942, Roosevelt se enteró de las atrocidades nazis por una vía independiente. Su reacción consistió en hablar con Churchill, y firmaron una declaración conjunta condenando los crímenes nazis en los términos más enérgicos. Pero en ningún momento le confesó Churchill a Roosevelt que ya conocía con anterioridad dichos crímenes.

Por otra parte, los portavoces de la minoría judía en Gran Bretaña no han querido indisponerse con las autoridades británicas, y dejan a salvo la reputación de Churchill como hombre probo y honrado, negando que participase en ningún encubrimiento. Dicen que Churchill, gran entusiasta de los servicios secretos, solía recibir las transcripciones de los mensajes codificados hasta septiembre de 1941, pero que luego dejó de leerlos, entre otras cosas porque los partes acerca de supuestas matanzas se reiteraban tanto por aquel entonces, que acabó por considerarlos «meramente rutinarios». Pero esta excusa, valga lo que valga, contradice el aserto anterior de que las autoridades británicas callaron porque no estaban seguras de la veracidad de las informaciones. Los mismos portavoces han sentado afirmaciones todavía más increíbles cuando niegan que existiese ningún antisemitismo organizado entre la dirigencia británica de la época, y cuando atribuyen toda esa calamidad a «falta de atención y craso error de juicio» sobre la importancia de las informaciones recibidas.

Es cierto que los aliados cometieron una serie de errores bastante espectaculares en aquellos tiempos, y uno de ésos puede ser el que venimos comentando. También es cierto que, de haber decidido hacer algo con la información disponible, quizá no habría servido para salvar vidas de judíos. En efecto, es difícil ver qué medidas hubieran podido tomar antes de 1944, que fue cuando empezó la ocupación de algunos de los territorios donde estaban los campos. Lo que no excusa la omisión de los británicos que no compartieron su inteligencia de guerra con el aliado americano.

## Repatriación forzosa, 1945: ¿qué ocurrió en realidad?

**La repatriación forzosa de más de 70.000 cosacos y yugoslavos en mayo y junio de 1945, a petición de Stalin y Tito, los aliados comunistas de Gran Bretaña en el este, es uno de los episodios más vergonzosos de la historia contemporánea según calificación frecuente. Las tropas británicas cargaron a esas gentes en vagones de ganado, ayudándose con las culatas de sus fusiles y mangos de picos y palas. Esos trenes iban destinados a campos de concentración en el este, donde muchos fueron presos, torturados e incluso ejecutados. ¿Cuál es la verdad de este siniestro asunto?**

Durante la conferencia de Yalta celebrada en febrero de 1945, Churchill y Roosevelt prometieron a Stalin la devolución a Rusia de los «ciudadanos soviéticos» reclamados, hubiesen combatido o no a favor de Hitler. También Tito, ansioso por echarles el guante a los ultras croatas que habían reprimido a los serbios durante la guerra por procedimientos que harían buenos incluso a los SS, exigió un trato similar por lo tocante a los súbditos yugoslavos. Los militares británicos de guarnición en Austria procuraron demostrar que eran aliados leales, y se consagraron a la tarea con entusiasmo. No sólo prendieron a los sospechosos de colaborar con los nazis, sino a otros muchos que eran inocentes de semejante acusación, entre los cuales, miles de mujeres y niños.

En 1988 el conde Tolstoi, historiador y sobrino-nieto del gran novelista ruso autor de *Guerra y Paz*, y su coautor, Nigel Watts, acusaron a lord Aldington, que en la época era jefe de Estado Mayor del V cuerpo del 8.° ejército. El crimen de guerra que le echaban en cara era el de haberse excedido en sus funciones al entregar a miles de personas inocentes a los tiernos cuidados de unos regímenes estalinistas e intolerantes. Tolstoi perdió el juicio y fue condenado a pagar daños y perjuicios por 1,5 millones de libras a lord Aldington. Entonces Tolstoi se declaró insolvente y apenas pagó nada de la indemnización, ni de las 350.000 libras de costas por el juicio, sino que demandó de nuevo a su oponente por difamación. Doce años más tarde, en 2000, y mientras Tolstoi seguía viviendo con relativo desahogo, Aldington murió en circunstancias de considerable penuria, a la edad de ochenta años, casi ciego y enfermo de cáncer. Con esto pareció que la controversia quedaba cerrada.

Pero la investigación ha demostrado que la cuestión dista de estar resuelta. Los indicios son numerosos y contradictorios. Consisten en millares de ficheros y microfilmes que apuntan en distintas direcciones, de una manera apropiada para confundir la investigación. Más concretamente, eso es lo que se ha sugerido que intentaron las autoridades a fin de encubrir, no sólo los acontecimientos de 1945, sino también las circunstancias que rodearon el proceso mencionado. Se ha dicho que una «red de amiguetes», entre los cuales muchos ex wykehamistas (v. gr., antiguos estudiantes del *college* de Winchester) y hasta ministros del gabinete Thatcher, habían ayudado a lord Aldington en la preparación de su defensa. Determinados archivos que hacían al caso habrían sido retirados de la oficina del registro público donde se custodiaban y escondidos en los ministerios de Defensa y Asuntos Exteriores, de manera que cuando Tolstoi los solicitó le dijeron que «se habían perdido» o «no estaban disponibles». Lord Younger, secretario de defensa desde 1986 hasta 1989, habría sido abordado por lord Aldington (también ex alumno del Winchester) para solicitarle el traslado de los documentos del registro al ministerio de Defensa, a fin de permitirle consultarlos allí. Y que luego se les hizo otra petición similar a los de Exteriores, y de nuevo hubo mudanza de ficheros. El resultado fue que Tolstoi no pudo disponer de ellos cuando los necesitó.

La posibilidad de que se haya producido semejante conjura tiende a confirmar que habría algo de cierto en las acusaciones originarias. Quizá no deba extrañarnos demasiado que aún no se haya resuelto la cuestión. Sin embargo, la atención debe centrarse en los acontecimientos de 1945. Al considerar aquella situación, se ha dicho que los que actuaron en la repatriación forzosa eligieron la línea de mínima resistencia limitándose a ejecutar las órdenes que tenían. Estaban fatigados después de seis años de guerra y sólo aspiraban a vivir tranquilos. Albergaban cierta medida de simpatía hacia los soviéticos y no quisieron tener complicaciones con ellos. Así que no se preocuparon mucho por el destino futuro de las personas a las que entregaban. Las dudas acerca de si fue una decisión bien ponderada no se han planteado sino después de la caída de los regímenes comunistas.

# 10. CONTROVERSIAS QUE TODAVÍA CONTINÚAN

## ¿Fue Washington un gran general?

Si se les hubiese preguntado a los norteamericanos en 1783 a quién debían la mayor parte de sus éxitos en la guerra de independencia, la respuesta prácticamente unánime habría sido: a George Washington. ¿Quién, sino él, pudo disciplinar las partidas de cazadores y tiradores de la frontera para forjar un ejército eficaz? ¿Quién habría soportado tantas derrotas sin desanimarse, perseverando hasta la victoria final? Los observadores estadounidenses contemporáneos de Washington disimularon sus defectos e hicieron toda la propaganda que pudieron de sus victorias, con lo que convirtieron a Washington en un genio militar. En cambio, los observadores británicos de la época prefirieron atribuir las victorias de los coloniales, no tanto a la excelencia militar de Washington como a la notoria incompetencia de los mandos británicos, en lo que destacó especialmente el general Howe. La verdad debe hallarse en el punto medio.

Washington no fue militar de carrera. Había trabajado como agrimensor en la frontera del oeste, lo que desde luego le proporcionó muchas oportunidades para observar de cerca las tácticas de guerra de los indios. Su conocimiento del territorio hizo que la colonia de Virginia le confiase una misión militar. De esta manera participó en la malhadada expedición de Braddock contra Fort Duquesne en 1755. En esta ocasión, Washington demostró gran valentía personal y considerable habilidad, consiguiendo rescatar a los sobrevivientes del desastre. La colonia premió a Washington concediéndole el mando de las fuerzas virginianas, y él participó en la toma de Fort Duquesne que en 1758 vengó la derrota de tres años antes. Después de estas acciones, Washington regresó a sus posesiones, abandonó la carrera militar y empezó a moverse en política local.

Cuando se enconaron las desavenencias entre Gran Bretaña y las colonias, Washington participó como delegado en el primer Congreso continental de 1774. En abril de 1775 estallaron las hostilidades en Lexington, y el segundo Congreso continental decidió nombrar un comandante en jefe de las fuerzas coloniales del Congreso, para que coordinase la lucha. Pero no fue Washington el único candidato disponible. A decir verdad, algunas de las dificultades que tuvo luego Washington fueron causadas por aspirantes defraudados como el general Lee. Pero Washington tenía experiencia política además de militar, y así fue como se alzó con el nombramiento en junio de 1775.

En cuanto a los hombres que tuvo Washington bajo su mando, no cabe dudar del valor y el empeño de la mayoría. Pero fue necesario hacer de ellos unos soldados capaces de enfrentarse a los ejércitos profesionales del rey. Eran grandes jinetes, tiradores de una puntería extraordinaria, luchadores intrépidos, pero no eran soldados. Fue la tarea principal de Washington durante dos años. Supo ganarse el respeto de aquellos hombres, e incluso logró que obedecieran y respetaran a sus oficiales. Se creó un ejército, aunque no tan numeroso ni tan bien preparado que Washington pudiese arriesgar la batalla en terreno abierto, salvo escasas ocasiones. Pero fue un suplicio para los británicos. Y aún habría sido más peligroso si Washington hubiese creado unidades de caballería con los excelentes jinetes de que podía disponer. La caballería era de grandísimo valor según las tácticas militares del siglo XIX, pero la táctica nunca fue el punto fuerte de Washington.

Su captura de los altos de Dorchester en 1776 acarreó la caída de Boston, pero los británicos no acertaron a sacar provecho de aquella temeraria aventura. También expuso sus ejércitos a grandes riesgos cuando tomó disposiciones para la desafortunada defensa de Nueva York, y en White Plains la debilidad de su centro y el aislamiento de su ala derecha invitaban al desastre. Pero quizá valía la pena correr algún riesgo, si había valorado correctamente la incompetencia de Howe. Fue muy elogiado por el paso del río Delaware helado por Trenton, en diciembre de 1776. Pero cruzó demasiado despacio, y los americanos no alcanzaron el campamento de los mercenarios alemanes hasta que se hizo de día. Con una defensa más organizada habrían quedado en situación de extremo peligro. En las batallas convencionales los americanos fueron generalmente inferiores a los británicos, como demostró Howe derrotando a Washington en Brandywine, septiembre de 1777. En cambio, Washington resultó ser el mejor estratega con su invernada de 1777-1778 en Valley Forge. Le permitió endurecer a sus hombres acostumbrándolos a soportar los rigores invernales de Nueva Inglaterra, y completar la instrucción cohesionando sus heterogéneas unidades en un ejército disciplinado. Mientras tanto, el general Howe quedaba retenido en su cuartel de invierno de Filadelfia, a poco más de treinta kilómetros de distancia y sin poder hacer nada.

En junio de 1778 volvió a manifestarse la vieja debilidad táctica en Monmouth Court House. Pudo Washington derrotar a Clinton si hubiese atacado a los británicos por su centro y no por la retaguardia. Una vez más, no se le ocurrió poner en juego a sus caballistas, que a falta de una verdadera caballería habrían sido suficientes para hacer estragos con la infantería británica que se replegaba. Fue la última batalla en terreno abierto de la guerra. Clinton conservó sus fuerzas para la defensa de Nueva Cork, mientras Washington, desde su cercano campamento sobre el Hudson, vigilaba a los británicos. Sus dificultades estaban aumentando. Empezaban a fallarle los abastecimientos y andaba corto de dinero. Puso en juego su habilidad política para negociar con las tacañas autoridades de las distintas colonias, al tiempo que procuraba evitar la descomposición de su ejército.

El gran momento de Washington se presentó en 1781. En la incertidumbre de si atacar las reducidas fuerzas de Clinton en Nueva York, o volverse contra Cornwallis, que había sido despachado por Clinton a Virginia, adoptó la decisión cuando supo que los franceses habían recuperado el control de las vías marítimas. Por tanto, era posible atrapar a Cornwallis en su reducto de Yorktown. Lanzó un ataque fingido contra Nueva York para engañar a Clinton, y emprendió con su ejército la marcha de 650 kilómetros hacia el sur, que cubrió en menos de un mes. Al realizarse la unión con el ejército francés de Lafayette y la flota francesa mandada por De Grasse, no tuvieron más remedio que rendirse Cornwallis y sus 7.000 hombres. Esto fue una obra maestra de estrategia y el final efectivo de la guerra.

Como militar, por tanto, Washington fue más estratega que táctico. Claro está que si hubiera dispuesto de más hombres, mejores pertrechos y más apoyos políticos tal vez habría obtenido más victorias convencionales. Y también si hubiese empleado mejor a sus caballistas virginianos. Pero su aportación a la victoria fue grande. Más tarde, y ya convertido en presidente, su tarea principal fue la de consolidar la unión que la guerra había empezado a forjar, tarea que se evidenció no menos titánica que el empeño bélico.

## ¿Qué fue Robespierre, estadista o terrorista?

El nombre de Maximilien Robespierre, probablemente el más famoso de entre los revolucionarios franceses, va unido a las sanguinarias actividades del comité de salvación pública, símbolo del Terror. ¿Es justa esa valoración?

Robespierre ha sido siempre un enigma, tanto para sus contemporáneos como para los historiadores. De un lado, su reputación de desinterés idealista le valió el sobrenombre de «el incorruptible»; por otro, es el hombre despiadado al que se recuerda como arquitecto principal del Terror. Que vistiera la moda elegante de los aristócratas a quienes él mismo contribuía a diezmar, no quita que fuese un terrorista. Como tampoco su actitud insegura, nerviosa y reticente en sociedad, ni su timidez en las relaciones personales. En fin de cuentas, siempre hay revolucionarios incorruptibles y más o menos idealistas, y eso nunca fue incompatible con los actos inhumanos.

Podemos considerarlo como un puritano en política que aspiró a elevados ideales, muchas veces en vano, que fue poco paciente con quienes no compartían sus ideas, que rechazó las soluciones a medias y los compromisos, y que creyó que la humanidad sería capaz de realizar posibilidades ilimitadas con tal de que aprendiese a dominar sus flaquezas. En la oposición no veía más que perversidad y de ahí la inflexibilidad, la rigidez de sus posturas, que fue el rasgo que acabaría por destruirlo.

Empezó su carrera como abogado y diputado por Artois en 1789. Mirabeu lo consideraba un maníaco peligroso, cuyos discursos sobre los derechos del hombre en abstracto expresados con tanta pasión y ambición personal indudablemente conducirían el país a la ruina. La fuga de Varennes hizo republicano a Robespierre, convencido de la necesidad de evitar que las metas de la Revolución fuesen traicionadas por los contrarrevolucionarios. Al principio aborreció tanto la guerra como las demás formas de violencia. Más tarde justificó la guerra, aunque hubiese sido instigada por sus adversarios. Consideró la revolución como una etapa inevitable y necesaria para la liberación del hombre. Elegido a la Convención en 1792, pronto propugnó la política de los jacobinos frente a los moderados, su inepta conducción de la guerra y su postura contraria a la centralización. Cuando dada la marcha de la guerra pareció inminente la invasión extranjera, Robespierre juzgó que la Revolución sólo se salvaría purgando de la nación a sus enemigos. Su negativa a condenar las matanzas de septiembre lo condujeron a proponer una teoría de la justicia popular no muy diferente de la ley de Lynch. Cuando juzgaron al rey Luis, él votó por la pena de muerte, pese a sus opiniones contrarias («para que viva la nación, Luis debe morir»). Pero antes de la Revolución no había querido ser juez para no verse obligado a firmar alguna sentencia, y tal vez no deba sorprendernos demasiado que se encerrase en su casa con todas las ventanas atrancadas el día que guillotinaron a Luis XVI.

Así pues, habló a favor de la purificación de la sangre, pero luego muchas de sus intervenciones en las tareas del tribunal revolucionario fueron a favor de la clemencia. Él no creía que la purificación fuese cosa de matar gente, pero sí que era necesario amputar los miembros gangrenados de la sociedad. Tanto hablar de la virtud, la pureza y la religión le hizo impopular entre sus contemporáneos, que temían su mirada inquisitorial. Pero hizo buena labor en las comisiones de gobierno y fue un ídolo del pueblo llano. Lo que decía de la purificación infundía esperanza y temor al mismo tiempo en los ánimos populares: «Sin el terror, la virtud es imposible. Sin la virtud, el terror no tiene sentido».

Así pues, para lograr la justicia social era necesario estar dispuestos a pagar un tributo. En el momento álgido del peligro, durante los meses de la crisis de 1793 y 1794, fue menester que continuase la purificación por medio de la guillotina. Cuando Danton propuso crear un comité de clemencia, la idea le pareció a Robespierre tan peligrosa como el sansculotismo y como el ateísmo que reclamaba Hébert. Se ha dicho a veces que estos rivales amenazaban la primacía de Robespierre; que los ideales sociales de éste le prestaban la justificación para buscar el poder, pero que el amor al cargo era el motivo de que se aferrase a él. Y que incluso el deísmo que afectaba profesar era una artimaña para presentarse, ataviado con sus ropajes color azul celeste, como afirmación de las necesidades espirituales de la nación. En realidad, el carácter de Robespierre era ajeno al cinismo y a la brutalidad de tantos otros dictadores. No hay razones para dudar de que aspiraba a las libertades políticas, siempre y cuando éstas se ajustasen a la definición de Robespierre. También es seguro que consideraba la dictadura revolucionaria como recurso temporal para tiempos de crisis.

Asimismo es indudable que fue realmente un dictador aunque no un tirano. No tenía una autoridad incontestable sobre el Comité de salvación pública, del cual no fue miembro permanente hasta julio de 1793. Barère, Carnot y Prieur de la Marne firmaron muchos más decretos que él. Ni fue tampoco el responsable exclusivo del Terror intensificado de 1794. Aun admitiendo que los enemigos del pueblo merecían la muerte, nunca fue tan severo como los miembros del Comité de seguridad general, ni como sus correligionarios más fanáticos, por ejemplo Saint Just, el llamado «ángel de la muerte». Se puede discutir el acierto de algunas de sus decisiones. Pagar a los tornadizos sans-culottes para que asistieran a las reuniones de la Sección, o andar sobre la cuerda floja política repartiendo palos a diestro (Danton) y siniestro (Hébert), no fueron precisamente demostraciones de prudencia política. En 1794, cuando trató de intimidar a la Convención lanzando amenazas no concretadas contra miembros de la misma, sin dar nombres, no hizo más que repetir una táctica que le había dado resultado otras veces. Pero ahora la situación era diferente, y más hostil. De modo que su estatura política se halla más en la calidad de sus creencias que en la eficacia de sus actos.

Queda el hecho de que los historiadores han exagerado la importancia de Robespierre, desorientados en parte por la enorme atención que le dedicaron sus adversarios de Termidor: en Robespierre personificaron el Terror, del que no fue enteramente responsable. Así que, finalmente, él mismo fue una de las víctimas del Terror con que se lo identificó.

## El general Custer, ¿temeridad de atolondrado o simple mala suerte?

El general Custer fue uno de los soldados enviados en 1876 contra los sioux y algunas fuerzas de la alianza entre los cheyenes y los arapaho, que formaban un contingente de unos 12.000 guerreros en total. El enfrentamiento se produjo en el valle del río Little Bighorn, perteneciente a Montana. Algunos dicen que Custer fue un héroe que luchó hasta el final frente a una superioridad numérica aplastante. Otros, que tuvo mala suerte. Pero algunos opinan que desobedeció las órdenes y actuó con imprudencia porque buscaba la gloria para sí mismo. Es posible que no lleguemos a conocer nunca la verdad que hay detrás de esa leyenda.

La situación de las tribus indias ya era desesperada en el Medio Oeste. Cuando acabó la Guerra de Secesión, el general Sherman amenazó a los indios con echarlos de sus cazaderos. Durante los dos decenios siguientes se libraron contra ellos no menos de 200 batallas en campo abierto. La supremacía técnica de los blancos, la prolongación de las vías férreas hacia el oeste, la continua llegada de inmigrantes después de 1849, cuando se descubrió el oro en California, y el exterminio incesante de las manadas de bisontes que habían sido el medio de vida de las tribus, todo contribuía a la miseria de los indios, cazados como fieras y asesinados, o confinados en las «reservas» sin más ocupación que las labores agrícolas propias de las mujeres.

Nacido en 1839, George Armstrong Custer fue, en su época de formación, un alumno brillante aunque algo revoltoso de la academia militar de West Point, y un oficial valeroso y ambicioso durante la Guerra civil. En 1866 recibió el despacho de comandante del 7.º de caballería. Los caudillos indios conocían ya al hombre enviado en 1874 a las Colinas Negras, en la frontera de Dakota, con la misión de someter a los sioux y abrir paso a los buscadores de oro. Enérgico y nada escrupuloso, según era opinión general acerca de él, Custer despreciaba a los indios y esperaba alcanzar una victoria militar espectacular sobre ellos para dar mayor impulso a su carrera.

En 1876 fue enviada a los montes Bighorn una expedición de tropas blancas de elite contra Caballo Loco y Toro Sentado, que con sus grupos de guerreros se habían negado a recluirse en las reservas como se les ordenó. El general Terry, que era el comandante en jefe, planeaba enviar al coronel Gibbon con el grueso de sus fuerzas hacia el sur, para remontar el río Bighorn, mientras Custer y su séptimo de caballería rodeaban los montes West y bajarían luego por el norte para confluir en el lugar donde estaban acampados los indios insumisos. Pero Custer tenía sus propias ideas y dividió su regimiento de caballería en tres secciones. La primera, para registrar las estribaciones de los montes a lo largo del camino; la segunda, para continuar el avance por la orilla derecha del río; y la tercera, integrada por 215 hombres al mando de él mismo, que bajaría por la orilla izquierda para desbordar a los indios por el flanco. Sus dos subordinados, sin embargo, se tropezaron con fuerzas superiores en número y se vieron obligados a retirarse, con lo que Custer se halló aislado y rodeado. Peleó con valor, pero finalmente su reducido grupo fue abatido hasta el último soldado. No se sabe en qué momento de la batalla cayó Custer. Incluso es posible que se pegase un tiro, siguiendo la costumbre de muchos que «reservaban la última bala para sí mismos» antes que caer en manos de los indios. Apoya esta versión el detalle de que su cuerpo no fue mutilado, ni le arrancaron la cabellera, porque los indios no tocaban el cadáver de un suicida. Sin embargo hay un relato trasmitido oralmente por las tribus, según el cual dos mujeres nativas indignadas por las numerosas promesas de palabra incumplidas por Custer en el decurso de los años, se metieron en el campo de batalla, buscaron su cadáver y, sin hacerle ninguna marca exterior, le metieron unas largas agujas de metal por las orejas y hasta el cerebro, «para que aprendiera a escuchar» y a hacer honor a los tratados.

Ciertamente parece que hubo un elemento de temeridad en la derrota de Custer, puesto que no le habría ocurrido nada si se hubiese limitado a obedecer las órdenes con exactitud, en vez de tratar de destacar. Si hubo otros motivos, aparte de la vanidad, es cosa que no se ha averiguado.

## ¿Fueron culpables de incompetencia los generales de la I Guerra Mundial?

Durante mucho tiempo, historiadores y no historiadores han descargado amargas críticas sobre los generales de ambos bandos de la I Guerra Mundial, por la manera de conducir la contienda durante los años 1914 a 1918. Es indudable que estos juicios han sido excesivamente duros en ocasiones, e inmerecidos en algunos casos.

Durante los cuatro años de la Gran Guerra murieron en el frente occidental más de tres millones y medio de hombres. Este número colosal de bajas fue consecuencia de los repetidos fracasos de las ofensivas y originó el desánimo en Inglaterra, insubordinaciones en Francia y desesperación en Alemania. En 1916 empezaron a oírse acusaciones contra los generales británicos y franceses por las grandes pérdidas. Nadie podía limitarse a defender las posiciones renunciando a avanzar, y por eso seguían embarcándose en nuevas y onerosas ofensivas. Así, no es de extrañar que muchos historiadores hayan opinado que los generales del frente occidental eran unos ineptos, incapaces de aprender de sus propios fracasos y criminalmente despreocupados mientras permanecían bien protegidos en sus cuarteles generales, a muchos kilómetros de las líneas del frente. A uno de ellos se le atribuyen esta palabras: «Sí, tendremos muchas bajas, pero al menos los del otro bando las tendrán mayores que nosotros». Es una acusación genérica que suele formularse contra los mandos militares de todas las guerras. Muchas veces hallamos intentos de defender a los generales en los libros de sus biógrafos, pero ésas suelen ser unas obras excesivamente partidistas. Sin embargo, es posible hallar algunas excusas para los generales, aunque distan de ser suficientes para una justificación completa.

Antes de 1914 la doctrina militar daba por supuesta una guerra de movimientos. Como en las guerras anteriores, a la caballería le correspondía la misión de romper los frentes y entonces entraba en acción la infantería para ir liquidando los focos de resistencia. Aunque en algunas guerras recientes habían aparecido ya el alambre de púas y las ametralladoras, aún no se había comprendido su valor para la defensa estática de las posiciones. Así que, cuando la fluidez inicial de los primeros tres meses de guerra cesó y los frentes quedaron congelados atrincherándose ambos bandos, se produjo una situación militarmente nueva, nunca vista. Era necesario penetrar las dobles y triples líneas de trincheras, y de momento no se halló más procedimiento que el ataque frontal. Mucho tiempo tardaron los generales en darse cuenta de que en todas las grandes batallas, excepto la de Verdún, los atacantes habían sufrido mayor número de bajas que los defensores.

Por supuesto, los generales aliados estaban sometidos además a la presión política. Las expectativas iniciales de un rápido fin de la guerra se habían visto defraudadas. Una ofensiva militar con éxito era la única manera de ponerle fin, y por eso los generales se empeñaron en atacar posiciones fuertemente defendidas, para no verse relevados. Uno de los primeros casos ejemplares fue el de sir John French, el comandante de la fuerza expedicionaria británica. No se había distinguido en la primera fase, la de guerra de movimientos, pero cuando ésta se convirtió en una guerra de desgaste empezó a recibir las presiones, primero por parte del comandante francés, general Joffre, y después por la del mariscal de campo, lord Kitchener, ministro británico de guerra. Empujado por ambos a un ataque frontal contra las trincheras enemigas en Loos, atribuyó su fracaso a deficiencias en el suministro de munición de artillería. Esto enfureció al gobierno británico, que le envió el relevo, y sirvió de saludable advertencia a otros generales, por si se les ocurría salirse de la fila. Los generales alemanes también se sabían expuestos a las presiones políticas, que en su caso provenían del despótico Káiser.

También ellos se hallaron obligados a atacar. Pero es un error suponer que les traían sin cuidado las bajas. Al fin y al cabo, los ejércitos diezmados por las bajas no ganan guerras. Por consiguiente, y salvo la excepción de Verdún, los alemanes se abstuvieron de grandes ofensivas hasta 1918, limitándose a construir líneas defensivas superiores a las de los aliados y quedándose a ver venir los ataques de los aliados. Los generales aliados también habrían preferido combatir de esta manera. Cuando se produjo la costosa defensa de Verdún, sin embargo, pareció que estaba en juego el destino de toda Francia, y los franceses suplicaron a los británicos que lanzasen una ofensiva para distraer a los alemanes.

Para ello se necesitaron varias semanas de meticulosa preparación, de modo que cuando se abrió el nuevo frente en el Somme, la batalla de Verdún ya casi estaba acabada. El general sir Douglas Haig, nuevo comandante de las fuerzas británicas, se convenció de que el frente enemigo podía ser destruido machacándolo con la artillería. Entonces los infantes avanzarían para tomar las posiciones abandonadas por el enemigo y habrían muy pocas bajas. Pero se equivocaba. Los obuses al reventar lanzaban al aire el alambre espinoso, pero luego caía aún más enredado que antes. Algunos éxitos menores y localizados, y la necesidad de ayudar a los franceses, cuyas tropas estaban a punto de amotinarse, persuadieron a Haig de continuar la batalla del Somme cuando a tenor de las listas de bajas debería haberla dado por terminada. Los alemanes también habían prolongado la ofensiva de Verdún, pese a sus propias bajas, porque estaban seguros de que la caída de Verdún iba a ser la caída de Francia. Esta convicción era compartida por los franceses, y así murieron más de 600.000 hombres en aquella carnicería.

Durante algún tiempo, los franceses se redujeron a la defensa y los ingleses a tratar de rehacerse. Desde abril de 1917 en adelante ambos se limitaron a esperar la llegada de los norteamericanos. Pero una victoria de Haig, que logró expulsar a los alemanes de los altos de Messines en junio de 1917, restableció su confianza y la creencia en la posibilidad de romper el frente alemán. En esta coyuntura, el ejército británico acababa de recibir los primeros tanques, y se pensó que éstos servirían para lograr la ruptura. Él no quería que la gloria del triunfo pasara a los estadounidenses, y también estaba alarmado por algunas proposiciones según las cuales la guerra tal vez mudaría de signo si se cambiaba el centro de gravedad al frente italiano. La mayoría de sus propios oficiales y muchos ministros del gabinete albergaban sus dudas y habrían preferido evitar los grandes sacrificios. Quizá Haig creyó realmente que él lograría poner fin a la guerra en 1917, pero la subsiguiente batalla de Passchendaele quedó encallada en el fango de Flandes. Aquella gran llanura era terreno excelente para los tanques, pero unas inoportunas lluvias de verano la convirtieron en un barrizal, y luego siguió lloviendo todo el otoño. De nuevo los atacantes perdieron más que los defensores.

En 1918, los alemanes, temerosos de la inminente llegada de incontables contingentes estadounidenses, decidieron golpear mientras las fuerzas estuvieran todavía más o menos igualadas, y porque habiéndose firmado un armisticio por separado en el frente ruso, tenían la oportunidad de retirar tropas de allí para lanzarlas al otro lado. Ludendorff decidió evitar los errores cometidos por el enemigo en sus ofensivas. Movió las tropas de noche para evitar los reconocimientos enemigos, y sobre todo, atacó sin el bombardeo preliminar de la artillería, que había sido la causa de tantos fracasos aliados. Pero le faltaba por aprender otra lección, lo mismo que a sus adversarios, y se empeñó en atacar los puntos más fuertes en vez de romper por las posiciones más débiles. La ofensiva se desgastó rápidamente y quedó estancada. Hasta el general estadounidense Pershing incurrió en este error al principio, lo que costó fuertes bajas norteamericanas. Fue el general Foch quien inventó, o como dicen otros, descubrió por casualidad, la táctica del ataque flexible, que pasaba de las zonas fuertemente defendidas a buscar oportunidades en las más vulnerables. Cuando se firmó el armisticio en noviembre de 1918, la guerra de trincheras estaba abandonada salvo muy pocos lugares, y la contienda había recobrado su carácter de guerra de movimientos, que era la que los generales dominaban.

Tardaron mucho los generales del frente occidental en aprender de sus errores. No tenían otra alternativa sino atacar para tratar de ganar la guerra, porque un conflicto defensivo interminable habría sido insostenible tanto para ellos mismos como para las naciones defendidas, empezando por sus dirigentes políticos. No fue que los generales hubiesen adoptado una postura de cínica indiferencia ante la mortandad, ni que ordenasen las ofensivas prescindiendo del coste. Ningún general había previsto que sus ofensivas iban a costar grandes bajas: tanto Nivelle como Haig creyeron que las suyas podían triunfar a un coste muy bajo, y se quedaron consternados cuando vieron las pérdidas. Pero es verdad que los altos mandos casi nunca visitaron las primeras líneas del frente para formarse una idea de la situación por sí mismos. En este sentido, pueden ser acusados de insensibilidad, y de haberse dejado atrapar por su propia rutina. Porque la guerra moderna muy pronto se convirtió en un asunto marcadamente burocrático. No sería justo decir que no les importó. Pues, aunque hubiesen visitado los frentes con asiduidad, no se ve qué es lo que habrían podido hacer los generales para romper aquella especie de empate técnico que fue la guerra de trincheras. Es más fácil criticar señalando lo que no debió hacerse, que sugerir lo que sí debieron hacer.

## Lenin, ¿estadista o demagogo?

**Vladimir Ilich Lenin fue venerado en vida como el padre de la Revolución bolchevique, y embalsamado después de su muerte en 1924 para exponerlo dentro de su féretro en el Kremlin, lugar de peregrinación de todo buen comunista ruso. Sus enemigos, en cambio, dijeron que no había sido más que un demagogo, que hipnotizó a las masas con su oratoria y falseó las doctrinas del comunismo en beneficio de sus propios objetivos. Sus admiradores afirman que el pragmatismo de Lenin fue una muestra de su verdadero carácter de estadista, y que si hubiese vivido más, el estado soviético habría demostrado la viabilidad y el auténtico funcionamiento del comunismo. Mientras continúa la polémica, Lenin todavía espera un juicio imparcial.**

No cabe duda de que era capaz de comportarse como un demagogo. En los difíciles días de 1917, Lenin lo mismo persuadía con argumentos a una comisión, que arengaba a una muchedumbre. Ante un público culto, hablaba como intelectual; en una fábrica, era compañero de los trabajadores. En 1917 los bolcheviques necesitaban demagogos. Pero necesitaban algo más, desde el punto de vista de Lenin: necesitaban que se les previniese contra el peligro de ir demasiado lejos en la colaboración con los políticos de la revolución de febrero. Que se les convenciese de que había llegado el momento de la toma del poder por los bolcheviques. Que se les explicase el deber de obedecer a una pequeña elite del partido. Muchas decisiones vitales y rápidas hubo que tomar en los primeros días de la revolución de octubre. Los líderes bolcheviques no habrían seguido como un solo hombre a Lenin, si este no hubiese sido algo más que un simple demagogo. Pero fue mucho más. Por encima de todo, tenía claridad de pensamiento y voluntad férrea, y ésas fueron las condiciones que reconocieron sus compañeros.

Quedamos, pues, en que Lenin fue más que un demagogo, pero ¿cabe decir que fuese un estadista? En un sentido concreto, no. No fue un estadista *internacional*: a partir de 1917 no volvió a salir de Rusia, no se entrevistó con ningún estadista extranjero y, en la medida en que la Unión Soviética tuviese por entonces alguna política exterior además del aislamiento, prefirió dejarla en manos de otros. No es forzoso, sin embargo, que un estadista se ocupe en el plano internacional. Los políticos corrientes son los «gregarios» de los partidos, los que siguen la línea del partido y están dispuestos a subordinar sus opiniones personales a los dogmas del partido. Estadistas son los que se elevan por encima del partido y dedican su atención a las necesidades del estado, aunque eso pueda suponerles impopularidad, o el tener que alejarse de los principios del partido.

Lenin disponía de un considerable margen de maniobra. Karl Marx había establecido los principios generales del comunismo, y Lenin no se desvió de ellos. Pero Marx no estableció en detalle cómo funcionaría la teoría comunista en la práctica. Su talento destacó más en el análisis dialéctico; en cuanto a proposiciones constructivas, se mantuvo en la imprecisión, y esto hizo posible que Lenin crease política, en vez de reducirse a interpretarla. Tomó decisiones atrevidas. En cuestiones como la Asamblea constituyente y la guerra con Alemania, fue terminante y controvertido. Tuvo razón Lenin cuando persuadió a sus colegas de que la paz de Brest-Litovsk sería efímera, aunque no fue la esperada revolución mundial lo que la deshizo.

Durante la guerra civil Lenin demostró acierto en su elección de los jefes militares. No tuvo inconveniente en utilizar a ex oficiales zaristas como Brusilov. Y tuvo mucho tacto en el trato con hombres como Trotski y Stalin, cuyo antagonismo personal pudo comprometer la estrategia de la guerra. La hambruna de la posguerra fue una tragedia de enormes proporciones. A diferencia de lo que hizo Stalin en otra ocasión posterior, Lenin no intentó negar la hambruna, ni era demasiado orgulloso para solicitar la ayuda internacional. Aquella carestía puso de relieve las insuficiencias de la política económica comunista, de modo que Lenin consideró necesario abandonar la ortodoxia comunista estricta cuando reemplazó el llamado «comunismo de guerra» por la «nueva política económica» (NEP). El motín de los marinos de Kronstadt en 1921 confirmó lo que Lenin venía sospechando desde hacía algún tiempo: que se debía llegar a algún tipo de compromiso con el capitalismo, hasta que el país estuviera preparado para admitir una economía planificada al modo comunista. Él no preveía que la NEP fuese permanente, pero el hecho de que fuese capaz de concebirla y de persuadir a sus colaboradores para que la aceptasen, indica la solidez de su liderazgo.

Inevitablemente, una elite dominante poco numerosa y dueña de todos los privilegios tenía que recurrir a la fuerza para mantenerse en el poder. La guerra civil cambió a Lenin; si antes castigaba a los oponentes con su desdén, después se convirtió en un tirano que los liquidaba. En sus últimos años, cuando empezaba a escapársele el poder, se ablandó un tanto. Para entonces, sin embargo, se hallaba bien establecido ya el aparato del estado totalitario, y no habría sido fácil desmontarlo. Preocupaban a Lenin los peligros del abuso de poder, tan fáciles cuando éste se concentra en pocas manos. De ahí que en su *Testamento* juzgase agudamente el carácter de Stalin y rehabilitase algunos puntos débiles de Trotski, pero sus compañeros, que tanto le habían reverenciado en vida, lo abandonaron luego y no hicieron caso del testamento.

Se ha postulado que la Revolución bolchevique no habría sido posible sin Lenin, o que de ocurrir, habría resultado derrotada. También puede aducirse que la grandeza de Lenin se puso de manifiesto al entregar a los sucesores un estado consolidado; que esto lo eleve a la calificación de estadista o no, depende de si se considera que los setenta años de comunismo iniciados por él en Rusia fueron beneficiosos para el país. Seguirá siendo idolatrado por los historiadores comunistas; los demás difícilmente pueden negarle el respeto.

## ¿Fue un nazi Eduardo VIII?

Varias acusaciones mancharon la reputación de Eduardo VIII. Que fue simpatizante nazi, y que deseó la victoria de Alemania para ser restablecido rey bajo la protección de los nazis. Hay muchos indicios que lo demuestran, aunque circunstanciales la mayoría de ellos. Se basan en el viaje de Eduardo a Alemania antes de la guerra, sus declaraciones pro-nazis, las informaciones pasadas a diplomáticos alemanes incluso durante la guerra, su resistencia a dejar Portugal en 1940, y su correspondencia particular desde las Bahamas. Del lado alemán también se añade credibilidad a la idea de que las bufonadas de Eduardo en 1939-1940 más parecen traición que mera imprudencia.

El rey Eduardo VIII abdicó en diciembre de 1936. Impedido por los políticos y por la opinión pública de casarse con la señora Wallis Simpson, la mujer dos veces divorciada que él había elegido, prefirió dejar el trono a su hermano el duque de York, y salir con su novia hacia Francia en autoimpuesto exilio. Probablemente quedó resentido con los políticos británicos por las circunstancias de su abdicación, y con su hermano el nuevo rey Jorge VI por el trato recibido de éste luego. Se le concedió el título de duque de Windsor, pero negándole el trato de realeza a su esposa. Durante la guerra los alemanes, creyendo que Eduardo era simpatizante nazi, trataron de enrolarlo para que hiciese propaganda de sus simpatías filogermánicas. ¿Hay algo de cierto en la reiterada afirmación de que Eduardo habría colaborado, si ese plan alemán hubiese pasado de la fase de proyecto?

Las opiniones políticas de Eduardo parecieron en algún momento más escoradas a la izquierda que a la derecha, aunque también los nazis se las daban de socialistas al principio. Ciertamente había expresado su preocupación por los parados, y durante una visita al sur de Gales en 1936 asombró y alarmó a los políticos al afirmar que era necesario «hacer algo». Es un hecho que su amistad con los Mitford —algunos de los cuales eran, no ya admiradores sino aduladores de Hitler— le indujo a visitar Alemania, donde se le enseñó todo lo que los alemanes quisieron que viese, y donde él continuó fiel a su costumbre de hacer comentarios imprudentes sobre cuestiones políticas. Quien aconsejó a los Windsor que visitasen Alemania les hizo flaco favor, y por otra parte, a ellos el resentimiento los volvió bastante sordos a otros consejos de parte británica. Peor aconsejados todavía estuvieron cuando se dejaron fotografiar con Hitler en octubre de 1937. Para los nazis esas fotos fueron un triunfo propagandístico, y una vergüenza para los británicos. Es seguro que Eduardo admiró el modo en que los nazis abordaron el problema del desempleo, y además él carecía de una repugnancia intrínseca a los regímenes autoritarios. Tampoco fue Eduardo el único admirador del fascismo entre las clases altas de antes de la guerra. Pero muchos de esos admiradores se hallaron enseguida al frente de las fuerzas aliadas en la guerra contra ese sistema.

El estallido bélico precipitó el fin de la visita de los Windsor. En 1940, cuando los alemanes invadieron Francia, los duques tuvieron que abandonar su residencia en

París. Tardaron en decidirse a hacerlo, se ha dicho que porque deseaban colaborar con los invasores, pero más probablemente porque creyeron, en su ingenuidad, que podían seguir viviendo allí como ciudadanos particulares sin que los alemanes tratasen de explotar políticamente la circunstancia, caso de haber caído los Windsor en sus manos. Después de pasar una temporada en la Riviera se mudaron a Portugal. Una vez allí siguieron recibiendo a diplomáticos alemanes y siendo recibidos por ellos, pese a la guerra. Sus comentarios incautos a la hora de los banquetes hicieron posible que los alemanes transmitieran a Berlín informaciones útiles sobre el esfuerzo bélico de los aliados. Eduardo expresó el deseo de que la guerra terminase pronto, e incluso la opinión de que una campaña alemana de bombardeos sobre Gran Bretaña haría que los británicos se sentaran a la mesa de las negociaciones.

La presencia permanente de los Windsor en Portugal representaba un riesgo de seguridad para los británicos, especialmente cuando los alemanes quisieron persuadir a aquéllos para que se mudasen a España. Ciertamente, no se mostró muy entusiasmado Eduardo cuando se le propusieron las Bahamas, adonde Churchill estaba decidido a enviarlo. Que los Windsor aceptasen finalmente, ha sido atribuido por algunos a un tardío despertar del sentido patriótico del deber por parte de Eduardo, y por otros a las intensas presiones de Churchill y a la amenaza de formarle consejo de guerra, ya que Eduardo seguía siendo oficial del ejército británico. Sobre lo del consejo de guerra no hay pruebas concretas, aunque no cabe duda de que Eduardo se hizo culpable de desobediencia flagrante a las órdenes en más de una ocasión.

Las Bahamas ofrecían la relativa seguridad del Atlántico occidental. Aun después de su llegada allí, en su correspondencia particular el duque siguió dando muestras de incorregibles prejuicios de clase, y no dejó de aludir a las grandes cosas que Hitler había hecho en favor del pueblo alemán. Estos comentarios privados no convierten necesariamente al duque en un nazi. Por supuesto desconocía el lado más siniestro del régimen hitleriano. Estaba al corriente de su intolerancia política y su antisemitismo, pero quizá no llegó a enterarse de los peores horrores de los campos de concentración o del Holocausto. Tampoco hay pruebas concretas de que hubiese aceptado ser un rey de Inglaterra títere de los nazis, en el supuesto de que Hitler se hubiese visto en condiciones de hacer realidad aquel proyecto. Las fuentes alemanas dan por descontada su colaboración, pero tal vez exageraron el optimismo. El mismo Churchill consideró innecesario proteger las Bahamas ante la eventualidad de que los alemanes enviasen un submarino para llevarse al duque.

No era lo mismo admirar algunos de los logros de los nazis, que aceptar el nazismo en su totalidad. No hay pruebas de que el duque hiciese esto último. Y también es aventurado suponer que se hubiese prestado a hacer de traidor, en caso de haber caído en manos de los alemanes. Es posible que estuviese resentido por el trato que había recibido de su país en 1936 y por el ninguneo que le infligieron luego sus hermanos y cuñadas. El verse residenciado en las Bahamas debió parecerle ostracismo y exilio, qué duda cabe. Pero de ahí a suponerle designios de alta traición hay un salto especulativo. Parece demostrado que Eduardo fue imprudente, ingenuo e insubordinado, pero no hay pruebas que apoyen más graves acusaciones.

## La política exterior nazi de 1933 a 1941, ¿designio o deriva?

Los observadores de la época que conocieron las sucesivas crisis de la política internacional durante la década de los treinta estuvieron de acuerdo, por lo general, en atribuir a Hitler la responsabilidad por el estallido de la II Guerra Mundial. Juzgaron que era un dirigente sin escrúpulos pero decidido, que montó deliberadamente los sucesivos agravios que le sirvieron de pretexto para la guerra, como primer paso para la conquista del mundo por los nazis. ¿Es cierto que se había planteado la dominación mundial como meta política? Subsisten al respecto muchas dudas.

Hay que tener en cuenta que la guerra era parte integrante de la filosofía nazi de la vida. Puesta la nación al servicio de ese ideal, Alemania alcanzaría el pináculo de su grandeza. A quienes objetan que el proponerse deliberadamente la guerra y la destrucción sería más propio de un loco, hay que recordarles que el clima mental de la época era idóneo para que las predicaciones de semejante género hallasen seguidores, y en todo caso, también es verdad que Hitler y muchos de sus secuaces dieron muestras de estar un tanto desequilibrados. Hitler planeaba la guerra, trabajó por ella, y finalmente consiguió lo que buscaba: para sí mismo y para su ideología, la oportunidad de intentar la conquista del mundo.

Éste es el criterio propugnado por varios y destacados historiadores de la época. Cabe citar al periodista judío estadounidense William Shirer, testigo presencial que comunicó sus experiencias en la monumental obra *Auge y caída del Tercer Reich* (1959), y por lo menos a dos grandes historiadores y estudiosos ingleses, Hugh Trevor-Roper con su libro *Los últimos días de Hitler* (1950), y Alan Bullock con *Hitler: Estudio de una tiranía* (1952, revisado en 1962). Desde el punto de vista de estos autores, el depravado carácter de Hitler y sus maléficas maquinaciones fueron el origen de la II Guerra Mundial.

En parte, estas opiniones se apoyan en una sorprendente confirmación aparecida hacia la época de los juicios de Nuremberg. Se trata del llamado «memorándum Hossbach», un documento cuya existencia casi nadie conocía con anterioridad. Posteriormente fue muy comentado, por cuanto parecía delinear los planes de Hitler para la conquista de Europa. Hasta los editores de la monumental obra de referencia *Documents on German Foreign Policy* admiten que «proporciona un resumen de la política exterior alemana en 1937». Su contenido fue presentado en 1945 como una prueba de la culpabilidad de los líderes nazis «por la guerra». Un examen más detenido de este memorándum arroja dudas sobre su utilidad para el historiador. El testimonio es de segunda mano y obviamente extraoficial; fue escrito después de los acontecimientos y no antes; se funda en las rememoraciones de un funcionario de escasa categoría; y lo más importante, no define con ninguna exactitud cuáles fueron los planes de Hitler, sino que meramente trata de especular sobre varias posibilidades (llamadas «casos» en la terminología de Hossbach). El historiador A. J. P. Taylor, en su libro *Los orígenes de la II Guerra Mundial* (1961), no titubeó en calificar dichas especulaciones como «cuentos de la buena pipa», y agregó: «Sus especulaciones anduvieron equivocadas. Apenas guardan la menor relación con el desarrollo real de los acontecimientos que condujeron al estallido de 1939. Un pronosticador de carreras de caballos que tuviese tanta clarividencia como Hitler les haría un flaco servicio a sus clientes». Que aquel documento llevase esta controversia a términos tan agrios y destemplados, en parte se explica por la rivalidad personal entre Trevor-Roper y Taylor, ambos muy estimados en la Universidad de Oxford donde ejercían sus actividades. Pero también se debe a que la hipótesis de Taylor rompe con una interpretación de lo que fueron Hitler y los nazis que casi había alcanzado visos de verdad canónica, como los evangelios.

Desde el punto de vista de Taylor, para explicar el fenómeno de Hitler no hay que centrarse tanto en la persona, ni en los supuestos defectos de carácter del Führer. Su análisis toma en cuenta todo el escenario de la década de los treinta: la sensación, muy difundida en los países democráticos, de que el tratado de Versalles había sido injusto con Alemania; la división existente entre las potencias occidentales y su renuencia a abordar un rearme para emprender acciones disuasorias contra los nazis. Y no olvidemos la opinión manifestada, entre otros, por Baldwin, de que en caso de que hubiese una guerra, lo preferible sería que peleasen «los camisas rojas» contra «los camisas pardas»; o las esperanzas de Chamberlain, en el sentido de que bajo la agitación beligerante de Hitler se ocultaba una persona honorable que acabaría por aceptar un arreglo negociado. De todo esto se deduce la preferencia de las potencias occidentales por la «contemporización», mejor que el enfrentamiento, y súmese la extorsión malévola de Hitler con sus continuas amenazas. En la explicación de Taylor predomina la idea de que Hitler era una especie de «jugador de riesgo» y que, habiéndole salido bien sus faroles en más de una oportunidad —la devolución de la Renania, el *Anschluss*, Múnich—, quedó convencido de su propia infalibilidad, o «intuición», como la llamaba él mismo. Sus seguidores también veían que le estaban saliéndole bien las cosas, y se mostraron dispuestos a seguir confiando en él mientras no cometiese ningún error. Esta consideración de Hitler como jugador que apostaba fuerte y había ganado tantas veces que acabó por considerarse incombustible, no subraya una supuesta agresividad subyacente del personaje, sino su talento para descubrir y explotar los puntos débiles del adversario, y su capacidad para improvisar sobre los éxitos y salir bien librado de las situaciones más peliagudas. Sus victorias ejemplifican las virtudes de la perseverancia y la voluntad decidida, pero se explican más por la buena fortuna que por la eficacia gestora. Esta opinión de Taylor sobre Hitler parece más natural que aquellas otras explicaciones que se empeñan en destacar los rasgos demoníacos del alemán. Pero, por otra parte, reducen la categoría del dictador, queriendo demostrar que sus decisiones no fueron más que humanas, y él nada más que un sujeto ordinario, o tal vez un mequetrefe. Es un punto de vista que descarta casi totalmente la ideología como fuerza motriz de los actos hitlerianos, o la considera como una simple pantalla que esgrimía en sus discursos y sus escritos, pero no porque creyera en ella, ni le importase si creían en ella o no sus oponentes (de hecho Stalin, por poner un ejemplo, leyó bastante divertido los improperios contra los bolcheviques en *Mein Kampf* y las teorías sobre la necesidad del «espacio vital» o *lebensraum*), sino exclusivamente para consumo de la opinión pública alemana, muy necesitada de seguridades simples después de la derrota en la I Guerra Mundial.

Los críticos de la interpretación de Taylor se apresuraron a señalar los puntos débiles fundamentales del argumento, y apuntaron que tal vez no se debería desdeñar tanto la importancia de la ideología. Uno de los críticos de Taylor, T. W. Mason, escribió en un artículo titulado «Algunos orígenes de la II Guerra Mundial» y publicado en 1964 por la revista *Past and Present* que «la ideología del nacionalsocialismo fue tal vez la causa más profunda de la guerra», y que era sumamente peligroso decir que nadie creyó en ella. Que en realidad, hubo muchos nazis convencidos y creyentes firmes. Por otra parte, ese criterio de Taylor según el cual hacen falta dos para hacer una guerra, no ofrece ninguna explicación de por qué Hitler *quiso* asumir todos aquellos riesgos en la década de los treinta. Si no estaba dando pasos hacia la guerra, ¿qué hacía? Luego Mason criticó en un libro las insuficiencias de la teoría de Taylor. Sostuvo que éste era *par excellence* un historiador de la escuela diplomática, es decir de los que se fundan sobre todo en los textos de los documentos diplomáticos. Pero, en este caso, tales textos eran obra de diplomáticos alemanes conservadores, que desconocían o desdeñaban el lenguaje característico de la ideología nazi, y sólo deseaban ver los hechos congruentes con el limitado mundo de la diplomacia. Pero el efecto de esa limitación autoimpuesta es una imagen parcial de la Alemania nazi de aquella década. La propaganda, los discursos, los grandes desfiles, tuvieron la misma importancia o más. Ellos y no los documentos diplomáticos explican realmente la conducta y las intenciones de los nazis. Según estos argumentos, la explicación de Taylor es sólo una parte de la respuesta verdadera.

En su libro *El poder y la búsqueda de la paz*, otro crítico, F. H. Hinsley, analiza los métodos de Taylor desde otro punto de vista. Asevera que es forzar la lógica argumentar que Hitler no quería la guerra, como hace Taylor, señalando que no tenía hechos los planes detallados. Pero la tendencia general de su política apuntaba a la guerra, aunque su planificación estuviera todavía en una fase especulativa, tal como demostró el «memorándum Hossbach». Hitler y sus adláteres tenían asumida la gran probabilidad de un conflicto en el plazo de algunos años, y en vez de hacer algo por evitarlo, o tal vez posponerlo, se plantearon la tarea de ganar esa guerra cuando ocurriese. Hinsley adopta el criterio de que Hitler tuvo mucha suerte con su resonante triunfo en Múnich: en ese momento, cualquier hombre sensato y razonable se habría retirado. El hecho de que él persistiera en sus acciones, primero contra Checoslovaquia y después contra Polonia, además de ser una prueba de su temeridad criminal en el designio de engrandecer a Alemania demuestra que no le importaba mucho si su política llevaba a la guerra o no: al fin y al cabo, guerra era lo que los nazis habían prometido siempre.

Por consiguiente, lo cierto parece ser que Hitler fue un motor principal de los acontecimientos que culminaron en la conflagración de 1939. A lo mejor no le convenía en aquel momento, a tenor de la contrariedad y la consternación que expresó en esa fecha, pero ciertamente hizo mucho para que ocurriese, asumiendo riesgos y lanzando un envite tras otro durante la década de los treinta. Las demás potencias aceptaron sacrificios y se esforzaron al máximo por evitar la lucha, pero él sabía lo que quería e insistió en sus exigencias incluso cuando la guerra era ya inminente. Era el precio que estaba dispuesto a pagar por su determinación de reponer a Alemania en el mapa, y fue desde luego el precio que se le exigió.

## ¿Quiso Stalin conquistar el mundo?

**La división entre el Este y el Oeste, que empezó a vislumbrarse hacia la fase final de la II Guerra Mundial, se acentuó después del final de ésta. En 1946 Churchill hablaba del «telón de acero». Era el comienzo de la Guerra Fría. Se ha dicho que Stalin quiso dominar Europa al final de la conflagración o, tal vez, el mundo, y ciertamente las supuestas ambiciones expansionistas de Stalin sirvieron de motivo a las primeras fases de la Guerra Fría. Pero esta opinión acerca de Stalin es puro mito histórico.**

La Unión Soviética acababa de salir de una guerra que le había infligido grandes daños y un tremendo número de bajas. Su economía estaba en ruinas, y se preveía que iba a tardar decenios en restablecerse. Y unas aventuras expansionistas que arriesgasen el enfrentamiento con la entonces única potencia nuclear del planeta habría sido locura. Hacía veinte años que Stalin había rechazado la idea del comunismo mundial y adoptado el concepto del «socialismo en un solo país». Y la guerra no le hizo cambiar de opinión, sino que le volvió todavía más cauteloso. Fue por consideraciones de seguridad que se hizo permanente la ocupación de los estados bálticos, y después de haber liberado de los nazis y ocupado permanentemente los países vecinos de Rusia por el oeste, Stalin fomentó el establecimiento en ellos de regímenes comunistas amigos.

La acusación no puede llevarse más lejos. Si hubiese querido penetrar en Europa occidental, habría apoyado el plan de Churchill, según el cual la invasión de Europa debía realizarse por el sudeste. A los rusos esto les habría ofrecido la oportunidad de avanzar con sus tropas hasta el Rin y más allá, en vez de hacer alto a orillas del Elba. En eso Stalin cumplió su palabra. Durante la conferencia de Teherán, en 1943, Stalin, Roosevelt y Churchill habían acordado cuáles iban a ser las esferas de influencia territoriales de la Unión Soviética. Por eso, en 1946 él retiró las tropas soviéticas de Irán como había prometido, y luego se quejó, no sin razón, de que el establecimiento de la influencia estadounidense en Irán era contrario a los acuerdos. Stalin actuó en Rumania y Bulgaria, pero no trató de intervenir en la guerra civil de Grecia, pese a que les faltaba muy poco a los comunistas griegos para derrocar el régimen existente. Quizá Stalin era partidario de la extensión del comunismo en todo el planeta, pero no hizo nada para ayudar al bando comunista durante la guerra civil en China.

Su interés primordial era la seguridad en Europa. No veía una amenaza inminente contra la Unión Soviética a través de Asia. Luego se le acusó de haber causado la escalada de la hostilidad con el bloqueo de Berlín en 1948, pero desde el punto de vista de Stalin la existencia de un sector occidental aparte en Berlín era una amenaza para la estabilidad de Alemania oriental, y un puesto avanzado para el espionaje occidental en el lado oriental del telón de acero. Stalin anuló el bloqueo cuando vio que, salvo la guerra, no tenía manera de impedir el aprovisionamiento de Berlín occidental mediante el puente aéreo. Tal vez era algo paranoide el afán de seguridad de Stalin, pero las intenciones expansionistas de que se le acusó tan a menudo habrían implicado la guerra, y la Unión Soviética no estaba en condiciones para ello.

Por tanto, Stalin no fue un megalomaníaco. La debilidad de su país después de la guerra, su temor al poder nuclear americano y su deseo de establecer un *cordon sanitaire* de países amigos alrededor del suyo fueron sus motivos. Por supuesto que desconfiaba de Occidente, pues no había olvidado la intervención aliada contra el incipiente estado bolchevique. Pero nunca quiso provocar demasiado a los occidentales y por eso cumplió con los tratados. Occidente le temía a él, pero el miedo suyo a Occidente fue mayor, y ese miedo fue el factor decisivo de su política.

## ¿Quién empezó la Guerra Fría?

Hay todavía una gran discrepancia de opiniones sobre cuál fue la potencia que inició la Guerra Fría, o las potencias en su caso, y la polémica continúa. ¿Fue el bloque comunista? ¿Fue Occidente? ¿Qué acontecimientos la suscitaron?

Apenas cabe dudar de que en marzo de 1946, cuando Churchill pronunció el discurso de Fulton, la Guerra Fría ya estaba en marcha. Fue consecuencia de la desconfianza mutua y de unos objetivos divergentes. En muchos casos, la divergencia venía de antiguo.

Stalin siempre desconfió bastante del país que fue aliado suyo durante la guerra, pero cuyo líder, Churchill, había sido ardiente partidario de la intervención contra los bolcheviques en 1918 y 1919. Por otra parte, Gran Bretaña había luchado sola contra los alemanes durante un año, 1940-1941, mientras los comunistas británicos inspirados por Moscú denunciaban la guerra y fomentaban huelgas en las industrias. Fue la desconfianza de Stalin frente a Gran Bretaña lo que le indujo a firmar en 1939 un pacto con la Alemania de Hitler, y de ahí también su incredulidad cuando los británicos le informaron de que la invasión alemana era inminente en junio de 1941. Tanto Churchill como Stalin procuraron deshacer equívocos y comportarse como buenos aliados durante la guerra, pero la exigencia de apertura de un segundo frente por parte de Stalin, y su pública demostración de furor cuando este proyecto fue postergado a cambio de los desembarcos en el norte de África, hicieron de él un interlocutor difícil. Incluso restó importancia a los convoyes que batallaban para abrirse paso hasta Murmansk por entre los submarinos alemanes. Otro motivo de discordia era la cuestión polaca, que sólo se apaciguó cuando Churchill y Roosevelt decidieron no hacer caso de lo de Katyn, dejaron prácticamente abandonados a los polacos exiliados en Londres y accedieron a las exigencias territoriales de Stalin.

Stalin consideró que sus aliados habían obrado de mala fe cuando le ocultaron la construcción de la bomba atómica, y cuando le engañaron y convirtieron Irán en una dependencia estadounidense. Más tarde descubrió que el presidente Truman era mucho menos manejable que el presidente Roosevelt. Éste solía tratarle con toda clase de consideraciones; en cambio, Truman estuvo frío y distante. Stalin se sintió espantado, debilitado y aislado. Al germinar de nuevo su desconfianza, se convenció de que la seguridad de su frontera occidental necesitaba algo más que unos estados amigos, y empezó a preparar el terreno para la instauración de regímenes comunistas en los países liberados por el Ejército Rojo. Stalin se enfadó mucho en 1945 cuando Estados Unidos no quiso o no pudo conceder un préstamo que aquél necesitaba imperiosamente, y fue la causa de que se excediese en sus exigencias de indemnizaciones. Mientras Stalin vaciaba de recursos y de maquinaria la zona de Alemania ocupada por su ejército, los aliados iniciaron la recuperación económica de sus respectivas zonas, y las abastecieron de alimentos y materiales. En consecuencia, y desde el mismo año 1945, fue evidente que no se preparaba la reunificación de Alemania, sino todo lo contrario, que iba a convertirse en campo de batalla política entre las potencias ocupantes.

En 1947 y 1948 se intensificó la Guerra Fría por causa del plan Marshall y el bloqueo de Berlín. Pero los orígenes fueron anteriores. No basta con acusar exclusivamente a Stalin y a su patológico afán de seguridad. Igualmente podría decirse que fueron los aliados, con su desconfianza frente a Stalin, quienes sembraron los gérmenes de la Guerra Fría. De hecho, fue resultado de la desconfianza mutua, algunas de cuyas raíces se retrotraen a los hechos de 1918 y 1919. Y por supuesto, una vez iniciada, los estadistas de ambos bandos hicieron todo lo posible por intensificarla. El conflicto cobró su propio impulso y nadie tuvo ni la menor idea de cómo detenerlo.

## ¿Fue Gorbachov el causante del hundimiento del comunismo y de la Unión Soviética?

Después de casi cincuenta años de Guerra Fría, el colapso del comunismo y la desintegración de la Unión Soviética sobrevinieron con sorprendente celeridad. Como el líder soviético en esa época era Mijaíl Gorbachov, muchos lo consideraron responsable de lo ocurrido. Los rusos comunistas y los no comunistas, cuando miran retrospectivamente, acusan una comprensible nostalgia de los «viejos tiempos» de Lenin y Stalin, cuando la Unión Soviética era una potencia temida, y miran a Gorbachov como traidor. El hecho fue que se quedó sin apoyos políticos en su país, y que muchos observadores occidentales comparten la opinión descrita. Otros la han puesto en tela de juicio, de manera que la figura política de Gorbachov sigue siendo objeto de una controversia notable.

El golpe de estado contra Gorbachov fracasó el 21 de agosto de 1991. La consecuencia inmediata fue la prohibición del partido comunista por Boris Yeltsin, el presidente de Rusia, que era el estado más extenso de la Unión Soviética. El 24 de agosto Gorbachov dimitió de su cargo de presidente del partido. Durante los meses siguientes las repúblicas bálticas renunciaron a seguir siendo miembros de la Unión tras declararse unilateralmente independientes. La Comunidad de Estados Independientes reemplazó a la Unión Soviética en diciembre de 1991, y Gorbachov dimitió el 25 de diciembre como presidente de dicha Unión. De este modo, pieza a pieza, fue cayendo el régimen comunista y la Unión Soviética pasó a la historia. ¿Pudo prever Gorbachov este desenlace?

La Unión Soviética nació de la Revolución y se mantuvo por la fuerza. No fue una unión producto del libre consenso entre los estados. Los bolcheviques heredaron el imperio de la Rusia zarista, en donde los rusos eran la nacionalidad dominante, y las demás nacionalidades, unas etnias sometidas. El comunismo fue la argamasa que preservó la unidad. La economía planificada de Stalin iba dirigida a demostrar el funcionamiento del comunismo en la práctica, y la superioridad de este sistema sobre el capitalismo. Del éxito de la economía planificada dependía, en último término, el éxito o el fracaso del comunismo. Al principio dio resultado, debido al relativo atraso industrial en que se hallaba Rusia. Después de la II Guerra Mundial recibió el impulso de las indemnizaciones de guerra y de los estados satélites, subordinados y subdesarrollados. Pero no podía durar. Las debilidades económicas inherentes ya eran manifiestas hacia la época de la muerte de Stalin. No es razonable cargar a la cuenta de Gorbachov los fracasos del Gosplan, o la incapacidad para elevar el nivel de vida y emular las del mundo occidental.

Los primeros problemas graves se manifestaron en la década de los cincuenta. Aunque la Unión Soviética logró mantener su sistema económico explorando a los satélites de la posguerra, al cabo de unos años estos países dejaron de ser útiles para convertirse en otras tantas cargas. Para mantenerlos leales al imperio soviético precisaban subvenciones económicas y una fuerte y costosa presencia militar. La economía soviética se estancó. Este fue un rasgo inherente al sistema. El Gosplan decidía desde arriba lo que hacía falta y cómo producirlo. Las fuerzas del mercado se consideraban irrelevantes en el mejor de los casos, o manifestaciones maléficas del capitalismo en el peor. El sistema engendró monopolios interiores. Parecía un ridículo despilfarro capitalista tener varias fábricas de radios para ruedas de bicicletas, por ejemplo, o más de una fábrica de motores para tractor. Obvio es decir que cualquier retraso en el suministro de primeras materias a la fábrica única, o una parada de producción por el motivo que fuese, originaban el desabastecimiento de producto acabado. Para mantener el funcionamiento del sistema se recurrió al trueque entre los proveedores de las primeras materias y los gerentes de las fábricas. Por otra parte, no había manera de conseguir cifras de producción fiables. Los gerentes de las fábricas inflaban tanto la necesidad de materias primas como las cantidades de producto acabado, vieja costumbre de los tiempos de Stalin, cuando el incumplimiento de los objetivos de producción podía significar el Gulag o algo peor. Otra reliquia de esa época era que la «norma de producción» valoraba más los productos acabados que las piezas de repuesto. Así, cuando una máquina se averiaba no se podía reparar sino «canibalizando» las piezas de otra máquina. Un rígido control de precios evitaba la inflación, con la consecuencia de que el sistema andaba pletórico de dinero depositado en los bancos, cuando muchas veces no había nada que comprar con él. La presión inflacionista era enorme, pero estaba embotellada en forma de demanda diferida.

Jrúschov se dio cuenta de que era perentorio hacer algo. Sólo que nadie sabía qué hacer. Él comprendió muy bien que cualquier intento de reformar el comunismo implicaba el riesgo de su destrucción. El intento de repoblar áreas forestales inadecuadas para la repoblación, o de plantar trigo en regiones de clima desfavorable para el cultivo del trigo, era típico de la mentalidad del Gosplan: «Debe hacerse, porque el estado ha dicho que se haga». Se intentó favorecer a las granjas colectivizadas penalizando el cultivo privado. Los campesinos abandonaron sus vacas y redujeron la explotación privada. Cuando las autoridades advirtieron el error y autorizaron de nuevo las parcelas privadas, ya era demasiado tarde. Languidecía la producción agrícola al tiempo que aumentaba la demanda de productos del campo. Habiendo denunciado en 1956 los métodos totalitarios estalinistas, Jrúschov y sus sucesores se privaron a sí mismos del recurso a la fuerza y al terror para evitar la decadencia de la economía. Empezaron a alzarse voces críticas contra el sistema económico, y también contra el régimen, y se hacían escuchar.

Sobrevino entonces la era Brejnev. Era imperativo hacer algo, en vista de que los niveles de vida subían en Occidente y se quedaban estancados en la Unión Soviética, hecho conocido por un número cada vez mayor de ciudadanos soviéticos. Urgía una drástica renovación de la economía soviética, o bien regresando de lleno a la política estalinista de represión política a gran escala, o replanteando a fondo el sistema económico del comunismo. Pero Brejnev no hizo ni lo uno, ni lo otro. Eso sí, le gustaba representar el papel de hombre fuerte en el extranjero. Agravó las dificultades económicas de la Unión Soviética lanzándose a la invasión de Afganistán, y provocó que el presidente Reagan pusiera en marcha un mastodóntico programa de defensa que la Unión Soviética no pudo emular. Andropov y Chernenko, los sucesores de Brejnev, prometieron algunas reformas cautelosas pero eran unos ancianos cuando accedieron al cargo y la Unión Soviética quedó prácticamente sin jefes y a la deriva.

En marzo de 1985 suscitó muchas promesas de mejoría el acceso de Gorbachov al poder. Era un hombre relativamente joven, preparado y dispuesto a cambiar las cosas. Pretendía liberalizar el sistema autocrático de la Unión Soviética introduciendo cierta medida de consenso popular, aunque no dejaba de ver que peligraba la legitimación del régimen. Él no era anticomunista, ni proyectaba el fraccionamiento de la Unión Soviética. Confiaba en reformar el comunismo desde dentro, y en preservar la URSS poniendo fin a la Guerra Fría, y por consiguiente a la amenaza externa. Conocía el malestar de los países satélites, aunque no supo prever las aspiraciones nacionales de las provincias bálticas, conquistadas por la fuerza en 1940 y anexionadas en 1945. En ellas, sin embargo, la política de rusificación resultó contraproducente y creó un nacionalismo ardiente, producto de los muchos agravios.

El compromiso del nuevo líder con la *glasnost* significaba un enfoque más transparente de la política. Lo inició tolerando críticas públicas contra los privilegios de los prebostes del partido, y dirigiéndose al pueblo soviético con franqueza cada vez mayor. En su política económica, que era un aspecto de la reestructuración política y social, la *perestroika*, pretendía mantener la economía planificada pero combinada con la descentralización y algunas concesiones limitadas a las fuerzas del mercado. Cuanta más oposición suscitaban sus medidas en el seno del partido, más relajaba Gorbachov el control de los medios de comunicación, para que los adversarios de la reforma se viesen enfrentados al apoyo popular y mediático de aquellas medidas.

Fue en la política exterior donde logró sus mejores triunfos Gorbachov. Retiró las fuerzas soviéticas de Afganistán, acabando con el impopular y costoso esfuerzo bélico. Él y el presidente Reagan, tras no pocas vacilaciones y conatos fallidos, acabaron con la Guerra Fría. Tal vez Gorbachov fue demasiado lejos cuando dejó a los países satélites, en la práctica, que se las arreglaran como pudieran. Ellos, sencillamente, recuperaron la independencia perdida echando a sus dirigentes comunistas. Gorbachov torpedeó deliberadamente al alemán oriental Eric Honecker, un partidario de la línea «dura», con lo que allanó sin proponérselo el camino a la reunificación alemana. Quizá valía la pena pagar ese precio, a cambio de terminar con la Guerra Fría. Pero una cosa era que la Unión Soviética se librase del dispendio que le representaban aquellos satélites, y otra muy diferente el permitir que la desafiasen las nacionalidades sometidas. Cuando los pueblos bálticos vieron lo que ocurría en el este de Europa, ellos también exigieron la libertad, y lo mismo hicieron Ucrania y las provincias del Cáucaso. Que no era lo que se había propuesto Gorbachov. Hubo matanzas de paisanos a manos de militares en Georgia y Azerbaiján en 1989 y 1990, pero las de Vilnius y Lituania en enero de 1991 fueron las campanadas funerales del imperialismo estalinista. Gorbachov deploró las matanzas pero no desautorizó a sus perpetradores. Muchos *apparatchiks* comunistas de los países bálticos se dieron gran prisa en adoptar la ideología nacionalista como único medio para evitar el verse arrojados al olvido político. Gorbachov pudo optar por defender la unidad de la URSS a la fuerza. Eligió no hacerlo. Pronosticó que los separatistas bálticos se arrepentirían, pero después de Vilnius ellos se juzgaron en condiciones de desoír sus palabras.

En esta vacilación estuvo la debilidad de Gorbachov. La glasnost abrió las puertas a una marea de denuncias contra el comunismo. Gorbachov sólo se había propuesto reformarlo. Para que hubiese triunfado la perestroika dentro de un régimen comunista, habría sido preciso abandonar la glasnost. Gorbachov se hizo atrás. Los seguidores de la línea intransigente conspiraron contra él; los reformadores se desengañaron de él y se volvieron hacia otros, como Yeltsin. En las primeras elecciones libres de la Unión Soviética surgieron no comunistas y anticomunistas. Él no se sintió capaz de hacerse con los plenos poderes presentando su candidatura a la presidencia ejecutiva en las generales; eso quedó reservado más tarde para Yeltsin. Tampoco era posible tratar de apuntalar el comunismo y la Unión Soviética llamando a los militares. Los generales «halcones», alarmados por la pérdida de los estados satélites y el desafío de los bálticos, proyectaron su deposición y quisieron aprovechar su ausencia durante unas vacaciones. Pero la mayoría de los militares todavía recordaban las purgas estalinistas de la década de los treinta y no tenían ningún deseo de comprometerse políticamente. Ni siquiera se podía confiar en la KGB, algunos de cuyos elementos estaban en comunicación secreta con Yeltsin. Así se preparó en agosto de 1991 el escenario del fallido golpe contra Gorbachov, con el eclipse de éste y el apogeo de Yeltsin.

Desde el comienzo, la Unión Soviética albergaba en su seno los gérmenes de su propia destrucción. Era una potencia imperialista envuelta en un disfraz de comunismo. Lenin y Stalin la preservaron por la fuerza. Pero cuando se intentó prescindir de la fuerza, el colapso económico la condenó. Muchos tuvieron que ver con esa caída: los fundadores, por apoyarse en la fuerza y no en el consenso; Jrúschov, al imposibilitar el retorno al estalinismo; Brejnev, por invadir Afganistán; él y sus dos sucesores, por su inoperancia; y el presidente Reagan, al aprobar un volumen de gasto militar que la Unión Soviética no pudo seguir. Gorbachov creyó posible lograr lo que sus predecesores manifiestamente no habían conseguido: revitalizar la Unión Soviética. Pero le faltaron los medios y la capacidad para hacerlo, y por eso se convirtió en el involuntario catalizador de la desaparición del sistema.

# 11. EQUÍVOCOS CORRIENTES

## ¿Dijo María Antonieta aquello de «que coman pasteles»?

Todavía se repite algunas veces que María Antonieta, reina de Francia y esposa de Luis XVI, dijo, antes de la Revolución y cuando le comentaron que el pueblo no tenía pan: «Que coman pasteles». ¿Tiene algún fondo de realidad esa leyenda?

Hija de la emperatriz María Teresa de Austria, y hermana del emperador Leopoldo II, que reinó en tiempos de la Revolución francesa, María Antonieta nació en 1755 y se casó con el futuro Luis XVI de Francia cuando aún no había cumplido los quince años. Aunque graciosa y atractiva, era mimada e impertinente, y con la edad desarrolló afición a las intrigas frívolas. Fue sumamente impopular, en parte por extranjera (la llamaban *l'autrichienne*, «la austríaca»), pero sobre todo por su legendaria extravagancia, de la que se dijo había contribuido a la quiebra de la hacienda francesa..., aunque realmente, esto último no está muy justificado.

Como consecuencia de ello, circulaban muchos rumores poco halagüeños acerca de su persona, y esa réplica del «que coman pasteles» fue uno de ellos. De hecho, la anécdota se funda en una traducción inexacta. La frase que se le atribuyó era «si no tienen pan, por qué no comen *brioche*». En Francia hay muchas clases de pan y el brioche es un tipo de pan dulce al que María Antonieta era muy aficionada, desde luego más caro que el pan corriente. Si fue culpable de algo, sería necedad antes que insensibilidad; bien podía ocurrírsele que si las gentes del pueblo no comían el pan ordinario, no sería porque tuviesen el paladar demasiado fino.

Sin embargo, es lícito dudar de la historicidad del episodio, que fue atribuido por primera vez a la princesa española María Teresa, que se casó en una ceremonia de gran pompa con Luis XIV en 1660. Luego se lo adjudicaron a otras muchas princesas extranjeras, hasta que llegó la austríaca María Antonieta, y hasta es posible que la historia sea completamente apócrifa. Desde luego, ilustra la antipatía de los franceses hacia los personajes extranjeros. Y como todos los estereotipos, se resiste a desaparecer, por más improbable que sea semejante metedura de pata por parte de nadie.

## ¿Qué le dijo realmente Nelson al capitán Hardy?

**La muerte del almirante británico Nelson ha inspirado a pintores, poetas, historiadores y novelistas. También dio lugar a una leyenda repetida muchas veces.**

Nelson logró una gran victoria el 21 de octubre de 1805 en Trafalgar, pero quedó mortalmente herido. De acuerdo con una leyenda persistente, mientras estaba muriéndose le dirigió al capitán de su buque insignia las palabras «Kismet, Hardy»: «el Destino, Hardy», lo que constituiría un oportuno comentario sobre las ironías de la suerte. Pero los que estuvieron presentes en la escena manifestaron unánimes que lo que dijo fue: «kiss me, Hardy». En aquellos tiempos menos inhibidos, esta despedida con un beso al amigo moribundo no tenía nada de escandaloso. El intento de corregir las palabras de Nelson convirtiéndolas en una improbable alusión al *Kismet* (del persa *qismat*, hado, destino), demuestra la mojigatería de la era victoriana y no está apoyado por ninguna prueba documental. Así que ahora podemos restituir la petición originaria del almirante.

## ¿Cuáles fueron las últimas palabras de Pitt *el Joven*?

Otra de estas leyendas de últimas palabras asegura que las de Pitt *el Joven* en el lecho de muerte fueron «mi patria, cómo voy a dejar mi patria». Este Pitt murió siendo primer ministro, el 23 de enero de 1806. Cuando fallecen los grandes personajes, sus biógrafos suelen atribuirles alguna última palabra memorable. En el caso de Pitt, también era oportuno el acordarse de su patria, a la que pese a la victoria naval de Trafalgar dejaba en una situación bastante comprometida. Después de los desastres de Austria en Ulm y Austerlitz, una vez más Inglaterra se había quedado sola y sin aliados. Eso habría ensombrecido las últimas semanas de la vida de Pitt, y es posible que pronunciase la famosa frase en un momento de lucidez. Ciertamente, habrían reflejado sus sentimientos, si fueron pronunciadas como se cuenta.

Pero probablemente la verdad es mucho más banal. Un anciano ujier de la Cámara de los Comunes le contó a Disraeli que las últimas palabras de Pitt habían sido «ahora comería de ese pastel de carne de cerdo de Bellamy». Pero murió antes de que llegaran a servírselo. Son tan prosaicas estas últimas palabras, que presentan todos los visos de ser ciertas, y desde luego arrojan considerables dudas sobre la versión de «mi patria».

## La carga de la Brigada Ligera, ¿victoria o catástrofe?

La carga de la Brigada Ligera en la batalla de Balaclava, en 1854, durante la Guerra de Crimea, suele citarse como ejemplo de suprema valentía y brillante victoria militar, y fue inmortalizada en una emocionante balada debida al futuro lord Alfred Tennyson. Pero esa visión de la batalla era legendaria de principio a fin.

En el decurso de la batalla, el comandante en jefe británico, lord Raglan, vio a través de sus prismáticos que los rusos habían capturado unos cañones navales ingleses de 12 libras y se disponían a llevárselos, por lo que ordenó a la caballería que cargase para impedirlo. Raglan garabateó una nota a lápiz en un pedazo de papel y el capitán Edward Nolan recibió la orden de entregárselo a lord Lucan, el comandante de la Brigada Ligera. Digamos de paso que Nolan había llamado la atención por sus públicos comentarios críticos acerca de sus aristocráticos superiores.

Desde donde estaba Lucan, en una cota 20 metros inferior a la que ocupaba lord Raglan, no se veían los cañones capturados. De todos modos Lucan leyó la orden detenidamente y muy consciente de la presencia de Nolan, que echaba chispas a su lado. Cuando le preguntó que a qué cañones se refería, Nolan apuntó vagamente hacia la dirección en donde recordaba que estaban, y gritó: «Por allí, *milord*, está vuestro enemigo. ¡Y allí están vuestros cañones!».

Al mirar hacia donde le indicaba Nolan, los únicos cañones que vio Lucan fueron los de 6 libras de una batería rusa que se hallaba al fondo del largo valle, abundantemente protegidos por numerosas fuerzas de infantería y caballería. Estaba bien claro que una carga contra semejante posición equivalía a un suicidio y conduciría a la aniquilación de su unidad. Le pasó la nota a su primer oficial, lord Cardigan. Éste comentó la fuerza de la posición enemiga, pero Lucan replicó que era una orden de lord Raglan y que no había más remedio que obedecerla. Al oírlo Cardigan se acordó de su familia, y murmurando «bien, ¡allá va el último de los Brudenell!», dio la orden de avanzar al trote corto y clavó espuelas a su caballo.

Por lo que ocurrió, parece evidente que Nolan no tenía intención de enviar 600 hombres a una muerte cierta. Cuando se dio cuenta de que la Brigada Ligera no maniobraba hacia la derecha como él esperaba, galopó tras ellos para corregir el error, dando gritos y haciendo aspavientos con los brazos. Cardigan tal vez creyó que aquello era otro ejemplo de la conocida insolencia de Nolan, y le gritó que se volviese a su línea. En ese momento estalló una granada rusa pocos metros a la derecha de donde estaba Cardigan, y un trozo de metralla le abrió el pecho a Nolan dejándolo con el corazón al aire. Se le cayó la espada de la mano, pero continuó con el brazo levantado y erguido en la silla. Con su último grito de agonía se extinguió cualquier posibilidad de evitar la tragedia, y la Brigada Ligera siguió trotando hacia la muerte segura.

Los artilleros y fusileros rusos que estaban apostados en el cerro de Fedioukine y en ambas laderas de los altos de Causeway, al norte y al sur del valle, se quedaron asombrados ante la audacia de la Brigada Ligera, que avanzaba con precisión digna de un desfile hacia la artillería y la infantería desplegadas como a dos kilómetros y medio de distancia. Atrapados en un mortífero fuego cruzado, los obuses y la metralla derribaban a los ingleses, no de uno en uno sino a racimos. Pero lograron llegar al fondo del valle y recuperaron algunos de los cañones, luchando cuerpo a cuerpo en medio de una humareda cegadora. Los rusos de los altos abandonaron descorazonados sus posiciones, y el general Canrobert envió a sus cazadores en una maniobra de distracción para aliviar un poco el apuro, pero no se pudo hacer nada para evitar el desastre. Bosquet, el general francés, comentó con estupefacción: «C'est magnifique, mais ce n'est pas la guerre».

De los 700 jinetes que cargaron hacia el valle, sólo 195 regresaron. El 17.º de lanceros quedó reducido a treinta y siete soldados, el 13.º ligero de dragones, a dos oficiales y ocho hombres, y murieron 500 caballos. La acción entró en la leyenda pero no tuvo el más mínimo efecto en cuanto al desenlace de la campaña.

## ¿El Big Ben no es el famoso reloj, al fin y al cabo?

**«Big Ben» es como se llama comúnmente al reloj del edificio del parlamento en Westminster. Se trata de un error en el que caen no sólo los extranjeros sino también muchos del país.**

Después del incendio que destruyó el parlamento en 1834 (juicio de Dios y castigo por la reforma parlamentaria de 1832, según opinó entonces el zar), se abordó un ambicioso proyecto de reconstrucción para el cual se recurrió al talento, entre otros, de Charles Barry y Augustus Pugin, dos de los mejores arquitectos británicos de la época victoriana. Anexa al palacio de Westminster se alzaría una torre con reloj y con la campana cuya voz popularizaría mucho más tarde la BBC en todo el mundo. Así que el nombre de «Big Ben», que corrientemente se adjudica al reloj, en realidad es el de la campana que da las horas. Esa campana pesa 138 toneladas y recibió su nombre por el de sir Benjamin Hall, de la comisión de obras que en 1856 se encargó de instalarla. Las dimensiones físicas de sir Benjamin se comparaban con las de la campana, con un humorismo parlamentario casi tan pesado como el comisionado mismo.

## ¿Las *sufragettes* inglesas conquistaron el derecho de voto para las mujeres?

Aunque, a comienzos del siglo XX, las mujeres habían alcanzado ese derecho en algunos países, no fue así en Gran Bretaña. Fue entonces cuando iniciaron su campaña las *sufragistas,* que acosaron a los parlamentarios y celebraron asambleas por la causa. Se depositaron muchas esperanzas en el nuevo gabinete liberal de 1906, pero la concesión no llegó. En 1910 el movimiento sufragista se hizo más militante, y adoptó métodos que infringían las leyes. Las que se encadenaban a las verjas de los edificios públicos o echaban una lluvia de octavillas sobre las cabezas de los diputados en la Cámara de los Comunes no hicieron mucho daño, pero otra cosa fueron los incendios de oficinas públicas y buzones, las roturas de ventanas, los cortes de cables del teléfono y los atentados contra personajes. A las que adoptaron estos métodos exaltados se las denominó *sufragettes.* ¿Adelantaron éstas los derechos de la mujer más que las sufragistas pacíficas?

En algunos sentidos, las actividades de las *sufragettes* fueron contraproducentes. En la década de 1890, cerca de 200 diputados apoyaban ya una moción a favor del sufragio femenino. De ellos, más de cuarenta eran conservadores. Pero veinte años más tarde, las sufragettes habían perdido muchas simpatías por causa de sus actividades fuera de la ley. Apenas ningún conservador se atrevía a manifestarse públicamente partidario del sufragio femenino, y muchos liberales, en especial los que ejercían responsabilidades de gobierno, endurecieron también su actitud. La prensa se mostró cada vez más hostil, excepto cuando las manifestantes en huelga de hambre eran alimentadas a la fuerza por las autoridades, lo que indignó a la opinión pública. El llamado «decreto del gato y el ratón» promulgado en 1913, por el que soltaban a las huelguistas para volverlas a encarcelar enseguida, también indignó a los que veían en ello un peligro para las libertades civiles, y concitó algunas simpatías a favor de las sufragistas. En todo caso, éstas consiguieron una gran publicidad para su causa. Pero muchos hombres seguían opinando que tan desaforados comportamientos demostraban que la mujer no reunía las condiciones necesarias para darle el voto, y la causa de las sufragettes no estaba más adelantada en 1914 que en 1906.

En 1914 comenzó la guerra, y la agitación decayó mientras el país dedicaba todos sus esfuerzos al empeño bélico. En 1916 una conferencia presidida por el *speaker* de la Cámara de los Comunes emitió un pronunciamiento mayoritariamente favorable a una forma limitada de voto femenino. Pero fue sólo una declaración, sin fuerza de ley ni de anuncio oficial de la política del gobierno. En 1917 la Cámara de los Comunes debatió una ley del sufragio cuya finalidad originaria era suprimir algunas de las anomalías del privilegio masculino. En particular, la ley antigua exigía a los hombres un periodo de residencia permanente para ser electores. Pero entonces la mayoría de los ex combatientes de la guerra quedaban excluidos del voto. Así que se amplió este derecho a los soldados, suprimiéndoles la exigencia de un tiempo de empadronamiento. Pero los trabajadores de las fábricas de municiones habían realizado una aportación casi tan importante como la de los mismos soldados, y muchos de ellos habían sido trasladados durante la guerra. La propuesta de concederles la misma exención que a los soldados conducía necesariamente a la cuestión del trabajo femenino en las fábricas de municiones. De manera que una ley dirigida en principio a reformar el sufragio masculino acabó por conceder el voto a todos las mujeres de más de treinta años que tuviesen un hogar a su cargo, o fuesen esposas del cabeza de familia.

Si las mujeres consiguieron el derecho de voto, por consiguiente, fue gracias su contribución a la causa nacional durante la guerra, y no tanto por la agitación de las sufragettes. Es cierto que las campañas de éstas antes de la guerra sacaron el tema al debate de la opinión pública, pero también generaron muchos resentimientos (como fue el caso de Ramsay MacDonald, por ejemplo) y no adelantaron nada en lo inmediato. Parece obvio que fue la guerra lo que cambió las actitudes, ya que era obligado reconocer la aportación de la mujer trabajadora. E incluso entonces, el reconocimiento legislativo fue más bien un efecto secundario, no un propósito deliberado desde el principio. Pero ¿a quién ha de saberle mal que las sufragettes sobrevivientes recogieran el mérito del sufragio femenino, por cuya consecución tanto lucharon y padecieron?

## ¿Fue Bélgica quien arrojó a Gran Bretaña a la I Guerra Mundial?

Muchos estudiosos de la historia tienen la convicción de que Gran Bretaña, país neutral y amante de la paz, se vio bruscamente empujada a la guerra en 1914 cuando los alemanes invadieron Bélgica, país cuya independencia y neutralidad estaban internacionalmente protegidas por un tratado de 1839. En el mejor de los casos, es una interpretación errónea de los hechos, y en el peor, una tergiversación intencionada.

Muchos intuyeron que se avecinaba la Gran Guerra, pero cuando estalló, lo hizo de manera tan repentina como inopinada. Un conflicto entre la corona austrohúngara y Serbia condujo a la declaración de guerra el 28 de julio. Rusia declaró la movilización en apoyo de Serbia el día 30. Alemania declaró la guerra a Rusia el 1 de agosto. Dando por supuesto que los franceses acudirían en apoyo de sus aliados los rusos, y ante la necesidad de asestar el primer golpe por tenerlo así previsto el Estado Mayor alemán en su plan Schlieffen, Alemania declaró la guerra a Francia el 3 de agosto. Como el plan Schlieffen en su última versión preveía el paso de las tropas alemanas a través de Bélgica, los alemanes habían adoptado la previsión de solicitar dicho paso al gobierno belga el 2 de agosto. Los belgas denegaron el permiso, pero los alemanes invadieron igual. El plan de operaciones alemán no preveía ninguna alternativa, de modo que cuando Bélgica planteó el ultimátum exigiendo la retirada de las tropas alemanas, éstas no podían acceder en modo alguno. Lo que motivó la declaración de guerra de Gran Bretaña contra Alemania, a las 11 de la noche del 4 de agosto. ¿Habría entrado en la guerra Gran Bretaña, a no ser por la invasión de Bélgica?

En esencia, la política británica de «espléndido aislamiento» había consistido en firmar acuerdos con las demás potencias para zanjar discusiones concretas, pero procurando no entrar en ningún compromiso obligatorio para el futuro. Así, la alianza con el Japón no comprometía a Gran Bretaña en el Lejano Oriente, más que en el sentido de procurar el mantenimiento del *status quo*. De manera parecida, la Entente con Francia en 1904 tuvo la finalidad de resolver viejas diferencias, pero Gran Bretaña no se obligaba a ponerse de parte de Francia en futuras querellas que este país tuviese con otros. Pero incluso así, la alianza con el Japón hizo posible que los japoneses considerasen que contaban con la anuencia británica para intervenir en Corea, y lo mismo juzgaron los franceses con respecto a la Entente cuando quisieron hacerlo en Marruecos. Ni lord Lansdowne, el secretario de exteriores británico, ni sir Edward Grey cuando le sucedió, desearon entrar a formar parte del sistema europeo de alianzas. Grey quizá se engañaría a sí mismo, pero a nadie más, si pretendió que no siendo la Entente una alianza Gran Bretaña ganaba más libertad de maniobra y Alemania quedaba asegurada de la neutralidad británica. La Entente de 1907 con Rusia también sirvió para zanjar antiguas diferencias, pero significó que Gran Bretaña quedaba en términos amistosos con dos países que eran aliados y que consideraban a Alemania como una posible enemiga.

En la primera crisis de Marruecos, Gran Bretaña se vio obligada a elegir, y decidió declararse a favor de Francia. Cuando Grey ofreció conversaciones militares con Francia, estaba enviando una señal a los alemanes, para indicarles que no se propasaran. De otro modo, esas conversaciones iniciadas en 1908 no habrían servido de gran cosa. Haldane aún no había creado la Fuerza Expedicionaria y las negociaciones no fueron más que movimiento de papeles. Para el público británico, sin embargo, que nada sabía de conversaciones militares, Alemania estaba comportándose ya como enemiga. El telegrama Kruger, el programa alemán de rearme naval y la prensa suscitaban la desconfianza general contra Alemania. Los periódicos especulaban, no sobre si habría o no guerra con Alemania, sino cuándo. En 1911, el amenazador «discurso de Mansion House» pronunciado por Lloyd George estuvo en sintonía bastante perfecta con la opinión pública. Alemania se echó atrás con respecto a Marruecos pero quedó resentida, y Gran Bretaña quedaba firmemente alineada al lado de Francia. Entonces se produjo en 1912 el acuerdo naval: no era que Gran Bretaña se comprometiese a intervenir en una guerra franco-alemana, pero sí aceptó consultar a Francia en la eventualidad de una guerra. Y lo más importante, la flota inglesa era el único medio eficaz para defender las costas francesas atlánticas y del Canal en caso de ataque alemán, mientras la Armada francesa estaba concentrada en el Mediterráneo. Quizá creyó Grey que su acuerdo no comprometía a Gran Bretaña, pero no se entiende cómo habría podido evitar Alemania, en el ardor de la contienda, alguna violación de las que necesariamente acarreaban la beligerancia británica. Sin embargo, en 1913 y durante la mayor parte de 1914, las relaciones anglo-germanas incluso mejoraron, aunque Alemania no aceptó la sugerencia de Churchill, formulada en 1913, de reducir su programa de construcción de buques de guerra.

La reforma militar de Haldane, con la creación de una fuerza expedicionaria de seis divisiones capaces de combatir en el continente, parecía implicar que Gran Bretaña sería beligerante en caso de que hubiese una conflagración continental. Gran Bretaña no podía permitir que Francia quedase debilitada por una nueva derrota a manos de los alemanes. Porque entonces el continente europeo habría quedado bajo el control de una sola potencia, la misma que además estaba tratando de controlar los océanos y extendía su influencia hacia los Balcanes y Turquía. El fortalecimiento de la amistad franco-británica a partir de 1904, las conversaciones militares, el acuerdo naval, la postura conjunta adoptada en el pleito marroquí, todo sugería que Gran Bretaña había contraído una obligación moral de apoyar a Francia en caso de guerra, aunque tal obligación no se plasmara en un tratado.

Semejante guerra, sin embargo, nunca sería popular para el partido laborista, e incluso causaría disensiones en las filas del partido liberal. El gabinete liberal no deseaba entrar en guerra teniendo a sus espaldas una nación dividida. Bélgica proporcionaba la coartada moral al gobierno. La rigidez de los planes de guerra alemanes hacía inevitable el ataque alemán a través de Bélgica. La neutralidad belga contaba con la garantía colectiva de las grandes potencias que firmaron el tratado de Londres en 1839. Alemania no lo había suscrito porque aún no existía como tal, pero sí Prusia. Hubo alguna incertidumbre acerca de si Gran Bretaña estaba jurídicamente obligada a la defensa de Bélgica, puesto que la garantía era colectiva y no individual. Pero realmente, ese distingo nunca tuvo valor en la práctica. Tarde o temprano, Gran Bretaña tendría que definirse a favor de Francia, y la invasión de Bélgica le dio el motivo para hacerlo más bien temprano. Naturalmente, todos los poderes fácticos sabían que Gran Bretaña tendría que ser beligerante, pero los políticos de antes de la guerra, con su intrincada diplomacia, se habían metido en un jardín e iba a resultarles difícil «vender» la idea de la guerra a una opinión que, en la época, parecía muy poco predispuesta. Bélgica representó la ocasión para poner a todo el mundo en fila. La nación británica fue a la guerra contra la agresión alemana como un solo hombre; sólo dimitió un ministro del gabinete (otro lo había hecho tres días antes). Hasta los nacionalistas irlandeses se manifestaron prácticamente unánimes a favor. Así que una vez hubo otorgado Gran Bretaña su respaldo moral a Francia, y una vez lanzada Alemania a la ejecución del plan Schlieffen (modificado), no tenía ningún sentido que Gran Bretaña siguiera considerándose ajena al sistema de alianzas, ni hubo manera alguna de evitar la entrada en la guerra.

## ¿Estuvo el Sinn Fein detrás de la insurrección de la Pascua de 1916?

La Rebelión de la Pascua de 1916 comenzó el 25 de abril, y fue reprimida por las tropas británicas tras cuatro días de enconados combates. Causó gran pérdida de vidas humanas: murieron 128 soldados británicos, más de 180 paisanos irlandeses y varios centenares de rebeldes en armas. Durante las hostilidades y después de las mismas, la opinión irlandesa estuvo en contra de los rebeldes. Pero cuando los británicos ejecutaron a 15 de los cabecillas, el Sinn Fein, apoyado por buena parte de la prensa estadounidense, los proclamó mártires y la opinión en Irlanda mudó a favor del Sinn Fein. Lógicamente, éste se apuntó sin pérdida de tiempo el mérito por haber planeado e iniciado la insurrección, y esta versión de los hechos cobró carta de naturaleza. Pero ¿es la verdadera?

En realidad, parece dudoso que el Sinn Fein interviniese para nada en la preparación ni en la ejecución de la Rebelión de la Pascua. Lo que pasó fue que se colgaron la medalla por una acción que habían iniciado otras organizaciones diferentes, aunque afines.

A diferencia de otros grupos nacionalistas extremistas, el Sinn Fein era contrario a la violencia. Su proyecto consistía en establecer instituciones rivales a escala local, primero, y más tarde nacional, cuando fuese posible, que asumirían la gobernación del país dejando de lado a las instituciones oficiales británicas existentes. Estaba en desacuerdo con el partido nacionalista irlandés, por cuanto no deseaba aceptar ningún compromiso de autogobierno o *Home Rule* que no implicase la concesión de la independencia total. Al mismo tiempo, denunciaba a hombres como James Connolly, uno de los líderes de la Hermandad Republicana de Irlanda, porque éste propugnaba la violencia. Pero la paciencia del Sinn Fein se agotó en 1912, con motivo de la tercera ley de Home Rule que, una vez más, denegaba la independencia completa. Entonces empezaron a considerar que tal vez la violencia era el último recurso inevitable, y cobraron más cordialidad las relaciones con la Irish Republican Brotherhood de Connolly, y los Voluntarios Nacionales dirigidos por Patrick Pearse.

Pero fueron estas organizaciones y no el Sinn Fein las que planearon y lanzaron la insurrección. Por supuesto, las tres organizaciones que hemos mencionado no eran mutuamente excluyentes, pese a sus diferencias, y hubo alguna participación de los sinnfeiners desde el principio. Pero, aunque nunca ostentaron la responsabilidad principal de la Rebelión, sí fueron los más beneficiados. Su intervención en ella y el apoyo prestado les otorgaron un papel destacado al tiempo que se hundía la opinión nacionalista moderada. En las generales de 1918, el Sinn Fein se adjudicó setenta y tres de los setenta y nueve escaños parlamentarios no correspondientes al Norte unionista, lo que le permitió establecer su propio parlamento irlandés, el dáil, e hizo de él el interlocutor político responsable de las ulteriores negociaciones con Gran Bretaña.

## ¿Motivó la carta de Zinoviev la derrota de MacDonald en 1924?

Los seguidores del partido laborista han afirmado con frecuencia, y los estudiosos de la historia han aceptado que el escándalo de la «carta de Zinoviev» causó la derrota de los laboristas en las elecciones de octubre de 1924, echándolos del poder y devolviendo éste a manos de los conservadores. ¿Hasta qué punto es justificado este aserto?

Ramsay MacDonald fue el primer candidato laborista que alcanzó el cargo de primer ministro en Gran Bretaña. Accedió al poder en enero de 1924 pero sin la mayoría de los escaños, gracias a contar con el apoyo de los liberales. El gabinete cayó en octubre cuando los liberales retiraron ese apoyo. J. R. Campbell, editor en funciones del *Communist Workers' Weekly*, fue acusado de incitar al amotinamiento de la tropa porque había repartido un incendiario boletín en las inmediaciones de importantes acuartelamientos militares. Cuando la acusación fue sobreseída, la oposición conservadora acusó al gobierno de indulgencia con los comunistas y de haber seguido una política demasiado débil ante la realidad del peligro comunista. Los liberales no quisieron que pudiera decirse de ellos una cosa tan fea, y formaron bloque con la oposición contra el gobierno, que así se halló en minoría. Los laboristas consideraron que una convocatoria electoral podía encarrilar la situación, y se fijaron nuevas elecciones para el 29 de octubre. La carta de Zinoviev fue publicada por la prensa el 25 de octubre, cuatro días antes de las elecciones. Representaba ser un documento de la Comintern que detallaba los planes comunistas para fomentar la discordia civil en Gran Bretaña, como preludio para la victoria en una guerra de clases. El partido del gobierno perdió las elecciones y muchos creyeron que la carta de Zinoviev tuvo la culpa. ¿Hasta qué punto era verdad?

No es significativo el hecho de que la carta de Zinoviev fuese, en realidad, una falsificación realizada en Riga o Berlín por rusos emigrados, con intención de desacreditar a los bolcheviques. Usaba la fraseología bolchevique y era un resumen bastante exacto de la línea política de la Comintern. El Foreign Office británico le concedió credibilidad cuando presentó una protesta oficial al encargado de negocios soviético en Londres, de ahí que muchos la creyeran auténtica. El proceso Campbell había demostrado que los laboristas eran demasiado blandos con los bolcheviques, y la carta de Zinoviev parecía confirmarlo. Los liberales creyeron que no iban a necesitar más a los laboristas. En las elecciones hubo una deserción masiva de votos, entre otras cosas porque Baldwin, el líder conservador, había anunciado en verano de 1924 el abandono de su proyecto de introducir aranceles proteccionistas. Con esto desaparecía una de las razones para votar a los liberales, y los conservadores parecieron más atractivos al electorado. En ese momento Baldwin podía dárselas de conservador moderado en busca de votos para formar un gobierno de sentido común. Lo más probable, a lo que parece, es que la mayoría de los votantes había tomado ya su decisión antes de que la carta de Zinoviev apareciese en grandes titulares.

Los conservadores obtuvieron 415 escaños, la mayoría de ellos a expensas de los liberales, que quedaron reducidos a cuarenta y dos. Los laboristas consiguieron 152 escaños con una pérdida neta de cuarenta y dos. La participación total que había sido de 71 % en los comicios anteriores aumentó a casi 77 %, y esto tal vez sí fue efecto de la carta de Zinoviev. Los laboristas presentaron casi cien candidatos más, por lo que el número de votos a favor de este partido pasó de 4,3 millones a 5,5 millones, pero perdieron votos en casi todas las circunscripciones donde habían presentado candidatos con anterioridad. Los liberales perdieron más de 1,2 millones de votos.

La temporal unificación de los liberales de cara a las elecciones de diciembre de 1923 no duró. Volvió a aparecer la vieja y enconada rivalidad entre Asquith y Lloyd George, especialmente porque habiendo abandonado Baldwin la política proteccionista no les quedaba nada contra lo cual pudieran estar de acuerdo. Parecían acabados, destrozados por las divisiones internas y contaminados por su reciente alianza con el laborismo. La proposición de un gobierno de sentido común planteada por Baldwin agradó a los votantes alarmados por la supuesta aproximación de MacDonald a la Rusia soviética y por los discursos de los izquierdistas más exaltados de su partido. Más tarde les vino bien a los laboristas el poder afirmar que habían caído inmerecidamente por culpa dc la famosa carta de Zinoviev, pero las causas reales fueron la revitalización de los conservadores, la desintegración de los liberales y el caso Campbell. Quizá Zinoviev hizo más profunda la derrota de los laboristas, pero no fue el causante de ella.

## La Guerra Civil Española, ¿ensayo general de la II Guerra Mundial?

**Los textos de historia más frecuentados dicen, y por consiguiente muchos estudiosos de la historia que creen lo que dicen los textos siguen opinando que la Guerra Civil Española fue prolegómeno y ensayo general de la II Guerra Mundial en Europa. La intervención de numerosos contingentes extranjeros en un conflicto ideológico, aseguran, prefiguraba el inminente choque entre las fuerzas del fascismo y del bolchevismo. Nada más lejos de la realidad.**

Ambas ideologías se adhirieron a bandos opuestos en julio de 1936. Generalizando, las izquierdas apoyaron al recién elegido Frente Popular, y las derechas fueron partidarias de la insurrección nacional acaudillada por el general Franco. Ni el tratado de no intervención firmado en 1936, ni el acuerdo de Nyon en 1937 influyeron sensiblemente en el volumen de los pertrechos que llegaban a España. Algunos de los gobiernos implicados adoptaron la cómoda ficción de que era muy difícil impedir el contrabando de armas y otras formas de tráfico, y que los combatientes eran voluntarios civiles a los que no controlaban.

Por lo que se refiere a Mussolini, el asunto no tardó en resultarle más bien embarazoso. Aunque envió a España unos 80.000 hombres, no alcanzaron ningún éxito importante y fueron retirados en su mayoría a finales de 1937. Tampoco los esporádicos bombardeos realizados por aviones italianos lograron resultados. Los intentos italianos de impedir las expediciones por el Mediterráneo destinadas a la República perdieron entidad a medida que los británicos empezaron a tomarse en serio el patrullaje del mar. Mussolini no puso demasiado interés en el conflicto, y la participación italiana no redundó a mayor gloria de sus armas, en contra de lo que el Duce había esperado.

Hitler, que nunca permitía que le distrajera demasiado la atención a los detalles, proclamó en los términos más genéricos las razones de la intervención alemana cuando dijo: «Hay que salvar a España del bolchevismo». Al mismo tiempo, los asuntos españoles nunca le apartaron mucho de su misión política interior, y prefería asistir a una representación de *Siegfried* en la ópera, que recibir a los enviados de Franco. Cuando se reunió con ellos, en vez de preguntar para qué iban a necesitarse las fuerzas alemanas le interesó averiguar cómo serían remunerados sus servicios. Por último, envió unos 30.000 hombres, así como cantidades sustanciales de armamento, aviones, blindados y buques de guerra, aunque tampoco fueron decisivos.

Francia, bajo el gobierno frentepopulista de Léon Blum, tenía interés en intervenir para ayudar a sus correligionarios. Gran Bretaña lo impidió con el argumento de que la gran aliada de Francia, la Unión Soviética, tal vez llegaría a ser más peligrosa que sus enemigas. Con lo que Francia quedó reducida a demostraciones simbólicas de apoyo.

Stalin prefirió dedicarse a sus problemas internos en la URSS y tampoco estaba para aventuras en el extranjero. Su interpretación del «socialismo en un solo país» por lo visto excluía los compromisos en el exterior. Por otra parte, en España se hablaba demasiado del «comunismo mundial», idea que para Stalin siempre tuvo un recio relente ideológico a trotskismo. Además, no era cuestión de espantar a los franceses apoyando demasiado visiblemente el bolchevismo en España. Por último envió alguna ayuda, pero insistiendo en que se le pagase mediante el envío de las reservas de oro de la República. Una buena parte de ese oro desapareció misteriosamente en tránsito hacia el puerto de Odesa, en el mar Negro, y el resto, tras largos meses de arqueo, desapareció en los insondables bolsillos de Stalin para no volver a ser hallado.

En el bando republicano combatió cierto número de efectivos de las llamadas brigadas internacionales, entre los cuales había médicos, enfermeras, técnicos y otros muchos, además de soldados. Hubo entre ellos franceses, polacos, ucranianos, checos, escandinavos y oriundos de los países balcánicos. Hubo alemanes y austríacos en ambos bandos; la contribución de estas nacionalidades a las brigadas fue de unos 5.000 hombres, de los cuales cayeron 2.000. Se contaron 2.000 voluntarios británicos y 2.800 estadounidenses, entre los cuales también fue muy elevado el número de bajas. Se ha dicho a menudo que fueron unos 80.000 los que lucharon en España, cifra probablemente exagerada. Investigaciones recientes arrojan unos efectivos de 18.000 hombres, que fueron relevándose de modo que en total debieron participar unos 35.000 brigadistas. Las brigadas fueron seis, numeradas de la XI a la XVI, probablemente para dar la idea de que los voluntarios eran muchos más.

De ahí que la noción de que la Guerra Civil Española fue el escenario donde las futuras potencias beligerantes hicieron ensayo general de armamentos y tácticas, fracasa ante la limitada importancia de la aportación directa realizada por dichas potencias. La trascendencia de la guerra estuvo más bien en las agrias divisiones y enconados odios entre el frente nacional y el frente popular, que no desaparecieron con la victoria de Franco en 1939, sino que se prolongaron en realidad durante todo el periodo transcurrido hasta su fallecimiento en 1975.

## ¿Fue el crack de Wall Street la causa de la Gran Depresión?

[ Muchos aficionados a la historia creen que el crack de Wall Street fue la causa principal o tal vez única de la Gran Depresión. Es mucho simplificar. ]

La caída empezó el 23 de octubre de 1929, cuando súbitamente los vendedores lanzaron a la Bolsa de Nueva York millones de acciones ordinarias. Aunque la baja supuso una pérdida total de 4.000 millones de dólares, el pánico no cundió ese día sino más tarde, cuando se comprobó que las ventas lejos de cesar continuaban, y aumentaban de volumen constantemente. El 24 de octubre, recordado como «jueves negro», fue una de las peores jornadas, ya que multiplicó casi por dos las pérdidas del día anterior. Las cotizaciones caían y no se recuperaban. Hacia finales de aquel año, las pérdidas sobre el papel eran de 40.000 millones de dólares, más del 60 % del valor total de los títulos admitidos a cotización en la New York Stock Exchange. Y todavía continuaba la baja, y continuó hasta bien entrado el año 1933. En esas fechas el Dow Jones estaba en 32 puntos, o aproximadamente el 10 % del valor que tenía la víspera del crack. Este colapso catastrófico, creen muchos, fue la causa que desencadenó la Gran Depresión.

Pero había otras causas subyacentes y más fundamentales. En toda la década de los veinte se hizo notar la inestabilidad básica de la economía estadounidense. Como resultado de una inicua distribución de la renta, el 1 % más rico de la población era dueño del 60 % de la riqueza nacional, y las reducciones de impuestos de los republicanos beneficiaban desproporcionadamente a ese grupo. Que no reinvertía en medida suficiente para activar la economía, y dedicaba sus elevados ingresos, cada vez más, al gasto de lujo o consumo suntuario. Al mismo tiempo, los avances técnicos permitían fabricar productos a un ritmo superior a la capacidad del mercado para absorberlos. Durante algún tiempo se logró impulsar las ventas mediante la publicidad y los plazos, pero también esto llegó a un límite: finalmente, los productos se amontonaron en las estanterías y la gente no tenía dinero para comprarlos. La industria de la construcción alcanzó un máximo en 1925, la del automóvil en 1926, y poco a poco estos y todos los demás sectores que fabricaban bienes de consumo duraderos saturaron sus mercados.

En este periodo el salario industrial medio sólo aumentó un 10 %, al tiempo que la introducción de nuevas máquinas y métodos de fabricación eliminaba puestos de trabajo. En 1928 el paro era del 7 % de la población activa. El desempleo y la baja de los salarios eran rasgos de los sectores maduros, como el textil, los ferrocarriles y las minas. Por otra parte, los cierres de minas y fábricas deprimían poblaciones y comarcas enteras que dependían de aquéllas para sus ingresos, creando zonas de depresión y estancamiento económico. También los agricultores de Estados Unidos fueron alcanzados por la Depresión. En este caso, el origen fue la baja de los precios agrarios después de la I Guerra Mundial. Los cultivadores reaccionaron aumentando la producción para tratar de compensar la pérdida de renta. Se endeudaron para adquirir maquinaria agrícola, aumentar la extensión cultivada, comprar fincas, etc. Pero finalmente el remedio fue peor que la enfermedad; el exceso de producción hundía los precios. Los agricultores iban a la ruina, no sólo por el agobio de las hipotecas, sino porque finalmente su producto resultaba tan barato que el cultivo no salía rentable. A esto se añadió el fenómeno de la «cuenca polvorienta»: en muchos lugares de las praderas, la capa de tierra fértil era tan delgada que la labor con el arado la desmigajaba y reducía a arena, y el viento se la llevaba. Grandes extensiones de los estados de la pradera se vieron abocadas a la desertificación, y los que vivían en ellas tuvieron que emigrar.

Estos problemas se complicaron debido a las erróneas medidas de la administración federal. Un país acreedor, como lo era Estados Unidos entonces, necesita importar más de lo que exporta, a fin de ofrecer a los países deudores la oportunidad de pagar lo que le deben. Pero Estados Unidos se dedicó a imponer barreras arancelarias cada vez más altas para proteger a sus fabricantes y agricultores frente a la competencia extranjera. El resultado fue que Estados Unidos tuvo unos superávit tremendos por balanza comercial con los países europeos en todo el decenio de 1920. Sobre este error básico perpetraron otro, que fue la política hacendística de «dinero fácil», consistente en prestar a los gobiernos europeos bajo condiciones muy favorables. En la práctica se les daba dinero para que pudieran pagar la deuda anterior. Incluso antes de que ocurriese el crack, los prestadores estadounidenses se negaron a seguir extendiendo los préstamos y reclamaron la devolución a los vencimientos. Lo cual impidió que los extranjeros comprasen las exportaciones de Estados Unidos, y acentuó la superproducción. En 1929 el mercado estadounidense tenía grandes existencias de materias primas y productos manufacturados no vendidos.

Al mismo tiempo, sin embargo, hay que reconocer que el crack fue algo más que mero síntoma de la inminente Depresión. Las maquinaciones bursátiles contribuyeron a provocarla.

Uno de los rasgos de la «burbuja», como se dice ahora, de finales de la década del veinte fue la especulación en renta variable. Los inversionistas tomaban prestado a fin de invertir en el mercado, previendo grandes rentabilidades que permitirían devolver lo tomado en préstamo y encajar todavía un sustancioso beneficio. A esta práctica la llamaron «compras marginales». Hasta los bancos lo hicieron, especulando con el dinero de sus clientes. En otoño de 1929 se pillaron los dedos. Al mismo tiempo, unos 6.000 bancos del medio oeste se vieron atrapados en otro tipo de trampa. Habían concedido muchos créditos a los agricultores contra garantía hipotecaria. Pero el valor de las tierras cayó catastróficamente, de modo que los bancos se vieron quebrados. Con ese desastre se volatilizaron de la noche a la mañana los ahorros de millones de personas, y disminuyó todavía más la liquidez. La carestía no era de productos sino de dinero. Lo cual contribuye a explicar las desastrosas bajas de precios que ocurrieron durante toda la Depresión.

El crack bursátil fue importante en el sentido de que señaló el monumental colapso de la confianza financiera. Nadie invertiría dinero en la Bolsa mientras fuese de temer que iba a perderlo. El capital fijo representado por las acciones continuaba ahí, por supuesto, con independencia de si los valores subían o bajaban. Al fin y al cabo, las fábricas existían físicamente. La diferencia era que no trabajaban y nadie veía en qué forma podrían utilizarse. Las personas que habían trabajado en ellas no estaban ganando nada. La caída de los valores en la Bolsa significaba que nadie quería ser dueño de las fábricas representadas por dichos valores, porque no creían que volviesen a producir beneficios que los accionistas pudiesen repartirse. Por tanto, el crack no sólo significó una reducción de la capacidad adquisitiva e inversora de las clases adineradas, sino el colapso de toda la producción y del comercio en la economía estadounidense.

## *Mein Kampf*, ¿la Biblia de los nazis?

**Se ha dicho a menudo que *Mi Lucha*, o *Mein Kampf*, es una exposición completa de los ideales y la filosofía del nazismo, así como la proclamación de sus objetivos e intenciones. De manera que el libro alcanza una categoría como de Biblia del nacionalsocialismo. En realidad, es cuestionable el grado de influencia que ejerció, no ya en la Europa de la época sino incluso en la misma Alemania.**

El libro se retrotrae a mediados de la década de los veinte, cuando Hitler estaba condenado a cinco años en la cárcel de Landsberg por su participación en el fallido golpe de estado de noviembre de 1923 en Múnich. Durante esta reclusión, bastante confortable en realidad, con comidas puntuales y abundantes visitas de sus correligionarios, Hitler dictó el *Mein Kampf* a su fiel ayudante y posterior lugarteniente Rudolf Hess. Salió en dos volúmenes en 1925 y 1927. Es una farragosa, apasionada e inculta proclamación de la filosofía nazi, entremezclada de relato autobiográfico no siempre verídico. Aparte los corrosivos vituperios contra los judíos que abundan en el texto, *Mein Kampf* presenta interés, sobre todo, como vulgarización de las ideas religiosas y morales de Nietzsche, y también como perversión del darwinismo. La interpretación que hizo Hitler de conceptos tales como «la supervivencia de los más aptos» y «la lucha por la existencia» (y ya vemos que precisamente la palabra «lucha» aparece desde el mismo título) tiende a demostrar que la ley de la vida es el antagonismo, y que las nociones de tolerancia, piedad y compasión no son más que engaños concebidos por los débiles para evitar las acciones de los fuertes. En el orden práctico, el libro predice el exterminio de los judíos, un conflicto mundial de proporciones catastróficas, la caída de la Unión Soviética, la conquista del *Lebensraum* por los nazis, con la apropiación de los recursos hallados, y el establecimiento del nuevo orden mundial nazi bajo la primacía germánica.

En la Alemania del Tercer Reich se regalaba a todas las parejas de recién casados un ejemplar del libro. De manera que es posible que muchos *Mein Kampf* permanezcan todavía, tal vez sin haber sido leídos siquiera, en los estantes de las casas antiguas de Alemania. Los intelectuales que lo leyeron no tomaron en serio aquellas elucubraciones de un demagogo fanático y aventurero político de la época. Algunos incluso incurrieron en el error fatal de tratar de utilizar al personaje como peón de sus propias intrigas. Y cuando él se proclamó *Führer*, que quiere decir «caudillo», muchos siguieron albergando reservas acerca de su carácter y sus ideas políticas, aunque prefirieron no manifestar públicamente tales dudas, por conveniencia. Les pareció que *Mein Kampf* era una reliquia de una fase anterior de la historia nazi, y mejor olvidarlo.

También los dirigentes de otros países menospreciaron al personaje cuando observaron sus demostraciones de furor incontrolado y sus actitudes vulgares e insultantes. Nadie hizo caso del mensaje que, sin embargo, figuraba bien claro en las páginas de *Mein Kampf*, e incluso Stalin desdeñó los vitriólicos ataques contra el comunismo y el anuncio de que los pueblos eslavos inferiores estaban destinados a ser sometidos, creyendo que eran conceptos superados de la época en que Hitler era un agitador callejero. Parecía que hubiese dicho estas cosas sólo para conseguir un seguimiento fácil. Todos se engañaron pensando que Hitler no creía seriamente lo que hizo escribir.

De manera que en la práctica, nadie hizo caso de *Mi Lucha*, pese a ser una descripción perfecta de los designios nazis.

## ¿Era legítima la reivindicación del país de los Sudetes por Alemania?

En 1938 Hitler reclamó la región checa de los Sudetes aduciendo que la mayoría checa discriminaba y perseguía a la minoría de etnia alemana. Citó numerosos ejemplos de incidentes intolerables e indicó que no estaba dispuesto a seguir tolerándolos. Sostuvo que el Sudetenland (así llamado por el macizo montañoso de Sudety que recorre la región, abundante en recursos minerales) debía ser «devuelto» a Alemania. Muchos estudiosos de la historia le toman la palabra a Hitler creyendo que el país de los Sudetes perteneció alguna vez a Alemania, y que fue separada de ésta por el tratado de Versalles en 1919.

En realidad, nunca perteneció a los alemanes. Desde 1806, en que desapareció el Sacro Imperio romano-germánico, el Sudetenland quedó adjudicado a Austria, y continuó así hasta el final de la II Guerra Mundial. Más exactamente, las provisiones que dieron lugar al nacimiento de Checoslovaquia no formaban parte del tratado de Versalles, sino que se acordaron en el tratado de Saint Germain con Austria. Así que era del todo inexacto decir que los Sudetes debían ser «devueltos» a Alemania.

El verdadero fundamento de la reivindicación de Hitler era que él pretendía representar los intereses del pueblo alemán dondequiera que estuviese, dentro o fuera de las fronteras oficiales del país. Esto le permitía intervenir en los asuntos de cualquier estado vecino en cuya población se contase con una minoría alemana. Según su criterio, convertido en política oficial del partido nazi, su gobierno defendía los intereses del pueblo alemán, considerado como entidad racial, como cuestión de principio. El principio que se resume en la consigna «Ein Volk, ein Reich, ein Führer».

## ¿Estuvo sola Inglaterra en 1940-1941?

Francia firmó el armisticio con Alemania el 22 de junio de 1940. Exactamente un año más tarde, el 22 de junio de 1941, empezó la operación Barbarossa, es decir la invasión alemana de Rusia. Es corriente la afirmación de que durante ese año, Gran Bretaña luchó sola, desde las islas y desde el imperio, contra las fuerzas del Eje. No es exacto.

En efecto, Gran Bretaña luchó sola contra sus enemigos desde el 22 de junio hasta el 28 de octubre de 1940. Por tanto, no contó con aliados durante la batalla de Inglaterra y el periodo de mayor amenaza de invasión. Pero el 28 de octubre mencionado, las fuerzas italianas que ocupaban Albania invadieron Grecia. Este país pasó a ser aliado de Gran Bretaña frente a la Italia fascista, y Gran Bretaña ayudó a Grecia en lo que pudo, que no fue mucho. Se detrajeron pertrechos, armas y vehículos de los magros recursos británicos, y las tropas británicas reforzaron las guarniciones de algunas islas griegas, especialmente la de Creta, a partir de enero de 1941.

Grecia demostró ser una aliada valiosa. Sus ejércitos inmovilizaban a dieciséis divisiones de los italianos. Sus victorias, al tomar varios puntos estratégicos italianos en Albania, fueron un importante estímulo para la moral británica en aquellos momentos más negros de la guerra. La necesidad de concentrarse en la guerra contra Grecia impidió que los italianos pudieran reforzar sus efectivos en Libia, gracias a lo cual el general Wavell tomó la Cirenaica en enero de 1941. Más de 120.000 soldados cayeron prisioneros durante esta campaña de Wavell, tropas que luego echaron amargamente en falta los italianos.

Los éxitos de los griegos frente a Italia irritaron a Hitler, que trató de intimidar a aquéllos en febrero de 1941 y obligarlos a parlamentar con Mussolini. Pero los griegos consideraron innecesario perder la paz cuando estaban ganando la guerra. En consecuencia, Hitler se vio obligado a lanzar una campaña balcánica, que retrasó cinco semanas su invasión de Rusia. El 6 de abril de 1941 las tropas alemanas cruzaron la frontera griega. La resistencia de los griegos se hundió en tres semanas, pese a la ayuda británica. Pero el retraso que sufrió la operación Barbarossa fue un factor esencial de su derrota.

Los intentos británicos de ayudar a Grecia causaron graves pérdidas por mar y tierra, pero mirada la situación en conjunto, el compromiso de las fuerzas italianas en Grecia privó a Mussolini de un posible éxito en Egipto, demostró la debilidad militar italiana en Albania, suministró a Gran Bretaña un aliado capaz de obtener victorias, y los alemanes se vieron arrastrados a una intervención en los Balcanes que les costó muy cara. Por tanto, es un error histórico el negar que Gran Bretaña tuviese aliados entre la caída de Francia y la invasión de Rusia.

## ¿Por qué no recurrió nunca a sanciones armadas la Liga de las Naciones?

Una de las críticas, o mejor, la principal, que se formula habitualmente en cuanto al funcionamiento de la Liga de las Naciones, se fija en que el tratado no previó sanciones militares por parte de los países miembros contra los estados agresores. La consecuencia fue que la Liga fracasó en lo que era su objetivo principal, evitar la guerra. Es una crítica completamente infundada.

Es verdad que el artículo 16 del tratado fundacional hizo mucho hincapié en sanciones que nunca llegaban al extremo de la intervención armada. No fue Wilson el único en creer que dichas sanciones menores podían ser suficientes. Por eso el párrafo 1.º del artículo 16 habla de sanciones *diplomáticas* y de la «suspensión de todas las relaciones *financieras, comerciales* o *personales* con los ciudadanos del país agresor por parte de los ciudadanos de todos los demás estados». Se estimaba que tal manifestación de la condena internacional sería suficiente para que el estado ofensor recapacitase. Pero en caso de que no lo hiciese, el mismo artículo 16 prosigue en su párrafo 2.º: «Será deber del Consejo en tal eventualidad el recomendar a los gobiernos afectados qué medidas de *movilización terrestre, naval o aérea* deberá aportar cada uno de los países miembros de la Liga a las fuerzas armadas que deban emplearse para la protección de los acuerdos de la Liga».

Así las cosas, ¿por qué la Liga retrocedió siempre ante el empleo de sanciones armadas? Esto fue debido, en parte, a la persistencia de la errónea noción de que bastaría con las sanciones económicas. Pero el caso de la agresión italiana contra Abisinia debería haber sido suficiente para disipar esa ilusión. Aunque también tuvo algo que ver la renuencia de los estados miembros a emplear medios militares incluso contra los agresores más flagrantes. Hasta los mayores entusiasmos se enfriaron ante la eventualidad de tener que recurrir a la fuerza cuando lo solicitase el Consejo. En cualquier caso, el empleo de fuerzas armadas equivaldría exactamente a la conflagración que todos temían. Habría sido la guerra que la Liga se proponía evitar cuando hubo terminado, la que iba a ser «la última de todas las guerras».

# 12. TERGIVERSACIONES PERSISTENTES

## Paul Revere, ¿patriota o alborotador?

Paul Revere es uno de los héroes populares de la historia de Estados Unidos. Su épica cabalgata a Concord inspiró un famoso poema a Longfellow, y Revere quedó inmortalizado como el héroe que abandona de mala gana sus pacíficas ocupaciones (era platero de oficio) porque siente el deber de responder a la llamada de la Patria. No todos comparten ese punto de vista. Un historiador describió a Revere como «bala perdida y alborotador sistemático». ¿Qué versión se acerca más a la verdad?

Habitante de Boston, naturalmente Revere se halló en un escenario privilegiado de los trascendentales acontecimientos que llevaron a la Declaración de Independencia. En tanto que masón, se hallaba en relaciones con muchos de los Hijos de la Libertad en dicha población. Presenció los alborotos contra la ley del timbre y quizá participó en ellos. Es indudable que estuvo presente en el saqueo de la casa del gobernador Hutchinson. A finales de la década de 1760 empezó a publicar caricaturas políticas y su famoso dibujo de la matanza de Boston de 1770 inflamó muchas conciencias.

Empezó a militar con los patriotas en 1770 cuando se hizo mensajero montado, es decir, de los que se ofrecían para llevar mensajes a cualquier hora que fuesen requeridos. Así, en otoño de 1773 cabalgó varias veces desde Boston para notificar a las comisiones de correspondencia de los puertos vecinos la llegada de los barcos del té a Boston. En diciembre fue uno de los que, disfrazados de indios mohawk, echaron al agua los fardos del té en Boston, aunque no consta si estuvo entre los que dejaron inconsciente al centinela.

El año 1774 fue muy agitado para él. En mayo cabalgó hasta Nueva York y Filadelfia para llevar propuestas de un nuevo acuerdo contra las importaciones, en el que se reaccionaba contra los decretos llamados de Coerción. En septiembre llevó mensajes de ida y vuelta para el primer Congreso Continental reunido en Filadelfia. En diciembre, cuando se enteró de que iba a ser reforzada la guarnición británica de Portsmouth (de Nueva Hampshire), corrió allí para dar la alerta a los militantes, lo que hizo posible que éstos asaltaran el fuerte sin sufrir bajas y se llevaran los pertrechos y las municiones.

Su gran hazaña tuvo lugar en abril de 1775, cuando la cabalgata de Boston a Concord, donde previno a los milicianos locales que el general Gage enviaba tropas desde Boston para capturar el depósito de armas que los patriotas habían establecido en aquélla. Hacía varios días que eran conocidas las intenciones de Gage. Cuatro días antes, Revere corrió a Lexington para advertir a Hancock y Adams, jefes de los patriotas de esta localidad, que estaban a punto de ser apresados, y además envió un mensaje a Lexington para que trasladasen el arsenal. También ideó subir linternas a una torre de iglesia de Boston para enviar señales que informasen a los patriotas sobre los movimientos de los británicos por tierra y mar. De manera que su famosa cabalgata, cuatro días después, sirvió más bien para anunciar la inminente llegada de los ingleses, para lo que ya estaban prevenidos los líderes de los patriotas.

Revere siguió actuando como mensajero durante los primeros meses de la guerra. En el decurso de ésta alcanzó el grado de teniente coronel, y cuando se hizo la paz volvió a su oficio de platero, que por cierto, que fue uno de los mejores que ha dado Estados Unidos y sus piezas son buscadas con ardor por los coleccionistas.

No cabe duda de que era un patriota muy activo, y que la cabalgata a Concord no fue más que una entre las muchas que realizó por su país. Si no fue rebelde activo contra Gran Bretaña, ciertamente incitó a la rebelión. Su patriotismo y su heroísmo hay que reconocerlos sin reticencias. Aunque a lo mejor no es de extrañar que, mientras sus compatriotas lo consideran el epítome del heroísmo, para los ingleses constituya una especie de *agent provocateur*.

## ¿Fue Pío IX alguna vez liberal?

Giovanni Maria Mastai Ferretti fue elegido papa en junio de 1846. En cuestión de semanas se embarcó en un programa de reformas liberales que inspiró a algunos nacionalistas italianos, como Gioberti, la esperanza de que el papa podría llegar a ser el líder político de una Italia unida. Se esperaba mucho de Pío IX. Pero no quiso aliarse con otros estados italianos en la guerra de 1848 contra Austria. Después del asesinato de su primer ministro, el conde Rossi, tuvo que huir a Gaeta. A consecuencia de todo ello renunció a su liberalismo e incluso a consentir ni la más pequeña reforma. De ahí que algunos hicieran juego de palabras llamándole «Pío No-No». Tenemos, pues, que su liberalismo había sido más bien epidérmico, y se evaporó bajo la tensión de los acontecimientos revolucionarios de 1848.

La elección de Pío IX fue bastante sorpresiva. Apenas lo conocía nadie, y por eso las ovaciones con que lo acogieron los romanos fueron algo tibias al principio. Había pasado dos años en Sudamérica y había adquirido cierta aversión a las peores manifestaciones de la autocracia. De manera que cuando puso en libertad a cerca de un millar de presos políticos, poco después de su proclamación, el gesto fue sincero. Pero el resultado fue extraño. La indiferencia de la plebe se convirtió en adulación. Él se sintió halagado por la inédita popularidad. Enseguida amplió las libertades de la prensa, estableció una asamblea, la *consulta*, para contribuir a la administración de los estados papales, y concedió un consejo municipal a la ciudad de Roma. Cada una de estas mercedes multiplicaba su popularidad. Pero también moderó las duras disposiciones contra los judíos, y no porque eso fuese a darle popularidad; al contrario, fue preciso imponer esa ley contra la voluntad popular y no a favor de ella.

Las reformas entusiasmaron mucho a los que veían en el papa a un posible líder futuro de la unidad de Italia. Pero bien miradas no eran gran cosa. Sólo algunos presos políticos fueron puestos en libertad; miles de ellos, políticos y comunes, siguieron languideciendo en las cárceles bajo un código penal bárbaramente anticuado. Ni fue completa la libertad de prensa. Se relajó la censura pero no se abolió. La asamblea era meramente consultiva, y la municipalidad tenía muy recortados sus poderes. Ni siquiera el interés de Pío por los judíos, pese a ser sincero, llegó al punto de concederles la plena ciudadanía y la libertad de culto. Por tanto, bien puede decirse que Pío concedió algunas libertades limitadas pero no aflojó en absoluto las riendas del poder, y seguramente sus reformas fueron más lejos de lo que se había propuesto en principio, arrastrado por la oleada de la admiración pública.

En marzo de 1848 cayó Metternich y Austria quedó paralizada por la revolución. Pío se avino a enviar tropas papales y voluntarios civiles para que se unieran a los piamonteses, pero en tanto que jefe espiritual de los católicos no quiso declarar la guerra a Austria, en la que veía uno de los reductos principales de la fe. Cuando las tropas piamontesas fueron derrotadas en Custozza y se firmó el armisticio, el populacho de Roma, irritado por la escasa firmeza del compromiso papal —el pontífice dio contraorden a sus tropas cuando marchaban hacia el frente—, asesinó al conde Rossi y declaró la República romana. Pío aseguró que jamás saldría de Roma, pero al día siguiente huyó a Gaeta.

En realidad, es imposible calificar a ningún papa de demócrata o liberal. Jesucristo no pedía el voto a los discípulos antes de decidir lo que estuviese de acuerdo o no con las enseñanzas divinas, y la autoridad del papa era, por tanto, igualmente autocrática. Sólo él sentaba doctrina, y aunque quisiera delegar parte de sus poderes en un ministro temporal, eso nunca fue sino asunto de comodidad administrativa. Pío tenía una idea muy clara de sus responsabilidades doctrinales, y en eso no admitía discusión. No es sorprendente que después de su amargo exilio de 1848 a 1849 hubiese desaparecido todo su liberalismo. Pero tenía buenas razones para ello. Después de 1849, la unificación italiana se convirtió en un movimiento enteramente secular. Pío no podía formar una alianza con el Piamonte anticlerical, ni con Mazzini y sus republicanos. De modo que el papa desaprobó la guerra de 1859, se mostró alarmado por la unión de los Ducados con el Piamonte en 1860, y ese mismo año intentó defender los territorios papales contra las incursiones de los piamonteses. En su correspondencia secreta con Víctor Manuel se refleja su aversión a las leyes anticlericales promulgadas por el Piamonte. Y en 1861, cuando se proclamó el reino de Italia, él quedó en una posición muy incómoda, puesto que su presencia era el principal obstáculo para que Roma quedase proclamada capital del país. En su encíclica *Quanta Cura* de 1864, Pío IX condenó las libertades de opinión y de prensa, la soberanía popular y la supremacía del estado sobre la Iglesia. Pero incluso en estas fechas todavía opinaba que la Revolución francesa tuvo algo bueno, especialmente en cuanto a las ideas sobre igualdad de las ciudadanos ante la ley.

En 1870 Pío IX perdió el poder político cuando las tropas italianas entraron en Roma. El suceso era inevitable, y ese mismo año el pontífice había proclamado (después de algunos titubeos) su doctrina de la infalibilidad papal: el papa es infalible en asuntos espirituales cuando se pronuncia *ex cathedra* como jefe de la Iglesia Universal. Con ello reforzaba su autoridad espiritual mientras se veía obligado a renunciar a la autocracia política. Su actitud pública frente al nuevo estado italiano fue de hostilidad, aunque hubo alguna colaboración privada.

Al igual que otros muchos autócratas, Pío dispensó su limitado liberalismo desde arriba. Ciertamente fue más humanitario que muchos de sus predecesores, y le desagradaba el sufrimiento humano, fuese causado por la pobreza o por la barbarie. Incluso tenía cierto sentido del humor; una vez envió a una monja una fotografía suya más bien poco favorecedora, con la dedicatoria: «No temas, que soy yo». Pero en sus dos primeros años el exceso de entusiasmo lo llevó por un rumbo que más tarde hubo de lamentar, y a partir de 1848 su preocupación principal no fue el progreso de la humanidad sino la protección de la Santa Sede.

## Alejandro II, ¿el zar «libertador»?

A menudo, el zar Alejandro II figura en los libros de historia con el sobrenombre que supuestamente le dio el pueblo agradecido durante su reinado, «el zar libertador». ¿Es merecido ese nombre?

En 1861 Alejandro firmó el decreto de emancipación de unos 45 millones de siervos, aboliendo la servidumbre feudal y haciendo de ellos campesinos libres. Esto se consideró un gran acto de filantropía, pero no fue nada de eso en realidad. Su padre, Nicolás I, había enfrentado una serie de levantamientos de los siervos durante su reinado, pero lo único que hizo fue dar largas a través de sucesivas comisiones de estudios. En cambio Alejandro, que vio derrotada a su nación en la Guerra de Crimea, pudo considerar que ya no quedaban excusas para más dilaciones. Pensaba en la modernización, no en el liberalismo. Necesitaba disponer de una fuerza de trabajo libre para que Rusia se embarcase en la revolución industrial. Y sobre todo, necesitaba para sus ejércitos un tipo de recluta dotado de mejor salud y más inteligente, a fin de poder equipararse con los de otras potencias. La misma intención tuvieron otras reformas suyas en los terrenos judicial, educativo y militar, así como la reorganización de las administraciones locales. Todo esto obedecía a las necesidades de la eficacia, no al humanitarismo. En el fondo, Alejandro seguía siendo un autócrata, como lo revela su constante negativa a permitir la elección de un parlamento nacional ruso.

Por otra parte, la emancipación no mejoró mucho la situación de los ex siervos rusos. Seguía necesitándose un pasaporte interior para viajar por el país, y además quedaban otras restricciones a sus libertades. Aunque uno se mudase de ciudad, no mejoraría mucho su suerte con ello. Y aunque se quedaran en sus aldeas, en el reparto de tierras les tocaron las menos productivas, estaban sujetos a la pesada autoridad del *mir* y además tenían que pagar la redención de aquellas tierras por más que las considerasen suyas. Seguían ignorantes, analfabetos, privados de útiles de trabajo excepto los más rudimentarios, y sobre todo, desesperadamente pobres.

## ¿Fue Cavour un nacionalista italiano?

El conde Camillo Cavour es uno de los héroes de Italia, uno de los que más contribuyeron a la unificación del país. Sin él Italia tal vez no habría alcanzado nunca la unidad. Después de su prematuro fallecimiento en 1861 se tejieron muchas leyendas alrededor de Cavour. A no tardar se le atribuyeron intenciones y designios que él mismo no habría reconocido: que era un nacionalista italiano convencido, que planeaba la unificación de Italia y que a tal efecto, en 1861 pensaba incorporar Venecia y Roma a lo ya logrado. Contribuyeron a reforzar esta percepción legendaria de Cavour algunos historiadores prestigiosos de tendencia liberal, como George Macaulay Trevelyan. Para éste, todo el que hubiese contribuido al progreso de la humanidad era digno de elogio; la unificación de Italia había sido uno de los ejemplos más elogiables del progreso decimonónico; y los dos arquitectos de esa unificación habían sido Cavour y Garibaldi. El historiador desarrolló estas opiniones en sus libros *Garibaldi y los Mil* y *La formación de Italia*. De este modo se le acreditó a Cavour el propósito de unificar Italia, y de haber encaminado a este fin su política en el interior y el exterior. Estos puntos de vista no fueron discutidos hasta la década de los cincuenta, especialmente por parte de D. Mack Smith, que en su libro *La formación de Italia* y otras obras puso en tela de juicio que Cavour hubiese sido nacionalista italiano, o que sus políticas y logros tuviesen otro móvil sino el del más estricto pragmatismo. Pese a Mack Smith, sin embargo, la vieja leyenda persiste, aunque sus escasos partidarios siguen empecinados en el error y de ahí que todavía sea necesario intentar una valoración equilibrada de los limitados propósitos de Cavour, y de si los resultados fueron conformes a dichos propósitos.

Cavour coronó una meteórica carrera política cuando fue nombrado primer ministro de Piamonte en 1852. Durante sus nueve años de magisterio casi ininterrumpido, Cavour fortaleció la agricultura y el ejército del Piamonte, levantó la economía y socavó el poder de la Iglesia católica romana. Envió un contingente de piamonteses a la Guerra de Crimea en 1855. Guerreó con éxito parcial contra Austria en 1859, unió a los Ducados centrales con el Piamonte en 1860, y ese mismo año incorporó también a su estado el reino de Nápoles. A su fallecimiento, ocurrido en 1861, Italia tenía un parlamento nacional en Turín, y toda Italia excepto Roma y Venecia obedecía al rey de Piamonte, Víctor Manuel.

A otros, como Garibaldi, se les reconoce generalmente un papel de mayor protagonismo en la realización de la unidad italiana, pero la noción de que el arquitecto de ésta fue Cavour se resiste a desaparecer. Pero él no fue nacionalista italiano, y la Italia de 1861 era muy diferente de la que él se había planteado nueve años antes, al asumir el cargo de primer ministro. El nacionalismo italiano desagradaba a Cavour por varias razones. En primer lugar, él debía su nombramiento al rey Víctor Manuel; su primera obligación, por tanto, era servir al rey, y preservar y consolidar el reino de Piamonte. En segundo lugar, la unidad italiana se enfrentaba al obstáculo del papado, cuyos territorios abarcaban toda la parte central de la península italiana. Y cualquier amenaza contra estos territorios habría provocado casi seguramente la intervención de las grandes potencias católicas, Francia y Austria. Intervención que desde luego habría sido en detrimento del Piamonte. Una cosa era promover una legislación anticlerical en Piamonte, un ataque a la influencia espiritual del papa, y otra muy distinta atacar sus posesiones en la Italia central, lo que iba contra el poder temporal de aquél. Por otra parte, la unión del Norte con el Sur estaría lastrada por un desequilibrio inevitable; la miseria del reino de Nápoles era excesiva, y habría sido un sumidero de los recursos del Norte, por próspero que éste fuese.

Pero Cavour era primer ministro de un país donde elegían diputados, aunque fuese por sufragio censitario, y donde era preciso tener en cuenta a la opinión pública. El nacionalismo italiano estaba muy pujante y difundido desde 1848, y quien se enfrentase activamente a tal movimiento podía contar con la derrota electoral. Por tanto, Cavour mantuvo relaciones con el movimiento nacional, a fin de utilizarlo cuando conviniese a los intereses de Piamonte, así como de ponerle trabas cuando amenazase con sustraerse al control.

Pese a sus orígenes aristocráticos, Cavour simpatizaba en gran medida con las ideas liberales, como demostró en el periódico que fundó en 1847. Este papel se llamó

*Il Risorgimento*, aludiendo al resurgimiento o fortalecimiento de Piamonte y a la finalidad paralela de expulsar de Italia la influencia extranjera. Pero el nombre no tardó en ser aplicado al movimiento por la unificación de Italia, y esto sí fue atribuirle a Cavour unas ambiciones que iban mucho más lejos.

La influencia extranjera que Cavour quiso eliminar de Italia era la de Austria. Mientras este país se declaraba neutral ante la Guerra de Crimea, a Cavour se le persuadió de que hiciese demostración de la fuerza piamontesa uniéndose a la guerra contra Rusia, con quien no tenía el Piamonte ningún pleito. Pero la victoria hizo posible que Cavour se sentase a la mesa de las conversaciones de paz, en donde, con gran horror por parte de los observadores austríacos, denunció vigorosamente la dominación austríaca sobre Italia. No hubo, sin embargo, consecuencias inmediatas.

La bomba Orsini hizo que Napoleón III se fijase en los asuntos italianos, y en 1858 tuvo una reunión secreta con Cavour en Plombières. El piamontés deseaba asegurarse el apoyo de Francia para expulsar a los austríacos del norte de Italia, y posiblemente también más al sur, hasta los Ducados. De este modo, Piamonte quedaba como la primera potencia en el norte del país. A cambio, Cavour estaba dispuesto a ceder a los franceses las regiones de Niza y Savoya, que eran mayoritariamente francófonas. No se previeron cambios en el centro o el sur de Italia, aunque se propuso compensar al papa por la pérdida de las partes más septentrionales de sus estados haciéndolo presidente de una federación más o menos gaseosa que formarían el Piamonte ampliado, los estados papales y el reino de Nápoles. Esto, que podría parecer apoyo a la unidad italiana, en realidad estaba perjudicado por el hecho de que tanto Napoleón como Cavour sabían que el papa seguramente no se avendría a representar el papel que le asignaban.

La guerra de 1859 no fue un éxito completo para Cavour porque no se consiguió echar a los austríacos del norte de Italia. La paz le aseguró a Piamonte la Lombardía, pero no el Véneto. Entonces Cavour presentó la dimisión, disgustado por el fracaso de sus proyectos para el Norte. Pero luego la insurrección contra los austríacos en los Ducados planteó una situación nueva. Es indudable que los agentes de Cavour habían desarrollado actividad en los Ducados, como parte del proyecto de expulsar a los austríacos en el norte. La presencia de dichos agentes durante los plebiscitos explica las mayorías sospechosamente arrolladoras que se dieron a favor de la unión de los Ducados con el Piamonte. Sin pérdida de tiempo Cavour retornó al poder, encaró las condenas de los nacionalistas italianos por ceder Niza y Saboya a los franceses, y absorbió los Ducados. Salvo la excepción de Venecia, Cavour veía alcanzados sus limitados objetivos. Y así habría quedado la situación, a no ser por Garibaldi.

Fue perfectamente descriptible el entusiasmo de Cavour cuando se enteró de que Garibaldi trataba de reclutar voluntarios para luchar contra el rey de Nápoles. Era un aventurero al que se le suponían ideas republicanas, y que desde luego no tendría ningún interés por proteger los intereses del Piamonte. Pero estaba bien relacionado y contaba con muchos admiradores tanto en Italia como en el extranjero. Cavour estaba presionado por los nacionalistas, incluidos los del mismo Piamonte. Cuando empezó a congregarse en el puerto piamontés de Génova la expedición de Garibaldi, Cavour desplegó una actividad polifacética. Denunció públicamente a Garibaldi, lo cual agradaría a Austria y a Nápoles, y además era lo diplomáticamente correcto. En secreto, prestaba apoyo a la expedición, con lo que complacía a los nacionalistas, así como a los simpatizantes extranjeros de éstos, por ejemplo los británicos. En el fondo se preguntaría hasta qué punto podía ser contraproducente una marcha sobre Sicilia y Nápoles. Si se desencadenaba la intervención de Austria, quedaban en situación muy comprometida tanto el Piamonte como la misma causa italiana. Pero al menos, si Garibaldi fracasaba como Cavour casi preveía y deseaba a medias, nadie tendría nada que decir en contra de Cavour. Y él se vería libre de Garibaldi para siempre, y libre también de la necesidad de cortejar al nacionalismo italiano, muchos de cuyos rasgos le eran antipáticos. En cambio, si Garibaldi salía vencedor, sería Cavour quien tendría que enfrentarse a la inevitable crisis internacional.

El rápido éxito de Garibaldi sorprendió a todo el mundo, y su negativa a entregar lo conquistado a Víctor Manuel, para Cavour sólo significaba una cosa: que Garibaldi y Mazzini se proponían crear una república en el sur de Italia. En tales circunstancias, la intervención de Austria sería inevitable, y Garibaldi estaba a escasos kilómetros de los territorios papales, que por supuesto tenía intención de cruzar. No hacer nada era ir al desastre con toda seguridad. Por lo que Cavour decidió pasar a la acción. Los ejércitos piamonteses fueron enviados a las Marcas y a Umbría, las provincias orientales de los estados del papa, tras prometer que no se trataba de entrar en Roma. Esta garantía satisfizo a Napoleón III y hacía menos probable una intervención aislada de Austria. El ejército piamontés derrotó con facilidad a los defensores papales en Castelfidardo, y maniobró alrededor de Roma por el sudoeste, con lo que le cortaba a Garibaldi la ruta a dicha ciudad. Garibaldi se inclinó ante lo inevitable, cedió sus conquistas al Piamonte, y se proclamó en marzo de 1861 el reino de Italia.

El nuevo reino, sin Venecia ni Roma, quedaba muy por debajo de las aspiraciones nacionalistas. Pero muy por encima de las de Cavour. Lejos de limitar sus objetivos a la expulsión de los extranjeros y a la consolidación del Piamonte como potencia principal del norte de Italia, Cavour se vio arrastrado por los acontecimientos y consiguió para los nacionalistas italianos lo que éstos no eran capaces de conseguir por sí solos. Otro triunfo del pragmatismo sobre el idealismo.

## Disraeli, ¿padre de los conservadores contemporáneos?

Benjamín Disraeli, primer ministro de Gran Bretaña desde 1874 hasta 1880, es el político cuyo nombre más se asocia a la creación del conservadurismo contemporáneo. Se le atribuye el mérito de incluir la causa de las reformas sociales a favor de las masas entre las preocupaciones de los conservadores, así como el de redefinir las antiguas doctrinas de los *tories* para adaptarlas a las necesidades de un partido moderno. Al mismo tiempo, se dice también que soñó con la grandeza de un imperio británico donde no se pusiera el sol, y que llevase las bendiciones de la civilización a los más remotos países, engrandeciendo con ello el prestigio de la imperial Gran Bretaña. Estas opiniones, junto con otros aspectos de su prestigio algo sobrevalorado, parecen fundarse mayormente en la leyenda política e histórica.

*Imperialismo*. En cuanto al credo imperial de Disraeli, los dos grandes pronunciamientos que se le atribuyen corresponden a dos importantes discursos de 1872, el de Free Trade Hall de Manchester en abril, y el de Crystal Palace en junio. No hay duda de que fueron alocuciones de una duración formidable, incluso para aquella época acostumbrada a los discursos largos. El primero de los mencionados duró más de tres horas. Durante el mismo, Disraeli se refrescó tomando sorbos de *white brandy*, un aguardiente incoloro que sus oyentes creerían ser agua del grifo, salvo por el lento deterioro de la elocuencia de Disraeli hacia el final. En ambos discursos, sin embargo, lo que dijo acerca del imperio decepciona por breve: no más de cinco minutos en cada uno de ellos.

Tampoco es que fuese demasiado estimulante. En ese reducido lapso trató de definir las responsabilidades mutuas de la metrópoli y de las colonias. Sobre todo, teniendo en cuenta la eventualidad de que Gran Bretaña pudiera necesitar y solicitar la ayuda de las colonias..., lo que sería una buena noticia para sus oyentes, aunque no debió recibirse con tanta satisfacción en las propias colonias. El punto principal de sus observaciones fue criticar la política del partido liberal, al que veía dispuesto a consentir el desmembramiento del imperio. En la única parte del discurso que miraba hacia el futuro, se alejó del imperialismo tradicional para considerar un imperio con una política arancelaria común, un mayor grado de autogobierno y «un consejo central representativo, y con sede en la metrópoli», en curiosa coincidencia con las ideas que años más tarde plantearía Joseph Chamberlain. Pero aquella yuxtaposición de la supuesta ayuda colonial a Gran Bretaña con un mayor nivel de autogobierno demuestra que no había meditado el problema a fondo, sino que simplemente estaba reflexionando en voz alta cuando habló.

Cuando se quiso poner en práctica el imperialismo de Disraeli dio resultados muy contradictorios. Su adquisición de acciones del canal de Suez tuvo todos los rasgos de un truco de prestigitación, característicos también de otras futuras operaciones financieras de los conservadores. En la práctica, la operación le valió a Gran Bretaña el quebradero de cabeza permanente que fue Egipto. En Afganistán, en 1879, el afán de extender el imperio produjo una matanza cuyas víctimas fueron el cónsul británico y todo su personal. En África del Sur, la guerra con el caudillo zulú Cetewayo y el exterminio del pequeño contingente británico de Isandhlwana. Tuvo éxito, eso sí, con su política de conceder a la reina Victoria el título de «emperatriz de la India», dentro de su línea habitual de adulación desvergonzada; pero no se ganó con eso los corazones del pueblo indio, al que no impresionó nada la nueva dignidad. A lo mejor, porque era la primera vez que oían semejante título.

De hecho, Disraeli tuvo otras preocupaciones más importantes. La principal de ellas, en tanto que completo *outsider*, la de congraciarse con el partido Tori, que era empresa difícil para él dada su condición de judío converso al anglicanismo, autor de novelas de ficción política y catador de causas radicales. Para lograr el éxito le fue preciso encabezar a un grupo de terratenientes descontentos con su tradicional líder, Peel, amenazando con la escisión en 1846. Lord Derby, resentido por la ambición evidente de aquel advenedizo, solía referirse a Disraeli llamándole «escoria».

*Reforma social.* Disraeli le sacó mucho jugo a la conveniencia de una reforma social a favor de las masas. Fue él quien estableció el sufragio ampliado en 1867 (aunque en principio no había sido ésa su intención). En sus discursos presentó proyectos de reformas sociales en materia de vivienda, salud y condiciones de empleo. Pero no tenía un concepto general claro de la reforma social, ni propugnó soluciones concretas, ni fue intelectualmente ningún precursor del colectivismo, de la providencia social a cargo del estado, ni del igualitarismo. Sus soluciones no provenían de una ingeniería social, sino que proponían más bien una especie de compasión paternalista por parte de las clases superiores y de cara a las inferiores, en una sociedad desigual. Rechazaba el igualitarismo aritmético de los liberales y su utilitarismo despiadado, y ofrecía en cambio una palabrería más bien vaga y sentimental acerca de la «Unidad de la Nación». Su gobierno promovió una legislación social cuando accedió al cargo en 1874, pero para entonces era ya un anciano fatigado, y sus medidas fueron innovadoras por azar. Algunas de ellas, como la legislación de 1875-1876 sobre las Trade Unions, que implicaron cambios radicales en el régimen del sindicalismo, originaron problemas muy serios más tarde. En cualquier caso, la mayor parte de esa legislación fue más permisiva que preceptiva, de modo que faltó un poco de mordiente en la aplicación de las nuevas leyes. Además, Disraeli tuvo poca participación en ellas, puesto que prefirió dejar la redacción de los proyectos a los colegas de su gabinete, y se mostró tan indiferente a los detalles como a la posterior suerte parlamentaria de los mismos.

De tal manera que, además de ser el más improbable de los líderes conservadores, muchas de las ideas de Disraeli fueron nebulosas, idealistas y reducidas a los términos más generales en cuanto a su contenido. Su conocimiento del imperio y su interés hacia él fueron poco más que un ornamento de su disfraz público, aunque más tarde se mostró aficionado a dárselas de gran protagonista en el terreno de la diplomacia internacional. Es curioso, pero esta valoración fue compartida por el príncipe Bismarck, observador habitualmente más agudo que cuando dijo de él admirativamente, con ocasión del congreso de Berlín de 1878: «Der alte Jude, dass ist der Mann!» («Ese viejo judío, ¡ése es el hombre!»). Pero, tuviese razón o no Bismarck con su veredicto, Disraeli nunca prestó demasiada atención a los tediosos detalles de las reformas de política interior. En el supuesto de que creyese tener respuestas para los problemas sociales, no consistieron en soluciones dogmáticas, sino más bien en una vaga creencia, la fe en el carácter único y la cohesión social de la nación que él resumió en su consigna de «¡Una Nación!».

## La Revolución, ¿adelantó o retrasó el desarrollo económico de Rusia?

Muchos estudiosos de la historia insisten en considerar la Rusia prerrevolucionaria como un país primitivo, atrasado y de economía principalmente rural. Según esto, la Revolución comunista habría sido el comienzo de un proceso conducente a la modernización y a la industrialización del país, al que Stalin habría colocado en el mapa del siglo XX. Quedan, en efecto, libros de texto que sientan afirmaciones como la siguiente: «Stalin halló en Rusia el país del arado de madera, y lo dejó lleno de centrales atómicas». Pero ¿no equivale esto a perpetuar una visión excesivamente simplista?

En realidad, la industrialización del país había comenzado bajo el zar Nicolás II y llevaba buena marcha; el efecto de la Revolución consistió en detener el proceso y destruir lo conseguido, hasta bien entrado el siglo XX. E incluso cuando se reanudó, fue una industrialización montada sobre fundamentos frágiles y arbitrarios, ajena muchas veces a las realidades económicas. De manera que estuvo afectada por muchos problemas durante todo el siglo, y algunos observadores dirían que no llegó a superarlos nunca. Así que el prestigio tan gratuitamente concedido a Stalin como arquitecto de lo que se ha llamado a veces «la tercera Revolución rusa», es decir, la modernización de su país, está reclamando una revisión a fondo.

La revolución industrial rusa comenzó en el último cuarto del siglo XIX y estuvo en gran parte financiada por el capital extranjero. Tuvo a su favor el rápido crecimiento de la población urbana, consecuencia de la emancipación de los siervos en 1861. La extensión de la red ferroviaria fue uno de sus éxitos más impresionantes durante los últimos años de aquel siglo. Su objetivo principal era comunicar las regiones cerealeras con las grandes ciudades, y también con los puertos principales, a fin de facilitar las exportaciones. Entre 1861 y 1880 el tendido pasó de 1.600 kilómetros a más de 23.000. Rusia no disponía de capitales para este gran crecimiento, ni la tradición técnica, ni siquiera el equipamiento necesario. Fue preciso importar no sólo los carriles y las locomotoras, sino incluso las tuercas y los tornillos. Se lanzaron varios grandes empréstitos en la Bolsa de París, y más tarde también en Berlín y Londres. Este auge del ferrocarril también contribuyó a desarrollar la industria pesada rusa. En los últimos años del siglo se multiplicó por veinte la producción de carbón, y por diez la de acero, hierro y fundición gris. Despegó la industria petrolera. En la cuenca de

Krivoi Rog, las factorías fundadas por un galés llamado Hughes produjeron grandes cantidades de hulla, hierro y acero, mientras que las petroleras de Bakú estaban financiadas en gran parte por los hermanos Nobel. En otras industrias, como el hilado del algodón y la manufactura lanera, se realizaron también grandes progresos. La mano de obra era barata, se concedían facilidades para la importación de maquinaria, y se encontraba fácilmente personal directivo dispuesto a ser destinado en Rusia. Los dormitorios en barracones, la explotación, los bajos salarios, el trabajo infantil, el pago en especies, reprodujeron en Rusia todos los males que habían caracterizado los comienzos de la industrialización en Gran Bretaña. Las autoridades no querían ni hablar de sindicatos, pero no por eso dejaron de facilitar mano de obra mediante la movilización forzosa, lo mismo que habían facilitado siervos antes de la emancipación. Esta intervención estatal fue debida a la ausencia de una verdadera burguesía industrial y capitalista en el país. El estado también promovió las empresas industriales a través del Banco central, fundado en 1860. La emisión de papel moneda fue sólo una de las funciones menores de ese banco; la principal era comunicar fuerza motriz al sistema crediticio. Así que el papel del estado en la economía fue considerable desde el primer momento. A finales del siglo, más del 40 % de las fábricas rusas tenían más de 1.000 trabajadores. En San Petersburgo, la fábrica de municiones Putílov tenía más de 12.000.

La difusión de la industria y el mejoramiento de las comunicaciones acarreó el desarrollo del servicio postal y de la red telegráfica. Al mismo tiempo, aparecieron periódicos baratos, de grandes tiradas, tantos que ni siquiera el reclutamiento de más censores lograba impedir la entrada de comentarios extranjeros o la distribución de opúsculos subversivos. Los viajes empezaron a ser más fáciles, rápidos y baratos, lo mismo para los rusos que para los extranjeros. La Rusia europea se abría rápidamente a las influencias occidentales.

El efecto de la catastrófica derrota en la I Guerra Mundial y de las dos revoluciones rusas de 1917 fue la interrupción total de ese progreso. Rusia se vio devuelta a sus raíces primitivas. La actividad industrial se detuvo. Las fábricas producían asambleas de obreros, pero no artículos terminados. Los ferrocarriles dejaron de circular, y aunque hubiese campesinos dispuestos a abastecer las ciudades, los productos del campo no podían llegar excepto en caravanas de carromatos. Todo el país se sumió en el desorden, la violencia y el hambre. Los líderes bolcheviques descubrieron que no estaban preparados para las tareas de la gestión industrial. Se ensayaron los procedimientos más desesperados, como la abolición del dinero y su sustitución por un sistema de tarjetas de racionamiento. Pero no dio resultado, y finalmente no les quedó más remedio que recurrir a los conocimientos de la odiada burguesía y a la capacidad de gestión de los «especialistas burgueses». Lo que surtió el resultado de enconar las relaciones industriales y fomentó manifestaciones contrarrevolucionarias, como la insurrección de los marinos de Kronstadt. En el último minuto lograron evitar el desastre gracias a la «nueva política económica», que equivalía de hecho al abandono de buena parte de los objetivos comunistas. Pero la economía industrial estaba ya muy afectada y no se salvó.

## Producciones en Rusia/URSS, 1913-1952

| Producto (unidades) | 1913 | 1921 | 1928 | 1933 | 1940 | 1945 | 1952 |
|---|---|---|---|---|---|---|---|
| Industriales: | | | | | | | |
| Electricidad (millardos de kWh) | 2,0 | 0,5 | 5,0 | 16,3 | 48,3 | 43,2 | 119,1 |
| Crudo (millones de Tm) | 9,2 | 3,8 | 11,6 | 21,5 | 31,1 | 19,4 | 47,3 |
| Hulla (millones de Tm) | 29,1 | 9,5 | 35,5 | 76,3 | 165,9 | 149,3 | 300,9 |
| Acero (millones de Tm) | 4,2 | 0,2 | 4,2 | 6,9 | 18,3 | 12,2 | 34,5 |
| Máquinas herramientas (miles de unidades) | 1,8 | 0,8 | 2,0 | 21,0 | 58,4 | 38,4 | 74,6 |
| Locomotoras (unidades) | 477 | 78 | 479 | 948 | 928 | 8 | 439 |
| Camiones (miles de unidades) | - | - | 0,7 | 39,1 | 136,0 | 68,5 | 243,5 |
| Tractores (miles de unidades) | - | - | 1,3 | 73,7 | 31,6 | 7,7 | 98,7 |
| De consumo: | | | | | | | |
| Automóviles, miles de un. | - | - | 0,1 | 10,3 | 5,5 | 5,0 | 59,7 |
| Lavadoras, miles de un. | - | - | - | - | - | - | 4,3 |
| Bicicletas, miles de un. | 4,9 | 7,7 | 10,8 | 125,6 | 255,0 | 23,8 | 1.650,4 |
| Receptores de radio, miles de un. | - | - | - | 29,0 | 160,5 | 13,8 | 1.294,5 |
| Receptores de TV, miles de un. | - | - | - | - | 0,3 | - | 37,4 |
| Tela de algodón, millardos de metros | 2,7 | 1,5 | 2,7 | 2,7 | 3,9 | 1,6 | 5,0 |
| Zapatos de cuero, millones de pares | 60,0 | 28,0 | 58,0 | 90,3 | 211,0 | 63,1 | 237,7 |
| Conservas alimenticias, millardos de latas | 0,1 | 0,1 | 0,1 | 0,7 | 1,1 | 0,6 | 2,1 |
| Agrícolas: | | | | | | | |
| Cereales, millones de Tm | 86,0 | 36,2 | 73,3 | 69,1 | 95,5 | 75,0 | 82,5 |
| Vacuno, millones de cv | 28,8 | 24,8 | 29,2 | 19,0 | 27,8 | 22,9 | 24,3 |
| Cerda, millones de cv | 23,0 | 13,1 | 19,4 | 9,9 | 27,5 | 10,6 | 28,5 |
| Pesca, millones de Tm | 1,0 | 0,3 | 0,8 | 1,3 | 1,4 | 1,1 | 2,1 |

De varias fuentes soviéticas, en Oxenfeldt y Holubnichi, *Economic Systems in Action*, Holt, Rinehart & Winston, Nueva York, 1965, citado en J. P. Nettl.

El éxito de la NEP estuvo en restaurar para 1928 buena parte de los niveles que tenía Rusia antes de la I Guerra Mundial. La producción de bienes de capital alcanzó más o menos las cifras de 1913. En cambio, la productividad agrícola decayó y no se recuperó hasta finales de la década de los treinta. De manera similar, los bienes de consumo siguieron siendo caros y difíciles de conseguir. Durante toda la época de los planes quinquenales de Stalin, siguió siendo Rusia un país de estremecedora pobreza. Y ésta, combinada con la durísima represión que Stalin consideró necesaria para imponer sus objetivos económicos, significó que Rusia estaba muy lejos de ser el paraíso de los obreros y los campesinos que muchos creían. Cuando invadió el país en 1941, Hitler estaba convencido de que las gentes aprovecharían la oportunidad para sacudirse la tiranía estalinista, bajo la cual habían padecido tanto, y unirse a las banderas libertadoras. No fue así, pero las cosas tampoco mejoraron apenas después de la guerra. Con frecuencia, Rusia se evidenció incapaz de alimentar a su población mediante los propios recursos. En la industria, la corrupción y la mala gestión no podían ocultarse ni con la falsificación habitual de las cifras. Eran las consecuencias del exceso de centralización, del voluntarismo y de la mala planificación. La minoría privilegiada, el *apparat*, vivía bastante bien, pero la mayoría de la población sufrió en silencio.

Hacia el año 2000 fue viéndose cada vez más claro que todo el experimento comunista era una aberración y que no iba a servir más que para retrasar y pervertir el desarrollo industrial de Rusia. Por mucho que los viejos manifiesten la nostalgia de los «viejos tiempos», cuando todo el mundo trabajaba y las tiendas tenían pan y algo con que acompañarlo —bueno, la mayoría de las veces, aunque no siempre—, queda el hecho de que Rusia, si hubiese podido desarrollarse en libertad, con un mercado correctamente organizado y un régimen político de mayores libertades, figuraría hoy entre las naciones europeas de cabeza, en vez de poner todos los días el cazo del mendigo y tratar de salvar lo que se pueda de entre las ruinas del sistema soviético.

## ¿Decayó el nivel de vida en Gran Bretaña durante los años treinta?

La crudeza de la vida en Gran Bretaña a comienzos de la década de los treinta ha sido abundantemente descrita en la literatura, sirvan de ejemplo *La ciudad asesinada* de Ellen Wilkinson y las películas de la época. Era un panorama de desesperación en las colas del paro, de hombres sin trabajo vagabundeando por las calles y de pobreza abyecta. Hay algunos motivos, no obstante, que inducen a matizar un poco este sombrío panorama.

Muchos de los parados quedaron reducidos a la asistencia familiar a medida que terminaba el periodo del subsidio. Considerando los familiares a cargo, puede calcularse que dependían de dicha asistencia unos 6 millones de personas sobre un total de 35 millones de trabajadores y sus allegados. La ayuda cubría las necesidades más básicas, así que se evitó la hambruna. Pero la ropa y más todavía los zapatos eran verdaderos lujos, y muchos vestían gracias a los roperos de caridad. En 1931 las autoridades redujeron las ayudas, lo que ciertamente no mejoró la situación, y el aumento del desempleo agudizaba la desesperación de los que no veían en el horizonte ninguna posibilidad de volver a trabajar.

Un solo factor aliviaba la situación. El coste de la vida bajó constantemente desde comienzos de la década de los veinte, y todavía más cuando sobrevino la Depresión. Entre 1929 y 1933 la baja de los precios fue de un 15 %. Cuando empezaron a repuntar poco a poco, se eliminaron también las reducciones de la asistencia, y en 1934 ésta valía más en términos reales que en 1929.

Más del 80 % de las familias tenía al menos una persona trabajando, incluso durante los peores tiempos (1933). Con la baja de los precios y el aumento de los salarios a partir de 1934 se observó una leve mejoría. Aumentó el poder adquisitivo de los que tenían ingresos, como se evidenció, por ejemplo, con el aumento del consumo eléctrico, la aparición de nuevos productos domésticos, y la radio y el cine, que aportaron una nueva dimensión a las existencias. Más y mejores viviendas de promoción municipal y de alquiler pusieron fin rápidamente a algunas de las situaciones de miseria. Se podía alquilar una vivienda modesta por 5 chelines a la semana, o comprarla por 300 libras mediante hipotecas a bajo tipo de interés, lo que representaría unos pagos de 10 chelines semanales. Los asegurados tenían cuidados médicos gratuitos. Los que no, tenían acceso barato (menos de un penique por semana para los niños) afiliándose a una de las muchas mutualidades y montepíos de socorro mutuo.

En la Depresión muchos lo pasaron mal, y las situaciones más graves se concentraron en las áreas de alto desempleo, como las ciudades del nordeste de Inglaterra, donde habían parado los astilleros. El caso de Jarrow fue uno de los más conocidos: el 5 de octubre de 1936, la «ciudad asesinada» emprendió una marcha a pie hasta Londres, con la diputada Wilkinson y toda la municipalidad al frente. Para la gran mayoría de la población, sin embargo, la década de los treinta fue un periodo de creciente nivel de vida, que se saldó con un considerable progreso en comparación con las condiciones de la década anterior. La mejora fue debida a la baja de los precios al consumo, por lo cual el dinero cundía más. Pero también fue consecuencia de los progresos en la comodidad doméstica: la habitabilidad de las viviendas, el agua corriente, los sanitarios, la aparición de nuevos servicios y espectáculos, y la extensión de los cuidados médicos. Otro detalle fue la baja incidencia de la criminalidad. La memoria popular ha dado lugar al error, pintándonos una época mucho más negra de lo que realmente fue.

## Los «rugientes años veinte», ¿mito o realidad?

Fue una ilusión popular, apoyada por los contemporáneos y condensada luego en los libros de historia: los años veinte como «rugientes» en Estados Unidos, es decir, como una época de progresos rapidísimos y amplias oportunidades para todo el mundo. En Europa los llamaron «felices años veinte», porque había terminado la Gran Guerra: lo fueron, más que nada, para las clases privilegiadas. Pero tampoco en Estados Unidos rugieron para todos.

Es cierto que la sociedad estadounidense concedía a sus afortunados muchas amenidades y la cobertura de todas las necesidades imaginables. Estaban los grandes propietarios, muy favorecidos por la fiscalidad existente, y los muy adinerados, que ponían a trabajar su dinero para acumular fortunas todavía más grandes por medio de inversiones lucrativas y una hábil administración. En la base de la pirámide social, sin embargo, estaban otros muchos que no participaban de la prosperidad. Sobre todo, los inmigrantes de primera o de segunda generación, que trabajaban duramente y sobrellevaban existencias oscuras sin lamentarse, con la esperanza de que la buena fortuna acabase por sonreírles a ellos también.

Estaban, por ejemplo, los hijos de los adelantados en lo que se llamó «la conquista del Oeste», destripando terrones en sus parcelas de escaso mantillo, en las vastas llanuras que antes habían sido praderas, o en las estribaciones de las Montañas Rocosas. Estaban los blancos y los negros de las antiguas plantaciones o de la *tobacco road*, reducidos a la penuria, y los segundos sometidos al temor permanente a ser atacados por el Ku-Klux-Klan. Estaban los esclavizados obreros de las fábricas del norte, donde no se admitían sindicatos, embrutecidos y agotados por largas jornadas de monótono trabajo, ensordecidos, analfabetos y medio muertos de hambre. Una trabajadora del sector servicios, o dicho de otro modo, empleada de una lavandería, hacia la década de los treinta describió así sus experiencias:

> Antes de entrar en el sindicato yo era planchadora. Esclavitud es la palabra más adecuada para describir las condiciones en que trabajábamos. Cincuenta y cuatro horas a la semana, como poco, siempre escuchando el «más deprisa, más deprisa» de las encargadas, comiendo a pie de máquina, mientras el sudor brotaba por todos los poros. A veces llegaba a casa tan agotada que caía en la cama y dormía dos o tres horas. Me levantaba a cocinar, y luego volvía inmediatamente a la cama... y ya se sabe lo malsano que es eso.
>
> Las letrinas de nuestro taller no habrían servido ni para las bestias. No había separación entre hombres y mujeres. Cuando fui a quejarme, la jefa dijo: «No hay muchos trabajos que se paguen a diez dólares por semana, Evie». Y ahí terminó mi protesta, porque no me apetecía verme en la calle.

Muchos de estos trabajadores explotados por sus patronos callaron quizá porque eran recién llegados a Estados Unidos y andaban desorientados, o tal vez creyeron que la servidumbre sería provisional para ellos y que los tiempos mejores se hallaban a la vuelta de la esquina. La fe en las oportunidades de la nueva patria hizo que muchos de los recién llegados de las antiguas naciones de Europa oriental o central se aviniesen a vivir en condiciones apenas mejores que las de los países de donde habían huido.

En la década de los veinte había margen para mejorar porque se partía de muy abajo. Las horas de trabajo semanales pasaron de poco más de cuarenta y siete a poco menos de cuarenta y seis, y el promedio de los salarios aumentó alrededor de un 8 %. Pero los amos de las industrias prosperaron mucho más. Aunque alguna parte de los beneficios llegaba a los accionistas en forma de dividendos, los grandes beneficiarios fueron los hombres de negocios, los apoderados, los administradores. Un 1 % de los estadounidenses se embolsaba el 80 % del lucro. En 1929 una encuesta demostró que el 5 % de los ciudadanos más ricos percibía la tercera parte de la renta personal estadounidense, mientras que el 60 % de la población apenas ganaba lo suficiente para subvenir a las necesidades más elementales. De modo que, mientras la década aportaba éxito y prosperidad a unos pocos, a los demás les parecería que dejaba mucho que desear.

## ¿Representa Naciones Unidas un gran adelanto en comparación con la Liga de las Naciones?

Se dice a menudo que la Liga de Naciones fue inoperante, y se aduce para demostrarlo que no consiguió evitar la II Guerra Mundial. Y que, en cambio, Naciones Unidas ha sido un gran éxito porque ha servido para evitar la tercera. Este juicio es una simplificación tan extrema, que no puede obviarse una revisión a fondo.

No hay duda de que la Liga de Naciones fracasó. Desde el comienzo confió demasiado en la eficacia de las meras protestas diplomáticas, y sobreestimó la fuerza de las sanciones económicas como medio para contener a los agresores. También suscribió un criterio algo mecánico de las relaciones internacionales, al basarse en el supuesto no muy realista de que todas las naciones eran iguales y por tanto debían tener voz y voto en relación con los problemas del mundo. Este reparto de la responsabilidad internacional, con frecuencia se convirtió en una manera de eludir responsabilidades por completo, como si los gobiernos esperasen que la Liga tomara medidas mientras ellos no tomaban ninguna. Pero la Liga sólo tuvo determinación en la medida en que la tuviesen sus miembros. Que nunca fueron muchos, además. En principio contó con alrededor de medio centenar de naciones, pero Estados Unidos asestó un golpe fatal a la organización cuando rehusó participar. Durante mucho tiempo Rusia no estuvo en ella porque era comunista. Al separarse luego Alemania (que además no fue admitida hasta 1926), Italia y el Japón, durante la década de los treinta la Liga pareció más bien un club anglo-francés, o como alguien dijo: «Allí se hablan todos los idiomas del mundo, con tal de que sea en inglés o en francés».

Pero la razón más fundamental del fracaso de la Liga fue al mismo tiempo la más simple: los gobiernos existían para salvaguardar los que percibían ser los intereses nacionales. Por tanto, acatarían las decisiones de la Liga siempre y cuando estuvieran de acuerdo con dichos intereses. Ningún país querría someterse y que entrase en vigor una decisión si no le convenía a ese país. Una Liga de estados soberanos no dejaba de ser, en el fondo, una contradicción, por lo tocante a la eficacia. En la práctica, los antiguos procedimientos de la diplomacia y los sistemas estatales tradicionales continuaron sin alteración, quedando la Liga como una especie de escaparate moral que prestaba respetabilidad a todos.

Los promotores de la organización de Naciones Unidas intentaron remediar algunas de estas debilidades. Aumentó el número de estados miembros a cerca de doscientos, grandes y pequeños. Se establecieron procedimientos formales, incluyendo la posibilidad de sanciones armadas a cargo de fuerzas de composición internacional capaces de intervenir, como de hecho ha sucedido. Se mantuvo el derecho de «veto», pero limitado a los «Cinco Grandes» del Consejo de Seguridad, y aunque más tarde se intentase aguar dicha disposición. Las competencias de Naciones Unidas eran mucho más amplias, gracias a la provisión de funciones sociales, educativas, científicas y culturales, controladas por agencias especializadas y creadas expresamente.

Sin embargo, subsiste la dificultad fundamental para Naciones Unidas. No deja de ser ficticio eso de que todos los estados miembros estén representados por igual en la ONU. Una organización mundial en la que Rusia, China y Estados Unidos tuviesen que plegarse a una mayoría formada por Uruguay, Luxemburgo, Chaud y Nauru desde luego sería difícil tomárnosla del todo en serio. Aunque los estados pequeños procuren preservar su neutralidad y la independencia de su voto, su número de votos en la Asamblea General da una impresión notablemente exagerada de su peso real. E incluso la libertad para criticar a las grandes potencias, como fue criticada Gran Bretaña en 1956 cuando la crisis de Suez, no conduce más que a la impaciencia y la irritación por parte de los países poderosos. Pero hay algo peor, y es la noción difundida de que los cargos de Naciones Unidas vienen a ser como «pesebres» para los funcionarios de los pequeños estados, quienes hallan en la organización una fuente de autoridad, privilegios y sustanciosas dietas, así como un trampolín para futuras carreras en otros lugares.

La consecuencia es que las naciones grandes y poderosas siguen haciendo lo que se les antoja, diga lo que quiera el mundo. Las grandes potencias desafían la opinión mundial cuando estiman que las condiciones les permiten salirse con la suya. Muchas proclaman su interés por los problemas del mundo, pero luego emplean menos del 1 % de su riqueza en ayudar a las naciones más pobres que apenas pueden sobrevivir, o demoran la lucha contra la contaminación que ellas difunden, al tiempo que condenan la que se crea en otros países.

Por otra parte, la pretensión de imparcialidad, de la que depende el respeto universal a sus decisiones, ha sido cuestionada con cierta frecuencia. A veces parece que Naciones Unidas respalda a los que son del agrado de Estados Unidos: los israelíes, por ejemplo, o los kuwaitíes, pero no a los libios. ¿No será que Naciones Unidas existe para preservar el «viejo orden», más o menos como cuando los franceses procuraron instrumentalizar la Liga para asegurarse de que Alemania les pagara las indemnizaciones de guerra, o para asegurarse la primacía militar en Europa? En cuyo caso deberían haber apoyado a los palestinos en su reivindicación de la patria perdida. O por el contrario, debieron acoger a la República popular china antes de 1971, en vez de contribuir a mantener tanto tiempo la ficción de que Jiang Jieshi seguía siendo el amo de China.

En conjunto, Naciones Unidas no ha logrado gran cosa con sus intervenciones. Los reiterados intentos de resolver la situación árabe-israelí no ha dado muchos resultados tangibles por ahora. Se decidió una intervención en Corea, pero sólo porque se empeñó en ello Estados Unidos. Su actuación en la Guerra del Congo no resolvió los problemas, que finalmente fueron abandonados en manos de los propios congoleños, y la situación degeneró rápidamente en grandes matanzas y tiranías. En Chipre, en

Ruanda y en Bosnia, los observadores e inspectores de la ONU han puesto paños calientes a los problemas pero con escasa aportación positiva. La impresión a finales del siglo XX era de un descrédito generalizado.

Algunos observadores consideran que Naciones Unidas no son unidas para nada. Hasta 1990 estuvieron divididas en dos grandes bloques de poder, el Este comunista, frente a quienes gustaban de llamarse a sí mismos «el mundo libre», o bloque occidental acaudillado por Estados Unidos. Entre el uno y el otro quedaba un conjunto de países, no siempre los mismos, que se calificaron de no comprometidos, «no alineados» o Tercer Mundo. Este bloque fracasó hacia finales del siglo; quizá sea también que ahora hay menos motivos para declararse comprometido o no. La vieja división entre comunistas y no comunistas se desvaneció, reemplazada con más descaro que nunca por agrupaciones de intereses más o menos concretos e influenciados por el dólar todopoderoso. Aunque de diferente manera, las naciones siguen actuando como estados soberanos que persiguen lo que entienden ser la conveniencia, cada uno por su cuenta.

A pesar de todo, se han obtenido algunos progresos principalmente en los aspectos no políticos. Se acude más eficazmente al remedio de las penurias. Se ha adelantado en muchos puntos técnicos como la navegación marítima, las frecuencias de radiodifusión, la lucha contra las epidemias, los servicios postales y de comunicaciones, y otros muchos. Y aunque Naciones Unidas no pueda abordar con eficacia los problemas políticos, ni eliminar los conflictos, al menos proporciona canales para la discusión. En el foro de la Asamblea General, la pública discusión de los conflictos tal vez limita un poco la arbitrariedad de las grandes potencias. Que sepan al menos lo que piensa el resto de la raza humana. En último análisis, son aplicables las palabras que se le atribuyeron a Churchill: «Es mejor bla, bla, bla que guerra, guerra».

## La crisis de Suez: ¿fue Nasser otro Hitler?

Cuando el coronel Gamal Abdel Nasser nacionalizó en julio de 1956 el canal de Suez, los accionistas principales, que eran Gran Bretaña y Francia, montaron en cólera. A los pocos meses, las dos potencias negociaban en secreto con Israel para lanzar una operación combinada contra Egipto, mientras los líderes políticos de aquéllos vociferaban críticas contra Nasser en público. Si se trataba de recurrir a las armas, era preciso tener preparada a la opinión pública. Además de los ministros del gobierno, también el líder de la oposición Hugh Gaitskell equiparó a Nasser con Hitler. Comparación tan obsesiva como irreal.

La imputación de semejanza con Hitler en realidad iba dirigida al rol internacional de Nasser, y no tanto a su política interior. Ningún esfuerzo de imaginación lograría que Nasser pareciese un nazi. Simpatizó con muchas ideas socialistas, entre las cuales el reparto de los latifundios, la creación de cooperativas agrarias, los programas de educación, sanidad pública y providencia social, y la promoción del desarrollo industrial. Su programa se asemejaba mucho más a cualquier plan quinquenal de Stalin que a la autarquía hitleriana. Especialmente, a partir de 1955, cuando empezó a buscar el armamento y la ayuda económica de los países del Este. Es verdad que el régimen de partido único de Nasser tenía algunos rasgos propios de los estados totalitarios, pero él no fue un gran homicida como Hitler o Stalin. Trató con mano dura a los fundamentalistas islámicos que causaban estragos y sembraban el terror con sus atentados, pero no persiguió a las minorías religiosas mientras se mantuvieran dentro de la ley. Cuando el populacho agredía a cristianos o judíos residentes en Egipto, las fuerzas de seguridad hacían acto de presencia, pese a la intensa hostilidad nacional contra el estado de Israel. Los oponentes activos contra su régimen quizá no dormirían seguros en sus camas, pero los ciudadanos corrientes que no se metieran en política no tenían nada que temer.

Hitler siempre habló cínicamente como gran respetuoso de la legalidad, al tiempo que hacía lo que se le antojaba. Nasser procuró actuar dentro de la ley. Cuando nacionalizó el canal de Suez prometió una indemnización adecuada a los accionistas y libertad de navegación para todo el mundo, excepto Israel. Pagó el justiprecio a los terratenientes expropiados. Pero tuvo una obsesión principal, que fue su inquina contra Israel. De ahí las actitudes antioccidentales, especialmente contra Estados Unidos, Gran Bretaña y Francia, que eran los principales valedores del estado de Israel, no sólo de palabra, sino con armamento y dinero. Por eso Nasser procuró desestabilizar los regímenes árabes prooccidentales, como eran en la época Libia, Jordania e Iraq. Albergó la visión del panarabismo, una federación de todos los estados árabes en la que Egipto tendría posición dominante. A este ambicioso proyecto tal vez podríamos hallarle algún parecido con los planes de Hitler para dominar Europa y el mundo. Pero cuando ocupó el canal de Suez en 1956, los motivos fueron más bien de interés nacional. La presa de Asuán era la joya de la corona de su política interior. Iba a resolver el problema del irregular régimen hídrico de Egipto. Proporcionaría electricidad a las nuevas industrias del país y permitiría poner en regadío miles de kilómetros cuadrados para alimentar ese país superpoblado y poco dotado de tierras fértiles. El Canal era el complemento de la presa. Junto con el Nilo, era la principal vía de comunicación del país. Nasser no podía permitir que permaneciera bajo el control de unos extranjeros no siempre amigos, que tal vez lo utilizarían para frustrar el desarrollo económico de Egipto y no para contribuir a él.

Gran Bretaña y Francia consideraron la confiscación como otra medida desestabilizadora en el Oriente Próximo, una amenaza dirigida contra Israel y un preludio a la intervención activa de la Unión Soviética en la región. Al compararlo con Hitler creyeron que lo convertirían en una especie de paria internacional, lo que justificaría la intervención armada para recuperar el canal y, a ser posible, derribarlo a él y a su régimen. Lo que hicieron sólo sirvió para cerrar el Canal a la navegación, convertir en prácticamente insostenible la posición de los regímenes prooccidentales de los países árabes, y acrecentar el aislamiento de Israel en medio de un Oriente Próximo mayoritariamente árabe y hostil. En 1945, el imperio de Hitler fue destruido. En 1956, el Egipto de Nasser sobrevivió: una vez más, contraposición en vez de semejanza.

# 13. PROBLEMAS NO RESUELTOS

## La controversia del darwinismo, ¿monos o ángeles?

Entre los numerosos hitos científicos del siglo XIX, uno de los más importantes para la historia de la biología y ciertamente el más polémico fue la publicación de *Sobre el origen de las especies,* de Charles R. Darwin. No fue el primero en proponer la teoría de la evolución, pero tuvo el gran mérito de ser el primero que describió el proceso que permitiría explicar la evolución de los organismos vivientes. El libro causó gran sensación. La primera edición se agotó el mismo día en que salió a la venta. Contó con el apoyo de los principales científicos de la época, como T. H. Huxley, por lo tocante a la zoología, y Charles Lyell en el aspecto geológico. Precisamente el libro de Lyell, *Principios de Geología,* supuso una revisión no menos fundamental de su disciplina cuando apareció en 1829. No falta quien haya tratado de disminuir de la obra de Darwin. ¿Cuánta importancia debe atribuírsele?

Muchos entendieron que la teoría de Darwin abolía la distinción fundamental entre los humanos y los animales, y sobre todo, que negaba la creación especial del hombre. No es de extrañar, por tanto, que su libro desencadenase una viva controversia entre los eclesiásticos, que ha continuado hasta nuestros días. La polémica estaba todavía en marcha, y no poco acalorada, cuando la teoría fue denunciada ante los tribunales: caso Scopes, en Dayton, Tennessee, 1925. Y también recientemente: suspensión de la enseñanza de la evolución en las clases de biología, por parte de algunos estados del llamado «cinturón de la Biblia», en 1999. Denuncia de la misma «herejía» contra una escuela de Teesside, 2002.

El motivo de la controversia fue que muchos de los postulados de Darwin no podían conciliarse con la interpretación literal del bíblico libro del Génesis. Al considerar que el hombre no era más que un animal superior, negaba implícitamente la doctrina de la caída del hombre y todas sus consecuencias teológicas. Esto, añadido a las teorías geológicas de Lyell, venía a significar que las Escrituras dejaban de constituir una descripción literal de la realidad. La conclusión lógica del razonamiento era que el Viejo Testamento no era más que una fábula moral, puro folclore. Era de esperar la enconada hostilidad de la Iglesia. El obispo Wilberforce (apodado por sus adversarios «Sam el Jabonoso», a cuenta de sus untuosos modales) lanzó un ataque contra el *Origen de las especies* en las columnas de la *Quarterly Review*, y en una asamblea de la Asociación Británica de Oxford, en 1860, interpeló a Huxley, que estaba defendiendo la postura de Darwin, para preguntarle «si creía descender del mono por parte de su abuelo o por la de su abuela».

Muchos de los clérigos que atacaron a Darwin eran tan ignorantes en materia de ciencia como sus adversarios científicos eran analfabetos en teología, lo que no contribuyó precisamente a elevar el nivel de los debates. No obstante, algunos hombres de iglesia, como Charles Kingsley y el arzobispo (entonces sólo obispo) Frederick Temple, saludaron la publicación del libro de Darwin como aportación al conocimiento humano, basada en la observación científica del mundo, los indicios proporcionados por los fósiles prehistóricos y el estudio de la embriología. Las seguridades dogmáticas quedaron afectadas, por lo que muchos científicos se congratularon para sus adentros cuando Pío IX condenó la doctrina en su *Sílabo de errores*, al interpretar aquéllos que la Iglesia católica había dado la muestra definitiva de su oscurantismo. Fue preciso esperar a la época contemporánea para que el científico y teólogo jesuita Pierre Teilhard de Chardin lograse la cuadratura del círculo al aducir que la evolución era el instrumento elegido por Dios para introducir los cambios biológicos, y que, por consiguiente, era posible creer al mismo tiempo en la ciencia y en las escrituras.

El darwinismo como teoría, por otra parte, tuvo implicaciones enormes y consecuencias que abarcaron mucho más allá del dominio puramente científico. En Gran Bretaña afectó incluso a las ideas económicas y sociales. Cambió la filosofía y la metafísica. La doctrina evolutiva de la lucha por la supervivencia se adujo en apoyo de la idea de que todas las sociedades, incluso las más civilizadas, eran escenario de luchas similares. El «darwinismo social» extraía la conclusión de que el humanitarismo, al interponerse entre los débiles y los fuertes, era contraproducente puesto que iba contra los designios de la naturaleza. Por tanto, se debía eliminar la intervención estatal, y algunos como Cobden y Bright postularon también la abolición de las leyes industriales, ya que interferían con el derecho natural de los hombres a negociar los salarios con sus semejantes. En el plano internacional, no tardó mucho en aparecer Houston Stewart Chamberlain aplicando los postulados darwinianos, según él creía entenderlos, a sus nociones de superioridad racial, y ésas fueron las ideas que utilizó Hitler en apoyo de sus proclamaciones de supremacía de la raza aria. Hacia comienzos del siglo XX la lucha entre la ciencia y la religión empezaba a ceder el paso a nuevos debates sobre la naturaleza y el funcionamiento de las sociedades humanas.

Todavía hoy mueven a polémica las ideas darwinistas. Los que creen en la necesidad de fomentar las iniciativas filantrópicas o caritativas, o propugnan las actitudes altruistas en vez de la atención exclusiva al medro personal, difícilmente se acomodan con las tesis del darwinismo social. Muchos científicos ni siquiera desean que el evolucionismo sea aceptado con el mismo tipo de fe ciega que antes se reservaba para el fundamentalismo religioso, y admiten que todavía quedan muchas explicaciones pendientes. La ciencia es un proceso, nunca una solución definitiva.

## ¿Tuvo el papado demasiada indulgencia con el fascismo y el nazismo?

La Iglesia católica romana firmó concordatos con Mussolini en 1929 y con Hitler en 1933. La Iglesia siguió colaborando con Mussolini hasta la caída de éste en 1943. Y aunque la luna de miel de la Iglesia con el nazismo fue breve, el Vaticano criticó a los nazis pero nunca los condenó públicamente ni excomulgó a sus líderes, aunque conocía muchos de los horrores nefandos que perpetraban. Lo cual ha dado lugar a algunas críticas fuertes, incluso por parte de algunos historiadores católicos, contra la actitud de la Iglesia católica a finales de la década de los treinta y durante la guerra. Un libro reciente de John Cornwell sobre Pío XII ha atizado de nuevo las llamas de la controversia, que prosigue sin que se haya llegado a una conclusión clara, ni acusatoria ni exculpatoria.

*El fascismo italiano.* Tres acuerdos de 1929 pusieron fin a más de cincuenta años de no cooperación y punto muerto entre la Iglesia y el estado italiano. Para la Iglesia significaron el restablecimiento de su poder temporal (aunque fuese en la forma del diminuto estado vaticano), y además se le reconocía una considerable autoridad civil en varios aspectos de derecho y administración de justicia. El acuerdo financiero le confirió a la Iglesia un interés directo en el régimen fascista, ya que recibía títulos de deuda pública por valor de mil millones de liras. Pareció entonces que la Iglesia salía aventajada del trato, aunque éste supusiera una bendición oficial para los fascistas. Lo cual no significaba que la Iglesia se hubiese vuelto fascista, aunque sí que prefería el fascismo al comunismo, y desde luego, Pío XII prefirió la autocracia fascista a las incertidumbres del sistema democrático. Desde el punto de vista del Vaticano, la Comintern y los partidos comunistas de los países occidentales eran una amenaza para la misma existencia de la Iglesia, y la Guerra Civil Española demostraba lo cerca que estuvo dicha amenaza de convertirse en realidad. Los gobiernos de Frente Popular apenas eran mejores. Sin embargo, en algunos sentidos la influencia de la Iglesia contuvo algunos de los peores excesos fascistas en Italia. No pudo evitar las persecuciones políticas, pero al menos en parte consiguió que la Italia fascista no llegase a los extremos de racismo y antisemitismo practicados por el régimen nazi. Los judíos fueron expulsados de los cargos públicos y de los colegios profesionales, pero no se pasó de ahí. Consciente de la desaprobación eclesiástica, Mussolini sólo procedió contra los judíos lo indispensable para complacer a Hitler, y no le hizo gracia el tener que cambiar de dentista. Se ha dicho que Pío XII era antisemita, pero aparte de obstaculizar una compra de cogollos de palma por judíos en Italia, antes de

1943-1944 no había incurrido en ninguna demostración más grave de antisemitismo. Entre católicos era tradicional la consideración de los judíos como el «pueblo deicida», y sin duda Pío XII no fue menos antiprotestantes y antimusulmanes.

El apego a la ley y al orden, el temor a la anarquía política y al comunismo, y la necesidad de asegurar la práctica del culto, sin duda hicieron que la Iglesia católica se mostrase más tolerante de lo que debió haber sido con el fascismo. Pío XI no condenó la aventura imperialista italiana en Abisinia, como tampoco Pío XII criticó la conquista de Albania en abril de 1939, pero movilizó toda la influencia diplomática de que disponía para tratar de evitar la intervención italiana en la II Guerra Mundial.

*El nazismo alemán.* Más peso tienen las críticas a la omisión de la Iglesia, en un momento en que habría sido preciso condenar el nazismo. El éxito del concordato de 1929 hizo que el Vaticano creyera que un concordato similar con Hitler le aseguraría a la Iglesia la libre práctica del culto en Alemania. El arquitecto de este concordato de julio de 1933 fue el cardenal Pacelli, el futuro Pío XII, a quien había impresionado desfavorablemente la debilidad de la república de Weimar frente a la amenaza comunista. Fue admirador de Hitler y creyó que iba a ser el salvador de Alemania, pero también es verdad que otros muchos mandatarios extranjeros creyeron lo mismo. Cuando Pacelli aceptó la disolución del partido centrista alemán, lo hizo para estabilizar el poder de Hitler, que parecía inseguro al principio; pero no tiene mucho sentido decir que la desaparición de ese partido debilitó la oposición contra el régimen hitleriano. El partido centrista había votado *a favor* de la ley de poderes especiales, confiando en la palabra de Hitler, que prometió no servirse de ella en contra de la Iglesia católica. En noviembre de 1933, otra ley hizo de Alemania un país de partido único, de manera que el centrismo habría desaparecido de todos modos.

No tardó mucho la Iglesia en lamentar este concordato. La encíclica *Con ardiente inquietud* de 1937 documentó las diversas ocasiones en que lo habían vulnerado los nazis. Así aprendió Pío XI que Hitler no cumplía sus promesas, y en enero de 1939 se lo advirtió a Chamberlain y Halifax cuando los recibió en Roma. En cuanto a Pío XII, elegido en marzo de 1939, no pudo evitar ni la inminente guerra, ni la persecución de Hitler contra la Iglesia católica en Alemania, ni la política antisemita del régimen. Si tomaba medidas extremas, ponía en peligro a 30 millones de católicos alemanes, porque un desafío contra Hitler les habría valido las atenciones de la Gestapo. Y como la mayoría de los humanos no tienen vocación de mártir, habría sido irrazonable poner en semejante disyuntiva a los católicos de Alemania. Algunos católicos y algunos miembros de otras comunidades cristianas sí se pronunciaron en contra del régimen nazi, aunque también los hubo que participaron en las atrocidades de dicho régimen. La plena extensión de la barbarie no fue completamente conocida por el Vaticano hasta 1943-1944, pero en ese momento lo que peligraba era la existencia del propio Vaticano, ante la caída del fascismo en Italia y la entrada de los alemanes en Roma.

En estos momentos la Iglesia actuaba ya entre bastidores, incitando a los católicos para que hicieran lo que pudieran con el fin de ayudar a los perseguidos por motivos políticos o raciales. En público, la Iglesia adoptó una postura de cautela. En su mensaje de Navidad de 1942, Pío XII condenó las inhumanidades de la guerra sin mencionar concretamente a los nazis ni a los judíos. Pero el Vaticano gastó su oro para facilitar la salida a muchos, y para mantener a los miles de refugiados que se agolparon en Ciudad del Vaticano. Cualquier paso en falso por parte del papa habría significado la entrada de las tropas alemanas en el Vaticano, y la pérdida de un refugio y puesto avanzado de escucha útil a los aliados. Hasta la seguridad personal del papa habría resultado amenazada, de caer en manos de los nazis. El papado no tuvo más remedio que actuar con prudencia. La alternativa habría consistido en proclamar una postura moral que no habría salvado ninguna vida y seguramente habría comprometido muchas más. Hitler bien pudo hacerse eco del famoso comentario de Stalin: «¿Cuántas divisiones tiene el papa?». Se ha aducido que al no romper definitivamente con los nazis, fue posible salvar mediante la intervención papal a 6.000 de los 8.000 judíos residentes en Roma, cuando los alemanes emprendieron una redada nocturna contra ellos. Otros autores han negado que la intervención papal salvase a nadie, y argumentan que los que consiguieron escapar debieron su buena fortuna a las ayudas individuales, no a ninguna iniciativa por parte del Vaticano. Algunos indicios apuntan incluso a cierta colaboración papal con algunas actuaciones políticas antisemitas durante los peligrosos años de la ocupación de buena parte de Italia por los nazis. Es posible que la Iglesia apostase a los dos paños para tratar de limitar pérdidas.

Roma no se libró de los alemanes hasta junio de 1944. Antes de esa fecha habría sido imprudente que el papa condenase a los nazis. Después, tal vez habría parecido una hipocresía. No fue hasta después de la guerra que el papado emitió una *Apologia* por sus actitudes y acciones durante la contienda.

Es comprensible la colaboración papal con el fascismo, que puso fin al virtual encarcelamiento del papa en San Pedro, así como al dilema de los católicos devotos obligados a escoger entre la Iglesia y el estado. El papado ayudó al nazismo pero nunca lo apoyó plenamente, y se distanció de él en 1937. En ese momento no habría sido práctico emprender medidas que hicieran enemigos del nazismo a todos los católicos alemanes, aunque todavía era posible en 1933. Pero la iglesia prefirió la línea blanda, por conveniencia. Tal vez habría sido mejor, al largo plazo, que hubiese adoptado una postura *moral* más intransigente contra el nazismo, aunque tuviese que arrostrar inconvenientes en lo inmediato. Las simpatías políticas y las excentricidades personales de Pío XII tal vez contribuyeron a la debilidad de la Iglesia en sus tratos con los nazis, pero es dudoso que una actitud antinazi más vigorosa hubiese surtido ninguna eficacia en cuanto a contener los peores excesos.

## Hiroshima y Nagasaki: ¿se habrían rendido los japoneses de todas maneras?

Los días 6 y 8 de agosto de 1945, las ciudades japonesas de Hiroshima y Nagasaki fueron devastadas por sendas bombas atómicas. Pocas fechas más tarde, el Japón pidió la paz y aceptó la rendición incondicional tan pronto como los aliados prometieron respetar la figura del emperador, aunque no su poder. La guerra había terminado. Desde entonces los historiadores discuten si fue necesario el empleo de las bombas atómicas, o el Japón estaba ya en disposición de rendirse.

A finales de 1944 la derrota del Japón era ya inevitable. En octubre, la victoria en el golfo de Leyte dio a los estadounidenses el dominio completo por mar y por aire, y franqueó el paso a la invasión de las Filipinas. Y una victoria en estas islas habría facilitado a la aviación estadounidense bases a 800 kilómetros del archipiélago japonés. Cayó el primer ministro Tojo, el partidario más irreductible de la guerra en el Japón, y conforme convergían hacia el Japón fuerzas muy superiores en número, se encogían los territorios del imperio nipón e iba perdiendo éste sus centros principales de aprovisionamiento. La destrucción de las principales ciudades del país mediante incursiones lanzadas desde bases terrestres era cada vez más inevitable.

Pese a todo esto, se temía que la invasión del Japón iba a costar gran número de vidas. Los japoneses habían defendido Iwo Jima y Okinawa hasta el amargo final, y utilizaron los pilotos *kamikazes* en ataques suicidas contra buques de guerra y convoyes de suministros. Los aliados preveían que el Japón se defendería hasta el último hombre, y se calculó que la guerra continuaría hasta finales de 1946 con un mínimo de 2 millones de bajas por ambas partes, entre las cuales gran número de no combatientes japoneses.

A finales de junio, los japoneses, sabedores de que los ejércitos soviéticos iban a entrar en campaña según lo acordado para después de la derrota de los alemanes, solicitaron a la Unión Soviética que oficiase de intermediaria en las negociaciones de paz. Los soviéticos no aceptaron, pero Estados Unidos y Gran Bretaña se enteraron de la tentativa porque habían descifrado las claves de las comunicaciones japonesas por radio. Como los japoneses solicitaban una paz negociada y los aliados se habían comprometido a exigir la rendición incondicional, éstos no quisieron reconocer ninguna utilidad a unas supuestas conversaciones preliminares. En julio, durante la conferencia de Yalta, se limitaron a reiterar dicha exigencia.

Se ha aducido que el motivo de esa intransigencia fue que el desarrollo científico de la bomba atómica había requerido un gasto enorme, y tanto los científicos como los políticos estaban impacientes por ver si la bomba realmente funcionaba. Las pruebas realizadas en julio demostraron que sí. El caso fue que Estados Unidos no discutió con sus aliados la utilización de la bomba. En julio se limitaron a poner en conocimiento de los británicos la decisión de emplearla, y solicitaron su anuencia, que Churchill otorgó sin más demora. Sin embargo, no existía unanimidad entre los científicos ni entre los políticos de Estados Unidos en cuanto a la conveniencia del uso bélico de la bomba; si los que albergaban reservas hubiesen argumentado su postura con más convicción, tal vez se habría evitado o retrasado dicho uso. En aquellos momentos no estaba en tela de juicio la rendición incondicional, que les fue planteada a los alemanes antes de que la bomba estuviese a punto. Por tanto, no se ve por qué motivo no iban a planteársela también a los japoneses, previamente y con o sin decisión de emplear la bomba.

También se ha postulado que las bombas se utilizaron como demostración de la fuerza de Estados Unidos, y para que sirviera de advertencia a la Unión Soviética. Ciertamente, hubo discusiones y diferencias entre los aliados en la conferencia de Yalta. Y puesto que la intervención soviética en el frente oriental sólo habría sido eficaz en el norte de China y en Manchuria, quizá los aliados utilizarían la bomba para que esa intervención rusa no fuese necesaria. Éste es un argumento algo rebuscado y además anacrónico, por cuanto anticipa el comienzo de la Guerra Fría. Por otra parte, era ya demasiado tarde para frenar la intervención soviética. Los rusos estaban comprometidos a iniciar hostilidades contra el Japón a los tres meses de la finalización de la guerra en Europa. De hecho, invadieron Manchuria el 8 de agosto, dos días antes del lanzamiento de la primera bomba atómica.

Tiene más fuerza el argumento que aduce el rápido deterioro de la situación militar y económica de los japoneses. La producción de material bélico quedó muy afectada por los bombardeos, la falta de materias primas era ya desesperante, y la pérdida de la guerra era inevitable. Los japoneses no estaban en condiciones de prolongarla indefinidamente y tal vez habrían capitulado antes de que llegase la invasión a las islas principales. Sabían que el ataque soviético era inminente y desde luego no les interesaba que los rusos se cobrasen Manchuria, lo que dejaba a éstos el camino expedito para invadir las islas septentrionales de los japoneses. Por tanto, es posible que si los aliados hubiesen prescindido de su exigencia de rendición incondicional antes que lanzar las bombas, o si hubiesen explicado con pelos y señales la destrucción que podían desencadenar, se habría precipitado la capitulación nipona. Sin embargo, la posibilidad es remota. Por cuestión de honor, muchos líderes japoneses habrían aceptado la devastación del país antes que rendirse. E incluso después de que cayeran las bombas hubo división a partes iguales en el gabinete japonés (antes las «palomas» se hallaban en minoría frente a los «halcones»). Probablemente los aliados se habrían visto en la necesidad de hacer otras concesiones, además del teórico respeto a la figura del emperador, si hubiesen querido conseguir la paz sin llegar a lo de Hiroshima. Y todavía después de Hiroshima y Nagasaki, se necesitó la intervención personal del mismo emperador para persuadir a los más recalcitrantes. No es plausible argumentar, porque las pruebas lo contradicen, que la misma paz pudo lograrse una semana antes. Pero tal vez habría valido la pena intentarlo.

## El conflicto de los Santos Lugares, ¿por qué es tan intratable?

La controversia en esa provincia del Próximo Oriente no es un conflicto de tiempo inmemorial, por más que los dos bandos enfrentados así nos lo ase-

**guren a menudo. Ni hay tampoco ningún motivo que imposibilite un acuerdo pacífico. Sin embargo, sigue siendo una controversia de tal magnitud que bien puede calificarse de histórica, sin exagerar. Por sus consecuencias, al menos, si no admitimos que lo sea por sus antecedentes.**

No es, aunque muchos lo crean, un conflicto *racial*. De hecho, judíos y árabes derivan de la misma raza indoeuropea y tienen un trasfondo étnico y cultural similar. Como dijo un líder árabe, el emir Faisal, ante la conferencia de paz de Versalles en 1919: «Los judíos y los árabes son cercanos parientes de sangre, y no hay conflicto de carácter entre las dos naciones. En principio somos uno, absolutamente». Pero al mismo tiempo, no cabe duda de que es un conflicto *nacionalista*, en que cada una de las partes enfrentadas en Palestina quiere imponer su propia solución.

Tampoco es un conflicto *religioso*. Se recordará que nacieron en esa región tres de las grandes religiones del mundo. Las creencias musulmanas, las judías y las cristianas reconocen a un mismo Dios. Pero mientras los cristianos mantienen la divinidad de Jesucristo como Hijo de Dios, los judíos lo rechazan por impostor y siguen esperando la venida del auténtico Mesías. En cuanto a los musulmanes, consideran que Jesús, al igual que Moisés, forma parte de una sucesión de profetas, siendo el más grande de ella Muhammad, cuyas enseñanzas recogidas en el Corán establecen una norma de vida basada en la sumisión estricta a un código de conducta moral y social, y a los deberes cotidianos de la oración, el ayuno y la limosna. Para las tres religiones, Palestina es «Tierra Santa» y Jerusalén «la ciudad santa». Sin embargo, algunas sectas fundamentalistas de la fe musulmana originarias de los países vecinos, como el grupo egipcio *Jihad*, propugnan el recurso al terrorismo armado para alcanzar objetivos políticos que no consiguen mediante la diplomacia, y han inspirado a los palestinos musulmanes los secuestros de aviones, la colocación de bombas a cargo de suicidas y los demás métodos terroristas a fin de obtener el reconocimiento de una patria independiente, y para vengarse de Israel por la actuación de ese estado, que consideran imperialista. Postura no reconocida por los demás credos religiosos, ni tampoco por los elementos más moderados del Islam.

Es un conflicto histórico en el sentido de que tiene raíces antiguas. El viejo reino de Israel se retrotrae a los tiempos bíblicos de David y Salomón, pero fue conquistado por los romanos en el siglo I a. C., que fue cuando comenzó la diáspora de la nación judía. Hacia el 100 d. C. estaban dispersos por muchos lugares de Europa. Seiscientos años más tarde, los árabes ocuparon Palestina e hicieron de ella un país mayoritariamente musulmán y de habla árabe. Hubo luego, desde 1096 hasta 1291, ocho cruzadas cristianas y durante algún tiempo la cristiandad logró recuperar parte de Palestina. Pero Jerusalén no volvió a caer en manos cristianas hasta 1917, cuando la insurrección de los árabes contra el imperio otomano. Hacia el final de la I Guerra Mundial el general Allenby marchó a la cabeza de las fuerzas británicas. Pero antes los judíos habían iniciado ya su movimiento sionista, que llevó a Palestina a unos 70.000 colonos procedentes de distintos países de Europa donde los judíos estaban siendo perseguidos, y que establecieron en aquélla asentamientos agrícolas. Después de la I Guerra Mundial hubo un periodo de coexistencia no del todo tranquila entre la minoría judía y los árabes. Gran Bretaña, que ejercía entonces un «mandato» derivado del tratado de paz, procuró mantener el orden pero no lo consiguió; ambos bandos estaban convencidos de haber sido traicionados por los británicos. Los judíos, por el incumplimiento de las promesas adelantadas en la declaración Balfour; los árabes, por denegárseles la independencia pese a las promesas implícitas en las cartas de MacMahon. Después de la II Guerra Mundial, Gran Bretaña, agotada por el esfuerzo bélico y atormentada tanto por las presiones de la Liga Árabe como por las organizaciones guerrilleras israelíes, cedió Palestina a la recién constituida Organización de Naciones Unidas y emprendió una ignominiosa retirada. El nuevo estado de Israel aprovechó entonces la oportunidad y se declaró independiente.

En mayo de 1947, los estados árabes cercaron a Israel decididos a acabar con aquel estado en ciernes que acababa de nacer en medio de ellos. No lo consiguieron, ni tampoco en las sucesivas guerras de 1956, 1967 y 1973, pero sí consiguieron que Israel se consolidase y expansionase para ocupar fronteras no tan frágiles como las que tuvo al principio. Con lo que se creó el problema de los millones de refugiados musulmanes. La entrada de los bloques occidental y soviético en el pleito hizo de éste un conflicto internacional, al tiempo que solidificaba la hostilidad árabe-israelí y obstaculizaba la paz de manera insoluble.

Los primeros pasos hacia la resolución del problema fueron emprendidos por el presidente egipcio Sadat y el primer ministro israelí Menájem Beguin en 1977. Desde entonces, los progresos han sido lentos y titubeantes. La negociación de 1998 entre ambas partes sólo sirvió para evitar por poco un colapso, y en cualquier caso no abordó más que cuestiones secundarias. La dificultad principal de la autonomía palestina sigue en espera de una solución, y las organizaciones extremistas de ambos bandos se muestran decididas a frustrar cualquier arreglo pacífico. Es la autonomía palestina, principalmente, lo que origina dificultades formidables. ¿Cómo se ha llegado a estos extremos irreconciliables?

*El punto de vista israelí*: Es injustificada la hostilidad árabe. Cuando los judíos llegaron a Israel hallaron una tierra empobrecida, escasamente poblada de árabes que se ganaban el magro sustento destripando terrones y criando famélicos rebaños de ovejas y cabras. Los judíos establecieron explotaciones prósperas, cultivaron la tierra, aumentaron inmensamente la productividad del país y atrajeron voluminosas inversiones que contribuyeron a la prosperidad común. Sospechan que la hostilidad árabe no es más que mezquina envidia y miedo, y que eso es lo que compromete el porvenir del país. Creen que los árabes siguen decididos a echarlos por completo del territorio, y consideran que eso justifica el enorme gasto militar de Israel, así como la tenencia de armas por parte de los judíos habitantes de los asentamientos aislados.

Muchos de los nacidos en Israel consideran que la reivindicación nacional árabe, además de amenazadora para ellos, es anacrónica. En sus posturas, los israelíes cuentan con el apoyo de los grupos de presión judíos en Washington y la colaboración de

Estados Unidos en general, mientras que los musulmanes consideran generalmente la interferencia estadounidense en los asuntos de la región como demostración del más clásico imperialismo, ahora amplificada a escala mundial.

El problema de la seguridad es algo más que mera excusa de la intransigencia judía. Esos asentamientos aislados han sido atacados con frecuencia por los terroristas palestinos, y los reiterados atentados a la bomba en las ciudades israelíes, como Tel Aviv, sin ir más lejos, han causado mucha pérdida de vidas. Los grupos islámicos extremistas como *Hamas* parecen decididos a destruir Israel, cualquiera que sea la postura oficial de las autoridades palestinas. Sin seguridad interior ni fronteras viables y reconocidas por todos los vecinos árabes, Israel no podrá vivir en paz. Pero esos vecinos árabes no son países estables políticamente. El presidente egipcio Sadat murió víctima de un atentado en 1981, y el sucesor apenas logra contener a sus fundamentalistas islámicos dispuestos a hacer la guerra contra Israel. Siria y Libia están en manos de dictadores arbitrarios, que tal vez serán reemplazados en su día por otros de actitudes aún menos predecibles. El Líbano es una creación artificial, y ha sido campo de batalla durante los últimos veinte años. No lejos de allí, el líder iraquí Saddam Hussein esgrimió permanentes amenazas contra Israel, incluyendo disparos de mísiles contra su territorio. Uno de los escasos factores de moderación desapareció con el fallecimiento del rey Hussein de Jordania en 1999.

La hostilidad se origina también por parte de los grupos musulmanes fundamentalistas de Irán, Pakistán y Afganistán. Por lo que no es de extrañar que muchos israelíes consideren cualquier negociación con los árabes como una política extraordinariamente peligrosa. Los derechistas del Likud ni siquiera consideran por ahora la posibilidad, mientras que los laboristas la contemplan, pero de mala gana. En cuanto a los judíos más conservadores y ortodoxos, de creciente influencia en los últimos tiempos, se oponen radicalmente a todo género de concesión. La unanimidad de todos los grupos políticos se produce en la cuestión de Jerusalén, considerada desde 1980 como la capital histórica de Israel. El partido laborista es el único que se muestra dispuesto a considerar algún tipo de división o de administración compartida, aunque dándose cuenta de que arriesga el suicidio político con cualquiera de estas proposiciones. Parecida dificultad plantean los asentamientos israelíes de Cisjordania: el Likud no ha movido ni un dedo contra ellos, y cada vez que el partido laborista quiere desautorizarlos pierde un caudal de votos, que van a los oponentes políticos.

Por encima de todo, destaca la cuestión de los 700.000 refugiados palestinos que dejaron sus casas y su tierras, algunos en 1947 y otros en 1967. Entre árabes y judíos se discute si fueron expulsados por una especie de limpieza étnica, o salieron por decisión propia huyendo de la guerra o porque no quisieron vivir sometidos a los judíos. Los problemas que plantean son enormes; las condiciones en que viven, míseras e inhumanas. En la actualidad, los campamentos son criaderos de la violencia extremista. Las tierras y las viviendas que dejaron, se hallan en manos de judíos desde hace casi medio siglo. ¿Cómo va a ser posible que regresen los palestinos? Si retornasen todos, ¿no inundaría la marea de votos los registros electorales acabando por minar la democracia israelí? Después de todo lo que ha ocurrido desde 1947, ¿es de creer que judíos y árabes puedan convivir en paz y buen entendimiento?

*El punto de vista árabe*: Que los judíos reivindiquen Palestina basándose en que la ocupaban hace 2.000 años, es inadmisible. Sobre esta base, Italia podría reclamar la posesión de todos los antiguos territorios del imperio romano, o los sajones de Alemania considerarse con derecho a buena parte de Gran Bretaña. El malestar de los árabes resulta no sólo del gran número de inmigrantes judíos, sino también de la manera en que llegaron. Muchos árabes aceptaron el dinero de estos inmigrantes y vendieron sus tierras. Pero entonces, aquellos terrenos pobres comprados a bajo precio se convirtieron, gracias a la laboriosidad, la técnica y el abundante influjo de capital extranjero, en vergeles de una productividad que nadie habría sido capaz de imaginar. Los árabes se sintieron engañados, aunque las transacciones hubiesen sido legales. Y las organizaciones dedicadas a la solidaridad panárabe y el fundamentalismo islámico fomentaron ese resentimiento. Aunque algunos países vecinos árabes hayan acabado por admitir la existencia de Israel en los últimos años, la actitud populista sigue siendo básicamente la misma, hostil a cualquier reconciliación.

Para los árabes, el problema urgente es el de los refugiados palestinos. Éstos reclaman un territorio mucho más amplio que la franja de Gaza y un par de ciudades como Hebrón. Quieren la devolución de toda Cisjordania, y de Jerusalén con ella. Quieren la devolución de las viviendas de los refugiados y la expulsión de los actuales ocupantes judíos. Y aunque se les niegue la plena posesión de Jerusalén, los palestinos esperan cuanto menos una participación adecuada en la administración de la ciudad.

Pero no acaban ahí las preocupaciones de los árabes. El fin del comunismo en la Unión Soviética desencadenó una nueva marea de emigración hacia Israel, y muchos de esos recién llegados se han establecido en asentamientos ilegales de Cisjordania. Éstos han sido condenados por Naciones Unidas, pero Israel no ha dado ningún paso para desmantelarlos, ni Estados Unidos ha presionado en serio para que eso ocurriese. Antes al contrario, todos los años se roturan nuevas tierras y se extienden los cultivos. En vista de esta provocación permanente, muchos árabes prefieren no desautorizar a los extremistas de entre ellos que continúan con sus campañas de alborotos y atentados. De esta manera, la opinión se divide cada vez más entre la línea oficial representada por Yasser Arafat, dispuesto a negociar con los israelíes, y los grupos extremistas que no confían en ninguna promesa de Israel, ni aunque se les ofrezca un futuro autogobierno que, dadas las circunstancias, tendría muy escaso contenido real. Bajo estas circunstancias, proliferan las facciones extremistas, y Arafat, presionado por sus seguidores, poco tiene que replicar a los israelíes cuando le acusan de no controlar a sus partidarios y de haber dejado de representarlos.

En otoño de 2001 las fuerzas del terrorismo internacional, que el año anterior habían atentado repetidamente con explosivos contra varias embajadas estadounidenses en África, dispusieron de nuevo sus armas, y con la tácita aprobación de los fundamentalistas musulmanes de diversos países asiáticos se lanzaron a amenazar la estabilidad de un orden diplomático que ellos veían dominado por los imperialismos israelí y estadounidense. Varias organizaciones extremistas, entre las cuales *al-Qa'eda*, financiada y controlada por Osama bin Laden desde su reducto secreto en Afganistán, formaron ejércitos de voluntarios musulmanes fanáticos expresamente seleccionados, y los entrenaron en tácticas terroristas suicidas y técnicas de guerra biológica y química. Y en septiembre de 2001 golpearon al poderoso aliado de Israel con una serie de ataques suicidas contra el Pentágono de Washington y los centros del poder financiero de Nueva York. Por su audacia y sus catastróficos resultados, no sería exagerado decir que estas acciones conmovieron en sus fundamentos no sólo a Estados Unidos, sino a todo el mundo capitalista, que cobró súbita conciencia de la fragilidad y la vulnerabilidad de sus instituciones. De ahí que diesen lugar a una sistemática reacción de las grandes potencias en defensa propia y de su posición tradicional, frente a un peligro completamente nuevo: el terrorismo sistemático a escala mundial.

Así puede interpretarse que el prolongado conflicto se debe al efecto de los extremismos irreconciliables de ambos bandos, los conservadores del judaísmo ortodoxo de un lado, los activistas palestinos militantes del otro. Y en el trasfondo, la amenaza anónima de la anarquía y del nihilismo a escala planetaria. Los árabes quieren que Israel retorne a las fronteras anteriores a 1967, que establezca un estado palestino incorporándole todos los territorios conquistados por Israel desde 1948, y que permita el regreso de todos los refugiados. Estas exigencias son tan inaceptables para la nación israelí como la anterior exigencia árabe de la desaparición del estado de Israel. En cambio, para los judíos ortodoxos Palestina es la bíblica Sión prometida por Dios, y creen que Dios les ha concedido el derecho de ocuparla y poblarla hasta el fin de los tiempos y cualesquiera que sean las dificultades. Ninguna de las dos partes se halla dispuesta a ceder. Para los israelíes ortodoxos, toda concesión amenaza la existencia de Israel como nación; para los palestinos extremistas, sería renegar de la patria y contemporizar con el invasor extranjero. No importa lo que digan los moderados de ambos bandos; son las opiniones de los extremistas las que hoy hallan audiencias receptivas, y el moderado que diga otra cosa se suicida políticamente. Tanto odio y tanta desconfianza mutua no pueden desaparecer en unos días de conversaciones políticas, por bien intencionadas que sean. Para un acuerdo definitivo será menester que cunda la sabiduría de la moderación, y por eso será difícil de obtener y tardará mucho tiempo.

La amenaza mayor y quizá la más urgente de las que derivan del resentimiento árabe es el terrorismo mundial. En el comienzo del tercer milenio estamos contemplando el final de la era del estado-nación, episodio histórico que venía durando unos cinco siglos, con sus rasgos distintivos de administración civil bajo el imperio de la ley, sociedades regladas, ejércitos regulares sujetos a las leyes de la guerra, sistemas de alianzas internacionales y diplomacia convencional. Muchos gobiernos establecidos están dispuestos a hacer cuanto puedan para preservar ese orden y evitar que el mundo caiga en el abismo sin fondo de la anarquía. La otra opción sería el aumento de la globalización en un mundo sin fronteras, dominado por las muy grandes corporaciones y la movilidad de la mano de obra.

## El problema de Irlanda, ¿por qué no se ha resuelto?

> Sellar y Yeatman, en su conocido libro *1066 y todo eso,* aseveraron con agudeza nada común que la razón principal de que no se haya resuelto la cuestión irlandesa es que cada vez que los ingleses hallaron una solución plausible, los irlandeses se apresuraron a cambiar el problema. En efecto, esa cuestión irlandesa que desde hace tanto tiempo viene agobiando a Inglaterra nunca ha sido la misma durante mucho tiempo.

En su origen fue un conflicto *tribal* e incluso entre *naciones*, presidido por los caudillos gaélicos irlandeses, de un lado, y los caballeros normandos que habían conquistado Inglaterra, del otro. Éstos tenían las bendiciones del papa Adriano IV (de su verdadero nombre Nicholas Breakspear, el único papa inglés que ha existido), que molesto por la insubordinación de los obispos irlandeses, emitió la bula *Laudabiliter* con el fin de someter a los insumisos. Los normandos de Inglaterra iniciaron la conquista militar de Irlanda en tiempos de Enrique II. Las disensiones entre los reyes irlandeses les facilitaron la tarea. La disputa entre los O'Connor y los MacMurrough, reyes de Connaught y de Leinster respectivamente, sirvió de pretexto a Enrique, especialmente cuando Diarmuid MacMurrough huyó a Inglaterra y juró fidelidad al rey inglés. En 1170 éste envió un nutrido contingente a las órdenes de Richard FitzGilbert, apodado Strongbow, para imponer en Irlanda el orden normando. Strongbow desembarcó en la costa de Wexford, puso cerco a Waterford y tomó Dublín sin demasiada dificultad. A su tiempo, casi todos los reyes irlandeses rindieron pleitesía y juraron fidelidad a Enrique en una ceremonia celebrada en la roca de Cashel, del condado de Tipperary. Los irlandeses quedaron conquistados pero no pacificados. La construcción del castillo de Dublín y de toda una serie de fortalezas que dominaba otras ciudades y pueblos del país, como otros tantos símbolos de la prepotencia inglesa, dio el tono que sigue envenenando las relaciones hasta nuestros días. Cuando Enrique VIII abolió los conventos en 1547, los irlandeses permanecieron fieles a sus raíces católicas; hasta ahí no llegó la influencia de los ingleses.

De manera que hacia el siglo XVII, la cuestión irlandesa revestía un carácter principalmente *religioso*. Las guerras isabelinas en Irlanda no acabaron con el desorden. Durante el reinado de Jacobo I se produjo en 1611 un trasplante sistemático de terratenientes presbiterianos de Escocia, en detrimento de los levantiscos cabecillas de clan católicos, como Tyrone y Tyrconnell. Éstos fueron desposeídos de sus tierras después de un alzamiento en 1607. Los nuevos ocupantes demostraron ser individuos enérgicos y laboriosos. En sus manos, el Ulster, que había sido la provincia más pobre y selvática, floreció hasta convertirse en la más próspera de Irlanda. Pero eran de religión presbiteriana, y el expolio infligido a los caudillos autóctonos no fue olvidado jamás. Dicho resentimiento fue la causa esencial del levantamiento irlandés de 1641 a favor del criptocatólico rey Carlos I de Inglaterra y contra sus adversarios, los puritanos.

Como los irlandeses mantuvieron su desafección realista, en 1649 Cromwell se hizo nombrar gobernador y comandante en jefe, de donde resultaron las matanzas de Drogheda y Wexford, y la conquista completa de la isla por la fuerzas de aquél. Aunque tanto Cromwell como sus lugartenientes puritanos estaban movidos por la más altruista y sincera fe protestante, su conducta fue brutal y despiadada, y su recuerdo sigue siendo cordialmente odiado por la mayoría de los irlandeses católicos de nuestros días. Los últimos años del siglo no aportaron ningún alivio a la suerte de los católicos. En 1690 el católico Jacobo II apeló a la ayuda de sus leales seguidores irlandeses y se hizo derrotar en la batalla de Boyne, a manos del protestante Guillermo de Orange, recién convertido en rey Guillermo III de Inglaterra.

Pese a las generosas promesas de 1691, plasmadas en el tratado de Limerick, la opresión contra los católicos irlandeses se enconó todavía más al imponérseles en el siglo XVIII un código penal tan salvaje como discriminatorio en cuanto a la práctica del culto. Se les prohibió ejercer profesiones liberales, portar armas, dar educación católica a sus hijos y comprar o heredar tierras. A ningún católico le estaba permitido tener un caballo que valiese más de cien chelines (5 libras), y las iglesias católicas no debían tener campanarios, porque las campanas podían tocar a rebato y llamar a la insurrección. El deán Swift, que era protestante, observó en 1724 que «a los católicos no se les permite más que acarrear leña y agua para sus amos». A finales de siglo quedó abolido el parlamento irlandés, y en 1800 se proclamó la unión forzosa de los dos países.

Durante el siglo XIX los concienzudos amos ingleses de Irlanda hicieron esfuerzos por remediar los agravios hechos a los católicos. La emancipación política se declaró en 1829, lo que permitió establecer escuelas e institutos católicos, así como subvencionar el principal seminario de Irlanda. En 1869 se disolvió la Iglesia protestante de Irlanda y buena parte del patrimonio se destinó a obras de caridad. Por desgracia, estas concesiones no podían ocultar que Irlanda era un país atrasado y agobiado por la pobreza. A mediados del siglo, el desastre de la patata trajo la hambruna. Con esto y la emigración se redujo a la mitad la población del país. Inglaterra trató de introducir algunas mejoras, como el tendido de líneas ferroviarias para facilitar la comercialización de los productos irlandeses. Pero buena parte del país continuó sumida en el letargo y en la carencia de todo, y algunos personajes influyentes como C. S. Parnell observaron que el gobierno siempre actuaba poco y tarde. Ahora la cuestión pasaba a ser de política de partido. Por tres veces trataron las autoridades británicas de instituir un autogobierno para Irlanda, y fueron intentos serios. Pero no se consiguió más que dividir a los principales partidos políticos ingleses y dificultar una solución negociada. Empezó a manifestarse el deseo de plena independencia bajo el liderazgo del *Sinn Fein*, que quiere decir «nosotros solos». El conflicto llegó a su punto álgido en 1916 con la insurrección de Dublín. Al final de la I Guerra Mundial estalló la conflagración civil en Irlanda. Para entonces el parlamento aprobó la cuarta ley de *Home Rule*, creándose un estado en Irlanda del Norte vinculado todavía con Gran Bretaña, conforme a la voluntad de la mayoría de sus habitantes.

Con lo que aparece la que podríamos llamar, en líneas generales, cuestión de Irlanda del Norte, como último avatar de la cuestión irlandesa. No cabía ni cabe ninguna duda de que Irlanda del Norte es una creación artificial británica. La oposición de las gentes del Ulster contra el autogobierno empezó en los tiempos del tercer Home Rule, y adoptaron el nombre de «unionistas» para significar que deseaban permanecer unidos con Gran Bretaña. Estaban aliados con el partido conservador británico y eso casi llevó a una guerra civil en el norte. Lloyd George, el premier británico que después de la guerra trató de hacer honor a la palabra de permitir el autogobierno de Irlanda, se halló frente a la oposición de la mayoría conservadora en su gobierno de coalición. Fue tan férrea esa oposición que no tuvo más remedio que consentir la separación de los protestantes del norte de Irlanda, que preferían seguir siendo súbditos de la Corona británica. De ahí la segregación de los seis condados del Ulster que tenían las mayorías más fuertes de población protestante. Separación con respecto al resto de Irlanda, desde luego, para seguir siendo británicos y teniendo su parlamento en Stormont. El resto de Irlanda alcanzó una virtual independencia, ya que los últimos residuos de la soberanía británica fueron barridos en 1939.

Esta situación nunca plenamente fue aceptada por los nacionalistas. Ellos querían una Irlanda unida. El «ejército republicano irlandés» (IRA), pese a ser sólo una minoría dentro de la comunidad nacionalista, al no ver ningún camino para ganar el Norte por la vía democrática, había emprendido la vía terrorista incluso antes de la II Guerra Mundial. Lo cual surtió el efecto de cohesionar a los protestantes del Irlanda del Norte, que utilizaron su Orden de Orange para intensificar la discriminación contra los católicos en cuanto a viviendas y puestos de trabajo, sin retroceder ni ante pucherazos electorales ni ante fraudes en la delimitación de las administraciones locales.

No es de extrañar que los movimientos por los derechos civiles que surgieron en tantos lugares del mundo a finales de la década de los sesenta quisieran emular a la minoría católica de Irlanda del Norte. En 1968 empezaron las protestas por los derechos civiles, que al principio no fueron exclusivamente católicas ni protestantes. Pero las que comenzaron como protestas pacíficas no tardaron en pasar a la acción violenta, con la ruptura consiguiente de la ley y el orden. Apareció el sectarismo, y los sectarios lanzaron operaciones de «limpieza» en sus distintas comunidades. La intimidación llevó al abandono de casas y hasta de calles enteras. Distritos donde antes habían convivido católicos y protestantes con relativa armonía, pasaron a ser exclusivamente católicos o protestantes. Los británicos enviaron soldados para restablecer el orden. La comunidad nacionalista los consideró fuerza ocupante, y así empezaron los atentados del IRA contra las tropas británicas. También fueron blanco de sus actividades las personalidades protestantes destacadas y los miembros de la policía del Ulster. Las explosiones mataban indiscriminadamente. Los protestantes se organizaron en grupos paramilitares y empezaron las matanzas de católicos en represalias. Un Stormont dividido e impotente fue reemplazado por la autoridad directa de Gran Bretaña en 1972.

Desde entonces, el número de víctimas mortales en la provincia sobrepasa los 4.000. Algunas tragedias, como el «domingo de sangre» de Londonderry en 1972, enconaron el odio de los católicos, y otras, como la de Enniskillen en 1987, el de los protestantes. El IRA llevó la campaña terrorista más allá de Irlanda del Norte, por ejemplo, en 1979, cuando mató a lord Mountbatten en la república de Irlanda, o en

1984, cuando trató de volar a todos los miembros del gabinete de Margaret Thatcher durante la conferencia del partido conservador en Brighton.

A partir de 1972 se emprendieron varias tentativas por pacificar Irlanda del Norte; en algunas han cooperado las autoridades de Londres y las de Dublín. Los éxitos han sido escasos. La violencia fomenta el extremismo y la defensa obstinada de las posiciones. Muchos habitantes de Irlanda del Norte desean la paz, pero una minoría sustancial de católicos seguidores del IRA y del Sinn Fein no se conformará con menos que la unificación total de Irlanda, al largo plazo. Por eso el IRA desdeñó las iniciativas democráticas y hasta 1998 continuó con su campaña de violencia, apoyada y en buena parte financiada, por donaciones extranjeras, de quienes creían erróneamente que lo que existía en Irlanda del Norte era una mayoría católica brutalmente reprimida por las autoridades británicas. El IRA, su brazo político no condena el terrorismo, aunque en ocasiones le resulta políticamente útil el mantener una postura de distanciamiento. Los protestantes pueden exhibir algunos títulos democráticos por el hecho de que son mayoría, pero están decididos a seguir siendo británicos y no aceptarán ninguna solución que los someta a la autoridad de Dublín. Mientras tanto, sus paramilitares continúan con las venganzas, y los hombres de la Orden de Orange se empeñan en seguir celebrando sus marchas anuales que conmemoran las victorias de Guillermo III de hace 300 años, aunque para ello sea preciso pasar por sectores que eran protestantes entonces pero que ahora ya no lo son. Las autoridades británicas declaran su compromiso de que Irlanda del Norte seguirá siendo británica mientras no decida lo contrario una mayoría de la población.

Finalmente, el Viernes Santo de 1998 los políticos alcanzaron un compromiso mediante el cual se mantendría la soberanía británica, pero dando a Dublín cierta medida de voz y voto en los asuntos de Irlanda del Norte mediante la creación de instituciones mixtas. Los partidos políticos protestantes lo aceptaron, aunque de no muy buena gana, considerando que el acuerdo garantizaba la continuidad de la soberanía británica en la provincia. Los nacionalistas lo aceptaron por creer que sería un paso adelante en el proceso ineluctable de la total unificación de Irlanda. Los extremistas de ambos bandos continuaron durante algún tiempo con sus operaciones terroristas, pero el atentado a la bomba de Omagh en agosto de 1998, que causó veintinueve muertos y cientos de heridos, suscitó tal indignación que casi todos, incluso muchos de los extremistas, renunciaron a la violencia.

Las dificultades remanentes parecían solucionables, pero en la práctica esto se evidenció casi imposible. Las elecciones celebradas en junio de 1998 para Irlanda del Norte arrojaron más o menos el resultado que se esperaba: una sólida mayoría para los unionistas (aunque no tan grande como se había predicho), y una minoría de escaños para los nacionalistas. Una de las condiciones del Viernes Santo fue el desarme de las organizaciones paramilitares de ambos bandos, los unionistas dijeron que *antes* de formarse el ejecutivo conjunto, argumentando que los partidos que tuviesen voluntad de demostrar su compromiso con la democracia debían dar la prueba de su buena fe deponiendo las armas. En cambio, los nacionalistas, por cuanto recelaban de las intenciones de sus adversarios, se negaron a desarmarse hasta *después* de que estuvieran creadas las instituciones producto del acuerdo. De este modo lograron la liberación de un gran número de sus terroristas presos, pero no fue posible progresar en el tema del desarme. Se intentó conducir los dos procesos en paralelo, pero no hubo éxito. Las ofertas de los nacionalistas no iban más allá del desarme completo para la Pascua de 2000, pero los unionistas no se fiaban. También la proposición de rebautizar y reformar la policía del Ulster con arreglo a las recomendaciones del informe Patten tropezó con resistencias por ambos lados. Mientras tanto, el ejecutivo conjunto prometido para la Pascua de 2000 se formaba, se suspendía, y se volvía a establecer a mediados de ese año.

En 2001 continuaron las actividades extremistas y las posturas equívocas por ambas partes. El parlamento de Irlanda del Norte se tambaleaba al borde del colapso. La situación seguía en punto muerto, con esporádicos asesinatos y bombazos por uno y otro bando. Los católicos cerraron el paso a las marchas protestantes de la Orden de Orange porque pasaban por «sus» calles, y los protestantes cerraban el paso a las niñas católicas que iban a las escuelas sitas en las calles «de ellos». Los partidos unionistas exigieron la exclusión de los diputados del Sinn Fein mientras no tuviese lugar el desarme inmediato y efectivo. El Sinn Fein denunció que los unionistas intentaban sabotear los acuerdos y ofrecieron la «inutilización verificada» de sus armamentos en vez del desarme. Cada bando aseveraba que la falta de progresos era debida a las mentiras y la mala fe del otro bando. Ambos se mantenían intransigentes.

En consecuencia, está por ver si los acuerdos de Viernes Santo pueden servir de base a un arreglo permanente en Irlanda del Norte. Los augurios no son buenos. Por mucho que lo lamenten tanto Gran Bretaña como Irlanda, y por más que los elementos moderados de ambos bandos estén hartos de matanzas y deseos de restablecer la paz y el orden, las actitudes en que se empecinan tanto unionistas como nacionalistas no conducen a compromisos más completos. La voluntad de la mayoría no cuenta en estos casos, y si algo no cambia, la solución a esta fase del problema irlandés parece fuera del alcance de los humanos.

# BIBLIOGRAFÍA

A continuación se hallarán dos listas bibliográficas: la primera, de lecturas recomendadas para el estudioso y el lector interesado; la segunda, de referencias, en la que figuran algunos de los numerosos textos manejados por los autores para elaborar este libro.

## Lecturas recomendadas

### *Sobre la historia británica:*

Gash, Norman, *Aristocracy and People: Britain 1815-1865*, Edward Arnold, Londres, 1979.
Gregg, Pauline, *A Social and Economic History of Britain*, 1760-1972, Harrap, Londres, 1973.
James, R. R., *The British Revolution: British Politics 1890-1939*, Methuen, Londres, 1977.
Langford, Paul, *England, 1727-1783*, Oxford University Press, 1989.
Mowat, Charles Loch, *Britain Between the Wars, 1918-1940*, Methuen, Londres, 1959.

**Oxford Series:**
Steven Watson, J., *The Reign of George III*, Clarendon Press, Oxford, 1960.
Woodward, E. L., *The Age of Reform, 1815-1870*, Clarendon Press, Oxford, 1954.
Ensor, R. C. K., *England, 1870-1914*, Clarendon Press, Oxford, 1952.
Taylor, A. J. P., *English History, 1914-1945*, Clarendon Press, Oxford, 1965.
Read, Donald, *England, 1868-1914. The Age of Urban Democracy*, Longman, Londres, 1979.
Seaman, L. C. B., *Victorian England. Aspects of English and Imperial History, 1837-1901*, Methuen, Londres, 1973; *Post-Victorian Britain, 1902-1951*, Methuen, Londres, 1966.

### *Sobre el imperio y la Commonwealth:*

McIntyre, W. D., *Colonies Into Commonwealth*, Blandford, Londres, 1966.
Miller, J. D. B., *The Commonwealth and the World*, Duckworth, Londres, 1965.
Watson, Jack, *Empire to Commonwealth, 1919-1970*, Dent, Londres, 1970.

### *Sobre historia europea:*

**Blandford History Series**

Leslie, R. F., *The Age of Transformation, 1789-1871*, Londres, 1975.

Western, J. W., *The End of the European Primacy, 1781-1945*, Londres, 1965.

Bullock, Alan, *Hitler and Stalin: Parallel Lives*, HarperCollins, Londres y Alfred A. Knopf, Nueva York, 1991.

Collins, Irene, *The Age of Progress: A Survey of European History between 1789 and 1871*, Arnold, Londres, 1964.

McCauley, Martin, *The Soviet Union, 1917-1991*, Longman, Londres, 1993.

Schama, Simon, *Citizens: A Chronicle of the French Revolution*, Penguin, Londres y Nueva York, 1989.

Seton-Watson, Hugh, *The Russian Empire, 1801-1917*, Clarendon Press, Oxford, 1967.

Shirer, William L., *The Rise and Fall of the Third Reich*, Pan Books, Londres, 1964.

Taylor, A. J. P., *The Struggle for Mastery in Europe, 1848-1914*, Oxford University Press, reimpresión, 1965.

Tulard, J., *Napoleon*, Methuen, Londres, 1985.

Westwood, J. N., *Russia, 1917-1964*, Batsford, Londres, 1966.

### *Sobre historia de Estados Unidos:*

Morison, S. E., Commager, W. E y Leuchtenburg, H. S., *Growth of the American Republic*, dos volúmenes, Oxford University Press, Oxford, Londres y Nueva York, 1980.

Moss, George, *America in the Twentieth Century*, Prentice Hall, Nueva Jersey, 1989.

Snowman, Daniel, *America Since 1920*, Heinemann, Londres, 1968.

### *Historia mundial*

Ambrose, Stephen E., *The Rise to Globalism*, Allen Lane, Nueva York, 1972.

Gilbert, Martin, *A History of the Twentieth Century*, tres volúmenes, HarperCollins, Londres, 1999; *The Second World War*, Guild Publishing, Londres, 1989.

Johnson, Paul, *A History of the Modern World, 1917 to the 1980s*, Weidenfeld & Nicolson, Londres, 1983.

Watson, Jack (ed. por Brendan O'Leary), *World History Since 1945*, Murray, Londres, 1989.

## Referencias

### *Historia británica:*

Becket, J. C., *A Short History of Ireland*, Hutchinson, Londres, 1973.

Blake, lord Robert, *Disraeli*, Eyre & Spottiswoode, Londres, 1966.

Curtis, R., *A History of Ireland*, Methuen, Londres, 1973.

Dangerfield, George, *The Strange Death of Liberal England*, Paladin, Londres reimpresión, 1970.

David, Saul, *The Homicidal Earl*, Little Brown, Londres, 1997.
Evans, Eric, *The Forging of the Modern State: Early Industrial Britain, 1783-1870*, Longman, Londres y Nueva York, 1972.
Fussell, Paul, *The Great War and Modern Memory*, Oxford University Press, 1975.
Gash, N., *Peel*, Longman, Londres y Nueva York, 1972.
Grigg, J., *Lloyd George, the People's Champion, 1902-1911*, Eyre Methuen, Londres, 1978.
Hammond, J. L. y Barbara, *The Black Age*, Pelican, Londres y Nueva York, 1947.
James, Robert Rhodes, *Anthony Eden*, Weidenfeld & Nicolson, Londres, 1986.
Letwin, S. R., *the Anatomy of Thatcherism*, Fontana, Londres, 1982.
Lewis, M., *The HIstory of the British Navy*, Penguin, Londres y Baltimore, 1957.
Magnus, Philip, *Gladstone*, Murray, Londres, 1954.
Paxman, Jeremy, *The English, The Portrait of a People*, Penguin, Londres, 1999.
Reilly, Robin, *Pitt the Younger*, Cassell, Londres, 1978.
Sawyer, Roger, *Roger Casement's Diaries: The Black and the White*, Pimlico, Londres, 1997.
Simpson, C., *Lusitania*, Longman, Londres, 1972.
Skidelsky, Robert, *Politicians and the Slump: The Labour Government of 1929-1931*, Pelican, Londres, 1967.
Strachey, Lytton, «Florence Nightingale», en *Eminent Victorians*, Penguin, Londres, 1948.
Taylor, A. J. P., *The First World War*, Hamish Hamilton, Londres, 1963.
Turner, E. S., *Roads to Ruin: The Shocking History of Social Reform*, Michael Joseph, Londres, 1950.

## *El imperio y la Commonwealth:*

Cross, Colin, *The Fall of the British Empire, 1918-1968*, Hodder & Stoughton, Londres, 1968.
Grierson, Edward, *The Imperial Dream, British Commonwealth and Empire, 1775-1969*, William Collins, Londres, 1972.
Jeffries, sir Charles, *The Transfer of Power. Problems of the Passage to Self-Government*, Pall Mall, Londres, 1960.
Macmillan, W. M., *The Road to Self-Rule: A Study in Colonial Evolution*, Faber, Londres, 1959.

## *Historia europea:*

Almedigen, E. M., *Emperor Alexander II*, Bodley Head, Londres, 1962.
Glorney Bolton, J. R., *Roman Century, 1870-1970*, Hamish Hamilton, Londres, 1970.
Bower, Tom, *Blind Eye to Murder: Britain, America and the Purging of Nazi Germany: A Pledge Betrayed*, André Deutsch, Londres, 1981.
Conquest, Robert, *Lenin*, Fontana/Collins, Londres, 1972.
Cooper, Duff, *Talleyrand*, Jonathan Cape, Londres, reimpresión, 1958.
De Jonge, A., *Stalin*, Fontana/Collins, Glasgow, 1986.
Farquharson, John, *Explaining Hitler's Germany: Historians and the Third Reich*, Croom Helm, Londres, 1983.
Fest, Joachim, *The Face of the Third Reich*, Weidenfeld & Nicholson, Londres, 1970.
Harris, Robert, *Selling Hitler: The Story of the Hitler Diaries*, Faber & Faber, Londres y Boston, 1986.
Koch, H. W., *In the Name of the Volk: Political Justice in Hitler's Germany*, Tauris, Londres, 1989.

Lewis, Gwyn, *The French Revolution: Rethinking the Debate*, Routledge, Londres y Nueva York, 1993.
Loomis, Stanley, *Paris in the Terror*, Jonathan Cape, Londres, 1964.
Mack Smith, D., *The Making of Italy, 1796-1970*, Macmillan, Londres, 1968.
Mansergh, Nicholas, *The Coming of the First World War: A Study in European Balance*, Longmans, Londres y Nueva York, 1949.
Rudé, George, *The Crowd in the French Revolution*, Oxford University Press, Oxford y Londres, 1959.
Taylor, A. J. P., *The Course of German History*, Hamish Hamilton, Londres, 1945.
Thorne, C., *The Approach of War*, Macmillan, Londres y Nueva York, 1967.
Vovelle, Michel, *The Fall of the French Monarchy*, CUP, Londres, 1974.
Williamson, D. G., *The Third Reich*, en Studies in History series, Longman, Londres, 1982.

## *Historia de Estados Unidos:*

Banks, Ann, *Third Person America*, Vintage Books, Nueva York, 1981.
Boromé, Joseph A., «The Evolutionary Controversy», *en Essays in American Historiography*, Sheehan & Syrett, Colombia, Nueva York y Londres, 1960.
Boyer, Richard O., *The Legend of John Brown: A Legacy and a History*, Alfred A. Knopf, Nueva York, 1972.
Brogan, D. W., *Abraham Lincoln*, Duckworth, Londres, 1974.
Cannon lou, *Reagan*, Putnam/Perigee, Nueva York, 1982.
Graebner, Norman A., *A Manifest Destiny*, Bobbs-Merrill, Indianápolis, Indiana, 1990.
Jonas, Manfred, *Isolationism in America, 1935-1941*, Imprint Publications, Chicago, 1990.
Leuchtenburg, W. E., *Franklin Roosevelt and the New Deal*, en American Nation series, Harper & Row, Londres y Glasgow, 1986.
Manchester, William, *The Death of a President*, World Books, Londres, 1968.
Monaghan, J., *Custer: The Life of General George Armstrong Custer*, University of Nebraska Press, Lincoln y Londres, 1971.
Parish, Peter J., *The American Civil War*, Eyre Methuen, Londres, 1975.
Prange, Gordon W., *Pearl Harbour: The Veredict of History*, Penguin, Londres, 1991.
Tefertiller, Casey, *Wyatt Earp, the Life Behind the Legend*, Wiley, Londres, 1997.
White, Theo H., *Breach of Faith: The Fall of Richard Nixon*, Cape, Londres, 1975.

## *Historia mundial:*

Brody, Richard L. *Strategical Defence in NATO Strategy*, National Institute for Strategical Studies, Londres, 1987.
Higgins, Hugh, *The Cold War*, Heinemann Educational, en Studies in Modern History series, Londres, 1983.
Marquand, Leo, *The Peoples and Policies of South Africa*, OUP, Londres, 1966.
Rayner, E. G. *The Cold War*, Hodder & Stoughton, en History at Source series, Londres, 1992.
Watson, Jack (de. O'Leary, Brendan), *World History since 1945*, Murray, Londres, 1989.
White, Stephen, *Gorbachev and After*, CUP, Londres y Nueva York, 1996.

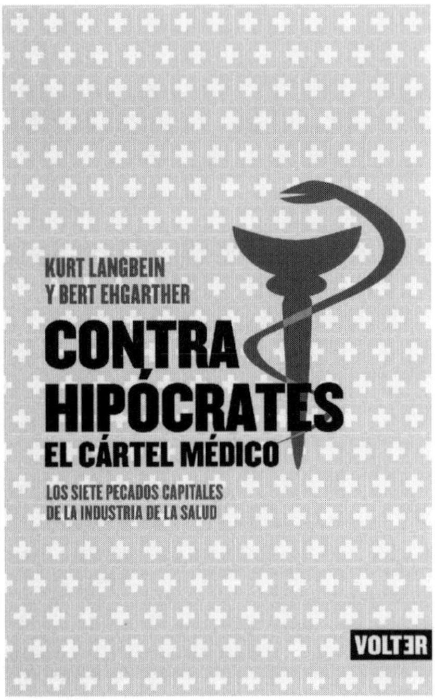


## *Contra Hipócrates*

Kurt Langbein y Bert Ehrgarther

**La otra cara de los sistemas sanitarios: una trama mortal de codicia, vanidad e intereses económicos.**

La industria farmacéutica, la investigación clínica y la práctica médica vienen siendo blanco de críticas cada vez más acerbas. Los periodistas Kurt Langbein y Bert Ehgartner nos muestran por qué. La absurda cacería de gérmenes sin respetar el sistema inmune, la medicina concebida como guerra química y esclavizada al servicio de la industria, la pugna de los investigadores y los laboratorios por la supremacía, la deshumanización del paciente, etc. Éstos son algunos de los siete pecados capitales de la industria de la salud y los sistemas sanitarios que denuncian los autores en este libro, y no sólo con datos bien contrastados e investigaciones rigurosas, sino también con testimonios reales de pacientes, algunos de los cuales pueden llegar a herir la sensibilidad del lector.

Tras esta exhaustiva y valiente radiografía del «cártel médicofarmacéutico», el diagnóstico es duro y no exento de gravedad... Aunque los autores constatan la existencia de ciertos sectores de la profesión médica que ponen en cuestión el sistema sanitario y farmacéutico imperante, la verdad es que la imagen del profesional médico como abnegado «sanador» vocacional es puesta aquí en tela de juicio.

«Leer este libro es como contemplar una panorámica de los callejones sin salida en que se ha metido el sistema sanitario moderno.»

FRANKFURTER RUNDSCHAU

# *El libro prohibido del cristianismo*

Jacopo Fo, Sergio Tomat y Laura Malucelli

**Un divertido e irreverente ensayo sobre los vergonzantes entresijos de la historia oficial del cristianismo.**

Jacopo Fo (hijo del Nobel Dario Fo), Sergio Tomat y Laura Malucelli ofrecen aquí una polémica revisión de los puntos negros del cristianismo y de aquellos personajes e instituciones que se han arrogado su representación temporal con fines de poder. Los documentos dormidos o anestesiados en diferentes archivos (incluidos los del propio Dario Fo) son su mejor argumento en este libro excepcional, convertido en *bestseller* en Italia.

¿Por qué se prohibió leer y traducir la Biblia durante tanto tiempo? ¿Cómo llegaron a instaurarse los poderes inquisitoriales? ¿Cuánto dinero ingresó la Iglesia vía bulas y perdones papales? ¿En qué se ha cifrado la alianza del clero con los ejércitos en tiempos pasados? ¿Y con ciertos poderes económicos, más recientemente? ¿En qué gradó obstaculizó la Iglesia el desarrollo científico al perseguir a figuras como Galileo o Giordano Bruno? ¿Por qué el poder papal exterminó al pueblo guanche? ¿Por qué se ha relegado a la mujer a un papel sumiso y secundario en el cristianismo? ¿Quiénes son los protagonistas del «integrismo» cristiano?

En definitiva, nadie entenderá ni la moral cristiana ni a sus representantes de la misma forma tras leer este atrevido libro, un necesario contrapunto a la manipulación informativa que ha recaído siempre sobre los asuntos de la iglesia.

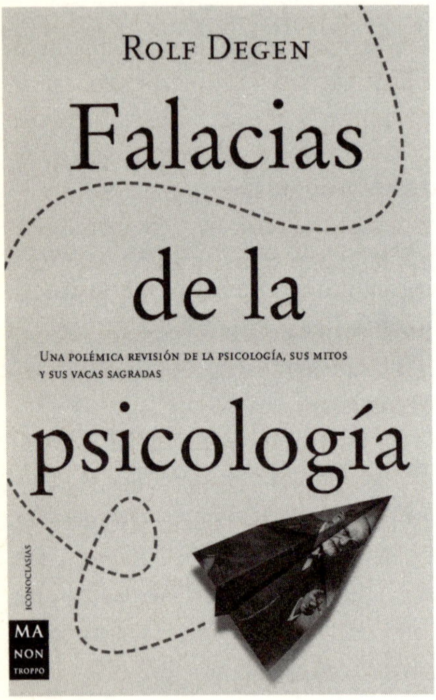


## *Falacias de la psicología*

Rolf Degen

**Una polémica revisión de la psicología, sus mitos y sus vacas sagradas.**

Cien años después de Freud, todavía no hemos hallado las claves del funcionamiento de la mente humana y, posiblemente, no las encontraremos nunca. Con las mismas hipótesis y armas teóricas con que la psicología y la psiquiatría han sentado cátedra, Rolf Degen pone en entredicho ideas tan arraigadas como que la psicoterapia puede curar los distintos trastornos mentales que sufre el ser humano, que la educación en la infancia determina la personalidad de cualquier individuo, que muchas enfermedades orgánicas tienen un origen psicosomático, que sólo hacemos uso de una parte de nuestra capacidad cerebral o que la inteligencia puede aumentarse considerablemente por medio de técnicas adecuadas...

Rolf Degen, reconocido antipapa del panorama psiquiátrico, ha provocado un gran revuelo cultural y científico en Alemania al argumentar que gran parte de estas ideas y doctrinas son puras falacias, puros lugares comunes. En este libro, a lo largo de 14 capítulos, el autor realiza una controvertida exposición de sus investigaciones que le permite demostrar que algunos de los grandes mitos de la psicología sirven únicamente para alimentar el autoengaño colectivo.

«Degen nos sirve una polémica, rica en diferentes matices, que dará que hablar.»

DER SPIEGEL

«Sigmund Freud se revolvería en su tumba... Ni uno solo de los dogmas tan estimados por el moderno neurótico urbanícola resiste el examen crítico.»

MAX